Fritz Birk

unter Mitarbeit von Karl Lutz

Textil-Waren-verkaufskunde

7. Auflage

Bestellnummer 00351

www.bildungsverlag1.de

Bildungsverlag EINS
Sieglarer Straße 2, 53842 Troisdorf

ISBN 978-3-441-00351-9

© Copyright 2007*: Bildungsverlag EINS GmbH, Troisdorf
Das Werk und seine Teile sind urheberrechtlich geschützt. Jede Nutzung in anderen als den gesetzlich zugelassenen Fällen bedarf der vorherigen schriftlichen Einwilligung des Verlages.
Hinweis zu § 52a UrhG: Weder das Werk noch seine Teile dürfen ohne eine solche Einwilligung eingescannt und in ein Netzwerk eingestellt werden. Dies gilt auch für Intranets von Schulen und sonstigen Bildungseinrichtungen.

Liebe Auszubildende im Textil-Einzelhandel!

Sie haben es im Verkaufsalltag mit informierten, anspruchsvollen, kritischen und modebewussten Kunden zu tun. Dies verlangt, auf deren individuelle Wünsche und spezielle Situationen einzugehen. Erfolgreiches Verkaufen erfordert nicht nur Spaß am Verkaufen, sondern Waren-, Produkt-, Sortimentskenntnisse und auch geschicktes Zeigen, wirkungsvolles Vorführen und überzeugendes Argumentieren.

Ihnen als Verkäufer kommt besondere Bedeutung zu. Sie tragen schon während Ihrer Ausbildung zum Erfolg Ihres Unternehmens bei. Um Sie hierfür zu befähigen, will Ihnen dieses Buch eine Fülle von Anregungen geben, damit Sie mit Freude an die Arbeit gehen, Spaß und Erfolg am Verkaufsgespräch finden.

Mit der **Textil-Warenverkaufskunde** haben Sie ein Buch vor sich, das

- Ihnen im Beruf Ihre praktische Arbeit erleichtert, weil es verkaufsorientiert ist und auf unnötiges Ballastwissen verzichtet,
- waren- und verkaufskundliche Inhalte in einem Buch sinnvoll miteinander verbindet,
- den Rahmenlehrplänen entspricht,
- Sie **auf die schriftliche und mündliche Prüfung vorbereitet.**

Ergänzend dazu liegt vor
Unterrichtsbegleitmaterial, Bestell-Nr. 00347

- mit Lösungen zu den Übungsaufgaben
- mit Rollenspielanweisungen

Übrigens, wenn Sie in Ihrem Fachbuch als „Verkäufer" angesprochen werden, meinen wir Sie als Fachberater/-in bzw. als Kaufmann/-frau im Einzelhandel. Erlauben Sie uns diese sprachliche Vereinfachung!

Für Ihre interessante und abwechslungsreiche Tätigkeit wünschen wir Ihnen viel Freude und Erfolg!

Die Verfasser

Inhaltsverzeichnis

1	**Erwartungen des Kunden an den Verkäufer, das Geschäft und das Produkt**	13
1.1	Kundenorientierung, Schlüssel zum Erfolg	13
1.2	Erwartungen an den Verkäufer	14
1.2.1	Sympathische äußere Erscheinung	14
1.2.2	Gute Umgangsformen schaffen eine positive Verkaufsatmosphäre	15
1.2.3	Konfliktfreie, verkaufsfördernde Sprache	16
1.2.4	Individuelle Beratung	17
1.3	Erwartungen an das Geschäft	17
1.3.1	Bedarfsorientiertes Sortiment	17
1.3.2	Attraktive Warenpräsentation und interessante Verkaufsatmosphäre	17
1.3.3	Verlässliche Informationen und qualifizierte Beratung	18
1.3.4	Nützlicher Service	18
1.4	Erwartungen an das Produkt	18
1.4.1	Hoher Gebrauchswert	19
1.4.2	Hoher Geltungswert	19
1.4.3	Qualität	19
1.4.4	Günstiger Preis	20
1.4.5	Umweltfreundliches Produkt	20
2	**Verkaufsformen im Einzelhandel: Bedienung, Selbstbedienung, Vorwahl u. Ä.**	21
2.1	Bedienung	21
2.2	Selbstbedienung	23
2.3	Vorwahl	24
2.4	Sonderformen	24
3	**Das kundenorientierte Sortiment ist Voraussetzung für geschäftlichen Erfolg**	25
3.1	Sortimentsplanung	26
3.2	Sortimentsaufbau/Sortimentsbegriffe	27
3.3	Zusammenstellung der Sortimente nach Bedarfsbündeln	29
3.4	Sortiment und Umweltschutz	30
3.5	Wirtschaftliche Aspekte der Sortimente	30
3.5.1	Sortimentspolitik	30
3.5.2	Wirtschaftliche Aspekte	31
4	**Wirkungsvolle Produktpräsentation und Produktplatzierung sind verkaufsfördernd**	32
4.1	Begriff und Ziele der Präsentation bzw. Platzierung	33
4.2	Merkmale, welche die Produktpräsentation beeinflussen	33
4.3	Grundsätze der Produktpräsentation	33
4.3.1	Sortimentsüberblick geben	33
4.3.2	Produktgruppen bilden	34
4.3.3	Bedarfsbündel herausstellen	35
4.3.4	Aktions- und Zweitplatzierungen planen	35
4.3.5	Gleich bleibende Standorte erleichtern das Auffinden	35
4.3.6	Shop-in-Shop einrichten	36
4.3.7	Ordnung und Sauberkeit wirken verkaufsfördernd	37
4.3.8	Betriebliche Gegebenheiten optimal nutzen	37
4.3.9	Produkte informativ präsentieren	38
4.4	Platzieren entsprechend dem Kundenlauf und der Regalwertigkeit	38
4.5	Visual Merchandising	40
4.6	Präsentation im Schaufenster	41
5	**Illustriertes Mode-1-×-1 mit Bekleidungsgrundformen**	42
5.1	Silhouetten	42
5.2	Mantel – Grundformen	43
5.3	Kleider – Grundformen	45

5.4	Röcke – Grundformen	46
5.5	Kostüm – Grundformen	48
5.6	Anzüge, Sakkos – Grundformen	49
5.7	Hosen – Grundformen	50
5.8	Ergänzende Modebegriffe aus der Oberbekleidung	52
5.9	Hemden, T-Shirts, Blusen – Grundformen	53
5.10	Sportswear – Grundformen	54
5.11	Kragenformen	55
5.12	Ärmelformen	56
5.13	Ausschnittformen	57
5.14	Taschenformen	58
6	**Warentypische Qualitätsmerkmale, Bekleidungsgrößen, Textilkennzeichnung, Produktbeschreibung**	**60**
6.1	Warentypische Qualitätsmerkmale	60
6.1.1	Qualitätsware: viele vorteilhafte, wenige ungünstige Eigenschaften	60
6.1.2	Merkmale, welche die Qualität eines Textils beeinflussen	60
6.1.3	Genre: Ausdruck des Qualitäts- und (meist) Preisniveaus	61
6.2	Waren-/Markenzeichen: Der Hersteller weist auf Qualitätsware hin	61
6.3	Gütezeichen: Qualitätsgarantien für Verbraucher	62
6.4	Bekleidungsgrößen	63
6.4.1	Damenoberbekleidungsgrößen	63
6.4.2	Herren- und Knabenoberbekleidungsgrößen	64
6.4.3	Amerikanische Größen und deutsche Größen	65
6.4.4	Größen für Kinder (Mädchen und Jungen)	65
6.4.5	Bekleidungsgrößen für Babys	65
6.4.6	Internationale Größen für Miederwaren und Konfektionsgrößen	66
6.4.7	Hemdengrößen, Schnittmaße, Ärmellängen	66
6.5	Rechtliche Vorschriften zur Ware: Textilkennzeichnungsgesetz (TKG)	67
6.5.1	Allgemeines	67
6.5.2	Gesetzliche Rohstoffangaben dienen zum Schutz des Verbrauchers	67
6.5.3	Was ist kennzeichnungspflichtig, was nicht?	67
6.5.4	Rohstoffbezeichnungen nach dem Textilkennzeichnungsgesetz	67
6.5.5	Rohstoffkennzeichnung von Textilien	68
6.5.6	Rohstoffkennzeichnung bei mehrteiligen Textilien	68
6.6	Produktbeschreibungen fördern Fachwissen	69
6.6.1	Produktbeschreibung als Grundlage eines Beratungsgesprächs	69
7	**Überblick über die Textilrohstoffe**	**70**
7.1	Rohstoffe beeinflussen Aussehen und Gebrauchswert von Textilien	70
7.2	Einteilung und Überblick über wichtige Textilrohstoffe	70
7.3	Gemeinsame Gebrauchseigenschaften einzelner Fasergruppen	71
7.3.1	Naturfasern	71
7.3.2	Chemiefasern	72
8	**Kundenansprüche/Verkaufargumente**	**73**
8.1	Verkaufsargumente: Hinweis auf Eigenschaften von Textilien	73
8.2	Eigenschaften von Textilien im Überblick	73
8.3	Verkaufsargumente zum Aussehen von Textilien	74
8.3.1	Äußere Gestaltung	74
8.3.2	Verkaufsargumente zu Eigenschaften, die ein gepflegtes Aussehen bewirken	74
8.4	Verkaufsargumente zum Gebrauchswert von Textilien	75
8.4.1	Textile Eigenschaften, die Gesundheit und Wohlbefinden fördern	75
8.4.2	Eigenschaften, die sich auf die Haltbarkeit beziehen	78
9	**Pflege und Behandlung von Textilien**	**79**
9.1	Pflegehinweise sind im Interesse des Kunden, der Ware, des Verkäufers	79

9.2	Pflegekennzeichnung	79
9.2.1	Pflegeetikett	79
9.2.2	Pflegesymbole	79
9.2.3	Zusammenfassende Pflegetabelle	82
9.3	Aufbau und Wirkungsweise der Waschmittel	83
9.4	Waschmittelgruppen, Waschgut und Temperatur	84
9.5	Waschhilfsmittel	85
9.6	Ergänzende Pflegetipps für unser Verkaufsgespräch	85
9.6.1	Tipps zum Waschen	85
9.6.2	Tipps zum Trocknen	85
9.6.3	Tipps zum Bügeln	86
9.6.4	Tipps für die professionelle Pflegebehandlung zum chemischen Reinigen	86
10	**Baumwolle: meistverarbeitete Naturfaser mit vielen Vorzügen**	**87**
10.1	Bedeutung, Anbau, Gewinnung, Faserstruktur	87
10.1.1	Bedeutung der Baumwolle	87
10.1.2	Anbau, Gewinnung, Faserstruktur	87
10.2	Qualitätsmerkmale der Baumwolle, Sorten, Herkunft und Einsatzbereiche	88
10.2.1	Qualitätsmerkmale	88
10.2.2	Sorten, Herkunft, Qualitätsmerkmale, Einsatzbereiche	89
10.3	Artikelbezogene Verkaufsargumente	89
10.3.1	Eigenschaften, die Gesundheit und Wohlbefinden fördern	89
10.3.2	Eigenschaften, die sich auf die Haltbarkeit beziehen	90
10.3.3	Pflegeeigenschaften der Baumwolle	90
10.4	Baumwollausrüstung zur Verbesserung des Aussehens und/oder des Gebrauchswerts	91
10.4.1	Baumwollausrüstung beseitigt nachteilige Gebrauchseigenschaften	91
10.4.2	Weitere Baumwollausrüstungen zur Verbesserung des Aussehens und/oder des Gebrauchswerts	92
10.5	Fasermischungen mit Baumwolle bringen Vorteile	92
10.6	Typische Baumwollstoffe	93
10.7	Artikel aus reiner Baumwolle oder in Fasermischung	93
10.8	Verkaufsargumente am Beispiel eines Schlafanzugs	93
11	**Leinen (= Flachs): für hohe Qualitätsansprüche**	**94**
11.1	Bedeutung, Herkunft und Gewinnung	94
11.1.1	Bedeutung	94
11.1.2	Herkunft und Gewinnung	94
11.2	Leinenqualitäten	95
11.2.1	Gütezeichen für Reinleinen und Halbleinen	95
11.2.2	Leinenstruktur, eine effektvolle Leinen-Nachahmung	96
11.3	Artikelbezogene Verkaufsargumente	96
11.3.1	Verkaufsargumente zum Gebrauchswert	96
11.3.2	Verkaufsargumente zum Aussehen	97
11.4	Leinenausrüstung verbessert Aussehen und/oder Gebrauchswert	97
11.5	Artikel aus Rein- und Halbleinen	97
12	**Wolle: tierische Faser mit vielen guten Eigenschaften**	**98**
12.1	Herkunftsländer und Gewinnung	98
12.2	Wollsorten (= Wolltypen) und ihre Einsatzbereiche	98
12.3	Wollqualitäten	99
12.3.1	Das Wollsiegel: Gütezeichen für reine Schurwolle	99
12.3.2	Das Combi-Wollsiegel: Gütezeichen für Fasermischungen mit Schurwolle	100
12.3.3	Reine Wolle (= Reißwolle)	100
12.4	Artikelbezogene Verkaufsargumente	101
12.4.1	Der Aufbau der Wollfaser erklärt einige Gebrauchseigenschaften	101
12.4.2	Gebrauchseigenschaften, die Gesundheit und Wohlbefinden fördern	101

12.4.3	Haltbarkeitseigenschaften der Wolle	102
12.4.4	Eigenschaften, die ein schönes Aussehen bewirken	102
12.5	Wollausrüstung zur Verbesserung des Aussehens und Gebrauchswerts (Überblick)	103
12.6	Fasermischungen mit Wolle verbessern den Gebrauchswert	104
12.7	Typische Wollstoffe	104
12.8	Wollartikel und Verkaufsargumente	104
12.8.1	Wollartikel	104
12.8.2	Verkaufsargumente zu Textilien aus Wolle	105

13 Wolle von anderen Tieren als vom Schaf (= edle Tierhaare) — 106

13.1	Tiergattungen und Qualitätsmerkmale	106
13.2	Gemeinsame Eigenschaften und Pflegehinweise	106
13.3	Kamel: naturfarbene Wolle für Mantelstoffe, Schlafdecken und Handarbeitsgarne	106
13.3.1	Eigenschaften, Verkaufsargumente und Einsatzbereich	107
13.4	Mohairwolle: langlockig, glänzend, vielseitig einsetzbar	107
13.4.1	Eigenschaften, Verkaufsargumente und Einsatzbereich	107
13.5	Angorawolle: besonders leicht, fein, flauschig, antirheumatisch	108
13.5.1	Eigenschaften, Verkaufsargumente und Einsatzbereich	108
13.6	Lama- und Alpakawolle: wenig gekräuselt, in unterschiedlichen Naturfarben	108
13.6.1	Eigenschaften, Verkaufsargumente und Einsatzbereich	109
13.7	Kaschmir- (engl. Cashmere-)Wolle: das Beste vom Besten	109
13.7.1	Eigenschaften, Verkaufsargumente und Einsatzbereich	109

14 Seide: wertvoll und gute Gebrauchseigenschaften — 110

14.1	Bedeutung, Herkunft und Gewinnung	110
14.2	Seidenqualitäten	111
14.2.1	Seidenqualitäten hinsichtlich der Seidenspinnerarten	111
14.2.2	Seidenqualitäten hinsichtlich der Garngewinnung	112
14.3	Artikelbezogene Verkaufsargumente	112
14.4	Typische Seidenstoffe	114
14.5	Artikel aus Seide	114

15 Chemiefasern: vielseitige Eigenschaften und Einsatzbereiche, größter Marktanteil — 115

15.1	Herstellungsprinzip und Grundstoffe	115
15.2	Chemiefasergruppen, Markennamen, Rohstoffkennzeichnung	115
15.3	Unterschiedliches Erscheinungsbild der Chemiefasern	116
15.4	Zellulosische Chemiefasern	117
15.4.1	Viskose: wichtigste, preiswerte und hautsympathische, zellulosische Chemiefaser	117
15.4.2	Modal und Lyocell: baumwollähnliche Eigenschaften	118
15.4.3	Cupro: fast bedeutungslose zellulosische Chemiefaser	118
15.4.4	Acetat und Triacetat: seidenähnlicher Charakter	119
15.5	Synthetische Chemiefasern	120
15.5.1	Allgemeine Pflegehinweise	120
15.5.2	Polyester, die vielseitigste synthetische Chemiefaser	121
15.5.3	Polyamid: unübertroffen in der Haltbarkeit	122
15.5.4	Polyacryl: wärmend, wollähnlich, lichtbeständig	123
15.5.5	Elastan: hoch elastische Faser; Polyurethan: Beschichtungsmaterial	124
15.6	Microfasern: extrem fein, weich, mit fließendem Fall	125
15.7	Texturieren verbessert Aussehen und Gebrauchswert von Textilien aus Chemiefasern	126
15.8	Fasermischungen verbessern die Eigenschaften eines Textils	127

16 Die Art des Garns beeinflusst die Eigenschaften eines Textils — 128

16.1	Spinnfasergarne	128
16.1.1	Kammgarn: glattes, festes, strapazierfähiges Garn	129
16.1.2	Streichgarn: moosiges, wärmendes Garn	130
16.2	Filamentgarn	131
16.3	Texturiertes Garn	131

16.4	Zwirne: glatt, haltbar und/oder effektvoll	131
16.4.1	Glatte Zwirne für strapazierfähige Textilien	132
16.4.2	Effektzwirne: lebhaft, auffallend, dekorativ	132
16.5	Bestimmung der Garnfeinheit durch „Garnnummern"	132

17 Webwaren: viele Arten und Einsatzmöglichkeiten — 133

17.1	Fünf Merkmale beeinflussen die Eigenschaften und die Qualität eines Gewebes	133
17.2	Grundbindungen	133
17.2.1	Leinwandbindige Stoffe: vielseitig, haltbar, luftdurchlässig	134
17.2.2	Köperbindige Stoffe: viele Musterungs- und Einsatzmöglichkeiten	135
17.2.3	Atlasbindige Stoffe: eleganter Fall, schmiegsam, glänzend	136
17.3	Jacquardmusterung, eine dekorative Gewebemusterung	137
17.4	Samt und Cordsamt: mit weichem Faserflor	138
17.4.1	Auswahl von Samt- und Cordstoffen	138
17.5	Frottierwaren: saugfähig und weich	139

18 Maschenwaren: viele Arten, Eigenschaften und Einsatzbereiche — 141

18.1	Grundlegende Begriffe	141
18.1.1	Masche, Maschenreihe, -stäbchen, rechte und linke Maschen	141
18.1.2	Fully-Fashion-Ware	141
18.1.3	Ketteln	142
18.2	Eigenschaften und Qualität der Maschenwaren	142
18.3	Kulierwaren: Rechts/Links, Rechts/Rechts, Links/Links	143
18.3.1	Rechts/Links-Kulierwaren	143
18.3.2	Beschreibung einiger Rechts/Links-Kulierwaren und daraus abgeleitete Waren	144
18.3.3	Rechts/Rechts-Kulierwaren	145
18.3.4	Beschreibung einiger Rechts/Rechts-Kulierwaren	145
18.3.5	Links/Links-Kulierwaren	147
18.4	Kettenwirkwaren: Charmeuse, Kettjersey, Pikee	147
18.4.1	Beschreibung einiger Kettwirkwaren	147

19 Ausrüstung verbessert Gebrauchswert und/oder Aussehen der Textilien — 149

19.1	Einteilung und Übersicht wichtiger Ausrüstungen	149
19.2	Ausrüstungen, die insbesondere den Gebrauchswert der Textilien beeinflussen	150
19.2.1	Antistatische Ausrüstung verhindert Kleben, Knistern, Funkenbildung	150
19.2.2	Hygienische Ausrüstung ist gesundheitsfördernd	150
19.2.3	Imprägnieren macht die Ware Wasser abstoßend	151
19.2.4	Krumpfecht-Ausrüstung macht Textilien aus Zellulose einlaufsicher	151
19.2.5	Mottenschutzausrüstung schützt Wolltextilien vor Fraßschäden	151
19.2.6	Pflegeleicht-Ausrüstung für Textilien aus Naturfasern	152
19.3	Ausrüstungen, die Gebrauchswert und Aussehen von Textilien beeinflussen	153
19.3.1	Appretieren verändert Griff und Aussehen von Textilien	153
19.3.2	Chintzen: eine Wasser und Schmutz abweisende Ausrüstung	153
19.3.3	Dekatieren macht Wollwaren maßbeständig und verleiht dezenten Glanz	153
19.3.4	Fleckschutzausrüstung	153
19.3.5	Mercerisieren erhöht bei Baumwollstoffen Glanz, Haltbarkeit und Einlaufsicherheit	154
19.3.6	Plissieren: dauerhafte Falten	154
19.3.7	Rauen macht Stoffe flauschig und wärmehaltig	154
19.3.8	Sengen: klares Warenbild, schmutzunempfindliche Oberfläche	155
19.3.9	Walken und Meltonieren: beabsichtigtes Filzen von Wollstoffen	155
19.4	Ausrüstungen, die insbesondere das Aussehen des Textils beeinflussen	156
19.4.1	Kalandern, Scheren, Entbasten	156
19.4.2	Farbgebung durch Färben und Bedrucken	157
19.4.3	Färben, Färbeverfahren und ihre Anwendung	158
19.4.4	Bedrucken, Druckverfahren, Dessins	159

20 Kleines Stoff-ABC: Aussehen, Eigenschaften und Einsatzbereich der Stoffe — 163

21	**Funktionelle Bekleidung**	180
21.1	Membran	180
21.2	Doppelflächige, funktionelle Maschenware	181
21.3	Neuere funktionelle Stoffe für sportliche Aktivitäten	182
22	**Die Sprache des Verkäufers: mehr als ein Mittel der Verständigung**	184
22.1	Grundlagen eines erfolgreichen Verkaufsgesprächs	185
22.2	Gesprächsstörer vermeiden	186
22.3	Gesprächsförderer anwenden	187
22.4	Kundenorientierte Sprache anwenden	188
23	**Fragetechnik: Gezielte Fragen bringen das Verkaufsgespräch weiter**	191
23.1	Vorteile, die mit der richtigen Anwendung von Fragen verbunden sind	191
23.2	Wichtige Frageformen im Verkaufsgespräch	191
23.3	Die offene Frage (= Informationsfrage)	192
23.4	Die geschlossene Frage (= Kontrollfrage)	192
23.5	Suggestivfrage (= Lenkungsfrage)	193
23.6	Alternativfrage (= Entscheidungsfrage)	194
24	**Der gute Kontakt schafft Sympathie und Vertrauen**	195
24.1	Ziel des Kontakts: Sympathie und Vertrauen gewinnen	195
24.2	Grundsätzliches Verhalten im Umgang mit Menschen	196
24.3	Wir treten in Kontakt mit Kunden, die Beratung wünschen	196
24.4	Guter Kontakt strahlt zurück	198
25	**Wir sprechen den Kunden an**	199
25.1	Der Kunde bummelt durch das Geschäft	199
25.2	Der Kunde gibt zu erkennen, dass er angesprochen werden möchte	200
25.3	Der Kunde beschäftigt sich bereits mit dem Produkt	200
25.4	Der Kunde will sich „nur mal umschauen"	201
25.4.1	Bedienung und Beratung nicht aufdrängen	201
25.4.2	Wie wir uns verhalten	202
25.5	Aushändigungsverkauf	202
25.6	Kontaktaufnahme bei Selbstbedienung	203
26	**Bedarfsermittlung bei beratungsintensiver Ware**	204
26.1	Vertrauensauslöser verwenden	204
26.2	Direkte Bedarfsermittlung	205
26.2.1	Mit offenen Fragen den speziellen Bedarf ermitteln	205
26.2.2	Unpassende und falsche Fragen	206
26.3	Indirekte Bedarfsermittlung	206
27	**Kaufmotive geben Auskunft über die Nutzenerwartungen des Kunden**	208
27.1	Kaufmotive und Nutzenerwartungen	209
27.2	Häufige Kaufmotive	209
27.3	Kaufmotive erkennen und entsprechend agieren/argumentieren	212
27.4	Probleme, die mit den Kaufmotiven verbunden sein können	212
28	**Gut gezeigt ist halb verkauft – die Produktvorführung durch den Verkäufer**	213
28.1	Produktvorführung durch den Verkäufer wirkt verkaufsfördernd	213
28.2	Grundsätze der Produktvorlage	214
29	**Verkaufsargumente: Entscheidungshilfen für den Kunden**	217
29.1	Argumente, Argumentation	218
29.2	Woraus wir Verkaufsargumente ableiten	218
29.3	Voraussetzungen für eine wirkungsvolle Argumentation	219
29.4	Produktbezogene Verkaufsargumente	219
29.4.1	Anwendung produktbezogener Verkaufsargumente	219

29.4.2	Nachteile produktbezogener Verkaufsargumente	219
29.5	Umweltbezogene Verkaufsargumente	219
29.5.1	Einzelhandel und Umweltschutz	219
29.5.2	Beispiele für umweltbezogene Verkaufsargumente	220
29.6	Kundenbezogene Verkaufsargumente	220
29.6.1	Der Kunde sucht „Nutzen"	220
29.6.2	Vorteils- und Sie-Formulierungen	221
29.7	Wie wir den Kunden am besten überzeugen (Argumentationstechnik)	222
29.7.1	Merkmale einer wirkungsvollen Argumentationstechnik	222
29.7.2	Den Kunden aktivieren	222

30	**Preisgespräche überzeugend führen**	**224**
30.1	Der Kunde setzt den Preis in Beziehung zum Wert eines Produkts	224
30.2	Wir „verpacken" den Preis in Kundennutzen („Sandwich-Methode")	225
30.3	Der richtige Zeitpunkt, um den Preis zu nennen	226
30.4	Wie wir den Preis nennen	227
30.5	Wie wir Preisschocks verhindern	227
30.6	Wir stellen uns auf die Preisvorstellungen des Kunden ein	228

31	**Kundeneinwände: lästige Kaufwiderstände oder nützliche „Wegweiser"?**	**229**
31.1	Gründe für Einwände	230
31.1.1	Häufige Gründe für Einwände	230
31.1.2	Worauf sich Kundeneinwände beziehen	230
31.2	Verhaltensweise bei Kundeneinwänden	231
31.3	Einwände, die wir nicht entkräften	231
31.4	Auf welche Weise wir Einwände entkräften	231
31.4.1	„Ja-aber"-Methode	232
31.4.2	Bumerang- (= Umkehr-)Methode	232
31.4.3	Fragemethode	233
31.4.5	Preiseinwände, kein Grund zur Kapitulation	234

32	**Bei Kaufbereitschaft auf den Abschluss hinwirken**	**235**
32.1	Der Kunde signalisiert Kaufbereitschaft	235
32.2	Abschlusstechniken	236
32.2.1	Alternativfragen führen direkt zur Entscheidung und damit zum Abschluss	236
32.2.2	Zusammenfassen der wichtigen Vorzüge	236
32.2.3	Empfehlung mit Begründung	237
32.3	Abschlussverstärker	237
32.4	Hochdruckverkauf schadet	237
32.5	Und wenn der Kunde es sich nochmals überlegen will?	237
32.6	Die gekonnte Verabschiedung schafft eine positive Nachwirkung	238

33	**Zusatzangebote nicht vergessen**	**239**
33.1	Zusatzangebote bringen zusätzlichen Nutzen	239
33.2	Zusatzverkäufe richtig planen	240
33.3	Kunden von der Nützlichkeit des Zusatzangebots wirkungsvoll überzeugen	241
33.4	Der richtige Zeitpunkt für Zusatzangebote	241

34	**Alternativangebote richtig unterbreiten**	**242**
34.1	Wir erforschen, was der Kunde wirklich wünscht	242
34.2	Alternativen anbieten	242
34.3	Auf die richtige Formulierung kommt es an	243
34.4	Die gewünschte Marke wird nicht geführt	243
34.5	Der gewünschte Artikel wird nicht geführt	243

35	**Kunden bringen Begleitpersonen mit**	**244**
35.1	Warum Kunden Begleitpersonen mitbringen	244
35.2	Die Rollen der Begleiter, unser Verhalten	245

36	**Reklamationen richtig behandeln**	248
36.1	Reklamationsgründe	248
36.2	Was durch die Behandlung von Reklamationen erreicht werden soll	249
36.3	Wir erledigen Reklamationen	249
36.4	Die Reklamation ist nicht berechtigt	251
37	**Umtausch aus Kulanz und als Service für den Kunden**	252
37.1	Umtauschgründe und Voraussetzungen für einen Umtausch	252
37.2	Vom Umtausch ausgeschlossene, fehlerfreie Waren	253
37.3	Typische Umtauschwaren	253
37.4	Grundregeln für die Verhaltensweise bei Umtausch	254
37.5	Mit stichhaltigen Gründen den Umtausch ablehnen	255
37.6	Bereits beim Kauf Umtauschwünschen entgegenwirken	255
38	**Verhalten gegenüber Ladendieben**	256
38.1	Ladendiebe: Wer, was, wann stiehlt	257
38.2	Methoden der Ladendiebe	257
38.3	Verhalten, wenn sich jemand verdächtig macht	258
38.3.1	Verdachtsmomente	258
38.3.2	Verhaltensweise	258
38.4	Verhaltensweise, wenn der Dieb auf frischer Tat ertappt wird	258
38.5	Erhöhtes Risiko schreckt ab	259
39	**Kundendienst: beondere Serviceleistungen**	260
39.1	Serviceleistungen helfen verkaufen	260
39.2	Kundendienstleistungen	261
39.3	Allgemeine Serviceleistungen erleichtern den Einkauf	261
39.4	Serviceleistungen, die mit dem Produkt verbunden sind	261
39.5	Serviceleistungen bei der Bezahlung	263
40	**Werbung im Einzelhandel**	264
40.1	Begriffsbestimmungen und Ziele der Werbung	265
40.2	Grundsätze der Werbung	265
40.3	Werbearten	266
40.4	Werbemittel und Werbeträger	268
40.5	Werbeplanung	269
40.5.1	Werbeziele und Werbeobjekte festlegen	270
40.5.2	Zielgruppen ermitteln	270
40.5.3	Werbeetat planen	270
40.5.4	Streuplan aufstellen	271
40.6	Werbebotschaften	272
40.7	Werbewirkung	273
40.8	Werbesprache	273
40.9	Grenzen der Werbung einhalten	274
Anhang		276
Übungsaufgaben		279
Sachwortverzeichnis		322
Bildquellenverzeichnis		330

1 Erwartungen des Kunden an den Verkäufer, das Geschäft und das Produkt

 Fallbeispiel

Eine Fachzeitschrift für Mitarbeiter des Einzelhandels enthält folgenden Text:

> Künftige Erfolge im Einzelhandel werden von einem Verbraucher bestimmt, der gut informiert ist, auf Qualität achtet, kritisch ist und sich mit seinem Einkommen individuelle Wünsche erfüllen wird. Kunden wollen umworben sein, legen Wert auf individuelle, hoch qualifizierte Beratung, größtmögliche Bequemlichkeit beim Einkauf sowie auf eine ansprechende Kaufatmosphäre. Speziell für den Fachhandel ergibt sich die Notwendigkeit, sich stärker darauf einzustellen!

 Auswertung

1. Welche Erwartungen haben Kunden an Einzelhandelsgeschäfte?
2. Welche Verhaltensweisen werden im Text vom Kunden heute und auch künftig im beratungsintensiven Einzelhandel erwartet?
3. Worin zeigt sich kundenorientiertes Verhalten von Verkäufern?

 Sachdarstellung

1.1 Kundenorientierung, Schlüssel zum Erfolg

Eines der wichtigsten Ziele eines Einzelhändlers besteht darin, Gewinne zu erwirtschaften. Erst durch die Bereitschaft des Kunden, Güter und Dienste gegen Entgelt in einem bestimmten Geschäft zu erwerben, können Gewinne entstehen. Deshalb richtet der erfolgreiche Einzelhändler seine unternehmerische Aktivität an den individuellen Wünschen seiner Kunden aus und zeigt **„Kundenorientierung"**. Er stellt Leistungen bereit, die den Wünschen und Erwartungen der Kunden entsprechen. Im Mittelpunkt des unternehmerischen Tuns und Handelns steht der Kunde. Hier ein Überblick kundenorientierter Leistungen:

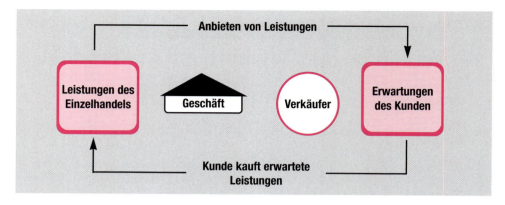

Man erkennt: Die Kundenorientierung bezieht sich auf
- Leistungen, die das Geschäft anbietet,
- Verhaltensweisen der Verkäufer im Umgang mit Kunden.

> Kundenorientierung ist das wichtigste Ziel eines Geschäfts und gilt als Schlüssel zum Erfolg. Geschäfte und deren Mitarbeiter, welche kundenorientierte Leistungen anbieten,
> - erfreuen sich der Zufriedenheit der Kunden,
> - bewirken Kundenbindung (neue Kunden zu gewinnen ist wesentlich „teurer" als Stammkunden zu halten),
> - sind erfolgreich.

Deshalb ist es für das Unternehmen nützlich zu wissen:
- Wie zufrieden sind die Kunden, bzw. weshalb sind sie unzufrieden?
- Warum wurden z. B. bei Reklamationen keine kundenfreundlichen Lösungen gefunden?
- In welcher Hinsicht entspricht der Service nicht den Erwartungen?

Stimmt die Kundenorientierung nicht, kehrt der Kunde dem Geschäft den Rücken und wendet sich dort hin, wo er glaubt, bessere Leistungen zu finden. Natürlich erwartet der Kunde nicht alle möglichen Leistungen gleichzeitig, deshalb haben sich unterschiedliche Verkaufs- und Betriebsformen entwickelt (vgl. Kapitel 2).

1.2 Erwartungen an den Verkäufer

1.2.1 Sympathische äußere Erscheinung

Der erste Eindruck, den der Kunde vom Verkäufer gewinnt, geht von seiner äußeren Erscheinung aus. Diese wird vor allem durch Kleidung und Körperpflege bestimmt.

Die Kleidung des Verkäufers

Damit ein **positiver, sympathischer** Eindruck entsteht, werden im Allgemeinen folgende Anforderungen an die Kleidung gestellt. Sie soll

- sauber, gepflegt, zweckmäßig sein;
- zum Stil des Hauses bzw. der Abteilung passen;
- zur Person des Verkäufers passen (Alter, Figur und Typ).

Deshalb sind Verkäufer im Jeans-Shop und in der Abteilung für festliche Kleidung unterschiedlich gekleidet.

Körperpflege macht sympathisch

Gepflegtes Aussehen erleichtert die Kontaktaufnahme und **macht uns sympathisch**. Darauf wollen wir nicht verzichten. Wir achten auf

- ansprechende Frisur;
- gepflegte Hände und Fingernägel;
- angenehme Körperfrische;
- pflegendes oder dekoratives Make-up, das zum Typ passt.

Zur Erhaltung der körperlichen Fitness und als Ausgleich zum langen Stehen trägt entsprechender Sport bei, z. B. Gymnastik, Schwimmen, Skating, Rad fahren, Reiten.

1.2.2 Gute Umgangsformen schaffen eine positive Verkaufsatmosphäre

Gute Umgangsformen sind Ausdruck der Sozialkompetenz, der Achtung und Wertschätzung gegenüber Mitmenschen. Dadurch tragen wir selbst zur positiven, verkaufsfördernden Atmosphäre bei, schaffen Sympathie und Vertrauen. Wer andere „gewinnen" will, braucht gute Umgangsformen. Wenn zwei Einzelhandelsgeschäfte die gleichen Artikel zum gleichen Preis anbieten, wird das positive Verhalten des Verkäufers den Ausschlag zum Kauf in einem der Geschäfte geben. Kunden wollen **positive Erfahrungen im Umgang mit Verkäufern** beibehalten.

Grundsätze im Umgang mit Menschen

Im Umgang mit Menschen gilt folgender Grundsatz:

> Jeder Mensch strebt danach, belohnt und nicht bestraft zu werden.

Hinsichtlich des Umgangs mit Kunden gibt es viele Verhaltensweisen, mit denen Verkäufer belohnende oder bestrafende Wirkungen ausüben. Die belohnenden schaffen eine positive Verkaufsatmosphäre, die bestrafenden eine negative (geringere Verkaufschancen).

Folgende Tabelle gibt einen Überblick über solche Verhaltensweisen. Beobachten Sie bei Ihnen und Ihren Kollegen ähnliche?

Verhaltensweisen im Umgang, die belohnend oder bestrafend wirken

Verhaltensweisen des Verkäufers, die belohnend wirken	Verhaltensweisen des Verkäufers, die bestrafend wirken
• sich dem Kunden zuwenden, Blickkontakt aufnehmen	• herumstehen, Privatgespräche weiterführen, Kunden warten lassen bzw. sich von ihm abwenden
• freundlich grüßen, höflich und behilflich sein	• mangelnde Höflichkeit, Kunden unfreundlich anstarren, Blickkontakt unterlassen, plumpe Komplimente machen, Hilfe unterlassen
• Engagement, Interesse	• mangelndes Engagement und Desinteresse, Lustlosigkeit, Gleichgültigkeit
• zuhören, zustimmen	• weghören, überhören, ins Wort fallen, widersprechen
• wahrhaftig, redlich, ehrlich, zuverlässig, korrekt, sorgfältig, pünktlich sein	• besserwisserisch, abfällige Werturteile abgeben, mit „Tricks" arbeiten, aufdringlich sein, unwahre Auskünfte geben, Notlügen und Ausreden vorbringen

Gesichtsausdruck, Blickkontakt und Höflichkeit

Die beiden Bilder zeigen dieselbe Person mit unterschiedlichem Gesichtsausdruck: freundlich und einladend, unfreundlich und abweisend. Kein Kunde verlangt vom Verkäufer ein ständiges Lächeln (wirkt unnatürlich und unecht). Ein kurzes, freundliches Lächeln zeigt Charme und lässt uns sympathisch erscheinen. Wir halten Blickkontakt zum Kunden, ohne ihn anzustarren.

1.2.3 Konfliktfreie, verkaufsfördernde Sprache

Unsere Sprache ist das wichtigste Mittel der Verständigung (= Kommunikationsmittel).

Geschulte Verkäufer
- vermeiden Gesprächsstörer, die das Verkaufsgespräch abwürgen;
- verwenden Gesprächsförderer, die Vorstellungen von Kunden offenlegen;
- wenden Formulierungen an, die auf Vorteile der Ware hinweisen;
- formulieren positiv und anregend, was verkaufsfördernd wirkt;
- nutzen die Fragetechnik, um das Verkaufsgespräch weiterzubringen.

1.2.4 Individuelle Beratung

Produkt- und Warenkenntnisse

Viele Produkte, die der Einzelhandel anbietet, sind beratungsintensiv, z. B. festliche Kleidung. Kunden sind zunehmend informierter und interessierter, aber auch kritischer. Wir beraten auf Wunsch umfassend über Eigenschaften, Vorteile, Einsatz, Verwendung, Qualitätsmerkmale, Pflege u. Ä. Durch **gründliche Produkt- und Warenkenntnisse** und verkaufskundliches Wissen erhalten wir fachliche Kompetenz und die nötige **Sicherheit für das Verkaufsgespräch**. Wir sind dadurch in der Lage, Produkte zu erklären bzw. vorzuführen. „Fachsimpeleien" will der Kunde nicht, er ist vielmehr an einer individuellen und qualifizierten Beratung interessiert. Dazu brauchen wir Fachwissen!

Waren- und Produktkenntnisse erwerben wir z. B.

- in der schulischen und betrieblichen Unterweisung;
- durch Fachbücher, Fachzeitschriften, Fachschulen;
- durch Prospekte und Warenbeschreibung des Herstellers;
- durch Beobachtungen des Verkaufsvorgangs bei erfahrenen Kollegen und durch Erfahrungsaustausch mit ihnen.

Sortimentskenntnisse

Unter Sortiment versteht man die Gesamtheit aller Waren, welche ein Geschäft anbietet. Sortimentskenntnisse helfen uns, im Verkaufsgespräch Auskunft zu geben, **welche Artikel** der verschiedenen Hersteller wir führen, **wo** die gewünschte Ware im Geschäft zu finden ist, **welche** Artikel sinnvoll miteinander **kombiniert werden können**, welche **Preislagen** und **Qualitäten** wir führen, welche **Werbeaktionen** gerade laufen usw. Je genauer wir darüber Bescheid wissen und diese Kenntnisse richtig anwenden, desto besser können wir den Kunden bedienen und beraten.

1.3 Erwartungen an das Geschäft

Jeder Kunde hat unterschiedliche Erwartungen an das Geschäft.

1.3.1 Bedarfsorientiertes Sortiment

Kunden erwarten bei ihren Einkäufen stets eine **Auswahl an Produkten**. Will ein Kunde sich z. B. Jeans kaufen (= Bedarf), so erwartet er stets eine Auswahl an verschiedenen Schnitten, Preislagen, Qualitäten, Größen, Farben, Formen unterschiedlicher Hersteller.

1.3.2 Attraktive Warenpräsentation und interessante Verkaufsatmosphäre

Wirkungsvolle Präsentation und Platzierung wollen

- das Warenangebot dem Kunden vorstellen (Bedürfnisse wecken),
- Produktinformationen geben,
- Kunden rational und/oder emotional ansprechen,
- Kaufentscheidungen auslösen.

Der Kunde erwartet insbesondere beim Einkauf höherwertiger Gebrauchsgüter, z. B. bei festlicher Kleidung, edlem Schmuck, eleganten Schuhen, eine angenehme Kaufatmosphäre, die positive Gefühle und Empfindungen hervorruft und das Einkaufen zum Erlebnis werden lässt (vgl. Kapitel Produktpräsentation).

1.3.3 Verlässliche Informationen und qualifizierte Beratung

Der Verbraucher ist wählerisch, kritisch und mündig. Medien wie Zeitungen, Kataloge, Prospekte, Testberichte, Verbrauchersendungen, Internet u. Ä. versorgen ihn mit Produktwissen. Vielfach ist er gut informiert und interessiert. Deshalb verlangt er verlässliche Informationen und eine **qualifizierte, situationsgerechte Beratung**, möglichst verbunden mit einer Produktvorführung.

1.3.4 Nützlicher Service

Viele Geschäfte bemühen sich, das Einkaufen so angenehm wie möglich zu gestalten. Dazu tragen z. B. Parkplätze, eine übersichtliche, klar gegliederte Raumgestaltung, eine zweckvolle oder dekorative Ladeneinrichtung, kurze Einkaufswege im Geschäft, Rolltreppen, Fahrstühle, Klimaanlagen bei.

Typische **Serviceleistungen**, die der Einzelhändler anbietet, sind z. B.:

- Änderung
- Auswahlsendung
- Umtausch
- Ausmessen
- Zuschneiden
- Zustellen
- Verlegen
- Montage
- Kreditgewährung
- telefonische Bestellung
- Kartenzahlung
- Kundenkarten
- Kredit gewähren
- Telefonische Bestellung

Bei vielen technischen Artikeln löst der Einzelhändler im Auftrag des Herstellers die Garantieverpflichtung ein, z. B. Reparatur in eigener Werkstatt.

1.4 Erwartungen an das Produkt

Der Kunde, der ein Produkt (Textil) kauft, will durch dieses seine Bedürfnisse befriedigen. Verschiedene Kunden haben unterschiedliche Bedürfnisse. Deshalb stellen Käufer vielfältige Erwartungen/Ansprüche an das gewünschte Produkt.

Beispiel: Ein Kunde wünscht einen sportlichen Mantel, der gut passt, schön aussieht und viele nützliche Gebrauchseigenschaften besitzt. Vielleicht könnte dieser Trenchcoat den Erwartungen entsprechen?

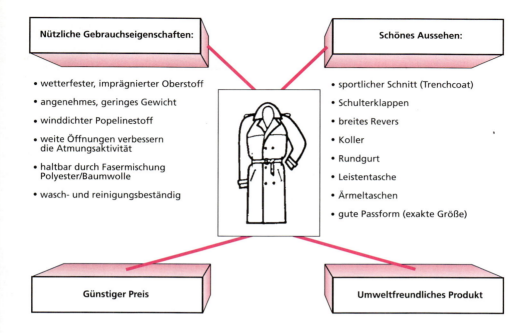

1.4.1 Hoher Gebrauchswert

Unter dem Gebrauchswert versteht man die **nützlichen Eigenschaften** eines Produkts in einem bestimmten Einsatzbereich.

Beispiel: Der Mantel ist Wasser abweisend ausgerüstet, hält den Wind ab, ist warm und durch den weiten Schnitt sehr bequem.

1.4.2 Hoher Geltungswert

Unter dem Geltungswert versteht man die Eigenschaften eines Produkts, die z. B. **schönes Aussehen, Aufmerksamkeit, Geltung und Ansehen (= Prestige)** bewirken. Geltungswerte sind also gefühlsmäßige Werte.

Beispiel: Der Trenchcoat sieht gut aus, ist Ausdruck eines sportlichen Lebensstils und wirkt gepflegt.

1.4.3 Qualität

Unter Qualität versteht man eine Vielzahl nützlicher Eigenschaften, die der Kunde bei der Verwendung des Produkts erwartet.

Beispiel: „Der Trenchcoat ist leicht, sieht gut aus, ist imprägniert und somit bei Regen unempfindlich…"

1.4.4 Günstiger Preis

Der Kunde erwartet, dass die **Ware ihren Preis wert** ist. Der Fachverkäufer kennt den Wert seiner Ware und kann diesen dem Kunden verständlich machen. Der Kunde stellt dann z. B. fest, dass

> der Preis des gewünschten Produkts angemessen ist,

und wird sein Kaufverhalten danach ausrichten.

1.4.5 Umweltfreundliches Produkt

Eine wichtige Aufgabe unserer Zeit ist der Umweltschutz. Textilindustrie und Handel sind gefordert, Textilien aus umweltfreundlichen Rohstoffen mit umweltgerechter Ausrüstung, umweltgerecht verpackt herzustellen. Wertvolle Textilrohstoffe sollen wiederverwertet werden.

> Übungsaufgaben: Kapitel 1, Seite 279

2 Verkaufsformen im Einzelhandel: Bedienung, Selbstbedienung, Vorwahl u. Ä.

 Fallbeispiel

(Voll-)Bedienung

Selbstbedienung

 Auswertung

1. In welchem Geschäft herrscht
   a) Selbstbedienung
   b) (Voll-)Bedienung?
2. a) Welche Bedienungsform ist für erklärungsbedürftige, beratungsintensive Artikel vorteilhaft?
   b) Welche Kenntnisse/Fähigkeiten erwarten Kunden vom Verkäufer solcher Waren?
3. a) Welche Vorteile bringt die Selbstbedienung dem Kunden und dem Geschäft?
   b) Worin besteht die Tätigkeit eines Verkäufers im Selbstbedienungsgeschäft?

 Sachdarstellung

Der Einzelhandel bietet Produkte in seinen Ladengeschäften in der Verkaufsform der Selbstbedienung, der (Voll-)Bedienung oder der Vorwahl an. Diese Verkaufsformen, die z. B. in einem Warenhaus auch gleichzeitig auftreten können, wollen wir mit ihren Besonderheiten kennen lernen.

2.1 Bedienung

Diese Verkaufsform bietet eine Menge Leistungen: qualifizierte und individuelle Beratung, eine angenehme Verkaufsatmosphäre, wertvolle Geschäftsausstattung, hochwertige Markenqualität, evtl. Luxusartikel. Das Einkaufen in dieser Betriebsform soll für den Kunden zum Erlebnis werden.
Die Bedienung ist die Verkaufsform, bei der gewöhnlich alle Stufen des Verkaufsgesprächs durchlaufen werden.

Gedanklich lässt sich das Beratungsgespräch wie folgt gestalten:

Freundliche **Begrüßung** schafft Sympathie und erleichtert die Kontaktaufnahme:
„Guten Tag. Was darf ich Ihnen zeigen?"
„Zu welcher Gelegenheit möchten Sie die Jacke tragen?"

Die Antwort gibt Auskunft über **Anlass, Zweck, Einsatzbereich** der Ware. Wir erfahren die Wünsche, Vorstellungen, Absichten und den **Bedarf** des Kunden.

Wir **zeigen die Ware**, führen diese vor, argumentieren, weisen auf Vorteile hin, zeigen Besonderheiten und beziehen den Kunden aktiv mit ein.

Ist der Kunde noch nicht überzeugt und bringt **Einwände** vor, betrachten wir diese als „Wegweiser" und versuchen, die Hindernisse aus dem Weg zu räumen.
Verkäufer: „Bei diesen Jacken hier …"

Signalisiert der Kunde seine Kaufbereitschaft, bringen wir den Kauf zum **Abschluss**.

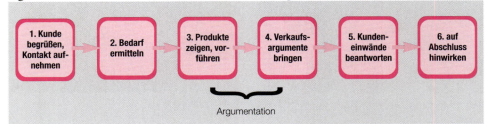

Diese Bedienungsform eignet sich für
- längerlebige, erklärungsbedürftige und beratungsintensive Gebrauchsgüter und für Luxusartikel aus unterschiedlichen Lebens- und Erlebnisbereichen, z. B. festliche Kleidung, funktionelle Sportbekleidung;
- Produkte, bei denen sich aus hygienischen Gründen eine Selbstbedienung des Kunden verbietet, z. B. bei Fleisch und Wurstwaren;

- Produkte, bei denen aus Sicherheitsgründen der Kunde keinen Zugriff haben soll, z. B. wertvolle Pelzmäntel, Arzneien, Uhren, Schmuck.

Viele solcher Käufe werden vom Kunden geplant (= **Plankäufe**), die Kaufentscheidung erfolgt häufig nach vorausgegangener Überlegung. Der Kunde erwartet ein „Einkaufserlebnis".

Vorteile der Bedienung für das Geschäft	Vorteile der Bedienung für den Kunden
• es bietet anspruchsvollen Kunden in gehobener Verkaufsatmosphäre hochwertige, beratungsintensive Ware • es beschäftigt Verkäufer mit hoher Fachkompetenz	• er findet eine geeignete Auswahl hochwertiger Waren (Qualität, Aussehen) • er findet eine qualifizierte Beratung vor und die Erfüllung seiner anspruchsvollen Wünsche bzw. Problemlösungen

2.2 Selbstbedienung

Einfache, problemlose Waren des täglichen Bedarfs, deren Eigenschaften der Kunde kennt, kauft er bevorzugt in Selbstbedienungsgeschäften. Diese Verkaufsform hat sich nicht nur bei Lebensmitteln, sondern z. B. auch bei Drogerie-Artikeln, Schreibwaren, Heimwerkerbedarf, einfachen Lederwaren und Textilien für vorteilhaft erwiesen. Deutlich sichtbare Wandbeschriftung oder Beschilderung weisen auf die einzelnen Warengruppen hin, damit die gewünschte Ware leicht zu finden ist. Das jeweilige Sortiment ist übersichtlich in Regalen, Ständern, Gondeln, Truhen und sogenannten „Stolperkörben" dargeboten und bietet somit **direkten Kontakt mit den Produkten**.

Informationen über die Eigenschaften der Produkte, ihr Gewicht, Preis u. Ä. lassen sich aus Hinweisen am Regal, an der Verpackung oder dem Produkt selbst entnehmen. Der Kunde kann die Produkte genau betrachten, in die Hand nehmen und prüfen. Verkaufswirksame Platzierung, z. B. vor der Kasse, Präsentation durch auffällig gestaltete Verpackung oder der günstige Preis können Kaufimpulse auslösen (= **Impulskauf**).

Bei Impulskäufen fällt die Kaufentscheidung spontan.

Vorteile der SB für das Geschäft	Vorteile der SB für den Kunden
• weniger Personalkosten und Geschäftskosten, z. B. Einrichtung • verkaufswirksame Präsentation führt zu Impulskäufen, also zu Mehrumsatz • höherer Umsatz je Verkäufer und je Verkaufsfläche	• der Zugang zur Ware ermöglicht Sortimentsüberblick, Informationen über die Ware und erinnert an den Bedarf • individuelle Einkaufsgestaltung • keine Einflüsse durch Verkäufe • günstige Preise

Tätigkeiten des Verkäufers

Warenannahme	Bestücken	Nachfüllen	Bedienen	Kassieren	Entsorgen
• auspacken • kontrollieren • lagern • aufteilen nach Abteilung	• auszeichnen • auffüllen	• ordnen • Lagercheck • auffüllen • Lagerpflege	• vorbereiten • aushändigen	• erfassen • abrechnen	• sammeln • ordnen • transportieren • lagern

2.3 Vorwahl

Möchte sich der Kunde **selbst zwanglos und ohne Verkäufer** über das Warenangebot **informieren**, trotzdem bei sich ergebenden Fragen Beratung in Anspruch nehmen, ist die Vorwahl die geeignetste Verkaufsform. Diese in vielen Branchen anzutreffende Verkaufsform ist eine Kombination aus Bedienung und Selbstbedienung. Wir finden sie bei Textilien, Leder-, Haushaltswaren, im Elektrobereich usw.

Hat der Kunde eine Vorauswahl getroffen und **gibt er zu erkennen, dass er beraten werden möchte**, wird er fachkundige Auskünfte erhalten. Die Vorwahl bietet die Vorteile der Selbstbedienung, hinzu kommt die Möglichkeit einer Beratung.

2.4 Sonderformen

Automatenverkauf
Bei dieser Verkaufsform trifft der Käufer selbst die Auswahl eines bestimmten Artikels und entnimmt nach Eingabe der Zahlungsmittel das gewünschte Produkt dem Automaten.

Versandhandel
Der Versandhandel gibt verkaufswirksam gestaltete Kataloge, Prospekte an Interessenten ab. Diese bestellen dann schriftlich, telefonisch oder über Bildschirm Waren, die zugestellt werden. Spezialversender beschränken ihr Sortiment auf wenige Warenbereiche, z. B. Naturtextilien, Computer.

Teleshopping
Sender werben in ihren Programmen für Waren, z. B. Schmuck und Dienstleistungen wie Reisen, welche der Kunde schriftlich oder telefonisch bestellen kann.

E-Commerce
Mehrere Millionen Haushalte können z. B. über Internet „interaktiv" in Katalogen verschiedener Warenanbieter blättern oder das Sortiment verschiedener Einzelhändler kennen lernen: Ein Klick mit der Maus und auf dem Bildschirm wird das Produkt mit seinen Eigenschaften und Vorzügen gezeigt. Gefällt die Ware, kann der Kunde zeitunabhängig bestellen und erhält das gewünschte Produkt ins Haus geliefert.

Übungsaufgaben: Kapitel 2, Seite 280

3 Das kundenorientierte Sortiment ist Voraussetzung für geschäftlichen Erfolg

 Fallbeispiel

Annette, eine sympathische Textil-Einzelhandelskauffrau, möchte in Kürze eine Mode-Boutique eröffnen. Dabei tauchen folgende Fragen zum Sortiment auf. Beraten Sie Annette!

○ **Auswertung**

1. Welche wichtigen Artikelgruppen sollten das Hauptsortiment bilden? Begründung!
2. Auf welche Käufergruppen (= Zielgruppen) sollte das Sortiment zugeschnitten sein?
3. Welche Größen sollte das Sortiment umfassen?
4. Wo soll sich Annette über Modetrends informieren?

☐ **Sachdarstellung**

Unter **Sortiment** versteht man die Gesamtheit der angebotenen Waren eines Geschäfts. Eine der wichtigsten Voraussetzungen für geschäftlichen Erfolg ist das „richtige" Sortiment.

Der Einzelhändler
- **plant** die Zusammenstellung seines Sortiments (Sortimentsplanung);
- **gestaltet** es (Sortimentsgestaltung) entsprechend der Kundenwünsche;
- **ändert** sein Sortiment, um erfolgreich zu sein (Sortimentspolitik).

3.1 Sortimentsplanung

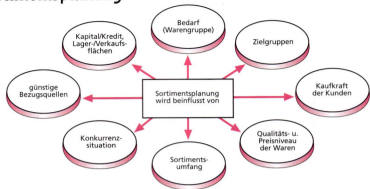

Wenn Sie z. B. ein Modegeschäft eröffnen wollen, dann ergeben sich folgende Fragen:
- Für **welche Warengruppe** besteht Bedarf, z. B. für Damenoberbekleidung (DOB), Herrenbekleidung (HAKA), Jeans- und Sportswear, Mode für junge Leute (young fashion), Kinderbekleidung usw.?
- Auf welche **Zielgruppe** (Kundenkreis) soll das Sortiment zugeschnitten sein, z. B. auf junge Leute (mit geringem Einkommen), auf modebewusste Frauen mit eigenem Einkommen oder auf Luxuskunden, die zwar viel Geld ausgeben können, aber auch nicht sehr zahlreich sind?
- Über welches **Einkommen** verfügen die Kunden? Die Einkommen in Großstädten, wie Hamburg, München usw. sind weit höher als die in ländlichen Gebieten, wie z. B. im Thüringer Wald.
- In welchem **Genre**, also in welchem **Qualitäts- und Preisniveau**, sollen die Textilien angeboten werden? Etwa im Luxusgenre mit Nobelmarken, im gehobenen, mittleren oder unteren, preiswerten Mittelgenre oder zweckmäßigerweise in unterschiedlichen Preislagen?
- Wie viele **verschiedene Artikelgruppen** an Hosen, Röcken, Blusen, Mänteln soll das Sortiment enthalten? Wie viele Artikel einer Warengruppe, z. B. Röcke in verschiedenen Farben, Mustern, Größen, Materialien, Formen, Preislagen, sollen geführt werden?
- Welche **Größen** sollen geführt werden, z. B. nur gängige bis Konfektionsgröße 44 bei Frauen oder auch höhere Größennummern und Sondergrößen?
- Führt ein **Mitbewerber** dasselbe oder ein ähnliches Sortiment, welches die Absatzchancen des eigenen Sortiments beeinträchtigen könnte (Konkurrenz- und Standortsituation)?
- Sind die **Mitarbeiter** für den Verkauf gut geschult?
- **Wo** können die Textilien günstig **gekauft** werden (Bezugsquellen)? Welche wichtigen Messen der Branche sollten besucht werden, z. B. die
  - Internationale Modemesse (Igedo) in Düsseldorf,
  - Internationale Sportartikelmesse (Ispo) in München,
  - Internationale Fachmesse für Heim- und Haustextilien (Heimtex) in Frankfurt?
- Welche Dienste leisten Einkaufsverbände, wie Katag, Sütex, Unitex usw.?
- Ist genügend **Kapital** (oder Kredit) für die Beschaffung des Inventars und der Ware vorhanden?

3.2 Sortimentsaufbau/Sortimentsbegriffe

Das Sortiment, z. B. in einem Warenhaus mit über 100 000 verschiedenen Artikeln, lässt sich als Pyramide darstellen:

Sortiment	Erläuterung	Beispiele
Sorte	→ ganz spezielles Produkt hinsichtlich Marke, Größe, Farbe	Tennisrock, weiß, Größe L, 100 % Baumwolle …
Artikel	→ spezieller Artikel der betreffenden Artikelgruppe	Tennisröcke des Herstellers A in den Größen S bis XL
Artikelgruppe	→ gleichartige Ware innerhalb eines Warenbereichs	Tennisbekleidung, -hosen, -röcke, -hemden
Warenbereich	→ gleichartige Warengruppe im betreffenden Fachbereich	Tennisbekleidung, -schläger, -schuhe
Fachbereich	→ kennzeichnet die Branche bzw. den Verwendungsbereich	Sport, Lebensmittel, Textilien, Haushalt

Sortimentsbegriffe

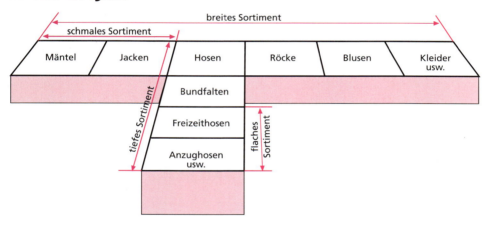

Man spricht von einem
- **variablen Sortiment**, wenn das Geschäft sein **Sortiment ändert**, das Modegeschäft z. B. entsprechend der Jahreszeit;
- **fixen Sortiment**, wenn das Geschäft sein **Sortiment oder Teile des Sortiments unverändert** beibehält; z. B. die Strumpfabteilung;
- **breiten Sortiment**, wenn das Geschäft **viele Warengruppen** führt, der Supermarkt z. B. Obst, Gemüse, Käse, Wein usw.;
- **schmalen Sortiment**, wenn das Geschäft **wenige Warengruppen** führt, der Jeans-Shop z. B. Jeanshosen, -röcke und -jacken;
- **tiefen Sortiment**, wenn das Geschäft **in einer Warengruppe viele verschiedene Artikelgruppen** führt, die Tierhandlung z. B. Fische, Kanarienvögel, Meerschweinchen usw.;
- **flachen Sortiment**, wenn das Geschäft **in einer Warengruppe wenig Artikelgruppen** führt, das Schuhgeschäft z. B. eine geringe Anzahl von Wanderschuhen.

Sortiment im Textil-Kaufhaus (Auszüge)

Bereich Bekleidung

- **Oberbekleidung**

  Damen:
  - Mäntel
  - Kleider
  - Röcke
  - Jacken
  - Kostüme
  - Hosen
  - Blusen
  - Strickwaren
  - Lederbekleidung
  - Arbeits- und Berufskleidung
  - Accessoires u. Ä.

  Herren:
  - Mäntel
  - Anzüge
  - Sakkos
  - Hosen
  - Strickwaren
  - Lederbekleidung
  - Arbeits- und Berufskleidung
  - Accessoires u. Ä.

  Kinder:
  ähnlich wie bei Damen- und Herrenoberbekleidung
  - Rutschhosen
  - Trägerröcke und -hosen
  - Schneeanzüge u. Ä.

- **Leibwäsche**
  - Miederwaren
  - Tagwäsche
  - Nachtwäsche
  - Morgenröcke
  - Feinstrumpfhosen u. Ä.
  - Oberhemden
  - Tagwäsche
  - Nachtwäsche
  - Morgenmäntel
  - Strümpfe, Socken u. Ä.

  ähnlich wie bei Damen und Herren

- **Sportbekleidung**

  Clothing, Sporthosen, Golf- und Tennisbekleidung, Ski-, Bade- und Wanderbekleidung, Fahrradbekleidung, Jogginganzüge, Funktionsbekleidung und -wäsche usw.

Bereich Wohnen

Babys:
- Taufkleidchen
- Spielhöschen
- Ausfahrgarnituren u. Ä.

Babywäsche:
- Hemdchen
- Jäckchen
- Höschen
- Strampelhosen
- Babyschuhe

Weitere Babyartikel:
- Windeln
- Badetücher
- Schlafsäcke
- Bettwäsche
- Decken u. Ä.

Heimtextilien im engeren Sinn:
- abgepasste Teppiche und Läufer, Auslegware
- Stores (= transparente Gardinen)
- Dekorationsstoffe (dicht)
- Raumausstattungsartikel, z. B. textile Wandbespannungen

Heimtextilien im weiteren Sinn umfassen zusätzlich:
- Haustextilien wie Bett- und Tischwäsche, Hand-, Geschirr-, Gläsertücher, Frottiertücher und Badetücher u. Ä.

Aussteuerwaren wie Bettwaren:
Oberbetten, Matratzen, Bettstellen, Füllungen, Inletts, Schlaf-, Reise-, Stepp-, Daunendecken u. Ä.

Sonstiger Bereich

Meterware (= Stoffe):
- Kurzwaren wie Knöpfe, Näh- und Stopfgarn, Nadeln, Reißverschlüsse, Bänder, Borten u. Ä.
- Handarbeitstextilien wie poröse Gewebe, Strick-, Stick- und Häkelgarne, Knüpfgarne
- Camping: Zelte, Schlafsäcke
- Technischer Bereich (wird hier nicht erörtert) u. Ä.

3.3 Zusammenstellung der Sortimente nach Bedarfsbündeln

Der Kunde, der z. B. sportliches Radfahren als Hobby betreibt, möchte oftmals gleich beim Einkaufen zusammengehörende Waren kennen lernen, also Helme, Regenbekleidung, Radtaschen usw.

Bedarfsbündel nach Erlebnisbereichen: Das sind Artikel, die zum Erlebnis- und Freizeitbereich des Kunden gehören und geeignet sind, die Freizeit angenehm zu gestalten.

Beispiel: „Alles für Ihren Badeurlaub" umfasst Bade- und Strandbekleidung, Badetuch, Strohhut, Sonnenbrille und -schutzmittel, Badeschuhe und -tasche. Ein Badefreund muss nicht verschiedene Geschäfte/Abteilungen aufsuchen, er findet hier alles.

Weitere Beispiele: „Ihr Campingurlaub", „Lesen, die schönste Freizeitbeschäftigung", „Pflegen Sie Ihr Hobby", „Die komplette Ausstattung für Reiter, Bergsteiger", „Alles für die Hochzeit" …

Bedarfsbündel nach Lebensbereichen bestehen aus Produkten, die zu einem bestimmten Lebensbereich wie Wohnzimmer, Arbeitszimmer, Kinderzimmer, Küche, Bad, Familie, Kind passen. Im „Haus des Kindes" findet die junge Familie alles, was zu dem Lebensbereich „Kind" gehört: Umstandsmoden, Babyausstattung, vom Fläschchen bis zur Waage und Wagen, Windeln, Hochstühle, Reisebetten, ein umfangreiches Kinder-Textilsortiment, klassisch, sportlich, usw.

Ähnliche Bedarfsbündel sind z. B. „Alles fürs Büro", „Für den Waschtag", „Für Ihre Schönheit" u. Ä.

Die Zusammenstellung der Sortimente nach **Bedarfsbündeln bringt Vorteile:**
- Der Kunde kann den gesamten Bedarf seines Lebens- oder Erlebnisbereichs decken,
- er spart Zeit, weil er „alle" Produkte in einem/r Geschäft/Abteilung findet,
- dort werden ihm Problemlösungen angeboten,
- dem Geschäft entstehen zusätzliche Absatzchancen.

3.4 Sortiment und Umweltschutz

Das Umwelt- und Gesundheitsbewusstsein der Verbraucher nimmt zu. Der Einzelhandel hat dies erkannt und bietet, wenn möglich und gewünscht, Alternativen im Sortiment. So sind umweltverträgliche Produkte auf dem Vormarsch.

Branche	Problem	Beispiele
• Ernährung/ Lebensmittel	Rückstände von Agrar- und Industrie-Chemikalien, die in die Nahrungskette gelangen	Produkte aus ökologisch kontrolliertem Anbau
• Textil/ Bekleidung	chemische Behandlung der Textilien für besseres Aussehen und Gebrauchswert	Alternativen kaum vorhanden; Textilien, die auf der Haut getragen werden, vorher waschen u. Ä.
• Wasch- und Reinigungsmittel	chemische Inhaltsstoffe bewirken zwar das Reinigen, sind aber für Abwasser und Flüsse nicht unbedenklich	biologisch abbaubare und umweltverträgliche Inhaltsstoffe; keine Überdosierung (siehe Herstellerempfehlung) u. Ä.
• Kosmetik/ Körperpflege	Allergien bei hautempfindlichen Menschen	kaum vorhanden, Naturkosmetik
• Elektronik/ Elektrogeräte	(hoher) Energieverbrauch, Problem der Entsorgung	energiesparende Haushaltsgeräte, FCKW-freie Kühl- und Gefrierschränke, wiederaufladbare Batterien.

(In Anlehnung an Karstadt: „Umweltbewusst handeln")

3.5 Wirtschaftliche Aspekte der Sortimente

3.5.1 Sortimentspolitik

Die Wünsche der Kunden wandeln sich. Ein Beispiel dafür ist die Mode, ein ständiges Spiel mit Farben, Kombinationen, Materialien und Formen. Der Einzelhandel passt sein Sortiment einerseits den Kundenwünschen an. Die Sortimente ändern sich. Maßnahmen zur Veränderung des Sortiments nennt man Sortimentspolitik. Drei Maßnahmen sind häufig anzutreffen:

Sortimentserweiterung	Sortimentsbeschränkung	Veränderung des Genres
= **Sortimentsvertiefung:** Zum ursprünglichen Sortiment kommen weitere Artikel(gruppen), z.B.: zur Sportbekleidung die Sportausrüstung wie Tennisschläger usw.	= **Sortimentsbereinigung:** Waren, die nicht genügend Gewinn bringen, werden aufgegeben, z.B.: ein Warenhaus löst die Möbelabteilung auf.	= **Qualitäts- und Preisstufen werden verändert:** z.B. nimmt das Geschäft Hemden der höheren Qualitäts- und Preisstufen in das Sortiment auf = „**Trading up**", umgekehrt: „**Trading down**".

3.5.2 Wirtschaftliche Aspekte

Kernsortiment

Das sind Waren bzw. Warengruppen, die am stärksten gefragt sind, also solche, mit welchen der Einzelhändler seinen Hauptumsatz macht. Vielfach gibt der Geschäftsname, z.B. „Bekleidungshaus Jung", Auskunft über das Kernsortiment.

Randsortiment

Das sind Waren bzw. Warengruppen, die zum Hauptartikel gehören, passen oder diesen sinnvoll ergänzen. Sie stellen für das Geschäft und den Verkäufer wichtige Zusatzverkäufe dar, auf die man nicht verzichten kann und die beachtlichen Mehrumsatz bringen.

Beispiel für ein Kern- und Randsortiment: Eine Kundin interessiert sich für einen modischen Ski-Overall unseres Kernsortiments. Wir bieten folgende Artikel unseres Randsortiments an: Schneehemd, Mütze, Schal, Handschuhe, Strümpfe und Spezialwäsche.

Übersortiment

Das Sortiment enthält Waren oder Warengruppen, die der Kunde wenig verlangt. Die Lagerdauer und somit die Lagerkosten sind besonders hoch und schmälern den Betriebsgewinn. Der Einzelhändler wird sich von verlustbringenden Waren trennen.

Untersortiment

Das Sortiment enthält Lücken, gewünschte Artikel fehlen, deshalb gehen Umsatz- und Gewinnchancen verloren. Verkäufer, die ständig im Kontakt zu Kunden stehen, sind über Sortimentslücken am ehesten informiert. Verkäufer geben solche Informationen der Verkaufsleitung weiter, welche die Aufnahme neuer Artikel prüft.

Übungsaufgaben: Kapitel 3, Seite 281

4 Wirkungsvolle Produktpräsentation und Produktplatzierung sind verkaufsfördernd

△ Fallbeispiel

◯ Auswertung

1. In welcher Bedienungsform werden in diesem Geschäft Produkte verkauft?
2. Wie kommt eine angenehme Verkaufsatmosphäre auf?
3. Welche Warenträger verwendet
   a) dieses Geschäft?
   b) Ihr Geschäft?
4. Welche Regalplätze lösen besondere Aufmerksamkeit beim Kunden aus?
5. Welche Wirkung hat die „Aktionsplatzierung" im Vordergrund für
   a) den Kunden,
   b) das Geschäft?
6. Machen Sie eine Aussage zur
   a) Übersichtlichkeit des Sortiments!
   b) Ordnung in den Regalen!

■ **Sachdarstellung**

4.1 Begriff und Ziele der Präsentation bzw. Platzierung

Bei der **Produktpräsentation** geht es um die Frage, **wie**, bei der Platzierung, **wo** die Produkte am zweckmäßigsten gezeigt werden.

> Wirkungsvolle Präsentation und Platzierung wollen
> - das Warenangebot dem Kunden vorstellen (Bedürfnisse wecken),
> - Produktinformationen geben,
> - Kunden rational und/oder emotional ansprechen,
> - Kaufentscheidungen auslösen.

4.2 Merkmale, welche die Produktpräsentation beeinflussen

Betrachtet man, wie die einzelnen Geschäfte ihr Warenangebot zeigen, dann stellt man fest, dass drei Merkmale die Präsentation beeinflussen, nämlich:

- das **Produkt** in seiner Art und Beschaffenheit; so werden z. B. Freizeitanzüge auf Rundständern, Tiefkühlkost in Kühltheken, dargeboten;
- **betriebliche Gegebenheiten**, wie die Verkaufsform, der -raum und die -fläche; so wird z. B. eine Boutique mit ansprechenden, modern gestylten Warenträgern ausgestattet, der Supermarkt mit übersichtlichen Regalreihen;
- **rationale und/oder emotionale Aspekte**; so präsentiert ein Modegeschäft die neue Kollektion in stilvollem Rahmen, z. B. mit edlen Marmorböden, Edelhölzern, modernen Warenträgern. Andererseits verwendet ein Lebensmittel-Discounter einfache Regale ...

4.3 Grundsätze der Produktpräsentation

4.3.1 Sortimentsüberblick geben

Der Kunde soll gleich beim Betreten des Geschäfts einen Überblick über unser Warenangebot erhalten. Das erleichtert ihm die Orientierung.

Folgende Maßnahmen kommen zur Anwendung:

- Niedrige Warenträger ermöglichen den Durchblick auf weitere Produktgruppen;
- Wände sind mit in die Produktpräsentation einzubeziehen;
- Hinweise an Rolltreppen, Kundentelefone, Deckenabhänger u. Ä. geben Auskunft über den Standort der gewünschten Artikelgruppen.

4.3.2 Produktgruppen bilden

Wir stellen unser Sortiment nach Produktgruppen zusammen, das sind gleichartige Waren unterschiedlicher Hersteller, Qualitäten, Preisstufen.

4.3.3 Bedarfsbündel herausstellen

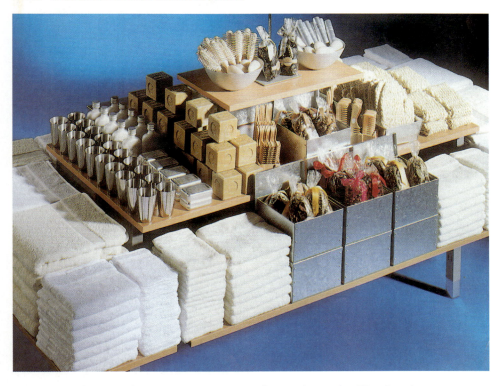

Werden Sortimente als **„Bedarfsbündel"** angeboten, kann der Kunde seinen gesamten Bedarf eines bestimmten Lebensbereichs, z. B. „Alles für das Kind", oder eines Erlebnisbereichs, z. B. „Alles für den Radfahrer", finden. Diese Präsentation spricht Kunden an, steigert die Fantasie, weckt Wünsche und zeigt Möglichkeiten, diese zu erfüllen.

4.3.4 Aktions- und Zweitplatzierungen planen

Beispiele für „Aktionen":
- Produktneuheiten, z. B. Trendhosen;
- Saisonwaren wie aktuelle Schuhmode, Textilien;
- Sonderangebote, Aktionsware, Süßwaren u. Ä.

Durch solche Aktionen gelingt es das **Interesse** des Kunden zu **verstärken**. Das gleiche Ziel verfolgen Zweitplatzierungen (= Artikel werden mehrfach an verschiedenen Standorten platziert), z. B. Sonnenschutzmittel bei Kosmetika und Badebekleidung. Dadurch wird ein erheblicher Mehrumsatz erzielt.

4.3.5 Gleich bleibende Standorte erleichtern das Auffinden

Eine ständige Veränderung der Standorte für Waren erschwert das Auffinden. Deshalb behalten wir feste Standorte bei. Der Kunde findet dann schnell die gewünschte Ware, z. B. im Supermarkt.

4.3.6 Shop-in-Shop einrichten

Größere Geschäfte wollen bestimmte Teile des Sortiments räumlich hervorheben. Spezialabteilungen heben die Präsentationen deutlich von übrigen Abteilungen ab. Beispiele:

- Qualitativ höherwertige Sortimente wie hochwertige Textilien von Esprit u. Ä. oder teuere Kosmetik von Marbert u. Ä. erhöhen die Attraktivität des Geschäfts.
- Der Brot- und der Metzgerei-Shop in Verbrauchermärkten und Warenhäusern bringen außer der Frische zusätzliche Kunden.

Verantwortliche Betreiber der Shop-in-Shops sind entweder die Einzelhändler selbst (auch als Franchise-Nehmer) oder fremde Unternehmer, welche die Verkaufsfläche mieten.

4.3.7 Ordnung und Sauberkeit wirken verkaufsfördernd

Unordentliche, verschmutzte Warenträger und Waren wirken abstoßend. Deshalb
- tauschen wir angeschmutzte und beschädigte Waren aus, z. B. Textilien, Porzellan;
- reinigen wir Warenträger und sonstiges Mobiliar;
- ordnen wir die Artikel richtig und übersichtlich ein;
- füllen wir Regale auf;
- lassen wir Grifflücken zum leichteren Entnehmen der Ware;
- achten wir auf gepflegte und attraktive Warenvorlage bei Obst, Gemüse, Fleisch, Wurst u. Ä.

4.3.8 Betriebliche Gegebenheiten optimal nutzen

Wir nutzen Verkaufsraum, -form, -fläche, Warenträger und unser Sortiment, um die Produkte informativ und attraktiv darzubieten. Wir präsentieren die Ware zweckmäßig und individuell.

Ständer mit weniger Gesamtwirkung

Quadro-Ständer mit mehr Ansicht

Spezifische Präsentation Beispiele:		Zusammenstellung des Sortiments Beispiele:	
hängend:	Textilien	Artikel:	Ski alpin
liegend:	Schreibwaren	Rohstoff:	Holz-, Kunststoffspielzeug
stehend:	Waschmaschinen	Größen:	Schuhe, Bekleidung
geschüttet:	preiswerte Socken	Hersteller:	Marken, Eigenmarken
zeitlich:	geordnet: Lebensmittel (Verfalldatum)	Farben:	Stoffe, Hemden
		Preislagen:	günstig – mittel – hoch

4.3.9 Produkte informativ präsentieren

Eine informative Präsentation
- zeigt das Produkt z. B. im Betrieb (z. B. eingeschalteter Fernseher) oder in seiner Verwendung;
- nennt Rohstoffe, Zusammensetzung, z. B. bei Textilien, Cremes;
- enthält Hinweise über Pflege und Behandlung, z. B. Waschanleitung bei Pullovern aus Schurwolle;
- weist auf Umweltfreundlichkeit, z. B. geringer Energieverbrauch, hin;
- gibt Preisinformationen.

4.4 Platzieren entsprechend dem Kundenlauf und der Regalwertigkeit

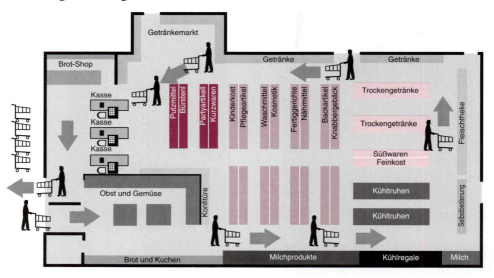

Wie kann in Geschäften mit Vorwahl bzw. Selbstbedienung eine verkaufsfördernde Präsentation und Platzierung erreicht werden? Erfahrungen und umfangreiche Kundenlaufstudien führten zu folgenden Ergebnissen:

- In der Regel geht der Kunde in entgegengesetzter Richtung zum Uhrzeiger, er bevorzugt dabei eine Laufrichtung entlang der Wände.
- Laufstudien besagen, dass ca. 80 % der Kunden wie im Straßenverkehr einen Rechtsdrall haben und deshalb bevorzugt rechts laufen, nach rechts blicken, nach rechts greifen. Deshalb werden hier bevorzugt Produkte platziert, die aufgrund ihrer besonderen verkaufswirksamen Aufmachung/Verpackung Kaufimpulse (= Impulskäufe) auslösen.
- Viele Kunden wollen den Eingangsbereich schnell durchlaufen und haben dann wenig Gelegenheit, sich mit den Produkten zu beschäftigen bzw. diese zu kaufen. Also gilt es, den Kunden zu bremsen, z. B. durch attraktive Angebote oder Großgebinde, die „mitten im Weg" stehen und den Kunden stoppen.

- Mittelgänge und Warenträger, die links vom Kundenlauf liegen, müssen aktiviert und attraktiv gestaltet werden, damit das Kundeninteresse geweckt wird, z. B. durch attraktive Angebote, Podeste mit Aktionsplatzierung von Neuheiten, Tipps usw.
- Weil Kunden Ecken und Nischen gerne meiden und Wege abkürzen, muss der Kunde in die Ecken gelockt werden, z. B. durch attraktive Präsentationen, Sonderangebote oder Faszinationspunkte, die den Kunden emotional stark ansprechen.

Dadurch ergeben sich Zonen, denen der Kunde mehr Aufmerksamkeit schenkt, die deshalb verkaufsstärker, und solche mit geringerer Beachtung, die verkaufsschwächer sind.

Verkaufsstarke und verkaufsschwache Zonen, Wertigkeit

Aus dem Kundenlauf ergeben sich **verkaufsstarke und verkaufsschwache Zonen**, die eine geplante und umsatzfördernde Warenplatzierung auslösen.

Verkaufsstarke Zonen und Folgen für die Warenplatzierung	Verkaufsschwache Zonen und Folgen für die Warenplatzierung
- Außengänge und rechts vom Kunden liegende Wege (Artikel mit hoher Kalkulation und Impulsartikel) - Auflaufpunkte und Stirngondeln (aktuelle Artikel, die immer gekauft werden, und günstige Angebote) - Kassenzone mit längerer Verweildauer (üblicherweise Artikel, die wenig mit der Branche zu tun haben und eine höhere Kalkulation aufweisen)	- Eingangszone (attraktive Angebote, größere, preisgünstige Gebinde, Verkaufsförderaktionen, Auflaufpunkte) - Mittelgänge und Warenträger links vom Kundenlauf (Verkaufsförderungsaktionen, herausragende Podeste und Aktionsplatzierung, attraktive Preise) - Ecken und Nischen (attraktives Warenangebot = Magnetartikel, interessante Faszinationspunkte)

Man erkennt, dass die Wege des Kunden und sein Verhalten den Abverkauf beeinflussen. Deshalb greifen Ladenplanung und -gestaltung auf solche Erfahrungen zurück und denken sich „Wegeführungen" aus, um die Verweildauer des Kunden zu erhöhen. Dadurch erhöhen sich Verkaufschancen. Wichtig im Verkaufsraum ist auch die Art und Höhe der Regalgestaltung. So zeigt die folgende Darstellung die verkaufswirksame Wertigkeit der Regalhöhe:

	Zone	Höhe	Wertigkeit
Reckzone	Reckzone	über 150 cm	drittbeste Platzierung, gut für Plankäufe
Sichtzone	Sichtzone = Augenhöhe rechts	ca. 120–150 cm	beste Platzierung, gut für Impulskäufe und höher kalkulierte Artikel
Griffzone	Griffzone	ca. 80–120 cm	zweitbeste Platzierung, gut für Impuls- und Plankäufe
Bückzone	Bückzone	unter 80 cm	viertbeste Platzierung, gut für Plankäufe

4.5 Visual Merchandising

Unter Visual Merchandising (spr.: Vischuael Mörtschendaising) versteht man das Sichtbarmachen (= visual) des Warenangebots durch verkaufsfördernde Maßnahmen (= Merchandising) im Schaufenster und in den Verkaufsräumen. Dem Kunden werden besondere „Reize" über das Auge vermittelt.

Ziele

Visual Merchandising will:

- die Warenpräsentation attraktiv, aufregend und verführerisch gestalten;
- längere Verweildauer im Geschäft erreichen, Verkaufsimpulse auslösen;
- Gefühle, Wünsche, Träume und Fantasien ansprechen, die durch den Kauf der Ware in Erfüllung (zu) gehen (scheinen);
- Menschen in ihrer Gefühlswelt schneller, tiefer und nachhaltiger erreichen, als dies Medien oder Verkaufsgespräche vermitteln können,
- eine ansprechende Atmosphäre erzeugen.

Visual Merchandising plant:

| Wegeführung | Präsentationsstrategien | Farb- und Größensortierung | Faszinationspunkte | Licht und Beleuchtung | Schaufenster |

4.6 Präsentation im Schaufenster

Wir unterscheiden drei Schaufenstertypen:

Fantasie- = Ideenfenster	Einblick- = Durchblickfenster	Sortiments- = Übersichtsfenster
• mit auffallendem Blickfang • spricht Fantasie, Träume, Sehnsüchte an • hat einen Leitgedanken, z. B. „Freizeitaktivitäten machen Spaß"	• mit Sicht in den Verkaufsraum • attraktive Warenpräsentation im Inneren strahlt bis auf die Straße, bei Tag und bei Nacht	• ermöglicht, viel zu zeigen, was das Geschäft anzubieten hat, z. B. Lampen, Spots und Leuchten • selten passt das gesamte Sortiment ins Fenster

Fantasiefenster

Durchblickfenster

Übungsaufgaben: Kapitel 4, Seite 281

5 Illustriertes Mode-1-×-1 mit Bekleidungsgrundformen

Mode ist ein Zusammenspiel von:

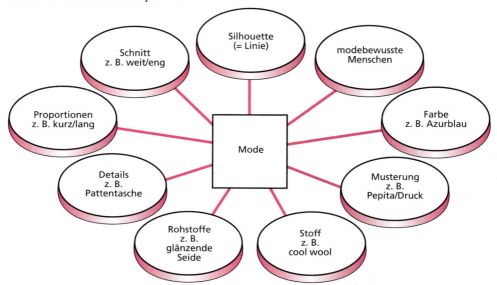

Obwohl sich Bekleidung vielfältig modisch variieren lässt, zeigt sie doch typische Merkmale, die wir als **Grundformen** bezeichnen.

Dieses Kapitel will
- Grundformen der Bekleidung und wichtige Details vorstellen,
- verkaufsfördernde Argumente für das Beratungsgespräch geben,
- Spaß beim Verkauf modischer Bekleidung erhöhen!

5.1 Silhouetten

Unter Silhouette versteht man eine Formgestaltung bzw. eine modische Linie oder Passform, die durch Längen- und Weitenverhältnisse, Taillierungen, Lage und Verlauf von Längs- und Querlinien, durch Details wie Ärmel, Kragen, Taschen u. Ä. gekennzeichnet ist.

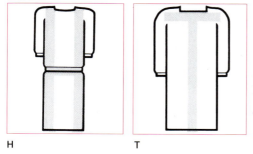

H: gerade Linienführung, wobei die Taille überspielt wird

T: breite Schulter, kastenförmig, gerade geschnitten, wenig figurbetonend

V X

V: starke Betonung der Schulter, weites Oberteil, nach unten enger

X: breite Schulter, Taillenbetonung, nach unten glockige Weite

Y Trapez-Linie

Y: siehe V

Trapez-Linie: schmale Schulterpartie, nach unten trapezförmig ausweitend

5.2 Mantel – Grundformen

 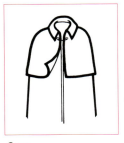

Caban Cape

Caban: jugendlicher, sportlicher, ein- oder zweireihiger, wärmender Kurzmantel

Cape: ärmelloser, weit geschnittener (kurzer) Umhang mit Handeinschnitt

Dufflecoat Jacke

Dufflecoat: sportlicher Kurzmantel, häufig mit angeschnittener Kapuze, aufgesetzte Taschen, Knebelverschlüsse

Jacke: kurzer Mantel, bequem geschnitten, sehr variantenreich in Schnitt, Material und Details

Leichtmantel

Parka

Leichtmantel: Mantel für Frühjahr, Sommer und Herbst in klassisch-sportlicher Form aus leichten Stoffen

Parka: lange, sportliche, weit geschnittene, bequeme Jacke aus wetterfestem Material, evtl. mit angeschnittener Kapuze

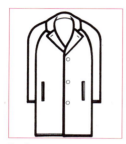
Raglan

Redingote

Raglan: Mantel, bei dem die Ärmel keilförmig zum Kragen laufen; dadurch erhält er Weite und Bequemlichkeit

Redingote: (spr. redinggout) taillierter, jugendlicher Mantel, ein- oder zweireihig, ab der Taille fällt er glockig weit

Thermomantel

Trenchcoat

Thermomantel: sportlicher, leichter Mantel, mit wärmendem Polyestervlies oder daunenwattiert

Trenchcoat: wetterfester, sportlicher Mantel mit Koller, breitem Revers, Schulterklappen, Ärmelspangen, Rundgurt, aus glattem, imprägniertem Stoff

Ulster

Ulster: schwerer, wuchtig und wenig sportlich wirkender Wintermantel mit breitem Kragen und Revers und gesteppten Kanten

5.3 Kleider – Grundformen

Abendkleid

Deux-pièce

Abendkleid: aufwendig verarbeitetes, festliches, variantenreiches Kleid aus wertvollem Stoff

Deux-pièce: zweiteiliges Kleid aus Rock und Oberteil, in Material und Schnitt einheitlich gestaltet oder aufeinander abgestimmt

Dirndl

Etui- oder Futteralkleid

Dirndl: dekoratives, buntgewebtes oder bedrucktes Trachtenkleid, häufig mit tiefem Dekolleté und kontrastfarbener Dirndlschürze

Etui- oder Futteralkleid: eng anliegendes, figurbetonendes Kleid (gute Figur!)

Folkloristisches Kleid

Hemdblusenkleid

Folkloristisches Kleid: enthält z. B. ungarische, skandinavische oder bäuerliche (Trachten-)Elemente, wie Rüschen, Bordüren u. Ä.

Hemdblusenkleid: aus dem Herrenhemd entwickelte Form mit blusigem Oberteil, sportlich-elegant, variationsreich in Schnitt und Stoff

Mantelkleid

Prinzesskleid

Mantelkleid: mit Stilelementen des Mantels ausgestattet, z. B. Revers, Kragen, Ärmel usw.

Prinzesskleid: körpernah im Schulter- und Brustbereich, zum Saum hin glockig ausschwingend

Wickelkleid

Trois-pièce

Wickelkleid: Stoffbahnen werden vorne, seitlich oder hinten übereinandergewickelt; bequemes, figurbetonendes Kleid

Trois-pièce: dreiteiliges Kleid bzw. Bekleidungsstück, z. B. Oberteil, Rock (beide häufig aus gleichem Material) und Bluse

Tunikakleid

Zeltkleid

Tunikakleid: besteht aus zwei übereinander getragenen Kleidern, wobei das untere länger als das obere ist

Zeltkleid: zeigt schmale Schulter, zum Saum hin weitet es sich trapezförmig

Empirekleid

Empirekleid: (spr. empier)
Kunststil der Zeit Napoleons I.; Kleid mit hochgezogener Taillennaht, welche die Büste betont; Unterteil fällt weit schwingend

5.4 Röcke – Grundformen

Bahnenrock

Glockenrock

Bahnenrock: zwei oder mehrere schräg geschnittene Stoffbahnen bilden den Rock und „strecken" die Figur

Glockenrock: Rock mit glockig weit geschnittenen Bahnen, die einen fließenden Fall bewirken

Godetrock

Hosenrock

Godetrock: (spr. gedeh) Rock mit keilförmig eingesetzten Bahnen, welche beschwingte Weite geben

Hosenrock: rockartig weit geschnittene Hose, die das Bild eines Rocks entstehen lässt

Kastenrock

Rock mit Kellerfalte

Kastenrock (= Matchbox- oder Schachtelrock): gerade geschnittener Rock, der wie eine Schachtel eckig und streckend wirkt

Faltenrock
- **Rock mit Kellerfalte:** zwei Falten, deren „Brüche" aneinanderstoßen; Kellerfalte ist dekorativ und gibt zusätzliche Weite

Rock mit Rollfalte

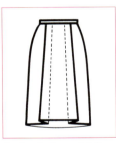
Rock mit Quetschfalte

- **Rock mit Rollfalte:** ungebügelte runde Falte, gibt zusätzliche Weite
- **Rock mit Quetschfalte:** Falte aus zwei entgegengesetzten, voneinander weglaufenden Faltenbrüchen, die außen am Rock liegen

Rock mit Fächerfalte

Rock mit eingelegten, ringsum laufenden Falten

- **Rock mit Fächerfalte:** mehrere, übereinanderliegende Kellerfalten, die sich beim Gehen fächerartig öffnen
- **Rock mit eingelegten, ringsum laufenden Falten:** aus eingebügelten oder abgesteppten Stoffteilen

Plisseerock

Tunikarock

- **Plisseerock:** Rock mit schmalen Falten, die dauerhaft eingepresst sind

Tunikarock: zwei übereinandergetragene Röcke, wobei der untere länger als der obere ist

Wickelrock

Volantrock

Wickelrock: Rock, dessen Stoffbahnen um den Körper gewickelt werden

Volantrock: Rock, an dessen Saum schmale oder breite Stoffstreifen angenäht sind (gekraust, gerüscht)

5.5 Kostüm – Grundformen

Blazerkostüm

Chanelkostüm

Blazerkostüm: sportlich-elegantes Kostüm in vielen Variationen aus Blazer und Rock, aus gleichem oder unterschiedlichem Stoff

Chanelkostüm: Kostüm aus Rock und Jacke mit Einfassungen (= Paspelierungen), z. B. an Kanten, Kragen, Taschen

Klassisches Kostüm   Tailleur

Klassisches Kostüm: damenhaftes und/oder modisches Kleidungsstück aus Jacke und Rock, meist in gleichem Stoffmaterial

Tailleur: (spr. taiöhr) tailliertes, den Körper nachzeichnendes Kostüm mit kurzer Jacke

5.6 Anzüge, Sakkos – Grundformen

Blazer   Bonner Anzug

Blazer: sportlich-elegante Jacke für Damen und Herren, leicht tailliert, mit aufgesetzten Taschen, im Stil der englischen Clubjacke

Bonner Anzug: einreihiger Gesellschaftsanzug aus schwarzem Sakko, gestreifter, umschlagloser Hose und silbergrauer Weste

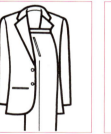

Einreiher   Sakko

Einreiher: Sakko- oder Anzugform, bei welcher die Knöpfe des Sakkos in einer senkrechten Reihe angeordnet sind

Sakko: Die Jacke des Herrenanzugs (oder der Kombinationshose), sehr variantenreich hinsichtlich Schnitt, Kanten, Weite, Länge, Kragen, Revers, Taschen

Smoking   Trachtensakko

Smoking: dunkler, festlich-eleganter Anzug fürs Theater oder gesellschaftliche Veranstaltungen, dazu weißes Hemd mit Schleife

Trachtensakko: volkstümliches Sakko, das je nach Herkunft, z. B. Bayern, Österreich, hinsichtlich Stoff, Kragen, Taschen, Knöpfen u. Ä. variiert

Zweireiher

Zweireiher: Sakko- oder Anzugform, bei welcher die Knöpfe des Sakkos in zwei Reihen nebeneinander angeordnet sind

5.7 Hosen – Grundformen

Bundfaltenhose

Bundhose

Bundfaltenhose: aus dem Taillenbund aufspringende kleine, abgesteppte Falten, die Bequemlichkeit und schlanke Optik mit sich bringen

Bundhose: Hose in vielen Variationen, die (ursprünglich) von einem Bund in der Taille gehalten wird

Bermuda

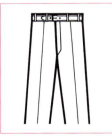
Gürtelhose

Bermuda: nach den Bermuda-Inseln benannte Shorts, deren Hosenbeine bis zum Knie reichen

Gürtelhose: Hose, deren Bundabschluss mit Schlaufen ausgestattet ist, um einen Gürtel durchzuziehen. Beim ausgestellten Hosenbein ist die Fußweite größer als die Knieweite

Jeans-Hose

Kniebund

Jeans-Hose: ursprünglich hüfthohe und gesäßenge Hose aus festem Baumwollgewebe (Blue Denim) mit Steppnähten, heute vielseitig gestaltbarer Hosentyp

Kniebund: knielange (Wander-)Hose mit kurz unter dem Knie fest anliegendem Bundabschluss

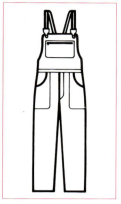

Latzhose

Rundbundhose

Latzhose: Hose mit angeschnittenem Oberteil, das (meist) von Trägern gehalten wird

Rundbundhose: Hose mit rundum laufendem, festen Bund, durch Knöpfe, Haken, Ösen oder Zugpatte zu schließen

Shorts

Hosenumschlag

Shorts: kurze Hose, hauteng oder weit geschnitten

Hosenumschlag: Hosenumschlag am Fußende

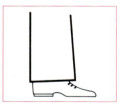
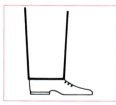

ausgestelltes Hosenbein am Fußende

abnehmende Weite zum Fußende

Fußweite:
- ausgestelltes Hosenbein am Fußende
- abnehmende Weite zum Fußende

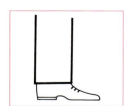

gerade geschnittenes Hosenbein (gleiches Fußende)

- gerade geschnittenes Hosenbein (gleiches Fußende)

5.8 Ergänzende Modebegriffe aus der Oberbekleidung

Accessoires

Cardigan

Accessoires: (spr. aksäsoars) modisches Zubehör, z. B. Hüte, Schals, Handschuhe, Schmuck usw.

Cardigan: sportliche, kragenlose, hüftlange, durchgeknöpfte Strickjacke, evtl. mit Gürtel

Gilet

Complet

Gilet: (spr. schileh) ärmellose (Strick-) Weste, deren Schnitt sich an eine Herren-Anzugsweste anlehnt

Complet: (spr. kompleh) Kleid (oder Rock) und Mantel (oder Jacke) aus gleichen bzw. gut zusammenpassenden Stoffen

Composé

Coordinates

Composé: sich ergänzende, harmonisch aufeinander abgestimmte Kleidungsstücke, z. B. Kleid und Mantel (= Ensemble)

Coordinates: (spr. koordineiz) Vielzahl in Stoff, Farbe und Stil aufeinander abgestimmte (= koordinierte) Bekleidungsstücke, z. B. Blazer, Rock, Bluse, Mantel, Tuch usw.

Pullunder

Twinset

Pullunder: taillierter, kurzer, ärmelloser Pullover mit V-Ausschnitt oder als verschlussloses Oberteil

Twinset: (Strick-)Kombination aus Pullover und Jacke, die in Farbe und Muster aufeinander abgestimmt sind

5.9 Hemden, T-Shirts, Blusen – Grundformen

Freizeithemd

City- oder Stadthemd

Freizeithemd: unkonventionelles, bequemes Hemd für die Freizeit, wird meist ohne Krawatte getragen

City- oder Stadthemd: Hemd zum Anzug bzw. Blazer

Gesellschafts-, Party- oder Smoking-Hemd

T-Shirt

Gesellschafts-, Party- oder Smoking-Hemd: Hemd für festliche Anlässe, zum Anzug oder Smoking

T-Shirt: aus dem Turnertrikot hervorgegangenes, pulliartiges, hautnahes, variantenreiches, legeres Oberteil in Maschenware

Bauernbluse
(= Folklorebluse)

Collegbluse

Bauernbluse (= Folklorebluse): romantisch-folkloristische Bluse unter Verwendung bäuerlich-ländlicher Elemente, z. B. mit Stickereien, Volants u. Ä.

Collegbluse: durchgeknöpfte Bluse mit kleinem, rundem Umlegekragen im Stil der Schulkleidung angelsächsischer Länder

Hemdbluse

Kasackbluse

Hemdbluse: durchgeknöpfte Bluse mit einem Kragen, ähnlich einem Herrenhemd

Kasackbluse: gerade geschnittene, hüftlange Bluse, häufig mit Gürtel

Polobluse

Wickelbluse

Polobluse: sportlich wirkende Schlupfbluse aus Maschenware mit kurzer Knopfleiste, die in den Kragen übergeht

Wickelbluse: Bluse mit überlappenden Stoffbahnen, die meist seitlich gebunden sind

Reversbluse

Reversbluse: Bluse mit Reverskragen

5.10 Sportswear – Grundformen

Oberbegriff für sportlich-freizeitlich wirkende Kleidung.

Zur Sportswear gehören u.a.: Anorak, Blouson, Bermudas, Dufflecoat, Jacke, Overall, Parka, Shorts, ggf. Jeans

Anorak

Blouson

Anorak: norwegische Bezeichnung für wind- bzw. wetterfeste (Winter-)Jacke aus leichten Stoffen mit angeschnittener Kapuze

Blouson: blusig weit geschnittene, bequeme Jacke in variantenreicher Verarbeitung

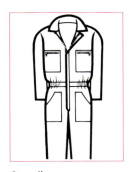
Overall

Overall: aus einteiligem Arbeitsanzug entwickeltes Kleidungsstück für Ski, Après-Ski und Freizeit

5.11 Kragenformen

Ausschlagkragen

Bubikragen

Ausschlagkragen: angeschnittener, umgelegter Kragen; Kragenecken sind spitz oder rund

Bubikragen: kleiner, angesetzter Kragen mit abgerundeten Kragenecken

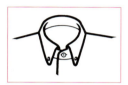
Buttonkragen

Kelchkragen

Buttonkragen: (spr. battn) Hemdkragen mit Knopf (engl. Button) an der Kragenspitze

Kelchkragen: trichterförmiger, angeschnittener Kragen

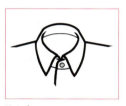
Kentkragen

Lido(= Vario)kragen

Kentkragen: Hemdenkragen mit mittellangen, rechtwinkelig bis spitzwinkelig angeordneten Kragenschenkeln

Lido(= Vario)kragen: geschwungener Hemdkragen ohne Knopf; Hemden mit solchen Krägen können mit oder ohne Krawatte (Sommer) getragen werden

Reverskragen mit fallendem Revers

Reverskragen mit steigendem Revers

Reverskragen mit fallendem Revers: Reversspitze fällt ab

Reverskragen mit steigendem Revers: Reversspitze steigt an

Rollkragen

Schalkragen

Rollkragen: angesetzter schlauchförmig geschnittener Kragen, der mehrfach umgeschlagen (umgerollt) wird

Schalkragen: Kragen legt sich schalartig und nahtlos um den Hals

Stehkragen: Kragen, der aufrecht und ohne Umschlag steht

Sliponkragen: Reverskragen, bestehend aus größerem Kragen und kleinerem Revers

Stehkragen Sliponkragen

Tabkragen: Hemdenkragen mit geknöpftem Verbindungssteg (= Stoffriegel, um die Kragenspitze zusammenzuhalten)

Tabkragen

5.12 Ärmelformen

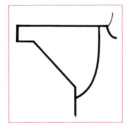 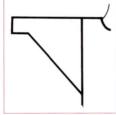

Dolmanärmel: (engl. dolman = Damenmantel mit capeartigen Ärmeln) tief eingesetzter, weiter, in das Oberteil eingeschobener Ärmel

Fledermausärmel: angeschnittener, weiter Ärmel, der zur Hand hin schmal ausläuft

Dolmanärmel Fledermausärmel

 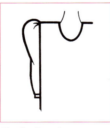

Flügelärmel: Ärmel mit glockig weitem, an der Armkugel angesetztem Volant

Keulenärmel: keulenförmiger Ärmel mit zunehmender Weite zu den Schultern

Flügelärmel Keulenärmel

Kimonoärmel: angeschnittener, weiter, tief eingesetzter und bequemer Ärmel

Kugelärmel: schmal geschnittener Ärmel, der in Höhe der Armkugel angesetzt ist

Kimonoärmel Kugelärmel

 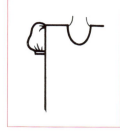

Kuttenärmel: eingesetzter Ärmel mit zunehmender Weite zur Hand; am Ärmelabschluss meist Blende oder glatter Saum

Puffärmel: kurzer, aber weiter Ärmel, wobei Falten oder Krausen an der Armkugel Weite geben

Kuttenärmel   Puffärmel

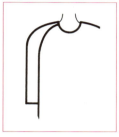 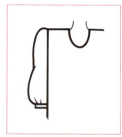

Raglanärmel: Ärmel verläuft keilförmig bis zum Kragen (Halsloch) und gibt Weite und Bequemlichkeit

Schinkenärmel: Ärmel in Form eines Schinkens mit mehr Weite zum Ellbogen bzw. zur Hand hin

Raglanärmel   Schinkenärmel

Trichterärmel: Ärmel, der sich von der Schulter aus trichterförmig erweitert

Volantärmel: Ärmel, der seine Weite der Stofffülle von Volants verdankt

Trichterärmel   Volantärmel

5.13 Ausschnittformen

Carmen-Ausschnitt: schulterfreier, waagerechter Abschluss

Dekolleté: tiefer Hals-, Schulter-, Brust- oder Rückenausschnitt

Carmen-Ausschnitt   Dekolleté

Karreeausschnitt: eckiger Halsausschnitt

Ovaler Ausschnitt: halsferner Ausschnitt in ovaler Form

Karreeausschnitt   Ovaler Ausschnitt

Runder Ausschnitt: variantenreicher Halsabschluss, halsnah oder halsfern

Trapezausschnitt: eckiger Halsausschnitt in Trapezform

Runder Ausschnitt   Trapezausschnitt

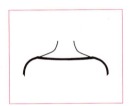 

U-Boot-Ausschnitt: ovale, flach verlaufende Ausschnittform, welche die Schulter mehr oder weniger frei gibt

U-Ausschnitt: offener, u-förmiger Ausschnitt

U-Boot-Ausschnitt   U-Ausschnitt

V-Ausschnitt: mehr oder weniger tiefer, v-förmiger Ausschnitt

V-Ausschnitt

5.14 Taschenformen

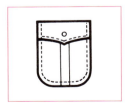 

Aufgesetzte Tasche: aufgesetzte Tasche mit Patte (= Klappe), Knopf und Zierstepperei

Bananentasche (= Swing-Pocket): bogenförmig geschwungene, eingeschnittene Tasche

Aufgesetzte Tasche   Bananentasche (= Swing-Pocket)

Blasebalgtasche

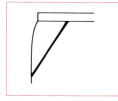
Französische Tasche

Blasebalgtasche: aufgesetzte, sportlich wirkende Tasche mit Ringsumfalte, die sich bei entsprechender Füllung nach außen weitet

Französische Tasche: eingeschnittene Tasche mit steil verlaufendem Tascheneingriff

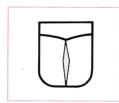
Kellerfaltentasche

Leistentasche

Kellerfaltentasche: aufgesetzte Tasche mit dekorativer, nach außen liegender Falte

Leistentasche: der Tascheneinschnitt ist mit einem breiten Stoffstreifen versehen

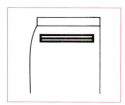
Paspeltasche

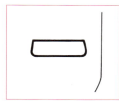
Pattentasche

Paspeltasche: eingeschnittene Tasche, wobei der Eingriff durch besondere Stoffstreifen (= Paspel) befestigt wird

Pattentasche: eingeschnittene (oder aufgesetzte) Tasche, wobei der Tascheneingriff mit einer Klappe (= Patte) versehen ist

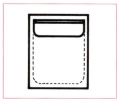
Rahmentasche

Reißverschlusstasche

Rahmentasche: große, auf ein Aufsetzteil eingearbeitete Tasche

Reißverschlusstasche: (hier) aufgesetzte Tasche, auch als paspelierte Reißverschlusstasche machbar

Übungsaufgaben: Kapitel 5, Seite 282

6 Warentypische Qualitätsmerkmale, Bekleidungsgrößen, Textilkennzeichnung, Produktbeschreibung

6.1 Warentypische Qualitätsmerkmale

6.1.1 Qualitätsware: viele vorteilhafte, wenige ungünstige Eigenschaften

Unter der **Qualität** eines Textils versteht man die Gesamtheit seiner Eigenschaften, wobei der Einsatzbereich des betreffenden Textils bestimmt, welche Eigenschaften vorteilhaft sind. Saugfähigkeit ist z. B. bei Leibwäsche vorteilhaft, bei einem Regenmantel dagegen ungünstig!

Qualitätstextilien besitzen eine Vielzahl vorteilhafter und wenig ungünstige Eigenschaften.

Im Beratungsverkauf sind **Qualitätsmerkmale verkaufsfördernde Argumente**, die dem Kunden helfen sollen, seine Kaufentscheidung zu erleichtern. Häufig können wir unseren Kunden Qualitätsmerkmale zeigen und so den Wert der Ware hervorheben.

6.1.2 Merkmale, welche die Qualität eines Textils beeinflussen

Welche Merkmale die Eigenschaften und damit die Qualität eines Textils beeinflussen, zeigt folgende Übersicht. Dabei hat jedes Merkmal wiederum mehrere Eigenschaften, die alle zusammen die Qualität ergeben.

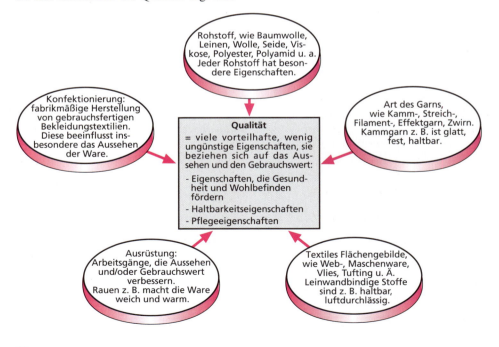

Um ein Textil für einen bestimmten Einsatzbereich mit einer Vielzahl vorteilhafter Eigenschaften auszustatten, sind Rohstoff, Art des Garns, textiles Flächengebilde aufeinander abzustimmen. Am Beispiel eines Sommerslips soll dies verdeutlicht werden:

vorteilhafte Eigenschaften	werden erreicht durch
• luftdurchlässig	poröse Maschenwaren
• saugfähig	Baumwolle, Garn darf nicht zu hart gedreht sein
• fein und weich, nicht kratzend	fein gekämmte, langstapelige Baumwolle, z.B. Mako, nicht zu hart gedreht, mercerisiert
• elastisch	Maschenkonstruktion
• haltbar	hohe Maschendichte, zweifädige Ware
• dezenter Glanz	mercerisierte Baumwolle
• kochecht	weiße oder pastellfarbige Baumwollware
• bequem	zweckmäßigen weiten Schnitt
• schönes Aussehen	Spitzenbund, Farbgebung, Jacquardmusterung u. Ä.

Entsprechend den **unterschiedlichen Qualitätsanforderungen**, die unsere Kunden an ein Textil stellen, finden wir in unserem Sortiment Textilien einer Warengruppe mit unterschiedlichen Eigenschaften. Auch die Betriebsform, z. B. Fachgeschäft, Warenhaus, beeinflusst das qualitative und quantitative Warenangebot.

6.1.3 Genre: Ausdruck des Qualitäts- und (meist) Preisniveaus

Unter dem **Genre** versteht man das Qualitäts- und Preisniveau von Waren, welche das Geschäft führt. In der Textilbranche unterscheidet man:

• Luxusgenre	– höhere Preislage
• hohes Genre	– höhere Preislage
• gehobenes Genre	– höhere Preislage
• Mittelgenre	– Konsumpreislage
• unteres Mittelgenre	– preisbetont

Mit dieser Gliederung sind in erster Linie Preislagen sowie Qualitäts- und Verarbeitungsniveau gemeint, weniger die modische Aussage der Modelle. Im Luxus- und hohen Genre gibt es sowohl Superklassiker, die feinste Materialien verarbeiten, als auch die kreativsten Modeschöpfer. Im mittleren und unteren Genre finden sich auch Anbieter junger, aktueller Mode![1]

6.2 Waren-/Markenzeichen: Der Hersteller weist auf Qualitätsware hin

Waren(= Marken)zeichen sind bestimmte **Wort- oder Bildzeichen**, unter denen **ein Hersteller** auf sein Erzeugnis aufmerksam macht, um sich so **von den Mitbewerbern abzuheben** und um **auf die eigene Qualität hinzuweisen**. Um das Warenzeichen vor Nachahmung oder Missbrauch zu schützen, kann es beim Deutschen Patentamt registriert werden. Es erhält dann ein ®.

---

[1] In Anlehung an Kraml-Kochanski: Das Modegeschäft, NR-Verlag.

Durch das Waren- oder Markenzeichen ruft der **betreffende Hersteller** im Kunden eine bestimmte Qualitätsvorstellung hervor.

Beispiele für Warenzeichen aus dem Textilbereich:

6.3 Gütezeichen: Qualitätsgarantien für Verbraucher

Gütezeichen geben dem Verbraucher eine **genau festgelegte und nachkontrollierbare Qualitätsgarantie** für Waren und Leistungen. Sie können aus Wort- und/oder Bildzeichen bestehen, sind aber nicht an einen bestimmten Hersteller gebunden. Jeder Unternehmer, der sich verpflichtet, die genau festgelegte Qualitätsgarantie für eine Ware oder Leistung einzuhalten, hat das Recht auf Führung eines Gütezeichens. Neutrale Stellen überprüfen die Qualität ständig. **Gütezeichen müssen** vom Ausschuss für Lieferbedingungen und Gütesicherung (RAL spr.: ral), dem zentralen Organ der deutschen Wirtschaft für Güteschutz, **anerkannt und eingetragen werden**.

Beispiele:

6.4 Bekleidungsgrößen

6.4.1 Damenoberbekleidungsgrößen

Grundlage für DOB-Größen bilden nach Reihenmessungen von 1995 Körperhöhe, Brust- und Hüftumfang. Man unterscheidet

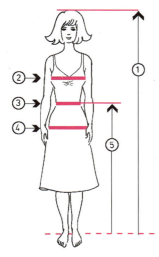

- nach der **Körperhöhe**: **Normalgrößen**, **kurze** und **lange Größen**;
- nach der **Hüftweite**: **normal-**, **schmal-** und **starkhüftig**.

Hierbei ergeben sich verschiedene Größenkombinationen:

① **Körperhöhe**: ohne Schuhe vom Scheitel bis zur Sohle;

② **Brustumfang**: Maßband waagerecht über die stärkste Stelle der Brust um den Körper führen;

③ **Taillenumfang**: Maßband waagerecht um die Taille führen, über der Weste oder auf dem Hosenbund;

④ **Hüftumfang**: Maßband waagerecht über die stärkste Stelle der Hüfte über das Gesäß führen;

⑤ **Seitenlänge**: gemessen von der Taille bis zur Fußsohle (wichtig bei Hosen).

Normalgrößen	basieren auf einer Körperhöhe von 168 cm, z. B. Größennummer 38
kurze Größen	basieren auf einer Körperhöhe von 160 cm und werden mit der halben Normalgrößen-Nummer bezeichnet, z. B. 19
lange Größen	basieren auf einer Körperhöhe von 176 cm und werden mit der doppelten Normalgrößen-Nummer bezeichnet, z. B. 76
schmalhüftige Größen	der Hüftumfang ist um 6 cm kleiner als bei der normalhüftigen Größe; die Größennummer enthält die Vorziffer 0, z. B. 038
starkhüftige Größen	der Hüftumfang ist um 6 cm größer als bei der normalhüftigen Größe; die Größennummer enthält die Vorziffer 5, z. B. 538

An-teil	Größen-bezeichnung	Körper-höhe	Hüftumfang in cm Brustumfang in cm	86 76	90 80	94 84	97 88	100 92	103 96	106 100	109 104	114 110	119 116	124 122
15 %	Kurze Größe normalhüftig	160 cm	Größennummer 16–30	16	17	18	19	20	21	22	23	24	25	26
21 %	Normale Größe normalhüftig	168 cm	Größennummer 32–60	32	34	36	38	40	42	44	46	48	50	52
6 %	Lange Größe normalhüftig	176 cm	Größennummer 64–120	64	68	72	76	80	84	88	92	96	100	104

6.4.2 Herren- und Knabenoberbekleidungsgrößen

① **Körperhöhe bzw. -größe/-länge:** ohne Schuhe vom Scheitel bis zur Sohle.

② **Brustumfang:** über Hemd, Weste oder Pullover gemessen, kurz unter der Achselhöhle Maß nehmen.

③ **Bundumfang:** Maß auf der Weste oder auf dem Hosenbund nehmen.

④ **Seitenlänge:** Maß ohne Hosenbund nehmen.

⑤ **Schrittlänge:** von Oberkante Schritt bis Unterkante Hose.

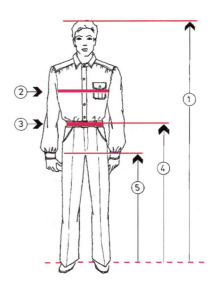

Größentabelle für normale Männergrößen und Europagröße

Deutsche Größe	44	46	48	50	52	54	56	58
Europagröße	44-6/168	46-6/171	48-6/174	50-6/177	52-6/180	54-6/182	56-6/184	58-6/186
Körpergröße in cm	168	171	174	177	180	182	184	186
Brustumfang in cm	88	92	96	100	104	108	112	116
Bundumfang in cm	76	80	84	88	92	98	102	108

Grundlage für HAKA-Größen bildet der **Brustumfang**.

Bei **Normalgrößen** ist der Bundumfang 12 cm kleiner als der Brustumfang, die Größennummer entspricht dem halben Brustumfang; z. B. entspricht der Brustumfang von 92 cm der Größennummer 46; die Größen steigen im 2er-Sprung.

Bei **untersetzten Größen** ist der Bundumfang 8 cm kleiner als der Brustumfang, die Körperhöhe ist 6 cm geringer als bei Normalgrößen. Die Größennummer entspricht der halben normalen Größennummer, z. B. 23; die Größen steigen im 1er-Sprung.

Bei **schlanken Größen** ist das Verhältnis Bundumfang zu Brustumfang gleich wie bei Normalgrößen, die Körperhöhe jedoch um 9 cm größer; die Größennummer entspricht der doppelten normalen Größennummer, z. B. 94; die Größen steigen im 4er-Sprung.

Bei **Bauchgrößen** beträgt der Bundumfang 4 cm, 6 cm und 8 cm mehr als der Brustumfang; die Größen steigen im 2er-Sprung.

Europäische Größenbezeichnungen bestehen aus drei Kennzahlen, die sich aus den Kennmaßen ergeben.

Beispiele:

Brustumfang = 92 cm
Bundumfang = 80 cm
Körperhöhe = 171 cm

Europagröße $\frac{46-6}{171}$

46 ≙ halber Brustumfang
−6 ≙ halbe Differenz von Brust- zu Bundumfang
171 ≙ Körperhöhe

6.4.3 Amerikanische Größen und deutsche Größen

Amerikanische Universalgrößen haben weniger Unterteilungen als deutsche und tragen die Bezeichnungen XS, S, M, L XL. Sie werden insbesondere für Hemden, T-Shirts, Sweatshirts, Training-, Fitness-, Freizeitanzüge und Wäsche verwendet.

US-Universalgrößen für Blousons usw.	XS (extra small)		S (small)		M (medium)		L (large)		XL (extra large)	
Deutsche Männergrößen (Normal)	38	40	42	44	46	48	50	52	54	56
Deutsche Frauengrößen (Normal)	34		36	38	40		42	44	46	48	50
US-Jeansgrößen	26/32	27/32	28/32	29/32	30/34	31/34	32/34	33/34	34/34	35/34	36/34	38/34	40/34

Amerikanische Jeansgrößen enthalten zwei Aussagen: die erste Zahl bezieht sich auf den Bundumfang, die zweite auf die Schrittlänge; gemessen wird in Inches (1 Inch = 2,54 cm).

Beispiel: 30/34

6.4.4 Größen für Kinder (Mädchen und Jungen)

Es gibt folgende Kinderbekleidungsgrößen:

74	80	86	92	98	104	110	116	122	128	134	140	146	152	158	164

- die Größennummer entspricht der Körperhöhe;
- die Größen steigen im 6er-Sprung.

Beispiel: Körperhöhe 110 cm entspricht der Größe 110.

6.4.5 Bekleidungsgrößen für Babys

Körperhöhe entspricht der Konfektionsgröße

Größen	50	56	62	68	74	80	86
• Körperhöhe:	50	56	62	68	74	80	86
• Alter etwa (in Mon.):	1	2	3–4	5–7	8–10	11–15	16–20

6.4.6 Internationale Größen für Miederwaren und Konfektionsgrößen

① **Brustumfang:** Maßband leicht über die Brustspitze legen;
② **Unterbrustumfang:** stramm unterhalb der Brust messen;
③ **Taillenumfang:** Maß für Miederhöschen und Elastik-Schlüpfer.

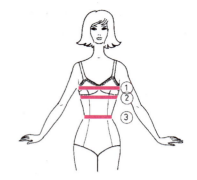

Internationale Größen für BHs und Einteiler		65	70	75	80	85	90	95	100	105	110
Unterbrustweiten in cm		63–67	68–72	73–77	78–82	83–87	88–92	93–97	98–102	103–107	109–112
Brustweiten in cm	Cup A	77–79	82–84	87–89	92–94	97–99	102–104	107–109	112–114		
	Cup B	79–81	84–86	89–91	94–96	99–101	104–106	109–111	114–116	119–121	124–126
	Cup C	81–83	86–88	91–93	96–98	101–103	106–108	111–113	116–118	121–123	126–128
	Cup D	83–85	88–90	93–95	98–100	103–105	108–110	113–115	118–120	123–125	128–130
	Cup E = DD			95–97	100–102	105–107	110–112	115–117	120–122	125–127	130–132
Internationale Größen für Miederhöschen und elastische Unterteile		55	60	65	70	75	80	85	90	95	100
Taillenweite in cm		53–57	58–62	63–67	68–72	73–77	78–82	83–87	88–92	93–97	98–102
Konfektionsgrößen		34–36	36–38	38–40	40–42	42–44	44–46	46–48	48–50	50–52	52–54

Grundlagen für Größen der Büstenhalter und Korsetts bildet die **Unterbrustweite** in cm. Die Größennummern sind in 5er-Schritten von 65 bis ca. 110 gestaffelt.

6.4.7 Hemdengrößen, Schnittmaße, Ärmellängen

Schnittform	Größe	36	37–38	39–40	41–42	43–44	45–46
normal	Brustumfang in cm	108	114	120	128	134	142
	Taillenumfang in cm	96	106	114	124	134	142
tailliert	Brustumfang in cm	104	110	116	124	130	–
	Taillenumfang in cm	92	96	104	114	124	–
körpernah	Brustumfang in cm	98	104	112	120	–	–
	Taillenumfang in cm	84	88	94	104	–	–

Grundlage für die Hemdengröße bildet die **Kragenweite** in Zentimeter; N = normal, d.h. Vollschnitt, T = leicht tailliert, K = körpernah = stark tailliert.

6.5 Rechtliche Vorschriften zur Ware: Textilkennzeichnungsgesetz (TKG)

6.5.1 Allgemeines

Das **Textilkennzeichnungsgesetz verlangt**, dass in der Europäischen Union Textilien nur mit genauen Rohstoffangaben verkauft werden dürfen. Rohstoffangaben müssen auf eingenähten Etiketten so an der Ware angebracht sein, dass sie der Käufer leicht lesen kann. Wird das Textil in einer Verpackung verkauft, z. B. Feinstrumpfhosen, Bettwäsche, darf die Rohstoffbezeichnung auch auf der Verpackung stehen. **Fehlende oder fehlerhafte Kennzeichnung**, für die der Handel verantwortlich ist, stellt nach dem Textilkennzeichnungsgesetz eine **Ordnungswidrigkeit** dar, die zu empfindlichen Geldbußen führen kann.

Beispiel für ein Etikett: Das Etikett kann zusätzlich zur Rohstoffbezeichnung ein Warenzeichen oder einen Firmennamen führen, die aber deutlich abgegrenzt sein müssen. Besonders sinnvoll, aber nicht zwingend, ist die Rohstoffbezeichnung in Verbindung mit der Pflegekennzeichnung.

6.5.2 Gesetzliche Rohstoffangaben dienen zum Schutz des Verbrauchers

Der Verbraucher soll beim Kauf von Textilien wissen, aus welchen Textilrohstoffen und entsprechenden prozentualen Gewichtsanteilen (= Rohstoffangabe) sich das gewünschte Erzeugnis zusammensetzt. Diese **gesetzliche Rohstoffgehaltsangabe verbessert** damit **die Information über ein Textil**. Der Gesetzgeber geht von der Erwartung aus, der Kunde könne durch eine korrekte Angabe der Rohstoffe **auf die Qualität eines Textils schließen**. Dies wird nur teilweise erreicht, denn die Qualität eines Textils hängt auch von der Art des Garns, des Stoffes, der Ausrüstung und der Konfektionierung ab.

6.5.3 Was ist kennzeichnungspflichtig, was nicht?

Kennzeichnungspflichtig sind alle Textilien, die zu mindestens 80% ihres Gewichts aus Textilrohstoffen bestehen, also auch importierte Textilien, die Nutzschicht textiler Bodenbeläge, Möbelbezugsstoffe, außerdem Muster, Proben, Abbildungen, Prospekte, Beschreibungen, Kataloge, die dem Verbraucher gezeigt oder überlassen werden. **Nicht kennzeichnungspflichtig** sind Zeitungsinserate, Flugblätter, Postwurfsendungen, Tierhäute, Hemdärmelhalter, Taschentücher, Gürtel, Reißverschlüsse, gebrauchte Textilien, handgestickte Tapisserien u. Ä.

6.5.4 Rohstoffbezeichnungen nach dem Textilkennzeichnungsgesetz

Das Textilkennzeichnungsgesetz legt verbindlich 44 Rohstoffbezeichnungen fest, andere dürfen nicht verwendet werden. **Sammelbegriffe** wie „Synthetics" oder „Chemiefasern" **sind** im Sinne des Gesetzes für die Rohstoffangabe eines Textils **unzulässig**, da auf spezielle Gebrauchseigenschaften nicht geschlossen werden kann. Stattdessen ist der jeweilige Gruppenname, z. B. „Polyester", „Polyamid", „Viskose" zu verwenden.

Auch an die Bezeichnung „Schurwolle" und „Seide" werden zum Schutz des Verbrauchers bestimmte Bedingungen geknüpft:

- **Schurwolle:** geschorene Wolle, die niemals in einem Fertigerzeugnis enthalten und keiner faserschädigenden Behandlung und Benutzung ausgesetzt war (im Gegensatz zu Reißwolle!); Gewichtsanteil mindestens 25%.
- **Seide:** Naturprodukt, das ausschließlich von Kokons Seide spinnender Insekten stammt, also niemals künstlich hergestellt wird!

6.5.5 Rohstoffkennzeichnung von Textilien

Rohstoffkennzeichnung für ein Textil aus einem Rohstoff

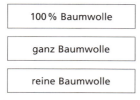

Statt der Angabe 100% kann die Bezeichnung **„rein"** oder **„ganz"** erfolgen. Geringe Abweichungen, z.B. Ziereffekte bis zu 7% des Gesamtgewichts, sind zulässig. Form gebende Einlagestoffe in Mänteln, Sakkos, Krägen usw. brauchen nicht gekennzeichnet zu werden.

Rohstoffkennzeichnung für Textilien aus mehreren Rohstoffen

| 65% Polyester 35% Baumwolle |
| 60% Baumwolle Modal Viskose |
| 85% Schurwolle 15% sonstige Fasern |

Erreicht kein Rohstoff mindestens 85%, so muss in **absteigender Reihenfolge** der jeweilig höhere Prozentsatz zuerst angegeben werden.

Es genügt auch die prozentuale Gewichtsangabe des vorherrschenden Rohstoffs.

Textile Rohstoffe, deren Gewichtsanteile **unter 10%** liegen, dürfen als **„sonstige Fasern"** bezeichnet werden. Bei nebenstehendem Beispiel müssen mindestens drei verschiedene Rohstoffe vorliegen.

6.5.6 Rohstoffkennzeichnung bei mehrteiligen Textilien

Bei Textilien, die sich aus **mehreren Teilen mit unterschiedlichen Rohstoffen** zusammensetzen, sind die **Rohstoffe** der einzelnen Teile jeweils **gesondert anzugeben**.

Beispiel:

Oberstoff:	55% Polyester
	45% Schurwolle
Futter:	100% Viskose

Sakko, dessen Oberstoff aus 55% Polyester und 45% Schurwolle, der Futterstoff 100% Viskose besteht.

Bilden mehrere Textilien aus denselben Rohstoffen ihrer Bestimmung nach eine Einheit, z.B. Kostüme, Anzüge, Dirndl, so genügt eine einzige Rohstoffangabe. Sollten für die einzelnen Teile unterschiedliche Rohstoffangaben vorliegen, ist jedes Teil einzeln zu kennzeichnen.

6.6 Produktbeschreibungen fördern Fachwissen

6.6.1 Produktbeschreibung als Grundlage eines Beratungsgesprächs

Warenbeschreibungen sind ein gutes Mittel, einzelne Produkte und das Sortiment unseres Geschäfts kennen zu lernen und um daraus Verkaufsargumente abzuleiten.

Mögliche Merkmale einer Warenbeschreibung

- Artikelbezeichnung, Hersteller(land)
- Beschaffenheit, praktische Eigenschaften, Merkmale, Vorzüge
- Pflege, Behandlung
- Einsatzmöglichkeiten, Verwendung
- Garantiezeit, Kundendienst
- Zusatzartikel

Beispiel einer Produktbeschreibung

- Artikelbezeichnung, Hersteller(land) — Cityhemd der Marke X, Größe 41; hochwertiger deutscher Hersteller;
- Einsatzmöglichkeiten, Verwendung — Passt zu Sakko, Pulli und Anzug; ist mit und ohne Krawatte zu tragen;
- Beschaffenheit, praktische Eigenschaften, Merkmale, Vorzüge — Reine Baumwolle; feiner, weicher, luftdurchlässiger Streifenbatist, hautsympathisch, angenehm im Tragen, mercerisiert;
- Pflege, Behandlung — Buntwäsche bei 60 °C, im Schonwaschgang zu waschen; nur leicht überbügeln;
- Garantiezeit, Kundendienst — Qualitätskrageneinlage, dadurch sitzt der Kragen faltenlos;
- Zusatzartikel — Krawatte, Tuch, Pulli.

Übungsaufgaben: Kapitel 6, Seite 284

7 Überblick über die Textilrohstoffe

7.1 Rohstoffe beeinflussen Aussehen und Gebrauchswert von Textilien

Jeder Textilrohstoff hat seine besonderen Eigenschaften und beeinflusst damit das Aussehen und den Gebrauchswert eines Textils. Es gibt keine „guten" und „schlechten" Eigenschaften textiler Rohstoffe. Es ist Aufgabe des Herstellers von Textilien, diejenigen Textilrohstoffe auszuwählen, die für einen bestimmten Einsatzbereich vorteilhaft sind. Weil z. B. Baumwolle saugfähig, weich, hautsymphatisch und in weißem Zustand kochfest und somit hygienisch ist, eignet sich dieser Rohstoff besonders für Tag-, Nacht-, Bett- und Babywäsche, Hemden und Blusen.

7.2 Einteilung und Überblick über wichtige Textilrohstoffe

Um eine Ordnung in die Vielfalt textiler Rohstoffe zu bringen, werden diese nach ihrer Herkunft in Natur- und Chemiefasern eingeteilt.

Nachfolgende Tabelle zeigt eine Einteilung und Übersicht wichtiger textiler Rohstoffe, wobei die Rohstoffbezeichnungen im Textilkennzeichnungsgesetz und in DIN 60001 verbindlich festgelegt sind.

Einteilung und Überblick wichtiger Textilrohstoffe mit Kurzzeichen (in Klammern)

Naturfasern	Chemiefasern

1. Pflanzliche Fasern
• Samenfasern:
  Baumwolle (CO) und Kapok (KP)
• Stengel- (= Bast-)fasern:
  Flachs = Leinen (LI), Jute (JU),
  Hanf (HA), Ramie (RA)
• Hartfasern:
  Sisal (SI) und Kokos (CC)
2. Tierische Fasern
• Wolle vom Schaf (WO)
• „Wolle" und „Haare" von anderen Tieren als vom Schaf (feine Tierhaare), z. B. Kamel (WK), Lama (WL), Alpaka (WP), Kaschmirziege (WS), Angora (WK) (Kanin (WN)), Mohair (WM)
• Seide
3. Mineralische Fasern
  Asbest (AS)
	1. Zellulosische Chemiefasern:
	  Untergruppen
	• Viskose (CV)
	• Acetat (CA) und Triacetat (CTA)
	• Modal (CMD) und Lyocell
	• Cupro (CUP)
	
	2. Synthetische Chemiefasern
	  Untergruppen
	• Polyester (PES)
	• Polyamid (PA)
	• Polyacryl (PAN)
	• Elastan, Polyurethan (EL)
	• Polychlorid (CLF)
	• Polypropylen (PP)
	3. Anorganische Chemiefasern
	• Glasfaser (GF)
	• Metall (MTF)

7.3 Gemeinsame Gebrauchseigenschaften einzelner Fasergruppen

Textilrohstoffe gleicher Herkunft besitzen gleichartige Baustoffe mit teilweise gemeinsamen Gebrauchseigenschaften.

7.3.1 Naturfasern

Pflanzliche Fasern

Diese Gruppe umfasst die beiden wichtigsten Faserarten: Baumwolle und Leinen (= Flachs). Von untergeordneter Bedeutung sind Kokos, Sisal, Hanf, Jute, Ramie und Kapok.

Gemeinsamer Baustoff ist bei allen pflanzlichen Fasern **die Zellulose**, die das „Knochengerüst" der Pflanze darstellt. Pflanzliche Textilrohstoffe, insbesondere Baumwolle und Leinen, sind:

gut waschbar, haltbar (= widerstandsfähig gegen Abnutzung), zeigen ein geringes Wärmerückhaltevermögen, weil die Fasern wenig gekräuselt sind und wenig ruhende Luft einschließen. Infolge mangelnder Elastizität neigen Textilien aus pflanzlichen Rohstoffen ohne Ausrüstung stärker zum Knittern.

Tierische Fasern

Wolle vom Fell des Schafes ist die **wichtigste tierische Faser**. Neben dem Schaf liefern noch andere Tiere „Wolle" bzw. „Haare". Um eine Verwechslung mit der Schafwolle auszuschließen, muss entweder die jeweilige Tiergattung genannt werden, z. B. Kamel, Alpaka, Lama, Mohair, Angorakanin, Kaschmirziege, oder zu der entsprechenden Tiergattung die Bezeichnung „Wolle" hinzugefügt werden, z. B. Lamawolle. Auch **Seide** ist eine tierische Faser, sie wird ausschließlich aus Kokons Seide spinnender Insekten gewonnen.

Gemeinsamer Baustoff ist ein hornähnlicher Grundstoff, das Protein. Dieser Baustoff ist für folgende Gebrauchseigenschaften bestimmend:

geringe Knitterneigung infolge guter Elastizität, gutes Wärmerückhaltevermögen durch die ruhende Luft, die zwischen den gekräuselten Fasern eingeschlossen ist, temperaturausgleichendes Verhalten, das den Körper einerseits vor Abkühlung schützt, und andererseits überschüssige Wärme nach außen ableitet sowie gute Saugfähigkeit.

Mineralische Fasern

Asbest ist die einzige anorganische Naturfaser. Aus dem faserigen Gestein lassen sich infolge der hohen Hitzebeständigkeit der Faser für technische Zwecke Garne und Gewebe herstellen.

Gemeinsame Gebrauchseigenschaften dieser Rohstoffe:

sie sind unbrennbar, besitzen eine hohe Hitzebeständigkeit und dienen deshalb Spezialzwecken.

7.3.2 Chemiefasern

Chemiefasern sind:

> vom Menschen künstlich hergestellte Fasern, die so in der Natur nicht vorkommen. Die Fadenerstellung erfolgt mithilfe einer Spinnmasse, die mit gleichmäßigem Druck durch Düsen gepresst wird.

Zellulosische Chemiefasern

Der Grundstoff für zellulosische Chemiefasern ist die Zellulose. Diese wird hauptsächlich aus Holz gewonnen. Über einige chemische Umwege wird die Zellulose in eine flüssige Spinnmasse verwandelt, durch Spinndüsen gepresst und verfestigt, wobei sich endlose Fasern bilden (vgl. Abb. Kapitel 15.1). Zu den zellulosischen Chemiefasern gehören folgende Untergruppen, der Bedeutung nach geordnet: **Viskose, Acetat und Triacetat, Modal und Cupro**.

Ihre gemeinsamen Gebrauchseigenschaften sind:

> weich und schmiegsam, mehr oder weniger saugfähig.

Synthetische Chemiefasern

Die Ausgangsstoffe fallen bei der Aufbereitung von Erdöl und Kohle an. Daraus lassen sich durch Verbindung von Molekülen (diesen Vorgang nennt man Synthese) synthetisch Spinnmassen bilden, aus denen Fasern hergestellt werden können.

Zu der Gruppe synthetischer Chemiefasern gehören folgende Untergruppen, der Bedeutung nach geordnet:

- **Polyester,**
- **Polyamid,**
- **Polyacryl,**
- **Elastan und Polyurethan,**
- **Polypropylen,**
- **Polychlorid.**

Alle synthetischen Chemiefasern besitzen folgende gemeinsame Gebrauchseigenschaften:

> sie sind weich, leicht, pflegeleicht, d.h., sie sind leicht waschbar, laufen beim Waschen nicht ein, trocknen rasch, brauchen wenig oder überhaupt nicht gebügelt zu werden, sind knitterarm, glatt und formbeständig; sie sind haltbar (widerstandsfähig gegen Abnutzung).

Chemiefasern aus anorganischen Stoffen

Auf chemischem Weg lassen sich Fasern aus anorganischen Stoffen wie Glas, z. B. unbrennbare Theatervorhänge und Dekostoffe (in der Nähe von offenen Kaminen), herstellen. Metallfäden (Markenname „Lurex") verschönern z. B. Blusen, Kleider, Brokatstoffe durch ihren silbernen oder goldenen Glanz.

Übungsaufgaben: Kapitel 7, Seite 286

8 Kundenansprüche/Verkaufsargumente

8.1 Verkaufsargumente: Hinweis auf Eigenschaften von Textilien

Kunden erwarten von Produkten **bestimmte Eigenschaften**. Alles, was im Verkaufsgespräch über die Eigenschaften der Ware, den Einsatzbereich, den Service und den Preis gesagt wird, sind **Verkaufsargumente**. Diese **sollen den Kunden überzeugen** und ihm die Kaufentscheidung erleichtern. Welche Eigenschaften wir als Verkaufsargumente im Beratungsgespräch einsetzen können, wollen wir nun kennen lernen.

Aus der Vielzahl der Eigenschaften eines Textils lassen sich gleichartige zusammenfassen. Wir unterscheiden Eigenschaften, die sich auf

- das **Aussehen** eines Textils,
- und/oder den **Gebrauchswert** eines Textils beziehen. Unter dem Gebrauchswert verstehen wir die Gesamtheit der nützlichen Gebraucheigenschaften, die ein Textil für einen bestimmten Einsatzbereich hat. Der Gebrauchswert **umfasst** drei Eigenschaftsgruppen: textile **Eigenschaften, die Gesundheit und Wohlbefinden fördern, Haltbarkeits- und Pflegeeigenschaften**.

8.2 Eigenschaften von Textilien im Überblick

Kunden erwarten von Textilien je nach Einsatzbereich unterschiedliche Eigenschaften. Folgende Tabelle enthält entsprechend der zugrunde gelegten Einteilung einen Überblick über solche Eigenschaften.

Aussehen	Gebrauchswert		
	textile Eigenschaften, die Gesundheit und Wohlbefinden fördern	Haltbarkeitseigenschaften	Pflegeeigenschaften
• Eigenschaften beziehen sich auf die **äußere Gestaltung** eines Textils, z.B. auf Schnitt, Verarbeitungsdetails oder **Farbgebung**; diese rufen eine bestimmte Wirkung hervor, z.B. jugendlich, modisch, zeitlos. • Eigenschaften, die ein **gepflegtes Aussehen** bewirken – formbeständig – passformhaltig – knitterfest – farbecht – sauber verarbeitet	• wärmend • kühlend • temperaturausgleichend • luftdurchlässig (porös) • saugfähig und feuchtigkeitstransportierend • weich und schmiegsam • hautsympathisch • elastisch • hygienisch • Wasser abweisend • antistatisch • leicht • sich wohlfühlen • umweltfreundlich	• reißfest • scheuerfest • nassfest • formbeständig • farbecht • lichtecht • widerstandsfähig gegenüber – Körperschweiß – Waschmittel – Chemische Reinigung	• pflegeleicht • waschbeständig • kochfest • bügelecht • reinigungsbeständig • einlaufsicher (krumpfecht)

Hinweis: Unter Verwendung dieser Einteilung gibt es einige Eigenschaften, bei denen eine genaue Zuordnung weder eindeutig noch unbedingt erforderlich ist, z. B. formbeständig. Weitere Eigenschaften können durch Ausrüstung (siehe Kapitel 19) hinzukommen.

8.3 Verkaufsargumente zum Aussehen von Textilien

Solche Hinweise beziehen sich entweder auf die äußere Gestaltung eines Textils oder auf ein gepflegtes Aussehen.

8.3.1 Äußere Gestaltung

Verkaufsargumente, die sich auf die **äußere Gestaltung** eines Textils beziehen, enthalten bei Bekleidungstextilien Hinweise über Schnittkonstruktion, Passform, Dessin (= Muster), Verarbeitungsdetails (= Einzelteile) wie Ärmelformen, Futterstoff, Taschen, Blenden, Gürtel, Kragen, Manschetten, Knöpfe, Nähgarne usw.

Durch die **Gestaltung** eines Textils **lässt sich eine bestimmte Wirkung oder Geschmacksrichtung erzielen**.

Beispiele:

- sportlich
- jugendlich
- damenhaft
- klassisch/zeitlos
- reizvoll
- apart
- schick

- verspielt

- funktionell   = praktisch
- feminin   = weiblich
- maskulin   = männlich
- salopp   = ungezwungen
- seriös   = gediegen, korrekt
- romantisch   = verspielt
- leger   = ungezwungen
  (spr.: leschähr)
- rustikal   = wörtlich bäuerlich, ländlich

8.3.2 Verkaufsargumente zu Eigenschaften, die ein gepflegtes Aussehen bewirken

Beispiele mit Erläuterungen:

- **Formbeständig/Formbeständigkeit** bzw. Formstabilität ist die Fähigkeit eines Textils, die ihm gegebene Form im Gebrauch und nach Pflegebehandlungen (Kragen, Ellbogen, Gesäß, Brustpartien usw.) beizubehalten.
- **Gute Passform/Passformhaltigkeit:** Die vom Konfektionär gegebene Eigenschaft eines Kleidungsstücks, z. B. bei Oberbekleidung, Miederwaren, den natürlichen Körperformen und -maßen harmonisch zu folgen.

- **Knitterfest/Knitterfestigkeit** und **Knittererholung:** Fähigkeit eines Textils, nach einer Knitterbildung (durch Sitzen oder beim Gehen) rasch wieder den ursprünglichen, glatten Zustand einzunehmen, z. B. bei Mänteln, Hosen, Blazern, Blusen, Hemden erwünscht.

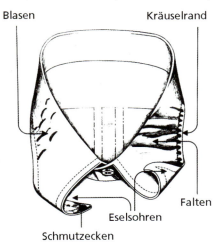

Beispiel für unsaubere Verarbeitung eines Hemdkragens

- **Farbecht/Farbechtheit:** Beständigkeit der Farben, durch äußere Einwirkung wie Sonnenlicht, Wasser, chemische Reinigung u. Ä. unempfindlich zu sein.
- **Saubere Verarbeitung:** Erkennungsmerkmale sind z. B. Nähte mit gut vernähtem Garnende, gerader Nahtverlauf, keine Blasenbildung durch Nähte, gleichmäßige Steppnähte, die parallel zu den Kanten verlaufen, kein welliger Verlauf der Kanten, sorgfältig genähte Knopflöcher, farbmäßig und mustermäßig Übereinstimmung von Kragen, Manschetten, Blenden u. Ä.

8.4 Verkaufsargumente zum Gebrauchswert von Textilien

Die Verkaufsargumente zum Gebrauchswert beziehen sich auf textile Eigenschaften, die Gesundheit und Wohlbefinden fördern, auf Haltbarkeits- und Pflegeeigenschaften.

8.4.1 Textile Eigenschaften, die Gesundheit und Wohlbefinden fördern

Mit den textilen Eigenschaften, die Gesundheit und Wohlbefinden fördern, befasst sich eine noch junge Wissenschaft, die **Bekleidungsphysiologie** (= Lehre von den Zusammenhängen zwischen Kleidung, menschlichem Körper und Klima). Sie **erforscht die Zusammenhänge zwischen Körper, Kleidung und Klima**, um Erkenntnisse zu gewinnen, welche Eigenschaften die Kleidung haben sollte, um bei verändertem Klima (z. B. Hitze, Kälte, Wind und Regen) und unterschiedlicher körperlicher Belastung (z. B. Anstrengung durch Schwerarbeit, Ruhe, Sport) ein Höchstmaß an Wohlbefinden und Leistungskraft zu ermöglichen.

Unterschiedliche körperliche Belastung und unterschiedliches Klima erfordern entsprechende Kleidung, deshalb muss die Kleidung auf Körper und Klima abgestimmt sein, denn nur die **Kleidung ist beeinflussbar**. Sie soll den Menschen **nicht belasten**, etwa durch mangelnde Luftdurchlässigkeit (Leibwäsche), durch zu hohes Gewicht (Mäntel), durch fehlende Hygiene (Wäsche), sondern **Gesundheit und Wohlbefinden fördern** und die Leistungskraft steigern.

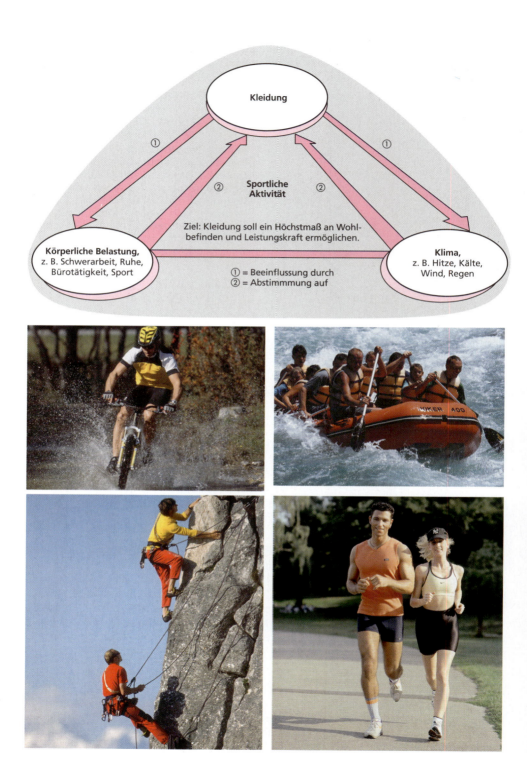

Folgende Eigenschaften sind hierzu von besonderer Bedeutung:

- **Wärmehaltung** ist besonders bei Oberbekleidung, Tagwäsche, Winterkleidung und Zudecken von Bedeutung. Textilien aus gekräuselten Fasern und dicke, flauschige, gerauhte Stoffe schließen viel Luft ein, besitzen also eine hohe Wärmeisolation.

- **Kühlende Wirkung:** Bei Hitze oder schwerer körperlicher Arbeit schwitzen (= transpirieren) wir, der Körper verschafft sich Verdunstungskälte. Die Kleidung muss so beschaffen sein, dass eine Verdunstung ohne weiteres ermöglicht wird, andernfalls würde der Körper erfolglos mit verstärkter Transpiration reagieren („im Schweiß baden"). Hohe Luftdurchlässigkeit des Stoffes, weiter Schnitt der Kleidung mit weiten Öffnungen an Ärmel, Hals, Verschluss usw., offene Trageweise begünstigen kühlende Luftströmungen.

- **Temperaturausgleichendes Verhalten** besteht darin, den Körper vor Abkühlung zu schützen und gleichzeitig überschüssige Körperwärme nach außen abzugeben. Dies ist notwendig, wenn wir trotz Kälte bei körperlicher Anstrengung (Arbeit, Sport) schwitzen. Insbesondere Textilien aus Wolle sind temperaturausgleichend.

- **Luftdurchlässigkeit** (= Porösität) ist z. B. bei Sommerkleidung, Leib- und Bettwäsche erforderlich, damit die **überschüssige Körperwärme an die kühlere Umgebung abgegeben** werden kann.

- **Saugfähigkeit und Feuchtigkeitstransport:** Saugfähigkeit ist die Eigenschaft eines Textils, Feuchtigkeit aufzunehmen. Diese Eigenschaft wird vor allem bei Textilien verlangt, die mit der Haut in Berührung kommen. Die Fähigkeit, Feuchtigkeit aufzunehmen, ist bei vielen Naturfasern gut.

  Bei Hitze und schwerer körperlicher Anstrengung schwitzen wir, der Schweiß soll Verdunstungskälte produzieren. Gekräuselte, synthetische Chemiefasern können durch feinste Kapillaren hervorragend große Mengen an Feuchtigkeit von der Haut abtransportieren und tragen durch eine trockene Haut somit wesentlich zum Wohlbefinden des Sportlers bei.

- **Weichheit und Schmiegsamkeit** verhindern das Aufscheuern der Haut, z. B. bei Leibwäsche, Babybekleidung, Bettwäsche, Blusen.

- **Hautsympathisch:** Die Fähigkeit, Feuchtigkeit aufzunehmen bzw. abzutransportieren und gleichzeitig weich zu sein. Dies trifft z. B. bei feinen Natur- und Chemiefasern zu!

- **Elastisch:** Textilien sind elastisch, wenn sie sich nach Beanspruchung durch Zug, die eine Verlängerung mit sich bringt, in die Ausgangsform zurückkehren. Diese Eigenschaft **fördert angenehmes Tragegefühl und Bewegungsfreiheit**, z. B. bei Miederwaren, Gymnastikanzügen, Pullovern, Strümpfen. Sie enthalten häufig hoch elastisches Elastan.

- **Hygienisch:** Ein Textil wird durch Waschen, Bügeln oder chemische Reinigung **keimfrei** (Bakterien, Pilze). Je höher die Wasch- oder Bügeltemperatur ist, desto hygienischer ist das Textil. Vor allem bei Tag-, Nacht-, Bett-, Tischwäsche, Arztkitteln, Schwesternbekleidung, Babywäsche wird ein hohes Maß an Hygiene verlangt.

- **Wasser abweisend** sind z. B. Regenkleidung, Popelinejacken, -mäntel, Anoraks, Bekleidung für Wintersport, Zelte, Markisen. Sie weisen einen geringen Grad an Saugfähigkeit und Feuchtigkeitstransport auf.

- **Antistatisch** ist ein Textil, das durch Reibung (Tragen, An- und Ausziehen, Gehen auf Teppichen) **keine Elektrizität ansammelt**. Diese Eigenschaft verhindert ein Knistern, eine plötzliche Entladung (elektrischer „Schlag") und das Zusammenkleben von Tex-

tilien (Kleid-Unterkleid). Fast alle Naturfasern sind antistatisch. Chemiefasern lassen sich antistatisch ausrüsten.
- **Sich wohlfühlen:** Nach neuesten bekleidungsphysiologischen Gesichtspunkten muss Kleidung/Wäsche, die man auf der Haut trägt und in der man sich wohlfühlt, vier Aufgaben gleichzeitig erfüllen:

> – guter Feuchtigkeitstransport
> – Wärmeisolation
> – Luftaustausch zwischen Haut und Textil
> – angenehmes Empfinden auf der Haut, z. B. Weichheit.

8.4.2 Eigenschaften, die sich auf die Haltbarkeit beziehen

Ein Textil ist **haltbar**, wenn es **im Gebrauch gegenüber verschiedenen Einflüssen widerstandsfähig** ist und bestimmte Festigkeiten besitzt.

- **Reißfestigkeit/Reißkraft** ist die Kraft, die erforderlich ist, um ein Textil zu zerreißen. Hohe Reißfestigkeit ermöglicht hohe Strapazierfähigkeit eines Textils und lange Lebensdauer, z. B. Arbeitskleidung, Haustextilien, Möbelbezugsstoffe.
- **Scheuerfest/Scheuerfestigkeit** bzw. Scheuerbeständigkeit gibt die Widerstandsfähigkeit von Textilien gegenüber Beanspruchung durch Scheuern an. Arbeitskleidung, Gesäßpartien an Hosen, Ellbogen und Ärmel, Möbelbezugsstoffe, Autositze, Teppiche, Fersen von Strümpfen werden stark beansprucht und müssen ein hohes Maß an Scheuerfestigkeit besitzen.
- **Nassfest/Nassfestigkeit** ist die Festigkeit eines Textils im nassen Zustand. Diese Eigenschaft ist für die Beurteilung der Waschbarkeit von Bedeutung. Bei geringer Nassfestigkeit (z. B. Viskose) sollte der betreffende Artikel sehr schonend, bzw. nicht gewaschen, sondern chemisch gereinigt werden. Hohe Nassfestigkeit, z. B. bei Leinen und Baumwolle und synthetischen Chemiefasern, verhindert einen frühzeitigen Verschleiß durch Waschen.
- **Formbeständig/Formbeständigkeit, Formstabilität und Knitterfestigkeit** sind Eigenschaften, die sowohl das Aussehen als auch die Haltbarkeit betreffen.
- **Farbecht/Farbechtheit:** Widerstandsfähigkeit der Farbe von Textilien gegenüber verschiedenen Einwirkungen wie Sonnenlicht, Schweiß, Wasser, Waschmittel, chemische Reinigung.
- **Lichtecht/Lichtechtheit:** Widerstandsfähigkeit der Farbe von Textilien gegenüber der Einwirkung des Lichts. Hohe Lichtechtheit müssen Gardinen, Dekostoffe, Markisen, Sonnenschirme, Oberbekleidung, Badewäsche u. Ä. aufweisen.
- **Widerstandsfähig/Widerstandsfähigkeit** gegenüber chemischen Einflüssen, z. B. chemische Reinigung, Waschmittel und Körperschweiß.

Eigenschaften, die sich auf die Pflege beziehen und Pflegebehandlung

Die besondere Bedeutung dieses Themas rechtfertigt eine ausführliche Darstellung (siehe Kapitel 9).

> Übungsaufgaben: Kapitel 8, Seite 287

9 Pflege und Behandlung von Textilien

9.1 Pflegehinweise sind im Interesse des Kunden, der Ware, des Verkäufers

Wenn sachgemäße Pflege ausbleibt, wird sich immer mehr Schmutz in ein Textil setzen. Es kann z. B. weniger Feuchtigkeit aufnehmen, Weichheit und hygienischer Wert nehmen ab. Verschwitze Kleidung riecht nicht nur unangenehm, auch das schöne gepflegte Aussehen geht verloren.

Pflegehinweise liegen im Interesse unserer Kunden, sie sollen:

> das **schöne, gepflegte Aussehen und den Gebrauchswert** eines Textils **erhalten, den Verkäufer vor unliebsamen Reklamationen schützen** und **die Kaufabsichten des Kunden fördern.**

9.2 Pflegekennzeichnung

9.2.1 Pflegeetikett

Die Orientierung über die richtige Pflege ist dem Verkäufer und dem Kunden durch die Pflegekennzeichnung unter Verwendung von einfachen, allgemein verständlichen und einprägsamen Symbolen erleichtert worden. Die „Arbeitsgemeinschaft Pflegekennzeichen" hat die Symbole für die Pflegebehandlung von Textilien etwas verändert/erweitert (Stand Juli 2006). Beispiel:

Die **Pflegekennzeichnung stellt eine Pflegeempfehlung dar**, ist aber keine Garantie, aus der Schadenersatzansprüche abgeleitet werden können, falls trotz der empfohlenen Pflegebehandlung eine Verschlechterung des Textils eintritt. Die Pflegekennzeichnung erfolgt freiwillig, weder der Handel noch der Hersteller sind dazu verpflichtet, lediglich sind die Symbole international geschützt und in der Reihenfolge verbindlich.

9.2.2 Pflegesymbole

Die Pflegesymbole beziehen sich auf folgende Behandlungen:

- das Waschen, symbolisiert durch den Waschbottich;
- die Verwendung von chlor- und sauerstoffbleichenden Waschmitteln, symbolisiert durch das Dreieck;
- das Bügeln, symbolisiert durch das Bügeleisen;
- die professionelle Textilpflege, früher als das chemische Reinigen bezeichnet, symbolisiert durch den Kreis (Reinigungstrommel);
- das Trocknen, symbolisiert durch die Trockentrommel.

Waschen

Für das **Waschen** gibt es folende Symbole:

Die im Waschbottich angegebene Zahl gibt die Höchsttemperatur an, die beim Waschen in der Waschmaschine oder beim Waschen von Hand nicht überschritten werden darf:

 Kochwäsche, weiß oder in kochechten Farben aus Baumwolle oder Leinen, z. B. Bett-, Tisch-, Nacht-, Leibwäsche, Handtücher;

 Buntwäsche für Textilien aus Baumwolle, Leinen, Fasermischungen mit synthetischen Chemiefasern in kräftigen Farben, z. B. Hemden, Blusen, Schürzen, Kittel, Frottierwäsche;

 Feinwäsche aus Chemiefasern oder Wolle und Seide, z. B. Strumpfhosen, Strümpfe, Unterkleider, Kleider, Röcke, Pullover, Freizeitbekleidung, Schals, Mützen, Anoraks, Gardinen u. Ä.

Ist der **Waschbottich** mit einem **Querbalken** unterstrichen, ist der Schonwaschgang (= **Pflegeleichtprogramm**) einzustellen.

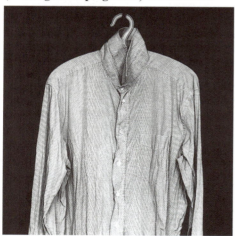

Pflegeleichtes Hemd falsch behandelt:
- zu heiß gewaschen,
- kein Schonwaschgang,
- zu lange geschleudert.

Das **Pflegeleichtprogramm** ist für alle Pflegeleicht-Textilien einzuschalten, wobei die **Füllung** der Waschtrommel mit Waschgut höchstens **ein Drittel** der sonst zulässigen Füllmenge betragen darf. Die Waschmaschine arbeitet beim Pflegeleichtprogramm mit „reduzierter Mechanik", d. h. mit geringerer Anzahl der Drehbewegungen, höherem Wasserstand. Am Ende des Programms wird das Wasser nicht abgepumpt, damit sich durch aufeinanderliegende Textilien keine Knitter bilden, falls die Wäsche nach dem Waschvorgang nicht sofort entnommen wird. Das mit dem Schonwaschgang gekennzeichnete Waschgut **darf nur kurz** (etwa 10 Sekunden) **angeschleudert werden**. Auf diese Weise bleibt die Wäsche knitterarm, glatt und bügelarm bzw. bügelfrei.

Die schonendste Wäsche ist die **Handwäsche**, wobei das Waschgut nur leicht „durchgedrückt" oder durch die Waschflotte durchgezogen wird. Handwäsche ist **bei besonders empfindlichen, waschbaren Textilien** aus Wolle oder Seide, bei Gardinen (Stores) und Handarbeitstextilien erforderlich.

Bleichen

 Das Dreieck mit dem chemischen Kurzzeichen Cl für Chlor bedeutet, dass diese **Wäsche** (z. B. Tag-, Nacht- und Bettwäsche) **zur Schmutzbeseitigung chlor- bzw. sauerstoffbleichende Waschmittel verträgt**. Ist das Dreieck durchgestrichen, verträgt das betreffende Textil keine solchen Waschmittel. In der Bundesrepublik Deutschland sind chlorhaltige Haushaltswaschmittel nicht zulässig. Ausnahmen: gewerbliche Wäschereien, Krankenhäuser und Haushaltswaschmittel des Auslands.

Bügeln

Das Bügeleisen mit seinen Punkten kennzeichnet die **Temperatureinstellung**, die das Textil verträgt.

 drei Punkte = heiß bügeln, etwa 200 °C für Leinen und Baumwolle;

 zwei Punkte = mäßig heiß bügeln, etwa 150 °C, für Wolle, Seide, Polyester, Viskose;

 ein Punkt = nicht heiß bügeln, etwa 100 °C für Polyamid, Polyacryl, Acetat u. Ä.;

 Artikel verträgt kein Bügeln, z. B. ein mit Polychlorid beschichteter Regenmantel.

Professionelle Textilpflege/Chemisches Reinigen

Für viele Textilien der Oberbekleidung ist eine professionelle Textilpflege, die **chemische Reinigung**, notwendig. Das ist in vielen Fällen die zweckmäßige, für manche die einzige überhaupt mögliche Reinigungsart, z. B. Wintermäntel, seidene Abendkleider, Anzüge aus Schurwolle. Flüchtige Lösungsmittel lösen aus den zu reinigenden Textilien den Schmutz heraus, empfindliche Farben und Formbeständigkeit bleiben erhalten. Der Buchstabe in dem Kreis ist ein Hinweis für die chemische Reinigung über das dort zu verwendende Lösungsmittel:

 Perchlorethylen oder KWL-Lösungsmittel (= Kohlenwasserstoff);

 „F" für empfindliches Reinigungsgut: seit 1993 ist FCKW 113 als Lösungsmittel wegen Gesundheitsschädigung verboten. Deshalb ist die Kennzeichnung mit dem Symbol „F" überflüssig. Zur Anwendung kommt das Lösungsmittel KWL (= Kohlenwasserstoff).

 keine chemische Reinigung möglich.

Trocknen im Wäschetrockner

Die Punkte in der Trocknertrommel gegen die Trocknertemperaturen an.

 mit normaler, thermischer Beanspruchung Trocknen im Tumbler (= Wäschetrockner), über 60 °C, z. B. Baumwolle;

 mit reduzierter thermischer Beanspruchung Trocknen bei höchstens 60 °C, z. B. Textilien aus Chemiefasern/Fasermischungen;

 Artikel verträgt kein Trocknen im Tumbler, z. B. Textilien aus Wolle.

9.2.3 Zusammenfassende Pflegetabelle

Symbole für die Pflegebehandlung von Textilien

WASCHEN (Waschbottich)

Normalwaschgang | Schonwaschgang | Normalwaschgang | Schonwaschgang | Normalwaschgang | Schonwaschgang | Sepzial-Schonwaschgang | Normalwaschgang | Schonwaschgang | Sepzial-Schonwaschgang | Handwäsche | nicht waschen

Die **Zahlen** im Waschbottich entsprechen den **maximalen Waschtemperaturen**, die nicht überschritten werden dürfen. – Der **Balken** unterhalb des Waschbottichs verlangt nach einer (mechanisch) **milderen Behandlung** (Schonwaschgang). Er kennzeichnet Waschzyklen, die sich zum Beispiel für pflegeleichte und mechanisch empfindliche Artikel eignen. Der **doppelte Balken** kennzeichnet Waschzyklen mit weiter minimierter Mechanik, z. B. für Wolle.

CHLOREN (Dreieck)

Chlor- und Sauerstoffbleiche zulässig   nur Sauerstoffbleiche zulässig, keine Chlorbleiche   nicht bleichen

TUMBLER-TROCKNUNG (Trockentrommel)

Trocknen mit normaler thermischer Belastung   Trocknen mit reduzierter thermischer Beanspruchung   Trocknen im Tumbler nicht möglich

Die Punkte kennzeichnen die Trocknungsstufe der Tumbler (Wäschetrockner).

BÜGELN (Bügeleisen)

heiß bügeln   mäßig heiß bügeln   nicht heiß bügeln, Vorsicht beim Bügeln mit Dampf   nicht bügeln

Die Punkte kennzeichnen die Temperaturbereiche der Reglerbügeleisen.

PROFESSIONELLE TEXTILPFLEGE (Reinigungstrommel)

            Ⓕ

keine chemische Reinigung möglich

Die **Buchstaben** sind für den Chemischreiniger bestimmt. Sie geben einen Hinweis auf die infrage kommenden **Lösungsmittel**. Der **Balken** unterhalb des Kreises verlangt bei der Reinigung nach einer **Beschränkung** der mechanischen Beanspruchung, der Feuchtigkeitszugabe und/oder der Temperatur.

Ⓐ   Ⓕ   Ⓕ   Ⓕ

keine Nassreinigung möglich

Dieses Symbol kann Artikel kennzeichnen, die im **Nassreinigungsverfahren** behandelt werden können. Es wird als zweite Zeile **unter dem Symbol für die chemische Reinigung** angebracht. Die **Balken** unterhalb des Kreises verlangen bei der Nassreinigung nach einer **Beschränkung** der mechanischen Beanspruchung (siehe Waschen).

(Stand 2006)

Pflegeleicht: Obwohl der Begriff **pflegeleicht** bisher noch nicht verbindlich festgelegt ist, besagt er im Allgemeinen, dass pflegeleichte Textilien

- sich leicht waschen lassen, ohne einzulaufen;
- meist rasch trocknen;
- wenig oder überhaupt nicht gebügelt werden müssen;
- wenig knittern, glatt und formbeständig sind.

Diese Eigenschaft, die eine **zeit- und arbeitssparende Pflege** bewirkt, ist den synthetischen Chemiefasern angeboren und lässt sich bei Naturfasern durch Ausrüstung erzielen. Gleichbedeutende Begriffe sind: „wash and wear", „super wash", „bügelarm", „permanent press", „bügelfrei", „waschmaschinenfest".

9.3 Aufbau und Wirkungsweise der Waschmittel

- **Tenside sind waschaktive Substanzen.** Sie ermöglichen ein rasches Benetzen des Textils mit Wasser, heben bestimmte Schmutzarten ab, verteilen diese sehr fein und verhindern ihre Wiederablagerung auf der Wäsche.
- **Gerüststoffe/Phosphatersatzstoffe enthärten das Wasser**, verhindern Kalkablagerungen in der Waschmaschine und auf dem Textil, damit es weich und saugfähig bleibt (Leib-, Frottier- und Bettwäsche). Sie halten den gelösten Schmutz in der Waschlauge und sorgen dafür, dass er sich nicht wieder auf der Wäsche absetzt.
- **Bleichmittel (Perborate) zerstören farbstoffhaltige**, wasserunlösliche Obst-, Gemüse-, Rotweinflecken u. Ä. Ein faserschonendes Bleichtempo wird von anderen Hilfsstoffen (Silicaten) gesteuert.
- **Optische Aufheller (Weißtöner)** werden durch den Waschvorgang auf die Textilfaser aufgezogen und verwandeln nicht sichtbares, ultraviolettes Licht in „strahlendes Weiß".

Bei zartfarbenen Stoffen kann dies zu unerwünschten Farbtonverschiebungen führen. Zu viel optische Aufheller bewirken das Gegenteil und lassen ein Textil vergilben (weiße Miederwaren aus Polyamid).

- **Enzyme (= bioaktive Substanzen) lösen eiweiß- und stärkehaltigen Schmutz:** Ei, Soßen, Blut, Limonade, Fruchtsaft bei Temperaturen bis 60 °C.
- **Duftstoffe** verhindern unerfreuliche Laugengerüche während des Waschvorgangs (Küche, Bad), die **Wäsche erhält einen frischen Duft**.

Sonstige Wirkstoffe von geringerer Bedeutung:

- Vergrauungsinhibitoren sorgen für einen Abtransport des Schmutzes.
- Schauminhibitoren sind Schaumhemmer.
- Silikate verhindern Korrosion an Bauteilen der Waschmaschine.

9.4 Waschmittelgruppen, Waschgut und Temperatur

Waschmittel mit gleichartiger Zusammensetzung der Wirkstoffe teilt man in Waschmittelgruppen ein. Man unterscheidet:

neuere Bezeichnung	frühere Bezeichnung
• Universalwaschmittel, vielseitig einsetzbar	• Vollwaschmittel
• Spezialwaschmittel für Textilien aus Wolle/Seide	• Wollwaschmittel/Feinwaschmittel
• Spezialwaschmittel für farbempfindliche Textilien	• Feinwaschmittel
• Spezialwaschmittel für weiße Gardinen	• Spezialwaschmittel

Die heutigen Waschmittel sind pulverförmig, kornförmig (Waschperlen/Megaperls) oder flüssig (Vorteil: bessere Löslichkeit).

Waschmittel: Gruppen, Wirkstoffe, Temperaturen und Anwendung

Merkmale	Universalwaschmittel (= Vollwaschmittel)	Spezialwaschmittel für		
		Wolle/Seide	farbempfindliche Textilien (Bunt-/Colorwaschmittel)	weiße Gardinen
• Wirkstoffe des Waschmittels:				
– Tenside	●	●	●	●
– Phosphat-Ersatzstoffe	●	●	●	●
– Bleichmittel	●	○	○	●
– optische Aufheller	●	○	○	●
– Enzyme	●	●	●	●
– Weichspüler	○	●	○	○
– Duftstoffe	●	●	●	●
• Temperaturen	95°C / 30°C	30°C	40°C / 30°C	40°C / 30°C
• waschbare Textilien	aus Baumwolle/Leinen/Chemiefasern	aus Wolle/Seide/Edelhaaren	in intensiven oder in zarten Pastellfarben	aus Polyester/Polyacryl u. Ä.
• Beispiel für Markennamen	Persil, Dash, Fakt, Omo, Ariel, Liz, Weißer Riese, Dixan, Sunil u. a.	Perwoll, Sanso, Burti, Tandil, Frosch u. a.	Fewa, Rei, Woolite	Dato der Gardinenspezialist u. a.

Erklärung: ● = immer enthalten, ○ = nicht enthalten.

9.5 Waschhilfsmittel

Folgende Waschhilfsmittel werden ergänzend zu den Waschmitteln verwendet:

- **Einweichmittel**, z. B. Sil, Henko, sollen mehrere Stunden wirken und den Schmutz lockern. Anschließend ist ein vollständiger Waschvorgang erforderlich. Anwendung: stark verschmutzte Kleidung (Berufskleidung).
- **Schwerpunktverstärker**, z. B. Saptil. Hartnäckiger Schmutz an Kragen und Manschetten lässt sich damit beseitigen: Die Paste wird dünn aufgetragen. Die gleiche Wirkung hat Fleckensalz, z. B. Sil.
- **Weichspüler**, z. B. Softlan, Lenor, Vernell, Kuschelweich, machen Textilien, die auf der Haut liegen (Tag-, Frottier-, Bettwäsche, Pullover, Babybekleidung) flauschig und weich.
- **Appretur**, z. B. Perla, Form-in-Spüler, nimmt bei Tischwäsche, Arbeitsmänteln und Hemden das lappige Aussehen und verleiht Glanz, Glätte und einen fülligeren Griff.

9.6 Ergänzende Pflegetipps für unser Verkaufsgespräch

Wir wählen entsprechend unserer Verkaufssituation Tipps aus, die uns vor Reklamationen schützen und unseren Kunden Vorteile bringen.

9.6.1 Tipps zum Waschen

- **Neue, farbige, waschbare Textilien**, insbesondere aus den Rohstoffen Baumwolle und/oder Leinen, etwa zweimal **für sich alleine waschen**, da sich bei manchen Artikeln trotz Farbechtheit überschüssige Farbe herauswaschen lässt. Ein Abfärben auf andere Textilien wird dadurch ausgeschlossen.
- **Richtige Waschmittelmenge** der Verpackungsaufschrift des Waschmittels entnehmen, also auf Härte des Wassers, Grad der Verschmutzung und Wäschemenge abstimmen. Zu viel Waschmittel kann schädigend wirken und belastet die Umwelt, zu wenig beeinträchtigt den Wascherfolg.
- **Abfärbungen** auf andere Textilien lassen sich vermeiden, wenn die einzelnen, nassen Teile nicht aufeinander liegen bleiben.
- Einmal **eingetretene Farbtonverschiebung**, wenn diese durch optische Aufheller verursacht wird, lässt sich eventuell durch Verwendung von Waschmitteln ohne optische Aufheller, z. B. Feinwaschmitteln, wieder rückgängig machen, weil Weißtöner wasserlöslich sind.
- **Prüfung der Farbechtheit:** Bei empfindlichen, nicht (mehr) mit Pflegekennzeichen versehenen Textilien lässt sich die Farbechtheit feststellen: Man taucht einen nicht sichtbaren Zipfel des zu waschenden Textils, z. B. umgeschlagener Saum einige Minuten in warme Waschmittellösung und drückt diese Stelle anschließend auf einem weißen Papiertaschentuch aus. Bei Abfärbungen ist dies mit Feinwaschmitteln zu wiederholen und, falls das Textil weiterhin abfärbt, eine chemische Reinigung erforderlich.
- **Beschädigung von Kragen und Manschetten lassen sich vermeiden:** Diese nach innen einschlagen und Schonwaschgang einstellen.

9.6.2 Tipps zum Trocknen

- **Pflegeleicht-Textilien**, wie Hemden, Blusen, Freizeitkleidung, tropfnass auf Plastikbügel aufhängen und **kurz in Form ziehen**, dann brauchen solche Textilien nicht oder wenig übergebügelt zu werden.

- **Intensive Sonneneinstrahlung schädigt Textilien** in nassem Zustand mehr als in trockenem (Sauerstoffbleiche durch die Sonne!).
- **Im Freien getrocknete Wäsche ist flauschiger** als die in geschlossenen Räumen getrocknete.

9.6.3 Tipps zum Bügeln

- Waschgut aus Baumwolle und Leinen mit einer Restfeuchtigkeit erspart das Einsprengen und erleichtert das Bügeln (Glätten).
- Höchstzulässige Bügeltemperaturen eines Textils aufgrund der Pflegekennzeichnung beachten. **Höhere Temperaturen führen zu Schädigungen** wie Schmelzschäden, Glanzstellen, braune, angesengte Stellen, Verlust von Ausrüstungseffekten.
- Stoffe, die glänzen sollen, auf der rechten Seite („Schauseite") bügeln, z. B. Bettwäsche, festliche Tafeldecken. Stoffe, deren Glanz unerwünscht ist, auf der linken Warenseite oder von rechts mit einem feuchten Dämpftuch, das zwischen Bügeleisen und Textil liegt, bügeln.

9.6.4 Tipps für die professionelle Pflegebehandlung zum chemischen Reinigen

- **Vollreinigung** ist für empfindliche Textilien oder solche mit schwer entfernbaren Flecken angebracht. Sie umfasst u. a. eine Grundreinigung unter Verwendung von Spezialmaschinen und geeigneten Lösemitteln, **außerdem erfolgt eine spezielle Fleckentfernung** (= Detachieren) und **Formdämpfen** und/oder Maschinendämpfen, falls erforderlich, ein Handbügeln.
- **Kleiderbad**, eine vereinfachte, preisgünstigere Reinigung, ist empfehlenswert für leicht entfernbaren Schmutz. Sie umfasst dieselben Arbeitsgänge wie die Vollreinigung, jedoch **ohne spezielle Fleckentfernung**.
- Bei der **Münzreinigung in Automaten** findet nur eine Grundreinigung ohne Vorsortieren nach Textilrohstoff und Verschmutzung statt. Sie eignet sich nicht für empfindliche Kleidung.
- **Bei Flecken** sollte der Kunde, wenn möglich, die **Herkunft angeben**, um eine schonende Entfernung zu erleichtern. Je älter der Fleck ist, umso schwieriger wird seine Beseitigung.
- **Zweiteilige Textilien zusammen reinigen lassen**, um Farbabweichungen zu vermeiden.
- Zusätzliche, entgeltliche Leistungen der chemischen Reinigung sind:
    - **appretieren**, um einen festen oder weichen Griff eines Textils zu erzielen,
    - **imprägnieren**, um spezielle Textilien Wasser abweisend zu machen,
    - **flammhemmend** ausrüsten, um z. B. Dekostoffe gegen leichtes Entzünden (offene Kamine) zu schützen.
- Bei **Reinigungsreklamationen**, z. B. Maßänderung, Verfärbungen, Gewebeschäden wie Flecken, Veränderung des Warenbilds (Glanzverlust, Glanzbildung), Blasen- und Wellenbildung, Schäden bei Kunstlederartikeln, Vergrauung, können neutrale Schiedsstellen, deren Adressen auch bei Verbraucherzentralen zu erfahren sind, in Anspruch genommen werden.

Übungsaufgaben: Kapitel 9, Seite 289

10 Baumwolle: meistverarbeitete Naturfaser mit vielen Vorzügen

engl.: cotton
franz.: coton
ital.: cotone

Dieses international geschützte **Gütezeichen garantiert 100% Baumwolle**, es symbolisiert die Fruchtkapsel des Baumwollstrauches, deren Samenkörner dicht mit feinen Samenfasern bewachsen sind; Kurzzeichen: CO.

10.1 Bedeutung, Anbau, Gewinnung, Faserstruktur

10.1.1 Bedeutung der Baumwolle

Der Anteil der Baumwolle an dem Gesamtverbrauch textiler Rohstoffe beträgt in der Bundesrepublik etwa 25%, bezogen auf die Welt sogar 50%. Am gegenwärtigen Weltfaserverbrauch erreicht die Baumwolle über 25 Mrd. Tonnen. Baumwolle ist deshalb so geschätzt, weil sie preisgünstig ist, sich gut verarbeiten und veredeln lässt und eine Fülle wertvoller Gebrauchseigenschaften für viele textile Einsatzbereiche besitzt.

10.1.2 Anbau, Gewinnung, Faserstruktur

Baumwollfruchtkapsel:
Aus der Blüte bildet sich eine Kapsel; bei der Reife springt diese auf.

Samenkorn mit Fasern:
Tausende von Baumwollfasern, welche die Samenkörner flugfähig machen, quellen aus der Fruchtkapsel heraus.

Baumwolle gedeiht im subtropischen Klima. **Hauptanbaugebiete** sind die GUS, die Südstaaten der Vereinigten Staaten von Amerika, die Volksrepublik China, Brasilien, Ägypten, Sudan u. a.

Während des Wachstums gleicht die Baumwollfaser einem feinen Röhrchen, das mit Wachstumsflüssigkeit gefüllt ist. Diese trocknet während der Reifezeit ein und verwandelt sich in Zellulose. Die Seitenwände fallen nun ein, es bilden sich die im mikroskopischen Längsschnitt sichtbaren, **typischen bandförmigen** bzw. korkenzieherartigen **Windungen**, die nur bei Baumwolle anzutreffen sind und die den Zusammenhalt der Fasern im Garn verbessern.

Der mikroskopische Faserquerschnitt zeigt die Zellwand und den **Faserhohlraum**, beide können Feuchtigkeit aufnehmen, was die hohe Saugfähigkeit erklärt.

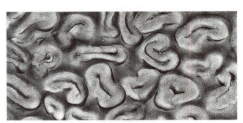

Längsschnitt einer Baumwollfaser   Querschnitt von Baumwollfasern

Chemisch besteht Baumwolle überwiegend aus Zellulose (etwa 90%), was sich auch durch die **Brennprobe** leicht nachweisen lässt: Baumwolle brennt rasch mit hell leuchtender Flamme; Geruch: nach verbranntem Papier; Rückstand: wenig hellgraue bis weiße Flugasche.

10.2 Qualitätsmerkmale der Baumwolle, Sorten, Herkunft und Einsatzbereiche

10.2.1 Qualitätsmerkmale

- **Die Stapellänge** (durchschnittliche Faserlänge) ist ein besonders wichtiges Qualitätsmerkmal. **Je länger die Fasern sind, desto gleichmäßiger und haltbarer wird das durch Verdrehen der Fasern gewonnene Garn.** Man unterscheidet im Allgemeinen (nicht verbindlich festgelegt):

kurzstapelig	= bis 25 mm	langstapelig	= etwa 30 bis 40 mm
mittelstapelig	= 25 bis 30 mm	extra lang	= über 40 mm

- **Feinheit** (durch Querschnitt einer Faser gekennzeichnet) beträgt zwischen 12 und 45 Mikron (= tausendstel Millimeter). **Je feiner die Fasern, desto weicher und geschmeidiger** wird das Garn und das daraus hergestellte Fertigerzeugnis.

  Zwischen Feinheit und Stapellänge besteht ein Zusammenhang: Je langstapeliger die Baumwollfasern, desto feiner sind sie.

- **Farbe** und **Glanz**: Die Farbtöne reichen von Weiß, Cremefarbig, Grau-Weiß bis Braun. **Je heller die Farbe, desto geschätzter ist die Baumwolle.** Der Glanz der Rohbaumwolle ist unterschiedlich: Wertvolle Sorten glänzen stärker!

10.2.2 Sorten, Herkunft, Qualitätsmerkmale, Einsatzbereiche

Gute **Baumwollsorten** sind das Ergebnis jahrelanger Züchtungen. Folgende Tabelle enthält einige wichtige Baumwollsorten hinsichtlich ihrer Herkunft, Qualitätsmerkmale und Einsatzbereiche.

Sorte	Herkunft	Qualitätsmerkmale	Einsatzbereiche
• Sea Island	– USA: Ostküste, geringer mengenmäßiger Ertrag	– besonders langstapelig, sehr fein, weiß, seidig glänzend, sehr haltbar	– feinste, hochwertige Baumwollartikel, z. B. Hemden, Blusen
• Karnak • Mako	– Ägypten und Sudan	– langstapelig, fein, weiß bis cremefarbig, glänzend, gute Haltbarkeit	– hochwertige Kleider, Hemden, Blusen, Tag-, Nacht-, Bett-, Tischwäsche
• Upland (Normalqualität)	– USA	– mittel- bis langstapelig, mittelfein, weiß bis gelbgrau, gute Haltbarkeit	– gute Baumwollartikel: Wäsche- und Bekleidungsstoffe

Mit dem Begriff „Mako" verbindet sich die Vorstellung hoher Qualität. Der Einzelhandel hat diesen Begriff in Wortverbindungen wie z. B. „Mako-Batist" (leichter, luftdurchlässiger Hemden-, Blusen-, Nachtwäschestoff), „Mako-Damast" (Bett- und Tischwäschestoff), „Mako-Körper-Inlett" (Hüllenstoff für Federn und Daunen) beibehalten.

10.3 Artikelbezogene Verkaufsargumente

10.3.1 Eigenschaften, die Gesundheit und Wohlbefinden fördern

- **Baumwolle ist saugfähig** und nimmt leicht Feuchtigkeit, z. B. Körperfeuchtigkeit, auf. Sie staut diese aber nicht, sondern gibt sie wieder gleichmäßig an die Umgebung ab, ohne dass eine fühlbare Verdunstungskälte entsteht. Diese Eigenschaft ist vor allem **bei Textilien geschätzt, die mit der Haut in Berührung kommen**, z. B. Tag- und Nachtwäsche, Babywäsche, Hemden, Blusen, Socken, Strümpfe. Haustextilien wie Bettwäsche, Hand-, Geschirr-, Frottier-, Badetücher müssen saugfähig sein.

- **Baumwolle ist fein, weich, schmiegsam, hautsympathisch.** Auch die empfindlichste Haut fühlt sich in Baumwolltextilien wohl. Aus feiner Baumwolle lassen sich weiche, schmiegsame, nicht kratzende, hautfreundliche Textilien herstellen.

- **Weiße Baumwollwäscheartikel** oder solche in hellen, kochechten Farben **sind** aufgrund der Kochfestigkeit (siehe jeweilige Pflegekennzeichen) **hygienisch**. Vor allem bei Tag-, Nacht- und Babywäsche, Bett-, Tisch- und Küchenwäsche, Arzt- und Schwesternkleidung wird ein hohes Maß an Hygiene verlangt. Hohe Bügeltemperaturen töten Bakterien und verbessern somit die hygienischen Eigenschaften.

- **Sommerkleidung aus Baumwolle ist luftdurchlässig,** was durch die poröse Struktur des Stoffes weiter begünstigt wird. Überschüssige Körperwärme kann infolge der relativ guten Wärmeleitfähigkeit an die kühlere Umgebung abgegeben werden.

- **Baumwolle lädt sich bei normaler Luftfeuchtigkeit nicht elektrisch** durch Reibung **auf**, ist also antistatisch, es entsteht keine Funkenbildung oder ein unangenehmes Knistern und Kleben von Baumwolltextilien; Schmutz in Form von Staub wird dadurch weder angezogen noch festgehalten!

10.3.2 Eigenschaften, die sich auf die Haltbarkeit beziehen

Baumwolle ist haltbar, d. h. gegen unterschiedliche Beanspruchung widerstandsfähig.

- **Die Scheuerfestigkeit** (= Widerstandsfähigkeit bei einer Beanspruchung durch Scheuern) der Baumwolle **ist** im Vergleich zu den übrigen Naturfasern **gut**, bei synthetischen Chemiefasern allerdings höher. Fersen von Socken und Strümpfen, Gesäßpartien einer Hose, Arbeitskleidung, Betttücher u. Ä. erfordern hohe Scheuerfestigkeit.

- **Die Reißfestigkeit** (auch als Reißkraft bezeichnet) der Baumwolle **ist gut**, denn eine starke Zugkraft muss wirken, bis ein Baumwolltextil zerreißt. Hohe Reißfestigkeit bewirkt hohe Haltbarkeit!

- **Die Nassfestigkeit,** also die Festigkeit der Baumwolle im nassen Zustand, **ist größer als ihre Trockenfestigkeit.** Dies bewirkt, dass waschbare Baumwolltextilien in der Wäsche keinem nennenswerten Verschleiß unterliegen.

- **Baumwolle ist beständig** bei Einwirkung von **Schweiß, Laugen** (z. B. Vollwaschmittel) und **chemischer Reinigung**, aber empfindlich gegen starke Lichteinwirkung und konzentrierte Säuren und gegenüber Dauerfeuchte (Schimmelpilz, Stockflecken).

10.3.3 Pflegeeigenschaften der Baumwolle

Besondere Pflegeprobleme treten für den Rohstoff **Baumwolle nicht auf**, aber auch die Ausrüstung (z. B. Farbgebung) und Konfektionierung beeinflussen die Pflege der Baumwolltextilien. Deshalb beachten wir stets die jeweiligen Pflegekennzeichnung am Textil.

- Viele waschbare **Baumwolltextilien** sind **im weißen Zustand** und in hellen, kochechten Farben (siehe Pflegekennzeichen) **kochfest**.

    Beispiel: Tag- und Nachtwäsche, Bett- und Tischwäsche, Ärztekittel, Hand-, Geschirr- und Gläsertücher. Sind diese Artikel kräftig gefärbt, ist eine Waschtemperatur bis 60 °C zulässig.

- **Neue Baumwollartikel in kräftigen Farben**, z. B. Oberbekleidung, Frottierwäsche, Bademäntel, etwa **zweimal für sich alleine waschen**, da sich trotz Farbechtheit häufig überschüssige Farbe herauswaschen lässt. So lässt sich ein Abfärben auf andere Textilien ausschließen.

- **Voll- bzw. Universalwaschmittel** mit ihren besonders schmutzlösenden und aufhellenden Wirkstoffen sind besonders für weiße Wäsche geeignet, **Fein- bzw. Spezialwaschmittel** für farbschonende Wäsche.

Reine Baumwolle
bügelarm

Reine Baumwolle
bügelarm

Pflegeleicht ausgerüstete Baumwolltextilien mit diesen Etiketten sollten, um bügelfrei und knitterarm zu bleiben, **im Schonwaschgang** bei etwa einem Drittel der sonst üblichen Füllmenge in der Waschmaschine gewaschen, nur wenige Sekunden angeschleudert oder besser tropfnass aufgehängt und in Form gezogen werden.

 Baumwollartikel vertragen **kurzfristig hohe Bügeltemperaturen**. Die Bügeltemperatur kann auf drei Punkte eingestellt werden (entspricht etwa 200 °C). Ein kurzes **Einsprengen** der Baumwolltextilien **erhöht die Formbarkeit** und Dampfbügeleisen **erleichtern das Glätten**!

10.4 Baumwollausrüstung zur Verbesserung des Aussehens und/oder des Gebrauchswerts

Unter **Ausrüstung** verstehen wir **Arbeitsgänge, die das Aussehen und/oder den Gebrauchswert eines Textils verbessern** und damit zu seiner Werterhöhung beitragen. Hier soll im Überblick auf baumwolltypische Ausrüstungen eingegangen werden (s. hierzu Abschnitt 19.1).

10.4.1 Baumwollausrüstung beseitigt nachteilige Gebrauchseigenschaften

 **Sanfor** ist ein bekanntes Warenzeichen für Krumpfecht-Ausrüstung. Diese Ausrüstung **verhindert das Einlaufen** (Krumpfen = Schrumpfen) und garantiert Maßstabilität beim Waschen von Baumwollartikeln, z. B. Arbeitsanzügen, Jeansstoffen, Betttüchern, Tafeltüchern.

bügelfrei

bügelarm

wash and wear

(spr.: wosch änd wär)

minicare

(spr.: minikär)

Pflegeleicht-Ausrüstung durch Hochveredelung (mit Kunstharz oder Quervernetzung). Weitere Bezeichnungen siehe nebenstehende Etiketten. So ausgerüstete Baumwolltextilien sind **leicht waschbar** und **laufen wenig ein, trocknen rasch, brauchen nicht oder nur wenig gebügelt zu werden** und **sind knitterarm** (Baumwolle knittert ohne Ausrüstung, weil zellulosische Fasern unelastisch sind!).

Einsatzbereich

Kleider, Kinder- und Freizeitkleidung, Blusen, Oberhemden.

Imprägnieren macht Textilien Wasser abweisend, z. B. Übergangsmäntel (Popeline), Anoraks, Regenmäntel, Freizeitjacken.

10.4.2 Weitere Baumwollausrüstungen zur Verbesserung des Aussehens und/oder des Gebrauchswerts

- **Das Mercerisieren** ist eine chemische Ausrüstung (mit Natronlauge) zur Erzielung eines **dauerhaften, wasch- und reinigungsbeständigen, dezenten Glanzes** und **verbessert gleichzeitig Geschmeidigkeit** und **Haltbarkeit**. Es findet vor allem für Tisch-, Bett-, Tag- und Nachtwäsche, Hemden und Blusen aus reiner Baumwolle Anwendung.
- **Kalandern ist eine besondere Bügelart**, die gewebten Baumwolltextilien mehr oder weniger Glanz, Glätte und Dichte gibt.
- **Bleichen** ermöglicht das Färben und Bedrucken von Baumwollartikeln mit hellen, zarten, leuchtenden Farben, indem der Naturfarbstoff der Faser chemisch zerstört wird.
- **Appretur verbessert z. B. den Griff** und macht die Ware weich und schmiegsam (Frottier-, Baby-, Tagwäsche); andere Appreturen bewirken einen vollen und festen Griff (Tafeltücher, Servietten).
- **Färben und Bedrucken** der Baumwolle mit leuchtenden Farben ist gut möglich, weil Baumwolle infolge ihrer Saugfähigkeit leicht Farbstoff aufnimmt. Spezielle Farbstoffe besitzen hohe Licht-, Wetter- und Waschechtheit!

10.5 Fasermischungen mit Baumwolle bringen Vorteile

Durch Mischungen unterschiedlicher Textilrohstoffe tritt eine Kombination von Eigenschaften ein, wobei die einzelne Eigenschaft umso stärker in Erscheinung tritt, je größer ihr Anteil in der Mischung ist. Dies **führt zu wertverbessernden Eigenschaften und/oder zu Preisvorteilen**.

Beispiele für klassische Baumwollmischungen:
- **„Halbleinen"** ist aus 60% Baumwolle und 40% Leinen; der Leinenanteil bewirkt noch höhere Haltbarkeit (Bett- und Tischwäsche), glatten, kühlenden Griff (Sommerbettuch) und verringert die Flusenbildung (Gläser- und Geschirrtücher).

Einsatzbereich

Bettücher für den Sommer, Tafeldecken, rustikal wirkende Kaffeedecken, Gläser- und Geschirrtücher, Oberbekleidungstextilien.

- **Baumwolle mit Polyester**, klassische Mischungsverhältnisse:

50 % Baumwolle 50 % Polyester	bzw.	65 % Polyester 35 % Baumwolle

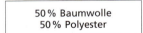

Diese Mischungen vereinigen die **Vorzüge der Naturfaser Baumwolle mit synthetischen Chemiefasern**, wobei der Polyesteranteil Pflegeleichtigkeit (Schonwaschgang!), glattes Aussehen, Formbeständigkeit und Haltbarkeit mit sich bringt.

Einsatzbereiche

- **Bereich Kleidung:** Popelinemäntel, -jacken, Blusen, Hemden, Freizeitbekleidung, Arbeits- und Berufskleidung, Tag- und Nachtwäsche u. Ä.
- **Bereich Wohnung:** Bettwäsche, Tischwäsche.

- **Baumwolle mit Modal**, z. B. 50% Baumwolle und 50% Modal. Modal ist eine zellulosische Chemiefaser, die in ihren Gebrauchseigenschaften der Baumwolle sehr ähnelt, sehr saugfähig, weich und hautsympathisch ist und hohe Nassfestigkeit besitzt. Die Fasermischung Baumwolle/Modal eignet sich für alle Textilien, die mit der Haut in Berührung kommen, z. B. Leibwäsche, Blusen, Bettwäsche.

10.6 Typische Baumwollstoffe

Typische Baumwollstoffe (vgl. Kapitel 20: Kleines Stoff-ABC) sind: Batist, Biber, Chintz, Cord, Damast, Denim, Doppelripp, Feinripp, Finette, Frottier, Gabardine, Interlock, Kretonne, Molton, Nessel, Oxford, Popeline, Samt.

10.7 Artikel aus reiner Baumwolle oder in Fasermischung

Einsatzbereiche

- **Bereich Kleidung:**
  - Damen- und Herren-Oberbekleidung: Sommer- und Übergangsmäntel, Kleider, Blusen, Hemden, Hosen (Jeans, Cord u. Ä.), Freizeitbekleidung, Arbeits- und Berufskleidung;
  - Leibwäsche für Damen und Herren: Tagwäsche wie Tanga, Slip, Schlüpfer, Spenzer, Garnitur und Jacke; Nachtwäsche: Schlafanzug, Baby-Doll (Shorty), Negligé; Homedress, Socken, Strümpfe;
  - Babykleidung: Mäntel, Kleider, Röcke, Hosenanzüge, Pullover u. Ä.; Babywäsche wie Hemdchen, Jäckchen, Slips, Strampler, Strampelsack, Söckchen usw.
- **Bereich Wohnung:**
  - Vorhänge für die Küche u. Ä.;
  - Küchenwäsche: Geschirr-, Gläsertücher u. Ä.;
  - Tischwäsche: Tafeldecken, Kaffeedecken;
  - Frottierwäsche: Hand-, Bade-, Gästetücher, Waschhandschuhe, Seiflappen, Bademäntel u. Ä.;
  - Bettwäsche: Betttücher, Bett- und Kissenbezüge u. Ä.;

10.8 Verkaufsargumente am Beispiel eines Schlafanzugs

„Dieser Schlafanzug eignet sich auch als Hausanzug, er ist lang, hat einen V-Ausschnitt und eine effektvolle, aufgesetzte Tasche. Er ist aus 100% Mako-Baumwolle. Bitte fassen Sie die Ware einmal an und sehen Sie selbst, wie weich, geschmeidig und hautsympathisch diese ist. Durch die feinen Maschen ist die Ware elastisch, bequem und trotzdem formstabil. Viele unserer Kunden bevorzugen Baumwolle, sie ist sehr saugfähig, wird durch das Waschen hygienisch einwandfrei und ist in der Pflege problemlos."

Übungsaufgaben: Kapitel 10, Seite 291

11 Leinen (= Flachs): für hohe Qualitätsansprüche

11.1 Bedeutung, Herkunft und Gewinnung

11.1.1 Bedeutung

Flachspflanze (Kurzzeichen Fl)

Leinensiegel

Leinen hat eine wechselvolle Geschichte hinter sich: Bis Mitte des letzten Jahrhunderts war es neben Wolle der verbreitetste Textilrohstoff und wurde anschließend durch die preisgünstigere Baumwolle verdrängt. Der heutige mengenmäßige Anteil des Leinens beträgt etwa 3% am Gesamttextilverbrauch. **Für einige spezielle textile Einsatzbereiche ist Leinen unentbehrlich!**

11.1.2 Herkunft und Gewinnung

Leinen wird aus der Flachspflanze gewonnen, die wie Getreide angebaut wird; **Hauptanbaugebiete** sind die GUS, Polen, Tschechien, Belgien, Frankreich und Irland (= Flachsgürtel). Der 60 bis 110 cm hohe **Stengel** der Flachspflanze **enthält Flachsfasern**, die sich **bündelweise unter der Rinde des Stengels** befinden und bis in die Wurzel reichen. Die Faserbündel bestehen aus vielen, durch Pflanzenleim (= Pectin) miteinander verbundenen Einzelfasern. In mehreren kostspieligen Arbeitsgängen lassen sich Fasern schonend von Rinde und Holzteilchen lösen.

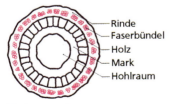

Flachsstengel, Querschnitt

einzelnes Faserbündel

mikroskopisches Faserbild: Längsschnitt

Leinenfasern bestehen zu 70% aus Zellulose, der Rest ist Pflanzenleim, beide Bestandteile verleihen den Fasern Steifheit, Festigkeit, Glanz und Saugfähigkeit. Charakteristisch sind die im **Mikroskop** sichtbaren **bambusartigen Faserverdickungen**.

11.2 Leinenqualitäten

11.2.1 Gütezeichen für Reinleinen und Halbleinen

Als **Reinleinen** darf nach dem Textilkennzeichnungsgesetz nur ein Textil bezeichnet werden, das zu 100% seines Gewichts aus Leinen besteht (herstellungstechnische Abweichungen von 2% und Ziereffekte bis 7% des Gesamtgewichts sind zulässig).

Reinleinen

Reinleinene Stoffe erkennen wir am festen Griff und den **effektvollen Garnverdickungen in beiden Geweberichtungen**, die besonders deutlich hervortreten, wenn wir das Gewebe gegen das Licht halten **(Lichtprobe)**. Reinleinene Gewebe werden infolge des hohen Preises immer seltener. Man findet sie bei **Kleider- und Dekostoffen, Gläsertüchern**, vereinzelt bei **Tischwäsche** und Betttüchern.

Bei **Halbleinen** muss der Leinenanteil nach dem Textilkennzeichnungsgesetz mindestens 40% betragen, wobei die Angabe „Kette reine Baumwolle, Schuss reines Leinen" erforderlich ist.

Halbleinen

Halbleinene Gewebe erkennen wir an den Garnverdickungen in nur einer Geweberichtung, der Schussrichtung (Lichtprobe). Durch den Baumwollanteil ist Halbleinen im Griff wärmer, geschmeidiger und leichter als Reinleinen.

Einsatzbereich für Halbleinen

Geschirr- und Gläsertücher, Küchenhandtücher, Betttücher, Tischwäsche, Dekostoffe, wobei die charakteristischen Eigenschaften des Leinens ausreichend zur Geltung kommen und der Preis erschwinglich ist.

11.2.2 Leinenstruktur, eine effektvolle Leinen-Nachahmung

Hinter den Bezeichnungen **Leinenlook, -imitat, -struktur** verbirgt sich eine **dem Leinen nachgeahmte, effektvolle Struktur** mit charakteristischen Garnverdickungen, wobei sich diese spinntechnisch herstellen lässt. Weil hier kein Leinen, sondern z. B. Viskose oder Polyacryl verwendet wird, besitzen solche Gewebe günstige Gebrauchseigenschaften.

11.3 Artikelbezogene Verkaufsargumente
11.3.1 Verkaufsargumente zum Gebrauchswert

- **Leinen ist sehr saugfähig**, es nimmt Feuchtigkeit schnell auf und gibt diese auch wieder rasch an die Umgebung ab, fühlt sich also nicht unangenehm nass an. Diese Eigenschaft wird bei **Gläser-, Geschirr- und Küchenhandtüchern** sehr geschätzt.
- **Leinen flust** (fusselt) im Gegensatz zu Baumwolle **wenig**: Rein leinene **Gläser- und Geschirrtücher** hinterlassen auf Gläsern, Porzellan, Geschirr und Besteck keine Flusen, weil die Fasern lang sind und sich nicht aus dem Garn lösen.
- **Leinen fühlt sich frisch und kühl an**, es ist **ein guter Wärmeleiter**. Diese Eigenschaft bewirkt, dass überschüssige Körperwärme rasch an die Umgebung abgeleitet wird, was bei **Sommerkleidung** bzw. **Betttüchern für den Sommer** aus Reinleinen oder Halbleinen angenehm empfunden wird. Auch schließt das Gewebe wenig ruhende Luft ein und hat deshalb ein geringes Wärmerückhaltevermögen.
- Leinen ist **haltbar**, was eine lange Lebensdauer solcher Textilien mit sich bringt. Nass-, Reiß- und Scheuerfestigkeit sind höher als bei Baumwolle. Leinene Wäsche unterliegt trotz Beanspruchung in der Waschmaschine kaum einem Verschleiß.

Pflege

 Kochfest sind im allgemeinen **Geschirr- und Gläsertücher, Tafel- und Betttücher in weiß oder hellen Pastellfarben** (siehe Pflegeetikett). Leinen erfüllt ähnlich wie Baumwolle die Forderung nach Sauberkeit und Hygiene in besonderer Weise.

 Intensiv gefärbte Leinenwäsche mit 60 °C waschen! Ein- bis zweimaliges separates Waschen schützt neue Textilien vor Abfärbung; farbschonend sind Feinwaschmittel.

 Leinene **Oberbekleidungstextilien**, z. B. Kleider, Hosen, sind infolge ihrer Konfektionierung **nicht immer waschbar**, stets aber reinigungsbeständig; das Pflegekennzeichen gibt darüber Auskunft.

 Pflegeleicht ausgerüstete leinene Tischdecken werden im Schonwaschgang gewaschen. Ein kurzes Anschleudern ist zulässig. Es empfiehlt sich, die nasse Tischdecke zum Trocknen auf der Leine mit der Handfläche glatt zu streichen. Auf diese Weise ist nur ein kurzes Bügeln erforderlich.

 Alle **Leinentextilien**, auch pflegeleicht ausgerüstete, **vertragen Bügeltemperaturen von etwa 200 °C**, was der stärksten Einstellung auf der Temperaturskala eines Bügeleisens entspricht. Eine **Dauerhitze zersetzt** allerdings **die Faser** und lässt sie vergilben und vergrauen. Ein wenig Feuchtigkeit, z. B. Restfeuchte nach dem Trocknen, ein Einsprengen bzw. die Verwendung eines Dämpftuchs (Zwischenteil) oder Dampfbügeleisens erleichtert das Glätten mit dem Bügeleisen.

 Leinen ist reinigungsbeständig, was für nicht waschbare Textilien von Bedeutung ist.

11.3.2 Verkaufsargumente zum Aussehen

Leinenartikel zeigen eine effektvolle Gewebestruktur mit charakteristischen Garnverdickungen. Die Ursache hierfür liegt einerseits in der bambusartigen Faserstruktur begründet, andererseits lässt sich das Leinengarn nicht ganz gleichmäßig ausspinnen. Der in der Faser enthaltene Pflanzenleim macht die Faser etwas fest und steif, deshalb liegt leinene Tisch- und Bettwäsche schön glatt; Oberbekleidungstextilien knittern „edel".

Leinen glänzt dezent, dies tritt besonders bei festlichen, **weißen Tafeldecken und Servietten** in Erscheinung. Der Glanz geht auf Faserstruktur und Pflanzenleim zurück. Leinenartikel sind **wenig schmutzanfällig**, was sich **durch die glatte Faseroberfläche** erklärt.

11.4 Leinenausrüstung verbessert Aussehen und/oder Gebrauchswert

Ausrüstung	Werterhöhung	Einsatzbereich
• **Bleichen** mit unterschiedlichem Bleichgrad	– hellt die blonde bis silbergraue Naturfaser auf, ermöglicht weiße und helle Farbtöne	– alle Artikelgruppen in Weiß und hellen Farbtönen
• **Färben und Drucken**	– verbessert das Aussehen	– alle Leinenartikel außer in Weiß
• **Mangeln** durch Druckwalzen (rollender Druck)	– matter, gebrochener Glanz	– Kleider- und Dekostoffe, Bett- und Tischwäsche
• **Pflegeleichtigkeit** durch Kunstharzausrüstung	– laufen dadurch in der Wäsche noch weniger ein, brauchen nicht bzw. nur leicht übergebügelt zu werden, sind knitterarm	– Tischwäsche

11.5 Artikel aus Rein- und Halbleinen

Einsatzbereiche

- **Bereich Kleidung:** (insbesondere für den Sommer) Kleider, Anzüge, Freizeitjacken, Blusen, Hemden: fühlen sich angenehm glatt, frisch, kühl an.
- **Bereich Wohnung:**
  - Bettwäsche, insbesondere Betttücher: kühlend, haltbar, hygienisch; Geschirr- und Gläsertücher: saugfähig, nicht flusend, schnell trocknend, hygienisch;
  - Tischwäsche: elegante, haltbare, dekorative Tafeldecken und Servietten, rustikal wirkende, bunte Kaffeedecken, häufig pflegeleicht ausgerüstet.

Übungsaufgaben: Kapitel 11, Seite 292

12 Wolle: tierische Faser mit vielen guten Eigenschaften

Australische Merinoschafe

Unter „Wolle" (ital.: lana, engl.: wool, franz: laine, Kurzzeichen: WO) versteht man **„Fasern vom Fell des Schafes"**. Das Naturprodukt Wolle besitzt **viele vorteilhafte Eigenschaften**. Wolle behauptet sich erfolgreich neben anderen Naturfasern und Chemiefasern; sie ist auch ein begehrter Partner für Fasermischungen. Ihr Anteil am Gesamtverbrauch an Textilrohstoffen beträgt in der Bundesrepublik Deutschland etwa 8 bis 9%.

12.1 Herkunftsländer und Gewinnung

Die Schafzucht und damit die Wollgewinnung ist in unserer Zeit nur auf landwirtschaftlich wenig nutzbaren, kargen Böden **Australiens, Neuseelands, Südafrikas, Argentiniens, Uruguays** und **Russlands** lohnend. Diese Länder exportieren Wolle in großem Umfang. Ein- oder zweimal jährlich werden die Schafe geschoren. Das geschorene, noch vollständig zusammenhängende Wollkleid (= Vlies) wiegt 3 bis 5 kg, wobei die Hälfte des Gewichts Schmutz, Schweiß, Fett und Pflanzenreste, z. B. Klettenteilchen sind, die herausgewaschen oder durch chemische Umwandlung entfernt (carbonisiert) werden.

12.2 Wollsorten (= Wolltypen) und ihre Einsatzbereiche

Ähnlich wie Baumwollfasern unterscheiden sich Wollfasern hinsichtlich **Feinheit, Kräuselung, Faserlänge** (= Stapellänge) und **Glanz**, wobei das wichtigste Qualitätsmerkmal die Feinheit ist. Die Qualitätsunterschiede sind vor allem in der Schafrasse begründet: Merinoschafe liefern eine Feinwolle, Cheviotschafe eine Grobwolle und die Kreuzzucht aus Merino- und Cheviotschafen liefert eine Mittelwolle.

Merkmale	Bezeichnung der Wollsorte		
	Merino	Crossbred	Cheviot (spr.: schewiot)
• Schafrasse	– ursprünglich spanisches Höhenzuchtschaf	– Kreuzzucht zwischen Merino und Cheviot	– ursprünglich englisches Niederungsschaf
• Faserbilder			

Merkmale	Bezeichnung der Wollsorte		
	Merino	Crossbred	Cheviot (spr.: schewiot)
• Kräuselung	– stark, hochbogig	– mittelmäßig gekräuselt	– wenig gekräuselt, schlicht
• Feinheit und Griff	– sehr fein und weich	– mittlere Feinheit und Weichheit	– grob, kernig, deshalb strapazierfähig
• Länge	– kurz bis mittelstapelig	– mittlere Stapellänge	– langstapelig
• Einsatzbereich	– feine Oberbekleidung, Wäsche, Socken, Strümpfe, Schals, u. Ä.	– grobe, sportlich wirkende, strapazierfähige Oberbekleidung, Teppiche	– Teppiche, Möbelbezugsstoffe

- **Lammwolle** (engl. lambswool, spr.: lämbswuhl) ist Wolle der ersten oder zweiten Schur eines jungen Tieres bis zum Alter von einem Jahr. Lambswool vom Merinoschaf ist **besonders fein, weich, geschmeidig, kratzt nicht** auch bei empfindlicher Haut und findet **für feine Maschenwaren**, z. B. Unterziehpullis, Unterwäsche, Socken, auch für besonders hochwertige Oberbekleidung, Verwendung.

- **Shetland** (spr.: schetländ) bezeichet eine **gröbere, langstapelige, wenig gekräuselte Wolle für Mantel- und Sakkostoffe und sportlich wirkende Strickwaren (Pullover, Westen).**

12.3 Wollqualitäten

12.3.1 Das Wollsiegel: Gütezeichen für reine Schurwolle

Das **Wollsiegel** ist ein in mehr als 100 Ländern **geschütztes Gütezeichen für reine Schurwolle**. Das Recht, in Textilien dieses Gütesiegel zu führen, ist an die Bedingung geknüpft, dass sich Hersteller von Wollerzeugnissen verpflichten, bestimmte und **streng kontrollierte Qualitätsgarantien** einzuhalten.

Das **Wollsiegel** mit dem Symbol des Wollknäuels **garantiert**, dass diese Wolle nur durch Schur gewonnen wurde und in keinem anderen Textilerzeugnis enthalten war, keiner faserschädigenden Behandlung bei der Gewinnung oder Verarbeitung ausgesetzt war, einen Mindestgehalt von 100% (genau 99,7%) aufweist. Sichtbare Ziereffekte aus anderen Rohstoffen (z. B. metallglänzende Fasern) sind bis 7% zulässig. Allerdings macht das Wollsiegel keine Aussage über die spezielle Wollsorte.

Cool-Wool: Darunter versteht man sommerliche, leichte, luftdurchlässige, knitterarme, hochwertige Stoffe aus feinen, hochgedrehten Merinokammgarnen; Einsatz: sommerliche Hosen, Röcke, Kostüme, Anzüge, Blazer u. Ä. **Superhundert** kennzeichnet besonders feine, weiche und leichte Sommerstoffe (nicht geschützte Bezeichnung).

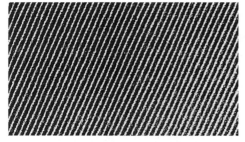

Wollkammgarn: glatter, feiner Stoff mit klar erkennbarer Musterung; aus feinen, weichen, langen und stark gedrehten Wollgarnen: z. B. für Anzüge, Kostüme, Hosen, Röcke, Socken u. Ä.

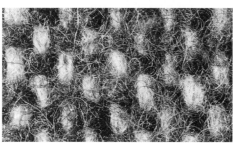

Wollstreichgarn: gröberer, rauer und moosig wirkender Stoff mit verschwommen wirkender Musterung; aus längeren und kürzeren, ungekämmten Wollgarnen: z. B. für die gröbere und sportlich wirkende Oberbekleidung

12.3.2 Das Combi-Wollsiegel: Gütezeichen für Fasermischungen mit Schurwolle

Dieses Gütezeichen weist auf eine **gute Kombination von Schurwolle mit anderen Fasern** hin, insbesondere mit synthetischen Chemiefasern, wobei der Anteil an Schurwolle überwiegt und mindestens 60 % beträgt. **Durch Zumischung** z. B. von Polyester oder Polyamid können **weitere Gebrauchseigenschaften** wie Pflegeleichtigkeit, geringes Filzvermögen, geringes Einlaufen und höhere Haltbarkeit erzielt werden.

Schurwolle mit Beimischung

Textilien mit Combi-Wollsiegel findet man vor allem bei **Hosen, Socken, Strümpfen.**

12.3.3 Reine Wolle (= Reißwolle)

Reißwolle verdankt ihre Herkunft dem „Reißwolf" und wird durch maschinelles Zerreißen von Garn- und Stoffresten wiedergewonnen. Diese Wolle ist meist von geringerem Wert: Die einzelnen Fasern

Faserbild der Reißwolle

sind kürzer, ungleichmäßiger, besitzen verletzte oder abgerissene Enden, verminderte Elastizität. Sie eignet sich zur Herstellung preiswerter, weicher, fülliger und warmer Stoffe, z. B. für Wintermäntel, Sakkos, Jacken, Decken. So wird der wertvolle Rohstoff Wolle sinnvoll wiederverwendet.

12.4 Artikelbezogene Verkaufsargumente

12.4.1 Der Aufbau der Wollfaser erklärt einige Gebrauchseigenschaften

Chemisch besteht Wolle aus **hochmolekularen Eiweißsubstanzen**, dem Keratin. Dieser Nachweis lässt sich auch einfach durch **Brennprobe** erbringen: Wolle ist schwer entflammbar, die Flamme erlischt meist von selbst, die Probe riecht dabei nach verbranntem Horn und hinterlässt ein blasiges, schlackenartiges, zerreibbares, schwarzes Kügelchen.

Der **Aufbau** der Wollfaser, durch Wissenschaft und Forschung entdeckt, erklärt einige Gebrauchseigenschaften.

Wollfasern bestehen aus elastischen Spindelzellen, die Faser ist von einer Schuppenschicht mit einem dehnbaren Häutchen umhüllt.

Reine Schurwolle kann gezogen, gebeugt und gestreckt werden und kehrt in ihre ursprüngliche Form zurück.

12.4.2 Gebrauchseigenschaften, die Gesundheit und Wohlbefinden fördern

- **Wolle hält warm:** Die **Wollfasern schließen** durch die natürliche Kräuselung – je nach Wollsorte unterschiedlich – **viel ruhende Luft ein**, auch dann, wenn die Fasern fest miteinander zu einem Garn verdreht werden. Ruhende Luft im Wollgarn und im Wollstoff ist ein **ausgezeichneter Wärmeisolator**, der vor Kälte schützt, z. B. bei **Wintermänteln, Jacken**. Das hohe Wärmerückhaltevermögen der Wolle funktioniert sogar noch bei Feuchtigkeitsaufnahme, z. B. bei Transpiration der Haut und hoher Luftfeuchtigkeit (z. B. Nebel und Regen). Wollkleidung fühlt sich trotzdem warm an. Aus diesem Grund tragen **Sportler, Bergsteiger** und Leute, die aus beruflichen Gründen **bei jeder Witterung im Freien** arbeiten, gerne Wollkleidung; **Rheumakranke schätzen warme, wollene Unterwäsche** aus feiner Merinowolle. Auch das gesteppte **Unterbett**, die **Steppdecken** mit einer Füllung aus Schurwolle und **Wolldecken** finden infolge ihrer antirheumatischen Wirkung immer mehr Anhänger.

- **Wolle ist temperaturausgleichend:** Sie schützt den Körper vor Abkühlung, andererseits wird überschüssige Körperwärme, die z. B. bei körperlicher Arbeit entsteht, an die kühlere Umgebung nach außen abgegeben.

- **Wolle kann viel Feuchtigkeit aufnehmen:** Wollartikel können bis zu einem Drittel ihres Gewichts an Feuchtigkeit aufnehmen, ohne sich feucht anzufühlen. Die gesamte Feuchtigkeitsaufnahme liegt noch höher und beträgt etwa die Hälfte des Trockengewichts. **Feuchtigkeit**, die durch **Transpiration** auf der Haut entsteht, kann in **Form von Dampf und Dunst aufgenommen werden**.

Einmal aufgenommene **Feuchtigkeit gibt Wolle nur langsam** an die Umgebung **ab, ohne** dass es für den Träger von Wollkleidung zu einer **nennenswerten Verdunstungskälte** kommt, die Erkältungen zur Folge haben könnte.

- Artikel aus **Merinowolle** und **Lambswool sind sehr fein, weich, kratzen nicht**, können als **Tag- und Nachtwäsche, Pullis, Schals, Socken, Strümpfe** u. Ä. **auf der Haut getragen** werden. Gröbere Wollsorten eignen sich hierfür weniger.
- Die Naturfaser **Wolle lädt sich wenig elektrostatisch** durch Reibung **auf**, weil sie selbst im Inneren im trockenen Zustand geringe Mengen Feuchtigkeit bindet, die eine Ansammlung von Elektrizität verhindern. Deshalb gibt es kein unangenehmes Knistern, keine Funkenbildung oder Kleben von Wolltextilien.
- **Wolltextilien sind schwer entflammbar**, z. B. bei einem Brand (Auto, Hotel).

12.4.3 Haltbarkeitseigenschaften der Wolle

- **Die Festigkeitswerte** (Reiß-, Scheuer-, Nassfestigkeit) der Wolle sind im Vergleich zu Baumwolle, Leinen und den Chemiefasern im Allgemeinen geringer. Je gröber die Wolle (z. B. Cheviot), desto größer ist die Festigkeit und damit die Haltbarkeit.
- **Wolle ist empfindlich gegen Alkalien** (Lösungen, die basisch = alkalisch reagieren), z. B. Laugen, alkalisch reagierende Waschmittel wie Voll- und Buntwaschmittel. Bei Wärme, knetender oder stauchender Bewegung und Feuchtigkeit verhaken sich die **Wollfasern** infolge der Schuppenstruktur und **verfilzen**, sie laufen dabei ein und werden unansehnlich. Wolle dient auch Mottenlarven als Nahrung. Eine entsprechende Ausrüstung, z. B. „Eulan", schützt Wolltextilien vor Mottenfraß.

12.4.4 Eigenschaften, die ein schönes Aussehen bewirken

- Schurwolle lässt sich mit **leuchtenden Farben** versehen, allerdings sind der Farbechtheit Grenzen gesetzt. Bei farbigen Handstrickgarnen, die wir verkaufen, achten wir auf die gleiche Farbpartie (jeweils auf der Banderole aufgedruckt).
- Wollstoffe besitzen einen **dezenten Glanz, weichen Fall** und sind **knitterarm**, weil die Fasern elastisch sind (elastische Spindelzellen). Bilden sich bei wollener Oberbekleidung trotzdem Sitz- oder Gehfalten, hängen sich diese wieder aus; feuchte Luft (Badezimmer, Balkon) beschleunigt die Knittererholung.

Pflege

Wolltextilien erfordern eine sachgerechte Pflege, damit schönes Aussehen und Gebrauchseigenschaften erhalten bleiben.

Aushängen: Wollene Oberbekleidung, die einige Tage getragen wurde, sollte sich in frischer, feuchter Luft erholen können, wobei die Verwendung von Formbügeln vielfach das Bügeln bzw. Dämpfen erspart.

 Waschen: Ob das betreffende Wolltextil waschbar ist, muss dem Pflegekennzeichen entnommen werden. Im Allgemeinen sind Maschenwaren waschbar, z. B. Schals, Pullover, Strickjacken, Mützen, Strümpfe, Socken, Tagwäsche.

waschmaschinenfest

Artikel wie Socken, Strümpfe, Pullover, Jacken mit dem Etikett **„waschmaschinenfest"** sind in der Waschmaschine bei 30 °C waschbar; die Einstellung des Schonwaschgangs oder Wollsiegelprogramms ist erforderlich!

Handwäsche ist für alle waschbaren Textilien, die Wolle bzw. Schurwolle in einem mehr oder weniger hohen Prozentsatz enthalten, die **schonendste Wäsche**. Folgende Punkte sind **zu beachten:** Wolltextilien nie einweichen, nie reiben, drücken oder bürsten, da dies ein Verfilzen begünstigt. Immer gut spülen, damit keine Schmutz- oder Kalkreste auf dem Textil zurückbleiben. Als Waschmittel sind Fein- oder Wollwaschmittel erforderlich, die weder alkalisch reagieren, noch Bleichmittel oder optische Aufheller enthalten.

 Trocknen: Waschgut der Maschinenwäsche kann kurz (wenige Sekunden) angeschleudert werden. Für wollene Handwäsche gilt: überschüssige Nässe von oben nach unten abstreifen, Artikel **in saugfähiges Frottiertuch einrollen, Feuchtigkeit leicht ausdrücken**, den Wollartikel auf frisches Frottiertuch oder Badewannennetz **waagrecht ausbreiten und in Form ziehen**. Die waagrecht zum Trocknen ausgebreitete Ware kann sich so nicht verziehen. Intensive Wärme, z. B. am Ofen oder in der Sonne, schadet den Wolltextilien! Pullover können auch auf Formbügeln hängend getrocknet werden.

 Bügeln: Mit feuchtem Baumwolltuch, das zwischen Textil und Bügeleisen gelegt wird, bei mittlerer Temperatureinstellung von etwa 150 °C (entspricht zwei Punkte) bügeln bzw. mit Dampfbügeleisen kurz dämpfen.

 Chemisches Reinigen: Dieses Reinigungsverfahren ist **für alle Wolltextilien erforderlich, die nicht waschbar sind**, also meist Artikel der Oberbekleidung wie Mäntel, Jacken, Hosen, Röcke, Kleider u. Ä. Es ist aber auch für alle hochwertigen, waschbaren Textilien möglich bzw. angebracht. Die Vollreinigung nimmt eine spezielle Fleckentfernung vor, die meist schonender und erfolgreicher ist als die Anwendung haushaltsüblicher Fleckentfernungsmittel.

12.5 Wollausrüstung zur Verbesserung des Aussehens und Gebrauchswerts (Überblick)

- **Filzfrei-Ausrüstung** (= „waschmaschinenfest"). Die schuppige Faseroberfläche ist Ursache der Filzbildung. Um diese zu beseitigen, wird die **Schuppenschicht** entweder mit einem dünnen Kunstharzfilm überzogen oder durch eine chemische Flüssigkeit ohne Faserschädigung **abgeflacht**. Diese Ausrüstung ermöglicht so eine problemlose Pflege, insbesondere bei waschbaren Maschenwaren.

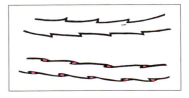

- **„Eulan" oder „Mitin"** schützt Wolltextilien vor **Fraßschäden der Mottenlarven**, erhöht so die Haltbarkeit von Teppichen und Auslegware.

- **Walken:** Oberbekleidungsstoffe werden **absichtlich verfilzt**, damit der **Stoff dichter, luftundurchlässiger, wärmender und haltbarer** wird; Stoffnamen sind Loden, Velours, Filz, Melton u. a.
- **Rauen:** Feine Stahlhäkchen lockern die Faserenden im Garn des Wollstoffs und machen das **Textil noch weicher, flauschiger und wärmender**. Dieses Verfahren eignet sich besonders für **Oberbekleidungsstoffe der kühleren Jahreszeit**; Stoffnamen sind: Loden, Flanell, Flausch, Velours, Tuch. Auch **Wolldecken** werden mehr oder weniger stark geraut.

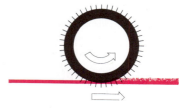

- **Dekatieren** ist ein Dämpfen von Wollstoffen unter Druckbedingungen. Es verhindert ein späteres Einlaufen durch Einwirken von Feuchtigkeit (Regen, Dampfbügeleisen), verleiht dem Wolltextil eine hohe Maßbeständigkeit, schönes Aussehen und einen matten, dezenten Glanz.

12.6 Fasermischungen mit Wolle verbessern den Gebrauchswert

Durch Fasermischung wird eine Kombination von Gebrauchseigenschaften erreicht, wobei sich die einzelnen Eigenschaften umso stärker bemerkbar machen, je größer der betreffende Rohstoffanteil ist.

Klassische Mischungen

55 % Polyester
45 % Schurwolle

Der Polyesteranteil bewirkt höhere Haltbarkeit, Formstabilität und Pflegeleichtigkeit (Schonwaschgang!). Die besondere Art der Konfektionierung lässt aber nicht immer eine Waschbarkeit zu. **Artikel in dieser Fasermischung** sind z. B. Übergangsmäntel, Jacken, Sakkos, Hosen, Anzüge, Kostüme, Kleider, Röcke.

60 bis 80% **Schurwolle** und 40 bis 20% **Polyester oder Polyamid**, z. B. für Tag- oder Nachtwäsche, Socken, Strümpfe. Solche Mischungen führen das Combi-Wollsiegel und neigen weniger zum Filzen oder zum Einlaufen. Der geringe Anteil an synthetischen Chemiefasern verbessert die Haltbarkeit!

12.7 Typische Wollstoffe

Typische Wollstoffe (vgl. Kapitel 20) sind Bouclé, Cheviot, Donegal, Flanell, Flausch, Fresko, Loden, Mousseline, Shetland, Trikotine, Tuch, Tweed.

12.8 Wollartikel und Verkaufsargumente

12.8.1 Wollartikel

Einsatzbereiche

- **Bereich Kleidung:** Mäntel, Kleider, Röcke, Jacken, Kostüme, Hosen, Strickwaren, Sakkos, Anzüge, Unterwäsche, Socken, Strümpfe.
- **Bereich Wohnung:** Teppiche, Möbelbezugsstoffe, Schlaf- und Reisedecken, Unterbetten, Füllungen für Einziehdecken, Handarbeitsgarne.

12.8.2 Verkaufsargumente zu Textilien aus Wolle

Bei Maschenwaren wie Mützen, Schals, Strickwaren, Pullovern, Socken, Strümpfen, Tagwäsche können wir auf folgende Verkaufsargumente eingehen:

Zum Aussehen

Hinweise aus Form, Schnitt, modischen Details, Musterung usw. ableiten.

Zum Gebrauchswert

Das Naturprodukt Wolle ist **temperaturausgleichend**, es **wärmt**, gibt aber auch überschüssige Körperwärme an die kühlere Umgebung ab. Feine **Merinowolle** kratzt nicht, **ist weich und hautsympathisch**. Wolltextilien sind **elastisch**, die elastische Maschenware verbessert die **Bewegungsfreiheit**. Wolle **lädt sich nicht elektrostatisch auf**, es gibt kein unangenehmes Knistern, Funkenbildung oder Kleben. Ist der Artikel waschmaschinenfest ausgerüstet, so ist die **Pflege** problemlos und führt zu Zeit- und Arbeitsersparnis. Muss eine Handwäsche ausgeführt werden, dann bei 30 °C waschen, Feinwaschmittel verwenden, nicht reiben, wringen, schleudern und das betreffende Textil waagrecht trocknen!

> Übungsaufgaben: Kapitel 12, Seite 293

13 Wolle von anderen Tieren als vom Schaf (= edle Tierhaare)

13.1 Tiergattungen und Qualitätsmerkmale

Nicht nur das Schaf, auch andere Tiere, z. B. das Kamel, die Angora-, die Kaschmirziege, das Lama und Alpaka, das Angorakaninchen liefern aus ihrem weichen, flauschigen Fell „Wolle" oder „Haare". Zur Unterscheidung dieser Wolle von der Schafwolle muss nach den Bestimmungen des Textilkennzeichnungsgesetztes die Tiergattung, z. B. „Lama" oder die Tiergattung mit der Bezeichnung „Wolle" genannt werden, z. B. „Lamawolle". Die Bezeichnung „Haare" ist groben Tierhaaren vorbehalten, z. B. „Rosshaar".

Der **hohe Preis** dieser Wollarten erklärt sich durch geringe mengenmäßige Erträge und den steigenden Bedarf nach hochwertigen Naturfasern, die schwierige Gewinnung (grobes Oberhaar muss teilweise von Hand von feinem Flaumhaar ausgelesen werden).

Qualitätsmerkmale feiner Tierhaare sind:

- Tiergattung
- Feinheit
- Glanz
- Stapellänge (= Faserlänge)
- Kräuselung

Ober(= Grannen)haar: teilweise nicht verspinnbar, grob, weniger geeignet
Unter(= Flaum)haar: sehr fein, weich, schmiegsam, sehr wertvoll

13.2 Gemeinsame Eigenschaften und Pflegehinweise

Feine Tierhaare besitzen einen **dezenten Glanz, sind weich, schmiegsam und leicht**. Für die **Pflege** dieser Wolle gilt Entsprechendes wie für Schafwolle. Waschbar sind (vgl. jeweils die Pflegekennzeichnung an dem betreffenden Artikel) im Allgemeinen Maschenwaren, z. B. Pullover, Mützen, Schals, Jacken, Handarbeitsartikel. Empfehlenswert ist eine kurze Handwäsche, die Verwendung von Fein- bzw. Wollwaschmitteln (ohne Bleichmittel und ohne optische Aufheller); nie einweichen, reiben, drücken, bürsten oder schleudern! Textilien dieser Wollsorten möglichst waagerecht auf trockenem Frottiertuch trocknen, um ein Verziehen der Ware zu vermeiden. Auf das Dämpfen solcher Maschenware sollte dann verzichtet werden, wenn ein besonders flauschiger Warencharakter vorliegt, weil dadurch das Warenbild beeinträchtigt werden könnte. Nicht waschbar sind Oberbekleidungstextilien, aber auch Heim-, Schlaf- und Reisedecken sollten der chemischen Reinigung anvertraut werden.

13.3 Kamel: naturfarbene Wolle für Mantelstoffe, Schlafdecken und Handarbeitsgarne

Kamele werfen im Frühjahr büschelweise 4 bis 5 kg Wolle ab, wobei die groben Grannenhaare vorher aussortiert werden.

13.3.1 Eigenschaften, Verkaufsargumente und Einsatzbereich

Verkaufsargumente zum Aussehen

Beliebte hell- bis dunkelbraune Naturfarbe, schöner Glanz, stark gekräuselt, ziemlich fein.

Kamel

Verkaufsargumente zum Gebrauchswert

Gutes Wärmerückhaltevermögen, leicht, geringe Knitterneigung durch hohe Elastizität, gute Haltbarkeit, ziemlich weich und fein.

Einsatzbereich

Wintermantelstoffe für Damen und Herren, Schlafdecken, Handarbeitsgarne, jeweils 100% oder in Fasermischungen, wobei häufig das Schussgarn des Gewebes (quer verlaufendes Garn) aus weicher, raufähiger Kamelwolle, das Kettgarn (längs verlaufendes Garn) aus feiner Merino-Schurwolle besteht.

13.4 Mohairwolle: langlockig, glänzend, vielseitig einsetzbar

Angoraziege

Ursprüngliche Heimat der Angoraziege, die **Mohairwolle** liefert, ist die Türkei. Heute werden Angoraziegen auch in Texas, Russland und Südamerika gezüchtet. Die Tiere werden ein- bis zweimal jährlich geschoren und liefern pro Schur etwa 2 kg Wolle.

13.4.1 Eigenschaften, Verkaufsargumente und Einsatzbereich

Mohairgarn

Verkaufsargumente zum Aussehen

10 bis 15 cm lange Fasern, leicht gekräuselt, stark glänzend, Naturfarbe: Weiß-Grau.

Argumente zum Gebrauchswert

Hohes Wärmerückhaltevermögen durch die zwischen den Fasern ruhende Luft, unterschiedliche Feinheit und Weichheit, geringe Knitterbildung durch hohe Elastizität.

Kid-Mohair ist die besonders feine Wolle junger Mohairziegen.

Einsatzbereich

Hochwertige, elegante Anzugs-, Kostüm-, Sakko- und Kleiderstoffe; Maschenwaren, z. B. Pullover, Mützen, Schals; Schlaf- und Reisedecken, Handarbeitsgarne.

Diese Artikel kommen in 100% Mohair oder in Fasermischungen mit Schafwolle vor.

13.5 Angorawolle: besonders leicht, fein, flauschig, antirheumatisch

Angorawolle wird durch Schur, Kämmen oder Rupfen des Angorakaninchens gewonnen. Jährlicher Ertrag pro Tier etwa 500 bis 1 000 g.

Gute bis sehr gute Qualitäten haben eine Faserlänge von 6 bis 10 cm und sind nahezu flusenfrei; preiswerte Qualitäten sind kurzfaserig (Flusenbildung!).

Angorakaninchen

13.5.1 Eigenschaften, Verkaufsargumente und Einsatzbereich

Verkaufsargumente zum Aussehen

Meist weiße Naturfarbe, Fasern glänzen, sehr fein und flauschig.

Verkaufsargumente zum Gebrauchswert

Angora besitzt eine gesundheitsfördernde, **antirheumatische Wirkung**. Dies erklärt sich durch das **hohe Wärmerückhaltevermögen**, das Spenden von trockener Wärme durch die ölhaltige, feuchtigkeitsabstoßende Faseroberfläche und die für Rheumakranke durchaus erwünschte elektrische Auflading durch Reibung. Die hervorragende Hautverträglichkeit kommt durch die **Feinheit** und **Weichheit** zustande; die besondere Feinheit erfordert bei der Garnherstellung stabilisierende Fasern, z. B. aus Merino-Lambswool. Angorafasern sind infolge der luft- und markhaltigen Zellstruktur besonders leicht.

Pflege

Feinwaschmittel, liegend trocknen! Angoratextilien sollen häufiger gewaschen werden, damit die seidenweichen Fasern nicht durch Schmutz und Schweiß verkleben und dann leichter brechen. Nach der zweiten oder dritten Wäsche hört das Flusen meist auf.

Einsatzbereich

Maschenwaren wie Pullover, Schals, Damenmützen, rheumalindernde Wäsche, z. B. Slips, Schlüpfer, Damen-Hemdchen, Spenzer; alle Artikel sind meist mit feiner Merinowolle gemischt.

13.6 Lama- und Alpakawolle: wenig gekräuselt, in unterschiedlichen Naturfarben

Beide Tiergattungen sind Kamelarten, die als Haustiere in Südamerika gezüchtet werden. Jedes Jahr werden die Tiere geschoren und liefern 3 bis 4 kg pro Tier und Jahr.

13.6.1 Eigenschaften, Verkaufsargumente und Einsatzbereich

Lama

Verkaufsargumente zum Aussehen

Schöner Glanz, wenig gekräuselt; Naturfarben: Silbergrau, Weiß, Braun, Anthrazit.

Verkaufsargumente zum Gebrauchswert

Fein und weich, leicht, sehr haltbar.

Einsatzbereich

Stoffe für Wintermäntel und Jacken, wertvolle Schlafdecken, Handarbeitsgarne; jeweils 100% Lama oder Alpaka bzw. gemischt mit Schafwolle.

13.7 Kaschmir- (engl. Cashmere-)Wolle: das Beste vom Besten

Kaschmirziege

Die **Kaschmirziege** ist in Asien in Höhen von 3000 bis 4000 m beheimatet und schützt sich mit ihrem sehr feinen Unterhaar gegen die Kälte. Der mengenmäßige Ertrag beträgt nach dem Aussortieren der gröberen Grannenhaare jährlich nur 80 bis 100 g.

13.7.1 Eigenschaften, Verkaufsargumente und Einsatzbereich

Verkaufsargumente zum Aussehen

Größte Feinheit, seidig glänzend, alle Naturfarben.

Verkaufsargumente zum Gebrauchswert

Unübertroffen weich und geschmeidig, sehr gutes Wärmerückhaltevermögen, geringes Gewicht, knitterarm (weil sehr elastisch).

Einsatzbereich

Kaschmirartikel sind der **Inbegriff des Luxuriösen** und finden für elegante, sehr wertvolle Oberbekleidungsstoffe Verwendung, z. B. für Mäntel, Kostüme, Sakkos, Strickwaren, Schlafdecken; jeweils 100% oder in Fasermischungen mit feinster Merinowolle.

Übungsaufgaben: Kapitel 13, Seite 295

14 Seide: wertvoll und gute Gebrauchseigenschaften

silk
soie
seta
seide

Dieses Zeichen bürgt für reine Seide.
Kurzzeichen: Maulbeerseide SE, Tussahseide ST

Als **Seide** dürfen nur Fasern bezeichnet werden, die „ausschließlich **aus Kokons** Seide spinnender Insekten (Seidenraupen) gewonnen werden" (Textilkennzeichnungsgesetz). Die Bezeichnung Seide darf zum Schutz des Verbrauchers nicht für andere Fasern benutzt werden. Wortverbindungen wie „Kunstseide", „Chemieseide", „Acetatseide", „Seidenjersey aus 100% Polyester", „Seidendamast aus 100% Baumwolle" sind unzulässig.

14.1 Bedeutung, Herkunft und Gewinnung

Die **Bedeutung** der Seide **liegt** weniger im mengenmäßigen Verbrauch (etwa 1 bis 2% Anteil am Gesamtrohstoffverbrauch) als vielmehr **in der Exklusivität** für elegante, wertvolle Textilien. Die über 4000-jährige Geschichte der Seide ist gleichzeitig die Geschichte der weiblichen und männlichen Eitelkeit. Früher war **China** der größte Seidenproduzent, heute dagegen sind es **Japan, Korea, Indien, Thailand, Italien**. Die Gewinnung der Maulbeerseide erfordert (im Gegensatz zur Tussahseide) eine aufwendige Zucht, die den Preis der Seide beeinflusst.

Seide spinnende Raupen pressen aus Drüsen am Kopf eine farblose, flüssige Masse heraus, die an der Luft sofort zu feinen Endlosfasern (= Filamenten) erstarrt. Jede Raupe spinnt sich dabei in eine Hülle, den Kokon, ein. Von unbeschädigten Kokons lässt sich die wertvolle Endlosfaser abwickeln (= Haspelseide), wenn vorher die sich in den Kokons befindlichen Puppen durch Dampf getötet werden. Die zur Aufzucht notwendigen Tiere durchbeißen die Kokons und entschlüpfen als Schmetterlinge. Schmetterlingsweibchen legen Eier, aus denen wieder Seide spinnende Raupen hervorgehen. Damit ist der Kreislauf geschlossen.

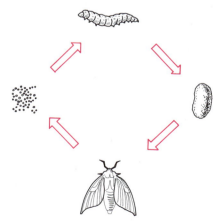

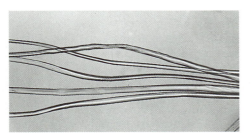

Längsschnitt: durchsichtige, fast strukturlose Faser

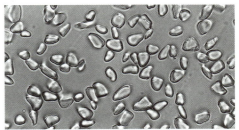

Faserquerschnitte: elliptisch bis dreieckig, abgerundet, was beim Reiben den eigentümlichen „Seidenschrei" verursacht, vergleichbar mit dem Betreten von frisch gefallenem Schnee

Chemisch besteht **Seide aus Eiweißsubstanzen** (Protein, speziell Fibroin und Sericin) und weist ähnliche Gebrauchseigenschaften **wie Wolle** auf, was sich durch gleichartige Eiweißsubstanzen erklärt. Auch die **Brennprobe** ergibt dasselbe Verhalten wie bei Wolle, während das mikroskopische Faserbild im Längs- und Querschnitt eine eindeutige Bestimmung der Seide ermöglicht.

14.2 Seidenqualitäten

14.2.1 Seidenqualitäten hinsichtlich der Seidenspinnerarten

Die bedeutendsten Erzeuger für Seide sind der **Maulbeer-** und der **Tussahspinner**.

Merkmale	Maulbeerseide (= Zuchtseide)	Tussahseide (= Wildseide)
• Gewebebild		
• Garnfreiheit	– sehr fein, gleichmäßig	– unregelmäßige Garnverdickungen, gröber
• Glanz	– edel	– im Allgemeinen glanzarm
• optische Wirkung im Fertigerzeugnis	– elegant, exklusiv, festlich, vornehm	– sportlich durch die Garnverdickungen und gleichzeitig elegant durch den matten Glanz
• Griff	– weich, fein	– etwas härter, weil gröber
• Gewicht	– leicht	– schwerer
• Pflege	– sorgfältige Pflege erforderlich	– weniger empfindlich

14.2.2 Seidenqualitäten hinsichtlich der Garngewinnung

Haspelseide ist die vom Kokon abgewickelte Endlosfaser (Filament), die **besonders gleichmäßig, fein, weich, geschmeidig und wertvoll** ist. Man führt beim Abwickeln mehrere dieser feinen Endlosfasern zu einem Mehrfachgarn (= multifiles Filamentgarn) zusammen, bis eine beabsichtigte Garnstärke mit der gewünschten Festigkeit erreicht ist. Aus Haspelseide lassen sich **hochwertige, weich fließende Stoffe**, z. B. **für Abendkleider**, herstellen.

Schappeseide ist das im Kammgarnverfahren (ein Spinnverfahren) gewonnene Seidengarn aus nicht abraspelbaren Kokonteilen (äußere Kokonschicht und Kokons des Tussahspinners), wobei die kürzeren Seidenfasern aussortiert werden. „Schappe" ist an den **abstehenden Faserenden** zu erkennen. Sie ist **gegenüber Haspelseide fester** und wird meist zu **Kleiderstoffen** und Nähseide weiterverarbeitet.

Schappeseide   Bouretteseide

Bouretteseide (spr. burätt) ist ein **mittelfeines bis gröberes, voluminöses, preisgünstiges Seidengarn mit noppenähnlichen Verdickungen**. Es enthält kürzere Fasern, die bei der Herstellung von Schappeseide anfallen.

Einsatzbereich
Preiswerte Kleiderstoffe, Dekostoffe.

Anmerkung: Die Bezeichnung „Seide" sagt nichts über die einzelnen Seidenarten aus, das betreffende Textil kann also aus Haspel-, Schappe-, Bouretteseide, aus Maulbeer- oder Tussahseide sein.

14.3 Artikelbezogene Verkaufsargumente
Verkaufsargumente zum Aussehen

Maulbeerseide besitzt (im entbasteten Zustand) einen **besonders edlen Glanz**, der von keiner anderen Naturfaser übertroffen wird. Dadurch **wirkt sie vornehm, festlich, elegant, wertvoll und strahlt Exklusivität aus**. Dies bestimmt ihren Einsatzbereich: Abendkleider, Seidenblusen, Krawatten. Tussahseide glänzt weniger stark und wirkt gegenüber Maulbeerseide eher stumpf und matt.

Seide und insbesondere **Maulbeerseide ist sehr fein**, wobei keine andere Naturfaser eine vergleichbare Feinheit besitzt. Dadurch ist sie sehr **geschmeidig** und bewirkt einen **weichen, fließenden Faltenwurf**, z. B. bei Abendkleidern, Schals und Wäsche.

Stoffe aus Maulbeerseide lassen sich **mit hellen, leuchtenden Farben färben bzw. bedrucken**, während Stoffe aus Tussahseide (aufgrund des nicht völlig lösbaren Seidenleims) häufiger in mittleren und dunkleren Farbtönen anzutreffen sind.

Tussahseide wirkt durch die unregelmäßigen Garnverdickungen **sportlich und gleichzeitig elegant**, eine Geschmacksrichtung, die von vielen Kunden geschätzt wird.

Seidenartikel knittern wenig, es gibt kein Ausbeulen oder Verziehen, weil Seide elastisch ist.

Verkaufsargumente zum Gebrauchswert einschließlich Pflege

Die Festigkeit (Reiß- und Scheuerfestigkeit) und damit die **Haltbarkeit** der Seide ist, verglichen mit anderen Naturfasern, gut. Das ermöglicht eine lange Lebensdauer seidener Textilien. Nähseidenzwirne garantieren haltbare, elastische Nähte.

Das **Feuchtigkeitsaufnahmevermögen** der Seide **ist hoch**, was allerdings nur für exklusive Tag- und Nachtwäsche für Damen und Ski-Unterwäsche von Bedeutung ist. Seide kann (ähnlich wie Wolle) bis zu einem Drittel des Gesamtgewichts an Feuchtigkeit aufnehmen, ohne sich feucht anzufühlen.

Das **Wärmerückhaltevermögen** der Seide ist im Gegensatz zur Wolle **weniger stark ausgeprägt**, weil Seidengarne wenig isolierende Luft einschließen. Seide ist aber auch **temperaturausgleichend** (Einziehdecke mit Seidenfüllung, Skiunterwäsche).

Seidenartikel, die mit der Haut in Berührung kommen, fühlen sich **fein und weich** an.

Pflege

Gefärbte Textilien aus Maulbeerseide sind gegenüber Transpiration (Schweiß) und Deos **empfindlich**, was zu Farbtonänderungen führen kann. Einzunähende bzw. eingenähte Armblätter oder Futterstoffe schützen den wertvollen Seidenstoff.

- **Trocknen:** Lange, **intensive Sonneneinstrahlung schadet** der Seide; sie „schießt", deshalb besser im Schatten trocknen.

- **Fleckentfernung:** Um kein Risiko von Farb- oder Gewebeschädigung einzugehen, sollten Flecken sofort nach der Entstehung oder Entdeckung durch eine chemische Reinigung entfernt werden.

Waschen: Waschseide (siehe Pflegekennzeichen am betreffenden Textil) z. B. Blusen, Hemden, Schals, Damenwäsche, Kissenbezüge; sie erfordern eine **kurze Handwäsche** (ohne einzuweichen) bei 30 °C, ohne zu reiben, ohne zu bürsten. Das Textil nur einige Male kurz durch die Waschflotte ziehen, um ein Ausbluten der Farben zu verhindern. Außerdem sind **Feinwaschmittel** (ohne Bleichmittel und ohne optische Aufheller) zu verwenden. Gründlich mit lauwarmem, dann mit kaltem Wasser klarspülen, nie wringen oder schleudern!

Bügeln bzw. Dämpfen: Weil Seidenartikel **gegenüber trockener Hitze sehr empfindlich** sind, mit mittlerer oder schwacher Temperatureinstellung (höchstens zwei Punkte, etwa 150 °C) auf der linken Warenseite (= rückseitig) ohne Druckanwendung bügeln. Seidene Textilien **nicht einsprengen**, da sich Wasserflecken bilden können!

 Chemisches Reinigen: Nicht waschbare **Seidentextilien**, z. B. Kleider, Kostüme, Röcke, Anzüge, müssen der chemischen Reinigung anvertraut werden. Auch dort ist eine sorgfältige, schonende Behandlung erforderlich (durch Querbalken gekennzeichnet).

Waschseide: Diese Seide ist so ausgerüstet, dass sie sich ohne Farbveränderung und trotz ihrer Feinheit mit Fein- bzw. Spezialwaschmitteln waschen lässt. Eine schonende Behandlung erfolgt durch Handwäsche bzw. durch den Schonwaschgang. Artikel in Waschseide sind z. B. Kleider, Anoraks, Blousons, Blusen, Hemden, Schals, Tücher u. Ä.

14.4 Typische Seidenstoffe

Typische Seidenstoffe (vgl. Kapitel 20, Seiten 159 ff.): Bourette, Chiffon, Crêpe de Chine, Crêpe Georgette, Duchesse, Honan, Organza, Pongé, Seidensatin, Shantung, Seidentwill u. a.

14.5 Artikel aus Seide

Einsatzbereiche

- **Bereich Kleidung:** Kostüme, Anzüge, Blousons, Kleider, Blusen, Hemden, Krawatten, Schals, Tücher, Tag- und Nachtwäsche, Skiunterwäsche, Morgenmäntel.
- **Bereich Wohnung:** Kissenhüllen, Dekostoffe, Teppiche, Kunstblumen, Bettwäsche, Lampenschirme, Farbbänder, Nähzwirne u. Ä.

Übungsaufgaben: Kapitel 14, Seite 296

15 Chemiefasern: vielseitige Eigenschaften und Einsatzbereiche, größter Marktanteil

Als **Chemiefasern** bezeichnet man Fasern, die **auf chemischem Wege hergestellt** werden.

Zunehmende Weltbevölkerung und höherer Lebensstandard, verbunden mit dem Wunsch nach mehr Mode im Bereich Kleidung und Wohnung, bewirken einen steigenden Bedarf an Textilrohstoffen, der durch Naturfasern allein nicht gedeckt werden kann.

Chemiefasern bestehen aus **unterschiedlichen Grundstoffen**. Entsprechend dem Grundstoff, aus dem sie geschaffen sind, unterscheidet man **zellulosische und synthetische** Chemiefasern.

15.1 Herstellungsprinzip und Grundstoffe

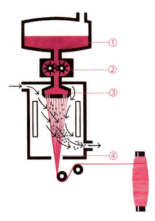

Um Chemiefasern herzustellen, ist ein preiswerter Grundstoff, z. B. Holz oder Erdöl, erforderlich. Dieser Grundstoff lässt sich in eine zähflüssige, spinnbare Masse umwandeln und dann in Faserform überführen.

Die flüssige Spinnmasse ① wird durch eine Spinnpumpe ② in eine Spinndüse ③ gepresst und in einer Vorrichtung ④ verfestigt, wobei endlose Chemiefasern entstehen.

Zellulosische Spinnmassen: Als **Grundstoff dient Zellulose**, die als **pflanzlicher Baustoff** in großen Mengen **im Holz** der Laub- und Nadelbäume vorkommt. Zellulose wird über einige chemische Umwege in eine zähflüssige Spinnmasse, zu Fasern, überführt.

Synthetische Spinnmassen: Aus einfachen Grundstoffen, die alle auf Erdöl zurückgehen, lässt sich durch **Verbindung von Molekülen zu Molekülketten** (die Vorsilbe „Poly" = „viele" weist auf solche Kettenmoleküle hin, z. B. Polyester) eine **Spinnmasse mit völlig neuen Eigenschaften** herstellen. Diesen Vorgang bezeichnet man als **Synthese**.

15.2 Chemiefasergruppen, Markennamen, Rohstoffkennzeichnung

Chemiefasern haben eine mehr als 100-jährige erfolgreiche Geschichte hinter sich. Während die 1. Chemiefaser-Generation den Naturfasern nachgebildet wurde, erhielten die nachfolgenden Generationen chemisch-technische Veränderungen mit neuartigen Trage- und Pflegeeigenschaften, z. B. pflegeleicht („Synthetics"), hochelastisch (Elastan u. a.), flammhemmend, extrem fein und weich (Microfasern), Schmutz abweisend („Sauberfaser") usw.

Hauptgruppen	Untergruppen (mit Kurzzeichen)	bekannte Chemiefaser-Markennamen (Stand 1997)
• Zellulosische Chemiefasern	– Viskose (CV)	– Danufil, Enka, Viscoseda u. a.
	– Modal (CMD) und Lyocell (CLY)	– Modal wird in der BRD nicht hergestellt, Lyocell: Tencell
	– Acetat (CA) und Triacetat (CTA)	– Rhodia
	– Cupro (CUP)	– wird in der Bunderepublik Deutschland nicht mehr hergestellt
• Synthetische Chemiefasern („Synthetics")	– Polyester (PES)	– Dacron, Tergal, Trevira, Grisuten
	– Polyamid (PA)	– Antron (Nylon, Perlon), Tactel, Meryl, Dorix, Schwarzfil, Supplex
	– Polyacryl (PAN)	– Dolan, Dralon, Wolpryla u. a.
	– Elastan (EL) und Polyurethan)	– Dorlastan, Lycra
	– Polypropylen (PP)	– wird in der BRD nicht hergestellt
	– Polychlorid (CLF)	– wird in der BRD nicht hergestellt

15.3 Unterschiedliches Erscheinungsbild der Chemiefasern

Erscheinungsbild als Fasern

Je nach Form der Düsenöffnung ergeben sich unterschiedliche Faserquerschnitte: Das Spektrum reicht von rund über hohl, zu mehrlappig und sternförmig. Dadurch ergeben sich unterschiedliche Eigenschaften hinsichtlich Glanz (viel oder wenig) und Griff (weich bis körnig).

Erscheinungsbild als Garn

Chemiefasern sind „Bauteile" von Web- und Maschenware. Sie zeigen folgendes Erscheinungsbild und folgende Eigenschaften:

multifiles Filamentgarn   Spinnfasern   texturiertes Garn

- **multifiles Filamentgarn** aus vielen Endlosfäden: glatt, fein, weich, mehr oder weniger glänzend.
- **Spinnfasergarn** aus geschnittenen und verdrehten Spinnfasern: vom Aussehen ähnlich den Garnen aus Naturfasern.
- **texturiertes Garn** aus gekräuselten Fasern: elastisch, weich, wärmend, luftdurchlässig, guter Feuchtigkeitstransport.

15.4 Zellulosische Chemiefasern

15.4.1 Viskose: wichtigste, preiswerte und hautsympathische, zellulosische Chemiefaser

Viskose (CV) kommt als **Endlosfaser** (frühere Bezeichnung Reyon) und als **Spinnfaser** (auf bestimmte Stapellänge geschnittene Faser, frühere Bezeichnung „Zellwolle") vor; sie besteht aus reiner Zellulose (regeneriert) und hat deshalb Baumwollähnlichkeit.

Artikelbezogene Verkaufsargumente zum Aussehen

Viskose lässt sich in allen Abstufungen von **matt bis glänzend** und **in unterschiedlichen Feinheiten** herstellen und **mit leuchtenden Farben** von hoher Echtheit färben und bedrucken; die saugfähige Zellulose nimmt leicht Farbstoff auf. Eine effektvolle Leinenstruktur mit spinntechnisch hergestellten Garnverdickungen lässt sich aus Viskose herstellen. Bekleidungstextilien aus nicht pflegeleicht ausgerüsteter Viskose können wegen der geringen Faserelastizität etwas stärker zum Knittern neigen. Viskose ist antistatisch.

Artikelbezogene Verkaufsargumente zu den Gebrauchseigenschaften einschließlich Pflege

Vom **Griff** her lässt sich Viskose in unterschiedlicher Kräuselung und Feinheit, seiden-, woll- oder baumwollähnlich gestalten. Wird Baumwoll- oder Seidenähnlichkeit gewünscht, ist Viskose sehr weich, fein und schmiegsam, z. B. bei Kleidern, Blusen, Futterstoffen. Außerdem ist Viskose **sehr saugfähig**, sie kann viel Körperfeuchtigkeit binden, was bei Artikeln von Bedeutung ist, die mit der Haut in Berührung kommen, z. B. Leib-, Bettwäsche, Hemden und Blusen, Trainingsanzüge, die häufig Viskoseanteile enthalten. Die Bindung von Feuchtigkeit macht die Faser **antistatisch**, verhindert also eine elektrische Auflading und unangenehmes Knistern oder plötzliche Entladung („elektrischer Schlag").

Die genannten Eigenschaften der Viskose fördern somit das körperliche Wohlbefinden.

Waschen: Im nassen Zustand (z. B. in der Wäsche) nimmt die Festigkeit von Textilien aus Viskose ab (= **geringe Nassfestigkeit**, etwa die Hälfte der Trockenfestigkeit), was eine pflegliche Behandlung im **Schonwaschgang oder als Handwäsche**, ohne zu reiben, bürsten, wringen und zu schleudern, erfordert. Nicht pflegeleicht ausgerüstete Viskose neigt in der Wäsche zum **Einlaufen**!

Bügeln: Ohne Dämpftuch mit höchstens zwei Punkten, was einer Temperatureinstellung von 150 °C entspricht.

Chemisches Reinigen: Diese Pflege ist für alle nicht waschbaren Viskosetextilien erforderlich, z. B. für Kleider, Blazer, Sakkos, Hosen, Dekostoffe.

Einsatzbereiche für Textilien aus Viskose
- **Bereich Kleidung:**
  - 100% Viskose: z. B. Röcke, Hosen, Kostüme, Blusen, Futterstoffe;
  - in Fasermischung: z. B. Mäntel, Kleider, Hosen, Kostüme, Anzüge, Leibwäsche, Sport-, Freizeit- und Babybekleidung.
- **Bereich Wohnung:**
  - 100% Viskose: z. B. Dekostoffe;
  - in Fasermischungen: z. B. Tisch-, Bettwäsche, Teppiche.

Beispiele für Artikelgruppen und Verkaufsargumente:

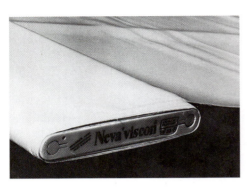

Futterstoff:
- glänzend
- weich, fein, geschmeidig
- glatt
- saugfähig
- nur Waschtaft ist waschbar

Oberbekleidung:
- hautsympathisch, weich
- lädt sich nicht elektrostatisch auf
- preiswerter Rohstoff
- schöner Fall

15.4.2 Modal und Lyocell: baumwollähnliche Eigenschaften

Modalfasern (CMD) sind **veränderte** (= **modifizierte**) Viskosefasern mit höherer Nassfestigkeit; sie bestehen ebenfalls aus reiner Zellulose und haben deshalb baumwollähnliche Eigenschaften. Desgleichen wird **Lyocell** (Markenname Tencell) aus Zellulose unter Verwendung eines umweltverträglichen Lösungsmittels hergestellt. Es besitzt im nassen wie im trockenen Zustand hohe Festigkeit und Haltbarkeit, läuft wenig ein, nimmt viel Feuchtigkeit auf, ist deshalb antistatisch. Lyocell hat den Griff und Fall der Seide, Trageeigenschaften wie Baumwolle, ist deshalb ideal für die Oberbekleidung.

Einsatzbereiche für Modal (vielfach mit Baumwolle gemischt)
- **Bereich Kleidung:** Blusen, Polohemden, Tag-, Nachtwäsche, Freizeitbekleidung, Kinderbekleidung.
- **Bereich Wohnung:** Bettwäsche, Tischwäsche.

15.4.3 Cupro: fast bedeutungslose zellulosische Chemiefaser

Die Bedeutung von **Cupro** (CUP) ist stark zurückgegangen. Wir finden diese Faser aus reiner Zellulose nur noch bei Importtextilien, denn Cupro wird in der Bundesrepublik nicht mehr hergestellt. Als Spinnfaser ist sie wollähnlich (Einsatzbereich Oberbekleidung), **als Filamentgarn seidenähnlich**. Einsatzbereich: Futterstoff und **Damenfeinwäsche**.

Pflegekennzeichen für Damenfeinwäsche, z. B. Charmeuse-Unterkleider, Halbröcke:

15.4.4 Acetat und Triacetat: seidenähnlicher Charakter

Acetat (CA) und Triacetat (CTA) sind zellulosische Chemiefasern, die nicht wie Viskose, Modal und Cupro aus reiner Zellulose bestehen, sondern aus einer Zellulose-Verbindung mit Essigsäure.

Artikelbezogene Verkaufsargumente zum Aussehen

Auffallend ist die **Ähnlichkeit mit Maulbeerseide**, denn Acetat und Triacetat **glänzen stark und wirken elegant**, zeigen bei Abendkleidern, Röcken, Unterkleidern, Schals, Tüchern einen **weichen, fließenden Fall** und besitzen ein **gutes Knittererholungsvermögen**. Kleider und Röcke aus Triacetat lassen sich durch eine Spezialbehandlung mit Wärme dauerhaft plissieren; die Falten sind wasch- und reinigungsbeständig.

Artikelbezogene Verkaufsargumente zu den Gebrauchseigenschaften einschließlich Pflege

Acetat und Triacetat **nehmen** im Gegensatz zu Viskose, Modal und Cupro **weniger Feuchtigkeit auf** und schrumpfen bei Feuchtigkeitseinwirkung kaum, bleiben deshalb **formbeständig**. Sie sind **fein, weich, geschmeidig und haltbar**. Triacetat ist ohne Ausrüstung **pflegeleicht**; Acetat ist aber hitzeempfindlich (schmilzt bei 170 °C).

Vorsicht: Acetat und Triacetat sind empfindlich gegenüber acetonhaltigen Mitteln, z. B. Nagellackentfernern, Flecklösungsmitteln, was zu Faserschädigungen führen kann.

Beispiele für Artikelgruppen und rohstoffbezogene Verkaufsargumente:

Damenfeinwäsche:
- leicht
- glatt
- sehr fein
- schöner Fall
- pflegeleicht

Schals und Tücher:
- glänzen elegant
- glatt und knitterunempfindlich
- pflegeleicht

Blusen:
- edler Glanz
- glatt
- knitterarm
- leicht
- pflegeleicht

15.5 Synthetische Chemiefasern

Diese Chemiefasern besitzen **angeborene Pflegeleichtigkeit**, lassen sich also **leicht waschen, trocknen rasch, brauchen wenig oder nicht gebügelt zu werden, sind knitterarm und formbeständig**. Das Faserinnere kann mit Ausnahme von Spezialfasertypen (vgl. „Dunova") nur sehr wenig Feuchtigkeit aufnehmen. Wasch und Trocknungsvorgang werden deshalb beschleunigt.

15.5.1 Allgemeine Pflegehinweise

Pflege		Erläuterung	
30-60°C	Waschen	• falls die Art der Konfektionierung des betreffenden Textils es zulässt (siehe Pflegekennzeichnung im Textil)	
		Waschmaschine – ein Drittel Füllung – Schonwaschgang	**oder von Hand,** im Waschbecken, Badewanne (Stores o. Ä.) – nicht reiben – nicht bürsten – nicht wringen
	Schleudern	• nicht oder **nur kurz** wenige Sekunden **anschleudern**, um dauerhafte Glätte zu gewährleisten	
	Trocknen	• **tropfnass aufhängen**, evtl. Formbügel (Plastik) verwenden und glattstreichen; schonend trocknen	
bis	Bügeln		• falls erforderlich, alle synthetischen Chemiefasern mit etwa 100 °C (entspricht einem Punkt der Bügeleisen-Temperaturskala) bügeln. **zu hohe Bügeltemperatur** führt zu **Schmelzschäden!**
P	Chemisches Reinigen	• alle Bekleidungstextilien aus synthetischen Chemiefasern sind **reinigungsbeständig**.	

15.5.2 Polyester, die vielseitigste synthetische Chemiefaser

Polyester (PES) kommt als Spinnfaser (u. a. für Fasermischungen), als **Spinnfasergarn und als Filamentgarn** auf den Markt. Bekannte Markennamen sind **Trevira (Diolen), Tergal, Dacron, Hollofil, Quallofil, Grisuten, Pontella, Setila** u. a.

Artikelbezogene Verkaufsargumente zum Aussehen

Polyesterstoffe **wirken elegant**. Sie weisen eine **geringe Knitterneigung** und gute Knittererholung auf, was bei Oberbekleidung besonders geschätzt wird. Die außerordentliche Formstabilität, auch nach dem Waschen, bewirkt **gute Passform** (Oberbekleidung).

Artikelbezogene Verkaufsargumente zu den Gebrauchseigenschaften einschließlich Pflege

Polyester besitzt gute Festigkeitswerte und ist **sehr haltbar**. Die hohe Reiß- und Scheuerfestigkeit verbessern die Strapazierfähigkeit und die Lebensdauer solcher Textilien, z. B. bei Oberbekleidung, Arbeitskleidung. Die **hohe Licht- und Wetterbeständigkeit** macht sie für Gardinen, Markisen und Abdeckplanen geeignet. Die Feuchtigkeitsaufnahme der Faser ist gering. Die **hohe Hitzebeständigkeit** macht Polyester beim Waschen und Bügeln ziemlich temperaturunempfindlich, wobei die Formstabilität erhalten bleibt. **Plissees** in Kleidern und Röcken, Bügelfalten in Hosen, **lassen sich dauerhaft** wasch- und reinigungsbeständig **einpressen** (= thermofixieren). Spezialeinsatz: bauschige **Wärmevliese** für Anoraks, Schlafsäcke (gekräuselte Hohlfasern); **Microfasern**, siehe Abschnitt 15.6.

Beispiele für Artikelgruppen und rohstoffbezogene Verkaufsargumente:

Webware oder
Feinjersey aus 100 % Polyester:
- weich, schmiegsam
- knitterarm
- formbeständig
- plisseebeständig
- pflegeleicht

Polyester mit Baumwolle:
- durch Polyester:
  glatt, haltbar,
  pflegeleicht
- durch Baumwolle:
  saugfähig, weich,
  hautsympathisch

Polyester mit Schurwolle:
- durch Polyester:
  glatt, haltbar,
  pflegeleicht
- durch Schurwolle:
  temperaturausgleichend,
  angenehme Trageeigenschaften

15.5.3 Polyamid: unübertroffen in der Haltbarkeit

Polyamid (PA) kommt als Spinnfaser (z. B. für Fasermischungen), als Spinnfasergarn und als Filamentgarn auf den Markt. Nach Polyester ist Polyamid die **zweitwichtigste synthetische Chemiefaser**. Bekannte Markennamen sind **Antron (Nylon, Perlon), Tactel, Meryl, Supplex, Dorix, Schwarzfil** u. a.

Artikelbezogene Verkaufsargumente zu den Gebrauchseigenschaften

Polyamid ist **unübertroffen haltbar:** Reiß-, Scheuer- und Biegefestigkeit werden von keiner anderen Faser übertroffen. Vor allem bei Socken und Strümpfen (Ferse und Spitze mit Polyamid verstärkt), Feinstrumpfhosen, Nutzschicht bei Teppichen, Möbelbezugsstoffen, Polsterbezügen bei Autositzen u. Ä. kommt dies zur Anwendung! Die **hohe Knitterfestigkeit und rasche Knittererholung** ist eine Folge der **guten Elastizität**. Der Flor eines niedergedrückten Polyamid-Teppichs richtet sich bei nachlassendem Druck wieder auf.

Polyamid ist **sehr leicht, sehr fein**, zart und schmiegt sich gleich einer zweiten Haut dem Körper an, ohne aufzutragen, z. B. bei Miederwaren, Feinstrumpfhosen, Unterkleidern, Gymnastikanzügen, Badebekleidung.

Spezialfasertypen: Runde oder kleeblattförmige Faserprofile ermöglichen lebhaften **Glanz- oder Glitzereffekt**, z. B. bei Damen-Feinwäsche und Gymnastikanzügen. Aus microfeinen Fasern lassen sich weiche Stoffe mit baumwollähnlichem Griff herstellen (vgl. Abschnitt 15.6, Seite 121). Weitere Spezialtypen sind Schmutz abweisend (Teppichböden) oder flammhemmend (Schutzbekleidung) ausgerüstet.

Beispiele für Artikelgruppen und rohstoffbezogene Verkaufsargumente:

Damenfeinwäsche:
- zart, fein
- weich, schmiegsam
- faltenfreier Sitz
- hohe Elastizität

Textile Bodenbeläge:
- dekoratives Aussehen
- hohe Abriebfestigkeit
- sehr haltbar
- trittelastisch
- wärmend
- schalldämpfend

Badebekleidung:
- gute Passform
- Elastizität und Bewegungsfreiheit
- trocknet schnell

15.5.4 Polyacryl: wärmend, wollähnlich, lichtbeständig

Polyacryl (PAN), eine deutsche Faserentwicklung, kommt meist als gekräuselte Spinnfaser auf den Markt. Bekannte Markennamen sind **Dolan, Dolanit, Dralon, Orlon** u. a.

Artikelbezogene Verkaufsargumente

Polyacrylfasern sind **wollähnlich, bauschig, voluminös** und schließen im Spinnfasergarn viel ruhende Luft ein, die wärmend wirkt. Deshalb findet Polyacryl vielfach für Strickwaren, synthetische Pelze („Teddystoffe"), Decken (Schlaf- und Heimdecken) und als Handarbeitsgarn Verwendung.

Polyacryl ist besonders **lichtbeständig** und deshalb für Gardinen, Dekostoffe, Markisen und Möbelbezugsstoffe geeignet. Gute Reiß- und Scheuerfestigkeit ermöglichen hohe Haltbarkeit und Lebensdauer.

Spezialfasertypen sind mit besonderen Eigenschaften ausgestattet: **flammfest** (Schutzkleidung, Gardinen in Hotels, Möbelbezugsstoffe), **frei von Faserknötchen (= Pillings), antistatisch, dauerhaft gekräuselt** (= texturiert) und somit wollähnlich.

Pflege

Polyacryl-Textilien nicht am heißen Ofen trocknen; bei zu heißem Bügeln oder Dämpfen besteht Verformungsgefahr!

Beispiele für Artikelgruppen und rohstoffbezogene Verkaufsargumente:

Oberbekleidung:
- formbeständig
- haltbar
- bauschig
- wärmehaltig
- pflegeleicht
- Strickwaren filzen nicht

Kinderbekleidung:
- formbeständig
- haltbar
- pflegeleicht

Heimtextilien:
- lichtecht
- haltbar
- Stores und Dekostoffe sind pflegeleicht

15.5.5 Elastan: hoch elastische Faser; Polyurethan: Beschichtungsmaterial

Von einigen Textilien wie Miederwaren, Bade- und Gymnastikbekleidung oder Teilen von Textilien wie Bundabschlüsse bei Wäsche (Tag- und Nachtwäsche) wird **hohe Elastizität und Bewegungsfreiheit** verlangt.

umwickeltes Elastangarn

Diese Aufgabe erfüllen hoch elastische Garne, die **Elastan** (Markennamen: **Lycra** und **Dorlastan**) enthalten.

Sie bestehen aus

- Fasermischungen: Elastan mit anderen Fasern, z. B. Polyester, Wolle
- oder aus einem endlosen Elastangarn, das von einem anderen Garn umwickelt ist.

Gebrauchseigenschaften

Elastan ist **hoch elastisch** und über das Dreifache dehnbar, ohne auf die Dauer an Elastizität zu verlieren, außerdem ist es ziemlich **unempfindlich** gegenüber Transpiration der Haut, Kosmetika, Deos, Sonnenöl, Seewasser. Die Pflege ist problemlos und richtet sich, da die Faser meist mit anderen Textilrohstoffen vorkommt, nach dem empfindlichsten Partner.

Beispiele für Artikelgruppen und rohstoffbezogene Verkaufsargumente:

Elastan: Badeanzüge, Bikinis, Miederwaren: formend, stützend, ohne einzuengen, elastisch, weich und schmiegsam, leicht, trocknen rasch, pflegeleicht

Polyurethan: winddichtes, wetterfestes, leichtes Beschichtungsmaterial für Regen-, Ski-, Segelbekleidung, Mäntel, Röcke

15.6 Microfasern: extrem fein, weich, mit fließendem Fall

Unter Microfasern versteht man Chemiefasern, die feiner sind als Naturfasern. Sie sind doppelt so fein wie Seide. Drei Kilogramm dieser Fasern würden ausreichen, um die ganze Welt zu umfassen. Die Feinheit liegt bei ein dtex (Dezitex), d. h., ein Gramm eines Fadens ist 10 000 Meter lang. Doch diese Feinheit lässt sich weiter übertreffen. Bekannte Microfaser-**Markennamen** sind Dralon-Microfaser, Trevira-Finesse, Trevira-Micronesse, Meryl-Microfibre, Tactel-Micro u. a. Man erkennt, dass Polyamide und Polyester den Microfasermarkt beherrschen, obwohl auch andere Chemiefasergruppen wie Lyocell (Tencell) vorkommen.

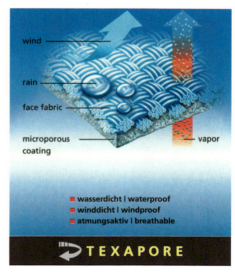

Die speziellen **Eigenschaften** von Microfaserstoffen sind: Sie
- sind besonders fein und weich, verbunden mit einem seidigen Griff und geringem Gewicht.
- zeigen einen fließenden Fall und sind knitterarm.
- bieten einen hohen Wind- und Regenschutz, sind aber durch feinste Poren atmungsaktiv, d. h., sie lassen Wasserdampf/Schweiß von innen nach außen durch, während Feuchtigkeit von außen abgehalten wird.
- sind im Gebrauch und in der Pflege unempfindlich.

Einsatzbereiche
- funktionelle Sportbekleidung/Sportswear wegen den guten physiologischen Eigenschaften
- Oberbekleidung wie Mäntel, Jacken, Blousons, Blazer, Kostüme
- Fleecestoffe, also „Faserpelze", jene flauschigen, leichten, weichen, wärmenden Stoffe für Sweatshirts, Blousons, Jacken u. Ä.
- Mischungen mit Naturfasern, um weitere, interessante Variationen im Aussehen und in der Qualität zu erzielen.

15.7 Texturieren verbessert Aussehen und Gebrauchswert von Textilien aus Chemiefasern

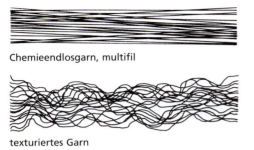

Chemieendlosgarn, multifil

texturiertes Garn

Den vielfältigen Vorzügen der Chemiefaser stehen auch **Nachteile** gegenüber: Die glatten Endlosgarne (= Filamentgarne) fühlen sich etwas **seifig** an und weisen ein **geringes Wärmerückhaltevermögen** auf, weil sie wenig ruhende Luft einschließen und nicht saugfähig sind. Diese Nachteile lassen sich durch das Texturieren weitgehend beseitigen.

Texturieren bedeutet: **Chemieendlosgarne werden unter Einwirkung von Wärme, Druck oder Chemikalien dauerhaft gekräuselt.**

Verkaufsargumente für texturierte Textilien

Stoffe aus texturierten Garnen besitzen zusätzlich zu ihren angeborenen Rohstoffeigenschaften folgende Vorzüge hinsichtlich des Aussehens und des Gebrauchswerts:

zum Aussehen	zum Gebrauchswert
Sie • sind elastisch und können deshalb nicht ausbeulen, • zeigen geringe Knitterneigung, • bilden keine Pillings (Faserknötchen).	Sie • besitzen besseres Wärmerückhaltevermögen durch die ruhende Luft, • sind elastisch und ermöglichen mehr Bewegungsfreiheit (Wäsche/Sportswear), • ermöglichen Feuchtigkeitstransport (funktionelle Sportbekleidung).

Beispiele für Artikel aus texturierten Textilien:

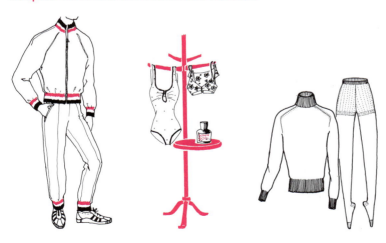

15.8 Fasermischungen verbessern die Eigenschaften eines Textils

Fasermischungen verschiedener Textilrohstoffe nehmen ständig an Bedeutung zu. Sie **führen entweder zu günstigen Preisen** textiler Fertigerzeugnisse und/oder zu einer Kombination **vorteilhafter Eigenschaften, nachteilige Fasereigenschaften verlieren an Wirkung.**

Auf diese Weise lässt sich eine Qualitätsverbesserung erzielen, z. B. Saugfähigkeit, Strapazierfähigkeit, Knitterverhalten und Hautfreundlichkeit verbessern. Auch das Aussehen eines Textils lässt sich durch Fasermischungen verändern, z. B. lassen sich Glanz- und Ziereffekte erzielen.

Die nachfolgende Tabelle enthält zwei Beispiele für wichtige Fasermischungen von synthetischen Chemiefasern (hier Polyester) mit Baumwolle und mit Schurwolle. Die Eigenschaften der Mischung, welche als Verkaufsargumente einsetzbar sind, lassen sich hieraus ablesen.

Textilrohstoffe	Baumwolle	Polyester	Schurwolle
• vorteilhafte Eigenschaften	– saugfähig, hautsympathisch, weich, angenehm im Tragen, lädt sich kaum elektrostatisch auf	– pflegeleicht: leicht zu waschen, trocknet rasch, nicht oder nur leicht zu bügeln; glatt, knitterarm, formbeständig	– temperaturausgleichend, saugfähig, elastisch, knitterarm
• nachteilige Eigenschaften	– läuft ohne Ausrüstung beim Waschen ein, knittert	– wenig saugfähig, lädt sich elektrostatisch auf	– filzt bei nicht sachgemäßer Pflege, läuft ein

Bewährte Mischungsverhältnisse und Einsatzbereiche im Bereich Kleidung

65 (50) % Polyester 35 (50) % Baumwolle	Übergangsmäntel (Popeline u. a.), Kleider, Blusen, Hemden, Arbeits- und Berufskleidung, Kinderbekleidung, Freizeitkleidung, Anoraks, Tag- und Nachtwäsche.
55 % Polyester 45 % Schurwolle	Damen-, Herren-, Kinderoberbekleidung, z. B. Mäntel, Kleider, Röcke, Kostüme, Hosen, Hosenanzüge.
70 % Polyester 30 % Viskose	Pflegeleichte Hosen, Röcke, Anzüge mit angenehmen Trageeigenschaften.
80 % Polyamid 20 % Elastan	Für Miederwaren, Badeartikel, die sehr haltbar, unempfindlich, gut waschbar sind, schnell trocknen und nicht gebügelt werden müssen.

Übungsaufgaben: Kapitel 15, Seite 297

16 Die Art des Garns beeinflusst die Eigenschaften eines Textils

Unter dem Sammelbegriff **Garn** versteht man **linienförmige, textile Gebilde**.
Man unterscheidet hinsichtlich

der Herstellung:	der Verwendung:
• Spinnfasergarne • Filamentgarne • gefachte Garne • Effektgarne • Zwirne und Effektzwirne	• Webgarne (Kette und Schuss) • Strick- und Wirkgarne • Nähgarne • Handarbeitsgarne wie Strick-, Stick- und Häkelgarne

Da **Garne** Bauteile von Web- und Maschenwaren und anderer textiler Flächengebilde sind, **beeinflussen** die Garneigenschaften auch die Eigenschaften von **Textilien**.

Die **Qualität** solcher Garne wird bestimmt durch
- den **Rohstoff** mit seinen typischen Eigenschaften, z. B. Wolle, Polyester;
- die **Feinheit der Fasern**, z. B. Seide, Leinen;
- die **Anzahl der Drehungen:** Je stärker die Drehung, desto dünner, je geringer die Drehung, desto moosiger, wärmender und saugfähiger ist das Garn.

16.1 Spinnfasergarne

Spinnfasergarne sind **Garne, die durch Verdrehen von stapellangen Fasern gebildet** werden. Die einzelnen Arbeitsgänge sind

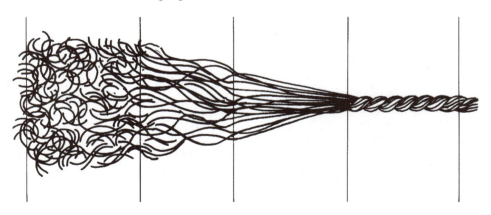

Lockern, Reinigen, Mischen des Fasergutes

Ordnen, paralleles Ausrichten der Fasern

Verstrecken des Faserbandes auf die erforderliche Feinheit, Gleichmäßigkeit

Drehen des feinen Faserbandes, um ihm die gewünschte Festigkeit zu geben

Man unterscheidet S- und Z-Drehungsrichtung, festgelegt durch den Schrägstrich der Buchstaben S und Z bei senkrecht verlaufendem Garn.

Je stärker die Garndrehung, desto fester, haltbarer und glatter ist das Garn, umso geringer ist das Wärmerückhaltevermögen; **je geringer die Garndrehung**, desto moosiger und wärmender ist das Garn, aber umso geringer ist die Haltbarkeit.

16.1.1 Kammgarn: glattes, festes, strapazierfähiges Garn

Zu **Kammgarn** lässt sich nur langstapeliges Fasergut (ab 30 mm) verschiedener Textilrohstoffe verspinnen. Kammgarn im weiteren Sinne ist kein Qualitätsbegriff, sondern die Bezeichnung eines Spinnverfahrens. Noch vorhandenes, kurzstapeliges Fasergut wird ausgekämmt. Die langen Einzelfasern liegen nahezu parallel nebeneinander.

Aussehen

Kammgarn und daraus hergestellte Stoffe (Web- und Maschenwaren) sind glatt, fein, gleichmäßig. Einfarbige Stoffe wirken elegant. Garn- oder Gewebemuster zeigen ein klares Musterbild bzw. eine klare Warenoberfläche.

Gebrauchseigenschaften

Kammgarn und daraus hergestellte Stoffe (Web- und Maschenwaren) sind durch Verwendung eines langstapeligen Faserguts **haltbar**, weil das Garn nicht viel ruhende Luft einschließt (Sommerkleidung); durch die Glätte ist es Schmutz abweisend; gewichtsmäßig lassen sich **leichte** Stoffe herstellen, z. B. Cool-Wool-Stoffe.

Kammgarne (links) und Kammgarnstoff (rechts)

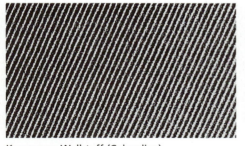

Kammgarn-Wollstoff (Gabardine)

Baumwolle: super gekämmt (Interlock)

Kammgarn im engeren Sinn bezeichnet **glatte, feine, wertvolle Wollstoffe aus gekämmten Wollgarnen**, z. B. für Anzüge, Kostüme, Hosen, Röcke.

Die Bezeichnung **gekämmt** und **super gekämmt** findet man bei **feinen, glatten Stoffen in Web- oder Maschenwaren aus Baumwolle oder Fasermischungen mit Baumwolle. Super gekämmt** bedeutet, dass der **Kämmprozess mehrmals ausgeführt** wurde, um **feinste und besonders gleichmäßige und weiche Garne** zu erhalten. Dazu sind langstapelige, wertvolle Baumwollsorten erforderlich, z. B. für Blusen, Tag-, Bettwäsche, Inletts.

Bezeichnungen für **Kammgarnstoffe**[1] sind z. B. Batist, Fil à Fil, Fresko, Gabardine, Glencheck, Damast, Hahnentritt, Jersey, Kammgarnflanell, Kreidestreifen, Panama, Pepita, Piqué, Popeline, Satin, Rips, Tropical, Twill, Trikotine, Serge, Voile, Whipcord u. a.

16.1.2 Streichgarn: moosiges, wärmendes Garn

Zu **Streichgarn** lässt sich lang- und kurzstapeliges Fasergut verschiedener Textilrohstoffe verspinnen. Der Begriff Streichgarn ist im weiteren Sinn kein Qualitätsbegriff, sondern nur die Bezeichnung eines Spinnverfahrens. Das Garn ist weniger stark gedreht, die Fasern liegen nicht parallel, sondern sind beliebig angeordnet.

Aussehen

Streichgarn und aus Streichgarn hergestellte Stoffe (Web- und Maschenwaren) sind **moosig** (abstehende Fasern), **ungleichmäßiger und meist gröber als Kammgarn**. Die **Warenoberfläche bzw. Stoffmusterung ist verschwommen**.

Gebrauchseigenschaften

Streichgarn und Stoffe aus Streichgarn sind **wärmehaltig**, weil das Garn viel ruhende Luft einschließt, was sich durch Rauen verstärken lässt. Geringe Garndrehung bewirkt geringere Haltbarkeit als bei Kammgarn. Dieser Nachteil lässt sich bei Wollstoffen durch Walken (= beabsichtigtes Filzen) oder Zwirnen wieder ausgleichen.

Streichgarn und Stoff aus Streichgarn

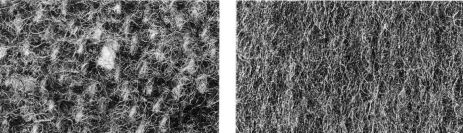

Woll-Flausch — Loden

[1] Diese Stoffe finden Sie in Kapitel 20, Seite 163 ff. abgebildet und erläutert.

Streichgarn im engeren Sinn bezeichnet **Wollstoffe aus Streichgarnen**. Je nach Einsatzbereich, z. B. für Übergangs- und Wintermäntel, Kostüme, Sakkos, kommen unterschiedliche Wollsorten zum Einsatz.

Stoffbezeichnungen[1] für Streichgarnstoffe sind z. B. Donegal, Streichgarnflanell, Fischgrat, Flausch, Hirtenloden, Harris, Homespun, Melton, Tuch, Tuchloden, Tweed u. a.

16.2 Filamentgarn

Es besteht aus vielen einzelnen, glatten Filamenten. Solche Garne und daraus hergestellte Stoffe sind sehr glatt, fein und weich.

Chemieendlosgarn, multifil

Anwendungsbeispiele: Futterstoffe, Unterkleider, glänzende Shorts, Glanztrikots u. Ä.

16.3 Texturiertes Garn

Es besteht aus vielen Filamenten, die dauerhaft durch Druck und Wärme gekräuselt werden.

texturiertes Garn

Solche Garne und daraus hergestellte Stoffe
- sind elastisch und knitterarm,
- besitzen guten Feuchtigkeitstransport (Schweiß),
- sind luftdurchlässig und wärmend (isolierende Luft).

Anwendungsbeispiele: funktionelle Sportbekleidung, bei welcher der Träger stark schwitzt, Laufbekleidung, Badebekleidung, Miederwaren, Tufting-Teppiche u. Ä.

16.4 Zwirne: glatt, haltbar und/oder effektvoll

Werden **mindestens zwei Einzelgarne zu einem Garn zusammengedreht** (gezwirnt), bezeichnet man das entstandene Garn als **Zwirn**. Hinsichtlich des Aussehens unterscheidet man:

- **glatte Zwirne**, ein- oder mehrstufig, von großer Festigkeit und Gleichmäßigkeit und
- **Effektzwirne** mit besonders ausdrucksvollem Aussehen, wobei der Effekt z. B. durch Schlaufen, Schlingen, Knoten, Flammen zustande kommt.

einstufiger Zwirn, dreifach gezwirnt   mehrstufiger Zwirn

---

[1] Diese Stoffe finden Sie in Kapitel 20, Seite 163 ff. abgebildet und erläutert.

16.4.1 Glatte Zwirne für strapazierfähige Textilien

Textilien wie Röcke, Anzüge, Hosen, Arbeitskleidung, Tagwäsche, Betttücher, Möbelbezugsstoffe, Teppiche, Autositze, die im Gebrauch einer starken Beanspruchung ausgesetzt sind, werden aus glatten Zwirnen hergestellt, um die gewünschte **Haltbarkeit** zu erzielen.

16.4.2 Effektzwirne: lebhaft, auffallend, dekorativ

Effektzwirne bestehen **aus einem Grundgarn und einem den Effekt bildenden Umschlingungsgarn.** Vielfach wird ein drittes Garn hinzugenommen, das Effekte wie Schlaufen, Schlingen, Knoten, Flammen festigt.

Bouclé-Effektzwirn   Frotté-Effektzwirn   Flammé-Effektzwirn   Knoten-Effektzwirn

16.5 Bestimmung der Garnfeinheit durch „Garnnummern"

Zur Herstellung von textilen Flächengebilden wie Web- und Maschenwaren werden Garne einer bestimmten Feinheit verwendet. Zur **Bestimmung der Garnfeinheit** dient die **Garnnummerierung**. Sie wird aus dem Verhältnis vom Gewicht zur Länge ermittelt.

Feinheitsbezeichnungen

Feinheitsbezeichnung	Abkürzung	Beispiel
• Tex	tex	20 tex: 1000 Meter dieses Garns wiegen 20 Gramm
• Metrische Nummer	Nm	50 Nm: 50 Meter dieses Garns wiegen ein Gramm
• Titer-denier (spr.: dönieh)	den	30 den: 9000 Meter dieses Garns wiegen 30 Gramm

Übungsaufgaben: Kapitel 16, Seite 300

17 Webwaren: viele Arten und Einsatzmöglichkeiten

Gewebe sind die **verbreitetsten textilen Flächengebilde**, die aus **zwei oder mehreren rechtwinklig kreuzenden Garngruppen** bestehen. Sie werden den Kunden als Meterware angeboten oder sind Zwischenprodukte für Bekleidungs- und Heimtextilien.

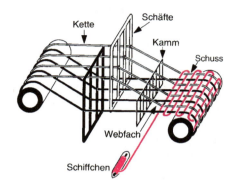

17.1 Fünf Merkmale beeinflussen die Eigenschaften und die Qualität eines Gewebes

Je nach Einsatzbereich eines Gewebes werden unterschiedliche Eigenschaften gefordert, z. B. Weichheit, eleganter Fall, Glätte, Knitterarmut, Haltbarkeit, Luftdurchlässigkeit, bestimmte Musterung.

Folgende **Merkmale beeinflussen die Eigenschaften und Qualität eines Gewebes:**

- **der Rohstoff** bzw. die Rohstoffe (bei Fasermischungen) mit seinen bzw. ihren typischen Eigenschaften;
- **die Art des Garns**, die z. B. Feinheit, Gleichmäßigkeit, Aussehen, Haltbarkeit beeinflusst;
- **die Bindungsart**, also die Art, wie Kette und Schuss miteinander verkreuzt werden. Dies ermöglicht unterschiedliche Warenbilder wie Unis, Streifen, Karos, klassische Muster wie Pepitas, Glenchecks u. Ä., aber auch modische Dessins. Auch die Gebrauchseigenschaften eines Gewebes werden durch die Bindungsart beeinflusst;
- **die Gewebedichte**, das ist die Anzahl der Kett- und Schussgarne pro cm^2, wirkt sich auf die Luftdurchlässigkeit (Sommerkleidung!), das Gewicht und die Haltbarkeit eines Textils aus. Je höher die Gewebedichte, desto höher ist das Gewicht und die Haltbarkeit, desto geringer ist die Luftdurchlässigkeit;
- **die Ausrüstung** (s. Kapitel 19) kann ebenso die Gewebeeigenschaften verändern/verbessern.

17.2 Grundbindungen

Man unterscheidet drei Grundbindungen:

17.2.1 Leinwandbindige Stoffe: vielseitig, haltbar, luftdurchlässig

Die Leinwandbindung ist die **einfachste Bindung**. Weitere Bezeichnungen sind **Tuchbindung** bei Wollstoffen, **Taftbindung** bei Stoffen aus Seide bzw. bei Chemieendlosgarnen.

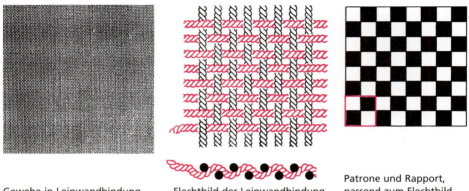

Gewebe in Leinwandbindung | Flechtbild der Leinwandbindung | Patrone und Rapport, passend zum Flechtbild

Aussehen und Gebrauchseigenschaften leinwandbindiger Stoffe

Aussehen

Rechte und **linke Warenseite sind gleich**; eine Gewebemusterung wie Längs-, Querstreifen und Karos entsteht nur durch Verwendung verschiedenfarbiger Garne; leinwandbindige Stoffe kommen einfarbig oder in klassischen bzw. modischen Druckdessins vor!

Gebrauchseigenschaften

Diese Bindung ist sehr **haltbar**, weil Kette und Schuss im Wechsel binden. Deshalb eignet sich die Leinwandbindung **für strapazierfähige Textilien**, z. B. Hosen, Kleider, Röcke, Anzüge, Hemden, Blusen, Bett-, Tisch-, Nachtwäsche, Geschirr- und Gläsertücher. Viele dieser Artikel werden häufig gewaschen und müssen den mechanischen Beanspruchungen beim Waschvorgang standhalten. Zwirne verbessern die Haltbarkeit noch weiter. Auch ist die Leinwandbindung **luftdurchlässig**, deshalb findet man sie bei sommerlicher Kleidung, bei Hemden, Blusen, Bett- und Nachtwäsche. Eine geringe Gewebedichte verbessert die Porosität weiter.

Auswahl leinwandbindiger Stoffe (vgl. Kapitel 20)

- **Bereich Oberbekleidung:** Donegal, Tweed, Fresko, Tropical, Bouclé, Tuch, Streichgarnflanell, Flausch (auch köperbindig), Musselin, Loden (auch köperbindig), Popeline, Pongé, Shantung, Honan, Taft, Nessel, Fil à Fil, Bourette.

- **Bereich Hemden, Blusen, Nachtwäsche, Bettwäsche, Aussteuer:** Popeline, Batist, Voile, Flanell, Finette (auch köperbindig), Lavable, Kretonne, Linon, Haustuch, Biber (auch köperbindig), Zephir, Einschütte, Perkal, Toile, Nessel. Züchen, Pongé, Shantung, Taft, Reinleinen, Halbleinen.

17.2.2 Köperbindige Stoffe: viele Musterungs- und Einsatzmöglichkeiten

Weitere Bezeichnungen sind: **Serge-** (spr.: sersch) oder **Twillbindung**.

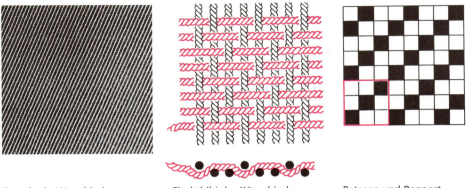

Gewebe in Köperbindung   Flechtbild der Köperbindung   Patrone und Rapport, passend zum Flechtbild

Aussehen und Gebrauchseigenschaften köperbindiger Stoffe

Aussehen

Köperbindige Stoffe **erkennt** man an den typischen **diagonal** von links unten nach rechts oben (Kurzzeichen: Z-Grat) und/oder von rechts unten nach links oben (Kurzzeichen: S-Grat) **verlaufenden Graten**. Diese kommen durch die besondere Art der Verkreuzung zustande, indem eine Garngruppe (z. B. Kettgarne) ungebunden (= flott) über mindestens zwei Garne der anderen Garngruppe hinwegläuft und Bindungspunkte seitlich höher versetzt werden. Die Musterungsmöglichkeiten durch Abwandlung dieser Bindung und durch verschiedenfarbige Garne sind vielfältig:

  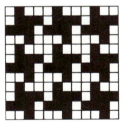

Fischgrat   Hahnentritt   Pepita

Gebrauchseigenschaften

Die Köperbindung ist gegenüber der Leinwandbindung bei gleichem Rohstoff, gleicher Garnart und -dichte infolge der flottierenden Garne **weicher** und **schmiegsamer**. An Haltbarkeit stehen köperbindige Stoffe den leinwandbindigen wenig nach: Bei hoher Garndichte und unter Verwendung von Kammgarnzwirnen können **strapazierfähige** Textilien, z. B. Anzüge, Hosen, Röcke, Arbeitskleidung, hergestellt werden. Hierzu einige Stoffnamen: Denim (= Jeans), Whipcord, Gabardine, Berufsköper.

Köperbindige Stoffe sind dann **wärmehaltig**, wenn sie aus weich gedrehten Garnen (= Streichgarn) bzw. Zwirnen bestehen, die viel ruhende Luft einschließen. Durch Rauen, einer speziellen Ausrüstung, lässt sich das Wärmerückhaltevermögen für Kleidung der kühleren Jahreszeit weiter erhöhen. Stoffbezeichnungen hierzu sind: Flausch, Streichgarnflanell, Velours, Finette u. a.

Auswahl köperbindiger Stoffe (vgl. Kapitel 20)

- **Bereich Oberbekleidung:** Twill, Serge, Gabardine, Whipcord, Tricotine (= Kavallerietwill = Diagonaltrikot), Fischgrat, Glencheck, Berufsköper, Monteurköper, Futterserge, Kammgarnflanell, Cheviot (Bezeichnung auch für Wollsorte), Shetland (Bezeichnung auch für Wollsorte), Jeans (Denim), Flausch, Schotten.

- **Bereich Hemden, Blusen, Nachtwäsche, Bettwäsche, Aussteuer, Dekostoffe:** Twill, Finette, Inlett, Drell, Flanell.

17.2.3 Atlasbindige Stoffe: eleganter Fall, schmiegsam, glänzend

Die **Atlasbindung** ist die dritte Grundbindung; die **gleichbedeutende**, französische **Bezeichnung** heißt **Satin**.

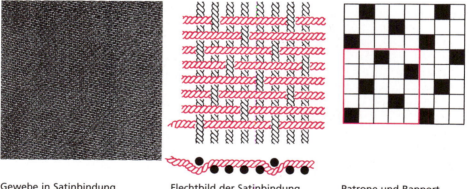

Gewebe in Satinbindung   Flechtbild der Satinbindung   Patrone und Rapport, passend zum Flechtbild

Aussehen und Gebrauchseigenschaften atlasbindiger Stoffe

Aussehen

Atlas(= satin)bindige Stoffe besitzen eine **gleichmäßige, glatte, dichte Oberfläche ohne Unebenheiten**. Dies erklärt sich durch die Art der Bindung: Die Garne einer Garngruppe liegen über mindestens vier Garne der anderen Garngruppe ungebunden (= flott) an der Oberfläche. Satinbindige Kleiderstoffe besitzen einen **weichen, fließenden Fall**, ebenfalls bedingt durch die flottierenden Garne. Eine Warenseite zeigt **mehr oder weniger Glanz** und bringt Eleganz mit sich. Dieser Effekt lässt sich durch Verwendung glänzender Rohstoffe und Garne noch verstärken. Eine Musterung satinbindiger Stoffe in verschiedenfarbigen Garnen ist aufwendig und selten.

Gebrauchseigenschaften

Die **Haltbarkeit** satinbindiger Stoffe ist bei Verwendung gleicher Rohstoffe, Garne und Gewebedichte geringer als bei anderen Grundbindungen, weil die auf jeder Gewebeseite liegenden, ungebundenen Garne schneller aufscheuern können. Atlasbindige Stoffe sind nie hart und brettig, sie wirken immer **weich und geschmeidig**, was bei Stoffen angenehm empfunden wird, die mit der Haut in Berührung kommen. Die besondere **Dichte und Glätte** des Stoffes macht sie als Hülle für feinste Daunen und Federn unentbehrlich.

Auswahl satinbindiger Stoffe mit Einsatzbereich (vgl. Kapitel 20)

- **Bereich Kleidung:** Satin, Drapé, Granité (atlasartig!), Damassé, Duchesse, Moleskin, Velveton, Duvetine, z. B. für Kleider, Abendkleider, Anzüge, Sakkos, Futterstoffe, Blusen, Nachtwäsche.
- **Bereich Wohnung:** Satin, Streifensatin, Grundware für Damaste (mit Jacquardmusterung), z. B. für Bett- und Tischwäsche, Dekostoffe.

17.3 Jacquardmusterung, eine dekorative Gewebemusterung

Jacquardgewebe

Damast

Auf dem **Jacquardwebstuhl** (spr.: schakkard) können in den Stoff **Gewebemuster** wie **Ranken, Blumen, Phantasiemuster und geometrische Muster wie Punkte, Ornamente** uni oder bunt in den Stoff eingewebt werden. Er erhält dadurch ein **dekoratives Aussehen**. Die Bezeichnung Jacquard geht auf den Namen des Erfinders dieses Webstuhls, auf den französischen Seidenweber Jacquard, zurück. Auf diesem Webstuhl lässt sich jedes einzelne Kettgarn, durch Lochkarten gesteuert, heben und senken. Dies ist die Voraussetzung zur Herstellung kleiner und großer, figürlicher Gewebemuster.

Damast ist ein jacquardgemustertes, satinbindiges Gewebe für Bett- und Tischwäsche mit dekorativem, plastisch wirkendem Muster auf beiden Warenseiten.

Einsatzbereich jacquardgemusterter Waren

Für modische Kleiderstoffe (z. B. Discolook), Krawatten, Bett-, Tisch-, Frottierwäsche, Möbelbezugsstoffe, Dekostoffe, Teppiche, Brokatstoffe, für Wandbehänge oder Tischläufer, auch in glanzreichen Warenbildern aus metallglänzenden Effektgarnen.

17.4 Samt und Cordsamt: mit weichem Faserflor

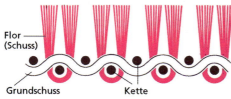
Herstellungsschema des Schusssamts

Samt und Cord sind Florgewebe, die **aus einem Grundgewebe** (Kette und Schuss) **und einer dichten, weichen Faseroberfläche** bestehen, welche **durch aufgeschnittene Garnschlingen** gebildet wird. Im Unterschied zu Samt besitzt Cord Rippenstruktur.

Samt: elegant, weich, glänzend, angenehm im Tragen.

Cordsamt: unterschiedlich breite Rippen, angenehm im Tragen, wirkt sportlich-elegant.

17.4.1 Auswahl von Samt- und Cordstoffen

- **Kettsamt:** Der Flor des Samts wird von einem im Allgemeinen festeren und härter gedrehten Kettgarn gebildet und ist deshalb strapazierfähig.
- **Schusssamt:** Der Flor des Samts wird von einem im Allgemeinen loser gedrehten Schussgarn gebildet und ist deshalb weicher.
- **Spiegelsamt:** Der platt gedrückte Flor des Samts glänzt stark.
- **Feincord:** Wird auch als Baby- oder Schmalcord bezeichnet, hat mindestens 40 Rippen auf 10 cm Stoffbreite und wirkt sportlich-elegant.
- **Breitcord:** Wird auch als Trenkercord bezeichnet, hat höchstens 25 Rippen auf 10 cm Stoffbreite und wirkt sportlich.
- **Genuacord:** Wird auch als Manchestercord bezeichnet mit mittelbreiten Rippen.
- **Fancycord:** Cord mit abwechselnd breiten und schmalen Rippen.
- **Stretchcord:** Cord mit Elastan für mehr Bequemlichkeit und Bewegungsfreiheit, z. B. bei Hosen.

Einsatzbereiche für Samt und Cord

- **Samt:** Oberbekleidung, festliche Kleidung, Deko- und Möbelbezugsstoffe.
- **Cord:** Ober- und Freizeitbekleidung, Deko- und Möbelbezugsstoffe.

Pflegehinweise

- für waschbare Samte und Cords: Schonwaschgang

- für nicht waschbare Samte und Cords: höchstens von links ohne Anpressdruck dämpfen

- Polyacryl-Samte nicht dämpfen, da sie sich in feucht-warmem Zustand verformen.

17.5 Frottierwaren: saugfähig und weich

Arten der Frottierware, Eigenschaften/Verkaufsargumente

Zwirnfrottier: Zu erkennen an aufrecht stehenden, gezwirnten Schlingen, gute Saugfähigkeit; die Ware fühlt sich fest und körnig an und besitzt gute Schlingenfestigkeit.

Musterungsmöglichkeiten: uni, Streifen, Karos, Jacquards und Drucke.

Walkfrottier: Zu erkennen an langen, umgekippten, etwas ungeordnet wirkenden Schlingen; sehr gute Saugfähigkeit, die Ware fühlt sich weich und flauschig an. Besonders wertvolle Qualität besitzt hohe Schlingendichte und lange Schlingen.

Musterungsmöglichkeiten: uni, Streifen, Karos und Drucke.

Veloursfrottier: Zu erkennen an den aufgeschnittenen Schlingen und der samtartigen, dekorativen, weichen Schauseite von geringerer Saugfähigkeit.

Musterungsmöglichkeiten: uni, gestreift, kariert, jacquardgemustert und bedruckt.

Die linke Seite besteht aus saugfähigen Schlingen.

Pflegehinweise

Neue, intensiv-farbige Frottierwaren ein- bis zweimal gesondert waschen, um überschüssige Farbe schadlos zu entfernen.

 Schlingenseite nicht bügeln, weil die Saugfähigkeit sonst verloren geht.

 Frottierwaren, die in der frischen Luft oder im elektrischen Trockner getrocknet werden, sind besonders weich, flauschig und saugfähig.

Übungsaufgaben: Kapitel 17, Seite 301

18 Maschenwaren: viele Arten, Eigenschaften und Einsatzbereiche

Maschenwaren sind neben Webwaren **die zweithäufigsten textilen Flächengebilde**. Aufgrund ihrer vielseitigen Eigenschaften sind sie für Oberbekleidung, z. B. Mäntel, Kleider, Jacken, Westen, Hosen, Blusen, insbesondere für Leibwäsche (Tag-, Nachtwäsche, Miederwaren, Socken, Strümpfe), Handschuhe, Sport-, Freizeit- und Badebekleidung u. Ä. geeignet. Auch im Bereich Wohnung, z. B. für Gardinen, Deko- und Möbelbezugsstoffe und Aussteuerartikel kommen Maschenwaren zum Einsatz.

18.1 Grundlegende Begriffe

Maschenwaren: Unter diesem Sammelbegriff versteht man **gewirkte, gestrickte** und (in Handarbeit) **gehäkelte Textilien**. Charakteristisch für alle Maschenwaren ist der Verlauf der Garne; sie werden **mithilfe von Nadeln** in **ineinandergreifende Garnschlaufen** (= Maschen) **geformt**.

18.1.1 Masche, Maschenreihe, -stäbchen, rechte und linke Maschen

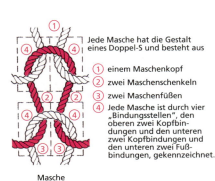

Jede Masche hat die Gestalt eines Doppel-S und besteht aus
① einem Maschenkopf
② zwei Maschenschenkeln
③ zwei Maschenfüßen
④ Jede Masche ist durch vier „Bindungsstellen", den oberen zwei Kopfbindungen und den unteren zwei Kopfbindungen und den unteren zwei Fußbindungen, gekennzeichnet.

Masche

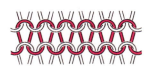

Maschenreihe: mehrere nebeneinandergeordnete Maschen bilden „Maschenreihen".

Maschenstäbchen: mehrere übereinandergeordnete Maschen bilden „Maschenstäbchen".

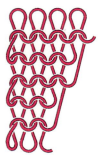

Fully-Fashion-Ware

18.1.2 Fully-Fashion-Ware

(spr: fulli fäschen = reguläre Ware)

Diese **Maschenwaren erhalten** bereits bei ihrer Herstellung durch Hinzugeben oder Abnehmen von Maschen am Rand ihre **abgepasste Form**. Sie brauchen also nicht mehr zur Herstellung von Bekleidungstextilien zugeschnitten werden. Dies verbessert die Laufmaschensicherheit an der Warenkante, die miteinander vernähten Einzelteile zeigen keine wulstigen, auftragenden Nähte, das Textilzeugnis wirkt eleganter.

18.1.3 Ketteln

Ketteln

Ketteln ist ein aufwendiges, maschengerechtes, **elegantes Verbinden zweier Kanten einer Maschenware**, z. B. Kragen und Rumpfteil eines Pullovers, wobei die Naht nicht aufträgt und schön aussieht, aber einen kostspieligen Arbeitsgang darstellt!

18.2 Eigenschaften und Qualität der Maschenwaren

Eigenschaften

Die Eigenschaften und damit die Qualität der Maschenwaren werden von mehreren Merkmalen beeinflusst, z. B.

- **vom Textilrohstoff** mit seinen besonderen Eigenschaften bzw. den Rohstoffen bei Fasermischungen;
- **von der Art des Garns** mit seinen Eigenschaften, z. B. Kammgarn, Streichgarn, texturiertes Garn u. Ä.;
- **von der Art, wie die verwendeten Garne miteinander verschlungen** werden und der Maschendichte (Fachausdruck „Teilung");
- **von der Ausrüstung**, die eine Verbesserung des Aussehens und/oder des Gebrauchswertes mit sich bringt.

Aussehen

Maschenwaren sind **widerstandsfähig gegenüber Knitterbildung** und zeigen infolge ihrer **Elastizität** ein rasches Knittererholungsvermögen. Formbeständigkeit ist umso größer, je dichter und feiner die Maschen sind; die Gefahr des Verziehens und Ausbeulens nimmt bei größerer Maschendichte ab.

Die **Musterung** der Maschenwaren **ist sehr vielfältig**:

- verschiedenfarbige Garne ermöglichen Streifen und Karos;
- verschiedenartige Garne wie metallglänzende Effektgarne (z. B. „Lurex"), Bouclés usw. führen zu interessanten Effekten;
- die Art, wie die verwendeten Garne miteinander verschlungen werden, lassen verschiedene Warenbilder, Jacquardmusterungen, Lochmuster u. Ä. entstehen;
- modische oder klassische Druckmuster sind möglich.

Gebrauchswert

Porösität, also **Luftdurchlässigkeit**, ist infolge des schlingenförmigen Garnverlaufs gut. Wärmestau tritt seltener auf als bei Webwaren. Das **Wärmerückhaltevermögen ist gut**, weil die Maschen viel ruhende Luft einschließen. Die **Saugfähigkeit** lässt sich durch Verwendung weich gedrehter Garne aus Naturfasern oder durch Einsatz texturierter, synthetischer Garne steigern. Der **Feuchtigkeitstransport**, die Fähigkeit, Körperfeuchte aufzunehmen und an die Umgebung (Luft) abzutransportieren, ist bei Maschenwaren besser als bei Webwaren. Die hohe **Elastizität ermöglicht Schmiegsamkeit und Bewegungsfreiheit**, was als angenehm empfunden wird.

Haltbarkeit

Die **Scheuerfestigkeit** ist gegenüber Webwaren geringer; ein frühzeitiger Verschleiß lässt sich verringern durch Verwendung haltbarer Rohstoffe, entsprechende Wahl des Garns, z. B. zweifädig (Verwendung zweier parallel laufender Garne) oder durch Verwendung von Kammgarnen oder texturierten Garnen, auch durch besondere Art der Garnverschlingung und hohe Maschendichte. Das **Ausziehen eines Garns** und das **Ausbeulen** von Maschenwaren lässt sich nicht ganz beseitigen. Laufmaschenfestigkeit ist bei einzelnen Maschenwarenstoffen unterschiedlich, Kettwaren (s. hierzu Abschnitt 18.4, Seite 147 f.) sind laufmaschenfest.

Pflege

Die **Pflege** von Maschenwaren hängt vom Rohstoff, Art der Verschlingung, der verwendeten Garne, der Maschendichte, der Ausrüstung und Konfektionierung ab; es gibt kochfeste Textilien aus Maschenwaren, z. B. Tagwäsche, andere wiederum lassen nur eine chemische Reinigung zu. **Im Allgemeinen erfordern Maschenwaren** gegenüber Webwaren aufgrund ihrer Feinheit bzw. bei groben Maschen und geringer Maschendichte **eine sorgfältige Pflege**. Die Gefahr des Einlaufens beim Waschen und des Verziehens, z. B. beim Normalwaschgang, beim Schleudern, beim Aufhängen zum Trocknen, ist u. U. gegeben. Maschenwaren neigen wenig zum Knittern, deshalb ist das **Bügeln** (bzw. Dämpfen) vielfach überflüssig. Textilien aus fülligen, voluminösen Garnen mit großen Maschen wie Pullover, Strickjacken, Westen, Schals, aus Angora-, Mohair-, Kamelwolle u. Ä. dürfen nicht gebügelt werden, um das Warenbild nicht zu zerstören!

18.3 Kulierwaren: Rechts/Links, Rechts/Rechts, Links/Links

Eigenschaften und Einsatzbereiche

Bei Kulierwaren läuft das Garn quer durch die Warenbreite. Unterschiedlicher Textilrohstoff, die Art des Garns und die Art der Verschlingung der Garne bewirken unterschiedliches Aussehen und unterschiedliche Gebrauchseigenschaften solcher Waren. Man teilt Kulierwaren nach der Art der Verschlingung der Garne in drei Gruppen ein (DIN 62050):

Rechts/Links (R/L); Rechts/Rechts (R/R); Links/Links (L/L) und den hieraus abgeleiteten Kulierwaren.

18.3.1 Rechts/Links-Kulierwaren

Eine Warenseite zeigt nur Maschenschenkel, die andere nur Maschenköpfe. Diese Kulierwaren besitzen **gute Elastizität**, sind **leicht, weich** und **schmiegsam**. Zerreißt ein Garn, können sich vor allem bei glatten Garnen die Maschen aus der Verschlingung lösen und zu Laufmaschen führen. Zu ihnen gehören Single Jersey (spr.: dschörsieh), Wirkfrottier, Wirksamt, Rechts/Links-hinterlegt u. a.

18.3.2 Beschreibung einiger Rechts/Links-Kulierwaren und daraus abgeleitete Waren

Single Jersey

(spr.: singl dschörsieh, engl.: single = eins)

Single Jersey ist eine **einflächige, glatte, sehr leichte** und **elastische Maschenware** aus unterschiedlichen Rohstoffen, z. B. Baumwolle, Wolle, Viskose, Modal, Polyamid, Polyester oder Fasermischungen.

Einsatzbereich und Pflege

Oberbekleidung, Blusen, Nachtwäsche, Pflege: vom Rohstoff, Ausrüstung und Art der Konfektionierung abhängig.

Single Jersey mit rechter und linker Warenseite

Wirkfrottier

Wirkfrottier hat infolge der **geschlossenen Schlingen** auf einer Warenseite Ähnlichkeit mit Frottiergeweben, die **andere Warenseite** lässt aber deutlich den Unterschied zu Frottiergeweben erkennen und **zeigt charakteristische Maschenstäbchen**. Das Flor bildende Garn besteht meist aus reiner Baumwolle.

Einsatzbereich

Sportliche Tagwäsche, Bettwäsche, Babybekleidung.

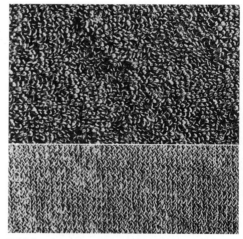
Wirkfrottier mit rechter und linker Warenseite

Rechts/Links-hinterlegt

Rechts/Links-hinterlegt ermöglicht auf der Vorderseite **farblich interessante Musterungen** wie Streifen, Karos, Figuren (Jacquards) durch Verwendung weiterer farbiger Garne. Wo dieses Muster bildende Garn für das Muster nicht benötigt wird, liegt es auf der Rückseite frei (= flott). Bei solchen flott liegenden Garnen besteht die Gefahr des Hängenbleibens, was sich durch häufigeres Einbinden allerdings vermeiden lässt.

Einsatzbereich

Strickwaren aus Wolle und/oder Polyacryl.

Rechts/Links-hinterlegt
Vorderseite

Rechts/Links-hinterlegt
Rückseite

18.3.3 Rechts/Rechts-Kulierwaren

Bei **Rechts/Rechts-Kulierwaren sehen beide Warenseiten gleich aus** und **zeigen** im ungedehnten Zustand **Maschenstäbchen** (rechte Maschen), die **plastische Rippen** bilden. Erst bei Dehnung wird sichtbar, dass sich rechte und linke Maschen regelmäßig abwechseln. Der Einsatzbereich dieser und daraus abgeleiteten Maschenwaren ist vielseitig: Oberbekleidung, Schals, Pullover, Westen, Leibwäsche, Kinderstrümpfe, Socken, insbesondere als Ränderware an Ärmeln, Beinen, Bund, Kragen, weil Rechts/Rechts-Kulierware besonders dehnbar und elastisch ist.

18.3.4 Beschreibung einiger Rechts/Rechts-Kulierwaren

Feinripp

Auf beiden Seiten sind **feine Maschenstäbchen** sichtbar, die eine durchgehende Rippe bilden. Das verwendete Garn ist meist aus fein gekämmtem Fasergut, vielfach aus Makobaumwolle. Feinripp ist **sehr elastisch** und **schmiegsam**, passt sich den Körperbewegungen gut an und **trägt nicht auf.** Mercerisierte Ware fühlt sich **glatt und fein** an und zeigt dezenten, waschbeständigen Glanz. Hinzu kommen die Eigenschaften des verwendeten Rohstoffs!

Einsatzbereich

Feine Herren- und Damenwäsche, insbesondere für den Sommer, Wäschestoff für enge Hosen.

Feinripp: rechte und linke Warenseite ist gleich.

Doppelripp

Doppelripp zeigt markante Rippen. Es besteht meist aus guter, langstapeliger, feiner, gekämmter Qualitätsbaumwolle und wird **vielfach zweifädig** verarbeitet, **um Aussehen, Haltbarkeit und Formbeständigkeit zu verbessern.** Die Ware ist **fester als Feinripp, sehr elastisch**, hinzu kommen die Eigenschaften der Baumwolle.

Einsatzbereich

Bewährte und häufig anzutreffende Maschenware für Damen- und Herrenwäsche für die ganze Jahreszeit.

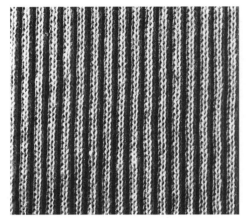

Doppelripp: rechte und linke Warenseite ist gleich.

Strickjacquard

Strickjacquard zeigt **groß- oder kleinflächige, figürliche, bunte Muster**, die **in Jacquardtechnik** hergestellt werden. Es handelt sich um gerippte Ware, die Warenrückseite zeigt auch das Jacquardmuster; Fadenflottierung gibt es nicht.

Einsatzbereich

Pullover, Westen, Kleider.

Strickjacquard: Beide Seiten zeigen das Muster.

Perlfang

Perlfang hat **perlenartig aussehende Maschen** mit **sportlichem Rippencharakter** auf beiden Warenseiten, wobei eine Warenseite schmälere Rippen besitzt. Die Ware ist doppelflächig, in waagrechter Richtung sehr dehnbar, weich und füllig und besteht meist aus bauschigen Garnen, z. B. Wolle. Die Ware ist relativ schwer und erfordert viel Garn.

Einsatzbereich

Sportliche Pullover und Westen.

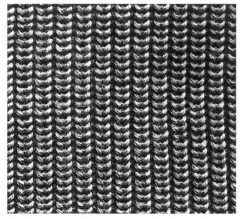

Perlfang: Beide Seiten zeigen Maschenköpfe.

18.3.5 Links/Links-Kulierwaren

Beide Warenseiten zeigen in ungedehntem Zustand **Maschenköpfe**. Solche Waren sind **sehr dehnbar und luftdurchlässig**, aber nicht sehr elastisch. Die Herstellungstechnik ist aufwendig, was den Preis beeinflusst. Der **Haupteinsatzbereich** war früher Babybekleidung, als Frotté-Stretch noch nicht bekannt war; heute werden aus Links/Links-Kulierwaren **Pullover** und **Westen** für Damen und Herren hergestellt, insbesondere aus wertvollen Textilrohstoffen, z. B. Mohair-, Kamelwolle. Musterungen sind möglich, aber aufwendig.

Links/Links-Ware: Beide Seiten zeigen linke Maschen.

18.4 Kettenwirkwaren: Charmeuse, Kettjersey, Pikee

Eigenschaften und Einsatzbereiche

Kettenwirkware oder kurz als Ketten- bzw. Kettware bezeichnet, **besteht aus vielen nebeneinanderliegenden Garnen**, den sog. Kettgarnen, **die** ähnlich wie bei Geweben **von unten nach oben durch die ganze Warenlänge laufen**, aber sich seitlich nach links und rechts maschenförmig verschlingen. Diese seitliche Verbindung mindert die Dehnbarkeit, **verbessert aber die Formstabilität und Laufmaschenfestigkeit** wesentlich.

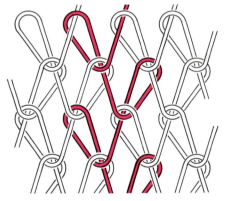

18.4.1 Beschreibung einiger Kettwirkwaren

Charmeuse

Charmeuse ist die Bezeichnung für einen **Damenwäschestoff** aus Chemieendlosgarnen (Filamentgarnen), wobei eine Seite senkrechte Maschenstäbchen, die andere Seite quer verlaufende, stäbchenartige Struktur besitzt. Die Ware ist **glatt, dicht, sehr fein, formstabil, wenig dehnbar** und **laufmaschensicher**.

Einsatzbereich

Unterkleider, Halbröcke, Slips, warme Nachtwäsche (gerauht).

Charmeuse: mit rechter und linker Warenseite

Kettjersey

Kettjersey

Kettjersey ist laufmaschensichere, dichte, formstabile, trotzdem elastische und luftdurchlässige Kettenwirkware.

Einsatzbereiche

Gefärbter und/oder bedruckter Kleiderstoff, Bikinis, Badehosen, Badeanzüge, Büstenhalter, Gymnastikanzüge. Die Elastizität und damit die Bewegungsfreiheit wird durch einen geringen Elastan-Anteil wesentlich verbessert.

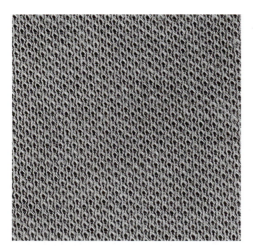

Pikee

Pikee

Pikee ist plastisch wirkender, elastischer, formstabiler, luftdurchlässiger Stoff für Sportbekleidung, Blusen, Sommerhemden u. Ä.

Übungsaufgaben: Kapitel 18, Seite 302

19 Ausrüstung verbessert Gebrauchswert und/oder Aussehen der Textilien

Unter **Ausrüstung** versteht man **Veredelungsmaßnahmen, die das Aussehen und/oder den Gebrauchswert der Textilien verbessern.** Solche Maßnahmen geben den Textilien zusätzliche, Wert erhöhende Eigenschaften. In manchen Fällen weisen besondere Etiketten auf spezielle Ausrüstungen und Eigenschaften hin, was im Beratungsgespräch verkaufsfördernd wirkt.

Die Ausrüstung kann in verschiedenen Zustandsformen eines Textils erfolgen, z. B. an der Faser, am Garn, am textilen Flächengebilde, am fertig konfektionierten Textil oder in mehreren oder nahezu allen Zustandsformen.

19.1 Einteilung und Übersicht wichtiger Ausrüstungen

Wir unterscheiden Ausrüstungen, die das Aussehen und/oder den Gebrauchswert eines Textils beeinflussen. Eine klare **Zuordnung** der einzelnen Arbeitsgänge ist nicht immer eindeutig, aber auch nicht erforderlich, weil es Ausrüstungen gibt, die beides beeinflussen, wie folgende Tabelle zeigt.

Ausrüstung (AR) beeinflusst		
insbesondere den Gebrauchswert	**Aussehen und Gebrauchswert**	**insbesondere das Aussehen**

• antistatische AR
• hygienische AR
• imprägnieren
• Krumpfecht-AR
• Mottenschutz-AR
• Pflegeleicht-AR
  – hochveredeln
  – waschmaschinenfest ausrüsten
	• apprettieren
	• chintzen
	• dekatieren
	• Fleckschutz-AR
	• mercerisieren
	• plissieren
	• rauen
	• sengen
	• walken
	• meltonieren
		• entbasten
		• kalandern
		  – mangeln
		  – moirieren
		  – gaufrieren
		• scheren
		• färben
		• bedrucken
		• stonewashed

Bei Textilien unterschiedlicher Rohstoffe kommen verschiedenartige Ausrüstungen zur Anwendung, deshalb lassen sich die einzelnen Arbeitsgänge auch in **rohstofftypische Ausrüstungen** einteilen:

- **Baumwolle:** sengen, bleichen, mercerisieren, färben, bedrucken, hochveredeln, krumpfecht ausrüsten, appretieren, imprägnieren, rauen, kalandern, chintzen, Fleckschutz-Ausrüstung, stonewashed;
- **Wolle:** walken, rauen, scheren, dekatieren, imprägnieren, plissieren, pflegeleicht ausrüsten, Mottenschutz-Ausrüstung, färben, bedrucken;

- **Seide:** entbasten, färben, bedrucken;
- **Zellulosische Chemiefasern:** färben, bedrucken, kalandern, Pflegeleicht-Ausrüstung, moirieren, gaufrieren;
- **Synthetische Chemiefasern:** fixieren, plissieren, antistatisch ausrüsten, färben, bedrucken.

Ferner ist eine Einteilung entsprechend des Verfahrens in **chemische** und **mechanische Ausrüstung** möglich.

19.2 Ausrüstungen, die insbesondere den Gebrauchswert der Textilien beeinflussen

19.2.1 Antistatische Ausrüstung verhindert Kleben, Knistern, Funkenbildung

Textilien aus synthetischen Chemiefasern neigen wegen ihres geringen Feuchtigkeitsgehalts zur elektrostatischen Aufladung, d. h., sie **sammeln Elektrizität** an, z. B. durch Reibung (beim Tragen und Ausziehen von Bekleidungstextilien, Gehen auf Teppichen). Dies kann zu unangenehmem Kleben, Knistern oder zu plötzlicher Entladung (ungefährlicher elektrischer „Schlag") führen. Durch **antistatische Ausrüstung**, die meist im Etikett der Ware genannt wird, kann die Auflagung herabgesetzt werden, indem Kohlenstoff bereits bei der Faserherstellung in die Faser eingelagert wird oder Metallsalze auf die Faser aufgedampft werden. Selbst im Haushalt kann bei waschbaren Textilien aus synthetischen Chemiefasern nachträglich durch Verwendung von Weichspülern eine antistatische Wirkung erzielt werden.

antistatisch

Einsatzbereich

Damenfeinwäsche, Maschenwaren wie Pullover, Teppiche.

19.2.2 Hygienische Ausrüstung ist gesundheitsfördernd

Actifresh (spr.: aktifräsch), **Hygitex, Sanitized** (spr.: sänitaisd), **Eulan asept** und **Freso** sind Markennamen für chemische, wasch- und reinigungsbeständige Ausrüstungen, um **krankheitserregende oder geruchsbildende Mikroorganismen** (Bakterien, Hautpilz/Fußpilz) **chemisch und gleichzeitig hautverträglich auszuschalten.**

Actifresh®

Sanitized®

Einsatzbereich

Strümpfe, Socken, Miederstoffe, Matratzen, Federbetten, Inletts, Duschvorhänge.

19.2.3 Imprägnieren macht die Ware Wasser abstoßend

Der Stoff wird in **Wasser abweisenden** Chemikalien getränkt; Markenbezeichnungen sind z. B. Imprägnol, Hydrophobol. Wassertropfen perlen ab, die Luftdurchlässigkeit des Stoffes wird wenig beeinträchtigt. Nicht alle Imprägnierungen sind dauerhaft wasch- und reinigungsbeständig. Lässt die Wasser abweisende Wirkung nach, kann die Imprägnierung selbst im Haushalt oder durch die chemische Reinigung erneuert werden.

Einsatzbereich

Übergangs-, Loden-, Regenmäntel, Anoraks, Schirme, Markisen, Zelte u. Ä.

Imprägnierter Stoff

19.2.4 Krumpfecht-Ausrüstung macht Textilien aus Zellulose einlaufsicher

Weil Garne aus Baumwolle und Leinen beim Spinnen, Weben und Ausrüsten einer Zugspannung ausgesetzt sind, löst sich diese unter Einwirkung von Feuchtigkeit, z. B. beim Waschen oder Dämpfen, wobei die Ware schrumpft (Fachausdruck: krumpft). **Krumpfecht-Ausrüstung** wird insbesondere bei Textilien aus Baumwolle und Leinen angewandt (chemisches Mittel ist Amoniak) und **bewirkt Einlaufsicherheit** (Maßstabilität).

 **Sanfor** ist das geschützte Warenzeichen für Baumwollgewebe **mit garantierter Krumpfechtheit** von ±1%. Sanfor plus, Sanfor plus 2 und Sanfor Set sind Weiterentwicklungen, die eine zusätzliche Verbesserung von Glanz, Griff und Scheuerfestigkeit mit sich bringen. Das Sanfor-Verfahren (es gibt auch noch andere) ist ein mechanisches Verfahren, bei dem das Gewebe auf einem Gummituch unter Einwirkung von Wärme und Feuchtigkeit gepresst, gedehnt und gekrumpft wird

Einsatzbereich

Hemden, Blusen, Freizeit-, Berufskleidung, Betttücher, Nacht-, Tischwäsche aus Baumwolle.

19.2.5 Mottenschutzausrüstung schützt Wolltextilien vor Fraßschäden

Mottenschutzausrüstung durch „Eulan" oder „Mitin": Das Wollgarn oder der Wollstoff wird mit Chemikalien getränkt, um das **Textil vor Fraßschäden der Motten, der Teppich- und Pelzkäfer zu schützen**.

Einsatzbereich

Wollene Schlafdecken, Möbelbezugsstoffe, Wollteppiche.

19.2.6 Pflegeleicht-Ausrüstung für Textilien aus Naturfasern

Pflegeleicht-Ausrüstung für zellulosische Fasern durch Hochveredelung

| bügelfrei |
| wash and wear |
(spr.: wosch änd wär)

| minicare |

| permanent press |

Hochveredelung ist eine Pflegeleicht-Ausrüstung von Textilien aus Zellulose (Baumwolle, Leinen, Viskose, Modal) durch Kunstharze oder durch Quervernetzung (in den Hohlraum der Zellulose-Fasern wird ein stabilisierendes Gerüst von Spezialharzen oder Flüssig-Amoniak eingelagert). Linksseitige Begriffe sind gleichbedeutende Bezeichnungen für Pflegeleicht-Ausrüstungen.

Folgende **werterhöhende Pflegeeigenschaften** sind damit verbunden: Das betreffende Textil ist **leicht waschbar, es trocknet rasch, braucht nicht oder nur wenig nachgebügelt zu werden, ist knitterarm, einlaufsicher und wasserabstoßend.**

Damit die Pflegeleichtigkeit erhalten bleibt, darf die Waschmaschine **nur ein Drittel der sonst zulässigen Wäschemenge** aufnehmen, ferner ist der **Schonwaschgang** einzuschalten, das Waschgut ist nur kurz anzuschleudern, tropfnass aufzuhängen und in Form zu ziehen.

Hinweis: die Ausrüstung „wash and wear" umfasst bei der Pflegeleicht-Ausrüstung neben Oberstoffen auch Zutaten wie Futterstoff, Einlagen, Nähgarn u. Ä.

Einsatzbereich

Kleider, Kinder- und Freizeitbekleidung, Herrenhemden, Blusen.

Waschmaschinenfest: Pflegeleicht-Ausrüstung für Schurwolle

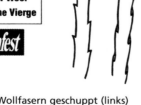

Wollfasern geschuppt (links) und pflegeleicht (rechts)

Maschenwaren aus reiner Schurwolle, die mit diesem Etikett versehen sind, können problemlos in jeder Waschmaschine im Normalwaschgang unter Verwendung von Fein- bzw. Wollwaschmitteln gewaschen werden. Eine unerwünschte **Filzbildung** kann nicht eintreten, weil die **schuppige Faseroberfläche** entweder mit einem dünnen Kunstharzfilm oder chemisch **abgeflacht** wird. Das so ausgerüstete Textil trocknet rasch (Formbügel verwenden) und bleibt formbeständig; die natürlichen Eigenschaften der Wolle bleiben weitgehend erhalten.

Einsatzbereich

Maschenwaren aus reiner Schurwolle, z. B. Pullover, Strickwesten, Jacken, Strümpfe, Socken.

19.3 Ausrüstungen, die Gebrauchswert und Aussehen von Textilien beeinflussen

19.3.1 Appretieren verändert Griff und Aussehen von Textilien

Appretieren umfasst verschiedenartige Arbeitsgänge:
- entweder zur Erzielung eines **weichen Griffs** unter Verwendung von „Weichmachern" (= Avivagen, spr.: awiwaschen), z. B. bei Baby-, Tag- und Frottierwäsche,
- oder zur Erzielung eines **vollen, festen Griffs** unter Verwendung von bedingt waschfesten Stärkemitteln, z. B. bei Tafeltüchern, Servietten und Einlagestoffen,
- oder zur Erzielung eines **dichten Aussehens** unter Verwendung von Füllappreturen, z. B. bei Tafeldecken, Bettwäsche und Schürzen.

19.3.2 Chintzen: eine Wasser und Schmutz abweisende Ausrüstung

Chintzen ist eine Wasser und Schmutz abweisende, wie gewachst wirkende Hochglanzausrüstung für Anoraks, Blousons, Steppdecken u. Ä. Der Stoff wird mit Wasser und Schmutz abweisendem Kunstharz behandelt und mit heißen, rotierenden Walzen auf Hochglanz gebracht. Diese Ausrüstung ist wasch- und reinigungsbeständig.

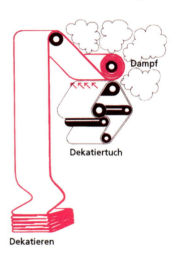

19.3.3 Dekatieren macht Wollwaren maßbeständig und verleiht dezenten Glanz

Dekatieren ist eine **spezielle Wollausrüstung**, wobei der Stoff über Walzen läuft, aus denen Dampf ausströmt. Die auf diese Weise ausgerüsteten Wollwaren erhalten einen **dezenten Glanz**, der **Griff wird weicher und fülliger**, das Textil behält bei Feuchtigkeit (Regen, Dämpfen) seine **Maßbeständigkeit**, ohne einzulaufen.

19.3.4 Fleckschutzausrüstung

Scotchgard, Teflon u. a. sind Markennamen für chemische **Fleckschutzausrüstungen**, die im Tauchbad auf die Fasern aufgebracht werden, also eine besondere Art der Imprägnierung sind. Trockener und flüssiger Schmutz wie Öle, Soßen, Säfte, Rotweine u. Ä. dringen nicht in das Gewebe ein. Frischer **Schmutz** sollte ohne langes Zögern **mit einem sauberen Tuch abgetupft** werden, ohne diesen einzureiben! Hartnäckige Schmutzarten erfordern eine Behandlung mit einem Haushalts-Flecklöser. Fleckschutz-Ausrüstung macht die Stoffe gleichzeitig knitterarm.

Einsatzbereich

Hosen, Anzüge, Freizeitkleidung, Tischwäsche, Möbelbezugsstoffe, Teppiche, Schlafsäcke, Zelte, Uniformstoffe.

19.3.5 Mercerisieren erhöht bei Baumwollstoffen Glanz, Haltbarkeit und Einlaufsicherheit

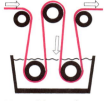

Mercerisieren eines Baumwollstoffs

Beim **Mercerisieren**, einer nach dem Erfinder John Mercer benannten Ausrüstung, werden Baumwollgarne oder -stoffe in konzentrierte, warme Natronlauge getaucht und gespannt. Dabei verlieren die Baumwollfasern ihre typischen, korkenzieherartigen bzw. bandartigen Windungen, werden glatt und rund. Die glatte Faseroberfläche reflektiert das einfallende Licht und verursacht dadurch einen **dauerhaften, dezenten Glanz**, der wasch-, koch- und reinigungsbeständig ist. Auch **nimmt die Haltbarkeit, Weichheit und Krumpfechtheit weiter zu**!

Einsatzbereich
Textilien aus Baumwolle wie Blusen, Hemden, Tag-, Nacht-, Bett- und Tischwäsche.

19.3.6 Plissieren: dauerhafte Falten

permanent press = Dauerbügelfalte

Unter Plissieren versteht man das Einpressen von **dauerhaften, wasch- und reinigungsbeständigen Falten** in Web- oder Maschenwaren, z. B. **in Röcke, Kleider, Hosen, Blusen**. Die Falten können gerade (Bügelfalte!), parallel, konisch oder wellenförmig verlaufen.

Je nach Rohstoff des betreffenden Textils finden spezielle Verfahren statt: Bei Textilien aus synthetischen Chemiefasern werden die Falten durch Einwirkung von Hitze fixiert (weil synthetische Chemiefasern thermoplastisch, d.h. in Hitze formbar sind); bei Textilien aus Baumwolle, Leinen, Viskose, Wolle oder Fasermischungen geschieht dies in speziellen Öfen.

19.3.7 Rauen macht Stoffe flauschig und wärmehaltig

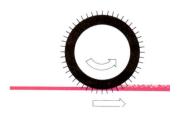

Rotierende Walzen, die mit feinen Stahlhäkchen besetzt sind, lockern aus weich gedrehten Garnen die Faserenden an der Stoffoberfläche, ohne die Faser herauszuziehen. Der Raueffekt kann sehr kräftig, aber auch sehr leicht vorgenommen werden und führt zu einem **weichen, flauschigen Griff**; der entstandene Faserflor schließt viel ruhende Luft ein und verbessert somit **das Wärmerückhaltevermögen**.

Das Rauen verändert auch das Aussehen eines Stoffes, deshalb kann man von folgenden **Raueffekten** sprechen:
- **samtähnlicher Effekt** beim Veloursrauen, z. B. für Wintermäntel;
- **richtungsfixierter Effekt** beim Strichrauen, z. B. Strichloden;
- **wirrfaserähnlicher Raueffekt**, z. B. beim Flausch.

Bezeichnung gerauter Stoffe[1]:
- **einseitig geraut:** Finette (warme Nachtwäsche), Flausch (Oberbekleidung), Velours (Oberbekleidung), Softbatist (Blusen, Nachtwäsche), Loden (Oberbekleidung), Velveton und Duvetin (Oberbekleidung);
- **zweiseitig geraut:** Flanell (Oberbekleidung, Hemden, Nachtwäsche), Molton (Tisch-, Wickelauflage), Biber (Winterbetttuch), gewebte Decken (Schlaf-, Heim-, Tagesdecken).

Einsatzbereich

Insbesondere für Textilien der kühleren Jahreszeit, z. B. Oberbekleidung, Leibwäsche, Trainingsanzüge, Bettwäsche, gewebte Decken.

19.3.8 Sengen: klares Warenbild, schmutzunempfindliche Oberfläche

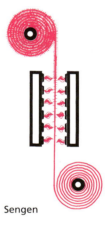

Sengen

Glatte Stoffe, insbesondere Kammgarnstoffe, werden rasch über Gasflammen oder an glühenden Metallplatten vorbeigeführt, wobei die **flaumig abstehenden Faserenden abglimmen**.

Gesengte Stoffe besitzen eine **glatte, schmutzunempfindliche Warenoberfläche**, die **klare Farbabdrücke** ermöglicht.

Einsatzbereich

glatte und/oder bedruckte Stoffe für den Bereich Kleidung und Wohnung

19.3.9 Walken und Meltonieren: beabsichtigtes Filzen von Wollstoffen

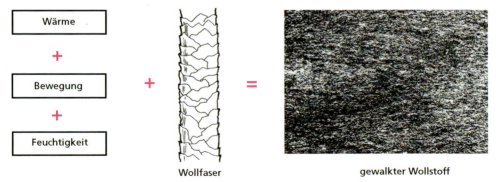

[1] Diese Stoffe finden Sie in Kapitel 20, Seite 163 ff. abgebildet und erläutert!

Unter **Walken** versteht man ein **beabsichtigtes Filzen von Wollstoffen**. Es beruht auf dem Zusammenwirken von Wärme, Bewegung und Feuchtigkeit und der Schuppenstruktur der Wollfasern, wobei sich die Fasern gegenseitig verhaken und verschlingen. Besonders voluminöse Streichgarne aus Merinowolle lassen sich gut walken; starkes Walken, verbunden mit leichtem Rauen, ohne dass ein „Strich" entsteht, nennt man **meltonieren**.

Aussehen und Gebrauchseigenschaften

Dicht und **wenig luftdurchlässig, wärmend, haltbar**. Gewalkte Stoffe[1] von unterschiedlicher Walkintensität sind z. B. Loden, Melton, Tuche, Velours, Filze, gewebte Wolldecken.

Einsatzbereich

Warme Oberbekleidung wie Mäntel, Jacken, Sakkos, Kostüme, Anzüge, Hutfilze, Wolldecken.

19.4 Ausrüstungen, die insbesondere das Aussehen des Textils beeinflussen

19.4.1 Kalandern, Scheren, Entbasten

Kalandern glättet, verdichtet, verleiht dezenten Glanz

Kalandern

Druck
+ feuchte Wärme

= geglättet,
verdichtet,
verleiht Glanz

Kalandern ist ein letzter Arbeitsgang der Ausrüstung, der mit dem Vorgang des Bügelns zu vergleichen ist. Der Stoff wird unter Einwirkung von **Druck und feuchter Wärme** über beheizte Walzen geführt und dabei **glatt, dicht** und **geschmeidig**. Der **Glanz** lässt sich durch entsprechende Walzengeschwindigkeit verstärken.

Besondere Arten des Kalanderns:

- Beim **Mangeln** üben Druckwalzen einen **rollenden Druck** auf Leinenstoffe aus und bewirken einen **matten, gebrochenen Glanz**, z. B. bei Kleidern, Dekostoffen, Bett- und Tischwäsche.

- Beim **Moirieren** (spr.: moarieren) entstehen durch Kalanderwalzen **wasserwellenartige** bzw. **gemaserte Muster** durch das Plattdrücken von Stoffen in Rippenstruktur. Die Musterung beruht auf besonderen Lichteffekten und findet z. B. bei modischen Kleider- und Futterstoffen Anwendung; der Effekt ist nicht immer waschbeständig!

- Beim **Gaufrieren** (spr.: goffrieren) läuft der Stoff unter Druck über **Prägewalzen**, wobei **reliefartige, plastische, blasige Muster entstehen** (Borken- bzw. Prägekrepp).

---

[1] Diese Stoffe finden Sie in Kapitel 20, Seite 163 ff. abgebildet und erläutert!

gemasertes Muster (Moiréeffekt) durch Kalanderwalzen

Borken- bzw. Prägekrepp

Einsatzbereich

Salopp wirkende Kleider und Blusen; bevorzugter Rohstoff ist Baumwolle, der eine Fülle guter Gebrauchseigenschaften mit sich bringt.

Scheren: der Faserflor wird auf eine bestimmte Höhe zurückgeschnitten

Eine sich rasch drehende Scherwalze **schneidet abstehende Fäserchen auf eine gewünschte Höhe zurück**, wobei ein gleichmäßiges Warenbild erzielt wird. Gescherte Stoffe[1] sind z. B. Samte, Cordsamte, Wirksamte, Velveton, Duvetin, Velours.

Einsatzbereich

Oberbekleidungstextilien, Decken, Deko- und Möbelbezugsstoffe, textile Bodenbeläge.

Scheren

19.4.2 Farbgebung durch Färben und Bedrucken

Farben beleben und verschönern unsere Umwelt, das gilt auch für unsere Textilien. Bevorzugte Farbtöne für eine Saison nennt man Mode- oder **Tendenzfarben**. Sie führen spezielle Bezeichnungen, z. B. Pink, Camel, Schieferblau, Marineblau, Sand u. Ä. Die Textilindustrie kennt 50000 Farbnuancen und verwendet „nur" ca. 2000 verschiedene Farbstoffe, die alle gesundheitlich unbedenklich sein müssen. Dies ist besonders bei Textilien wichtig, die auf der Haut getragen werden.

---

[1] Diese Stoffe finden Sie in Kapitel 20, Seite 163 ff. abgebildet und erläutert!

Gefärbte und bedruckte Textilien sind dann **farbecht**, wenn sie **gegenüber verschiedenen Einwirkungen**, z. B. Sonnenlicht, Schweiß, Deos, Wasser, Bügelhitze, Reiben **widerstandsfähig** sind. Einen universellen Farbstoff, der alle nur denkbaren Echtheitsansprüche gleichzeitig erfüllt, gibt es nicht. Der Einsatzbereich eines Textils verlangt bestimmte Echtheiten.

- **Oberbekleidung:** lichtecht, wetterecht, chemisch-reinigungsbeständig;
- **Bett- und Leibwäsche:** schweißecht, waschecht, ggf. kochecht;
- **Badebekleidung:** licht-, schweiß-, wasch-, chlor-, meerwasserecht.

Für Textilien aus Naturfasern, insbesondere aus Baumwolle, Leinen, Wolle, bei denen ein **hoher Weißgrad** erwünscht ist bzw. die in hellen Farbtönen gefärbt oder bedruckt werden sollen, ist ein faserschonendes **Bleichen** erforderlich. Die unansehnliche gelblichbräunliche Naturfarbe wird (mit Chlor, Wasserstoffsuperoxid, Natriumchlorit u. Ä.) beseitigt.

19.4.3 Färben, Färbeverfahren und ihre Anwendung

Unter **Färben** versteht man eine **Ausrüstung zur Farbgebung** von Textilien. Textilrohstoff, Einsatzbereich des Textils mit den erforderlichen Farbechtheiten und gewünschter Farbton bestimmen die Art des Farbstoffs und die Zustandsform, in welcher die Farbgebung erfolgen soll. Wir unterscheiden verschiedene Färbeverfahren.

Faser(= Flock)färbung

Bei der **Faserfärbung** wird nur das Fasergut eingefärbt und anschließend zum Garn versponnen. Dies ermöglicht **hervorragende Farbechtheit und die Herstellung melierter Garne**, das sind Garne aus verschiedenfarbigen Fasern mit Mehrtonmusterung, z. B. für Tweeds, Teppiche.

Faserfärbung

Garnfärbung

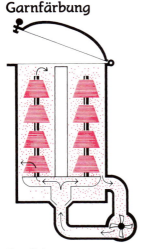

Garnfärbung ermöglicht garngemusterte textile Flächengebilde. Bei der Kreuzspulenfärbung, einer besonderen **Garnfärbung**, kommt das kreuzförmig auf perforierte (durchlöcherte) Hülsen gewickelte Garn in Färbekessel, wobei die Farbe wechselseitig durch die Kerzenspulen unter hohem Druck von innen nach außen und umgekehrt gepresst wird.

Garnfärbung bildet die Grundlage für Garnmusterung durch mustermäßige Anordnung verschiedenfarbiger Garne in Web- und Maschenwaren. Dabei entstehen Längs-, Querstreifen, Karos oder Warenbilder wie Glenchecks, Pepitas, Hahnentritts, Schotten, bunte Jacquards usw.

Garnfärbung

Satinstreifen

Musterbild Hahnentritt

Strickjacquard

Stückfärbung, eine preisgünstige Färbung

Der aus ungefärbten Garnen hergestellte **Stoff wird im ganzen Stück** auf Spezialfärbemaschinen so lange **durch ein Farbbad geführt**, bis eine Sättigung in der Farbaufnahme erreicht ist.

Differential-Dyeing und Space-Dyeing

Differential-Dyeing (spr.: diferenschl daiing) ist ein **mehrfarbiges** (multicolores) **Färben in einem einzigen Farbbad**. Diese Möglichkeit beschränkt sich auf einige spezielle (= modifizierte) synthetische Chemiefasern, z. B. Polyamid, die durch besondere Faserbestandteile ein unterschiedliches Farbverhalten besitzen. Hauptanwendungsbereich: Polyamid-Bodenbeläge in Ton-in-Ton-, Kontrast- oder Multicolorfärbung.

Stückfärbung

Unter **Space-Dyeing** (spr.: speis daiing) versteht man das örtlich begrenzte Auftragen verschiedener Farben (z. B. bei Teppichgarnen) in einem einzigen Farbbad.

19.4.4 Bedrucken, Druckverfahren, Dessins

Druckverfahren

Walzendruck (= Rouleaudruck, spr.: ruloh): In eine Druckwalze wird das herzustellende Muster graviert. Sie überträgt Farbe auf den Stoff. Für jede Farbe eines Musters wird eine Druckwalze benötigt, die ihre Farbe aus Farbtrögen durch sog. Speisewalzen zugeführt bekommt.

Einsatzbereich

Für große Stoffmengen und klein gemusterte bzw. mittelgroße Dessins ist der Walzendruck günstig.

Walzendruck   Druckwalze

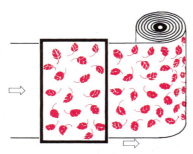

Filmdruck

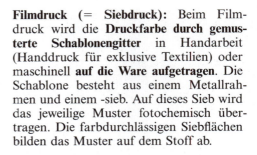

Filmdruck (= Siebdruck): Beim Filmdruck wird die **Druckfarbe durch gemusterte Schablonengitter** in Handarbeit (Handdruck für exklusive Textilien) oder maschinell **auf die Ware aufgetragen.** Die Schablone besteht aus einem Metallrahmen und einem -sieb. Auf dieses Sieb wird das jeweilige Muster fotochemisch übertragen. Die farbdurchlässigen Siebflächen bilden das Muster auf dem Stoff ab.

Einsatzbereich

Für großflächige, modische Dessins und kleinere Stoffmengen.

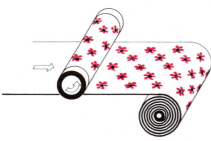

Rotationsdruck

Rotationsdruck: Der Rotationsdruck ist eine Weiterentwicklung des Filmdrucks, wobei **anstelle der flachen Schablonen Walzen** aus dünnem Nickelblech **verwendet** werden, **die eine mustermäßige Perforation enthalten.** Die Druckfarbe kommt vom Inneren der Walze aus den perforierten Stellen mustermäßig auf den unter den Walzen laufenden Stoff.

Einsatzbereich

Dieses moderne Druckverfahren ist platzsparend und ermöglicht groß- und kleinflächige, preisgünstige Musterung.

Ätzdruck

Ätzdruck: Beim Ätzdruck zerstören **ätzende Pasten mustermäßig den Farbstoff eines dunkel vorgefärbten Stoffs**, wobei ein helles Muster entsteht (= **Weißätze**). **Die Buntätze** erzeugt dagegen farbige, ausgeätzte Muster, der ätzenden Paste wird ein Farbstoff zugegeben.

Reservedruck: Auf einem weißen Stoff wird mustermäßig eine „Reservierung" aufgetragen. Die **nachfolgende Stückfärbung verhindert, dass an diesen Stellen Farbstoffe** auf das Textil **aufziehen** können.

Ausbrenner: Eine **ätzende Flüssigkeit** wird mustermäßig auf einen Stoff aufgedruckt, der aus zwei chemisch verschiedenen Textilrohstoffen besteht. Diese **löst figürlich nur einen Rohstoff auf und lässt spitzenartige**, transparente **Durchbrucheffekte** entstehen.

Einsatzbereich

Modische Kleider- und Blusenstoffe, Gardinen.

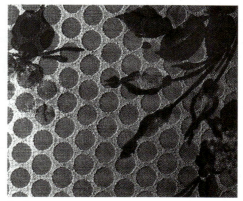
Ausbrenner

Einige Fachbezeichnungen für Farbgebungen und Musterbilder

- **Dessin** = Muster;
- **imprimé** = bedruckt;
- **uni** = einfarbig;
- **ombré** (spr.: ombreh) = Farben schwellen von hell nach dunkel an und umgekehrt;
- **delavé** (spr.: delaweh) = verwaschen, wolkige Farben, z. B. bei Jeans;
- **mille fleurs** (spr.: mill flöhr) = Stoff mit vielen (wörtlich tausend) Blumen;

- **Bordüre** = bedruckte Musterung als Abschluss am Kantenverlauf eines Textils;
- **multicolor** = vielfarbig;
- **liberty** = Druck aus sehr kleinen Blümchen;
- **faux uni** (spr.: fohsüni) = falsches uni durch uninahes Kleinmuster;
- **degradée** (spr.: degradeh) = stufenlose Abschattierung einer Farbe von hell nach dunkel.

florales Muster = Blumenmuster

Ornamentiks = verzierendes, regelmäßiges Muster

Pontillée (spr.: poangtilleh) = aus Punkten zusammengesetztes Muster

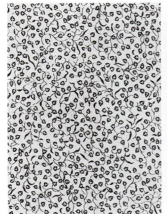  

Minidessin = kleinfigürliches Muster

großrapportiertes Dessin = großflächiges Muster (bedruckt oder gewebt)

rustikales Muster = im Landhausstil, bäuerlich

Stonewashed: Jeansbekleidung, insbesondere Hosen, Jacken, Blousons u. Ä. werden zusammen mit Bimssteinen unterschiedlicher Größe mit Spezialwaschmitteln gewaschen. Die Bimssteine lösen sich fast vollständig auf; Dauer des Waschvorgangs, Art der Lauge und der Steine bringen einen gewollten interessanten Auswasch- (wash-out-Effekt) bzw. einen Aufhell-Effekt. Abwandlungen sind sand wash, moon wash, diamond wash (mehrmaliges Waschen).

Übungsaufgaben: Kapitel 19, Seite 303

20 Kleines Stoff-ABC: Aussehen, Eigenschaften und Einsatzbereich der Stoffe

Dieses kleine Stoff-ABC zeigt und beschreibt in Kurzform Aussehen, Eigenschaften und Einsatz vieler Stoffe. Manche Stoffe führen eine weitere Bezeichnung. Die Tabelle zeigt, unter welchen Begriffen Sie ggf. diese Stoffe finden.

Stoffbezeichnung	zu finden unter	Stoffbezeichnung	zu finden unter
• Abseitenstoff	– Double-Face	• Nadelstreifen	– Serge
• Affenhaut	– Velveton	• Pfeffer und Salz	– Fil à Fil
• Ballonseide	– Taft	• Pfirsichhaut	– Velveton
• Crash	– Crinkle	• Plüsch	– Samt
• Cretonne	– Kretonne	• Satin	– Atlas
• Damassé	– Damast	• Shantung	– Honan
• Donegal	– Tweed	• Tropical	– Fresko
• Duvetine	– Velveton	• Twill	– Serge
• Georgette	– Crêpe	• Webtrikot	– Tricotine
• Homespun	– Tweed	• Wildseide	– Honan
• Krepp	– Crêpe	• Wirkpelz	– Webpelz

Übungsaufgaben: Kapitel 20, Seite 304

Ajour (spr. aschuhr): Web- oder Maschenware mit feinen, stickereiartigen Durchbrucheffekten; z. B. für Kleider, Blusen, Stickereien und Stores.

Amaretta®: synthetisches Veloursleder-Imitat aus Microfasern (Polyester/Polyurethan), superweicher, knitterfreier, leichter, pflegeleichter Stoff für die Oberbekleidung.

Atlas: glatter, glänzender Stoff in Atlas- (= Satin-)Bindung, fällt elegant und weich; z. B. für Blusen, Kleider, Röcke, Abendkleidung und Wäsche.

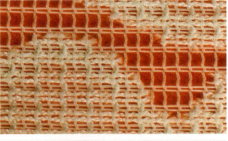

Ausbrenner: Stoff mit spitzenartiger Musterung, wobei eine ätzende Flüssigkeit mustermäßig einen Textilrohstoff herausätzt; z. B. für Gardinen, Kleider u. Ä.

Batist: leinwandbindiger, luftdurchlässiger, feinfädiger Stoff aus unterschiedlichen Rohstoffen; z. B. für Kleider, Blusen, Bett- und Nachtwäsche.

Biber: beidseitig stark gerauter, weicher, wärmender, meist köperbindiger Baumwollstoff; z. B. für Winterbetttücher.

Bouclé: Stoff mit poppiger, knotiger Oberfläche in sportlich-rustikaler Optik aus Bouclégarnen; z. B. für Mäntel, Jacken und Kostüme.

Bourette: noppiger, leinwandbindiger Stoff aus preiswerter Bourette-Seide; z. B. für Kleider, Hemden, Blusen, Kissenhüllen und Deko-Stoffe.

Brokat: glänzendes, dekoratives Jacquardgewebe, evtl. mit feinen Metalleffektgarnen („Lurex"); z. B. für Abendkleidung und Dekostoffe.

Charmeuse: glatte, feine, laufmaschensichere Maschenware aus Chemieendlosgarnen; z. B. für Damenfeinwäsche, Badebekleidung u. Ä.

Chenille: samtartiges, weiches Gewebe, dessen Schuss aus einem raupenartigen, samtigen Effektgarn besteht; z. B. für Dekostoffe und Mäntel.

Chiffon: schleierartiger, feinfädiger, dünner, kreppartiger Stoff aus Baumwolle, Viskose oder Seide; z. B. für Schals, Blusen und festliche Kleider.

Chintz: glänzender, kunstharzimprägnierter, Wasser und Schmutz abweisender, wenig luftdurchlässiger Stoff; z. B. für Anoraks, Mäntel, Schlafsäcke und Dekostoffe.

Cool-Wool: leichter, luftdurchlässiger, sommerlicher Wollstoff aus gezwirnten Garnen; z. B. für DOB und HAKA, uni oder gemustert.

Cord: Florgewebe mit samtartigen Längsrippen unterschiedlicher Breite, Dichte und Rohstoffe; z. B. für DOB, HAKA und Feizeitbekleidung.

Cotelé: strapazierfähiger, knitterarmer Stoff mit erhabenen, plastischen Längsrippen; z. B. für Anzüge und Hosen.

Crêpe (Krepp): weich fließender Stoff mit körniger, sandiger, poröser Oberfläche aus hartgedrehten Garnen; z. B. für die DOB.

Crinkle: körniger Stoff mit unruhiger, kreppartiger Oberfläche aus hartgedrehten Garnen; z. B. für Mäntel, Jacken und Sportbekleidung.

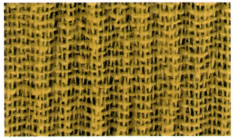

Damast: jacquardgemusterter, mercerisierter, glänzender, feiner, weicher Baumwollstoff; z. B. für Bett- und Tischwäsche.

Denim: Kettköper mit (blauer) Kette und weißem Schuss; die Oberseite wirkt überwiegend blau; Blue-Denim ist indigogefärbt; evtl. mit optisch interessanten Verwaschungen. Klassischer Jeansstoff für die legere Oberbekleidung.

Doppelripp: elastischer, körniger und kräftiger Stoff in Maschenware mit markanten Rippen; z.B. für Trikotagen und Pullover.

Double-face: Doppelgewebe mit zwei unterschiedlichen Warenseiten, häufig beidseitig tragbar; z. B. für Mäntel und Jacken.

Dupion-Seide: glänzender, leinwandbindiger Seidenstoff mit Noppen, z. B. für DOB, HAKA und Dekostoffe.

Einschütte: daunendichter, glatter, leinwandbindiger Stoff aus feiner, supergekämmter Baumwolle für Hüllen von Federn und Daunen.

Feinripp: elastischer, feiner, wenig auftragender Maschenstoff mit feinen Rippen, z. B. für Damen- und Herrenwäsche.

Fil à Fil: feinfädiger Stoff aus abwechselnd hellen und dunklen Garnen; z. B. für Anzüge, Kostüme; feine Baumwollstoffe auch für Hemden.

Filz: dichter, luftdurchlässiger, haltbarer, gewalkter Wollstoff; z. B. für Dekorations- und Einlagestoffe.

Finette: einseitig gerauter, warmer, weicher, hautsympathischer, köperbindiger Stoff; z. B. für Nachtwäsche und warmen Futterstoff.

Fischgrat: klassisches Gewebemuster ähnlich den Gräten eines Fisches in verschiedenfarbigen Garnen, köperbindiger Stoff; z. B. für DOB und HAKA.

Flanell: beidseitig gerauter, weicher, warmer, meist köperbindiger Stoff aus Wolle oder Baumwolle; z. B. für DOB, HAKA, Blusen, Hemden und Nachtwäsche.

Flausch: einseitig stark gerauter, köperbindiger Stoff mit ungleich langem Faserflor; z. B. für Damen-, Herrenmäntel und Jacken.

Fleece: leichter, atmungsaktiver und pflegeleichter Stoff mit samtartigem, weichem und wärmendem Faserflor, meist aus Polyester oder Polyamid. Einsatz: Pullis, Shirts und Jacken für Freizeit und Sport.

Fresko: körniger, luftdurchlässiger, leinwandbindiger, wenig knisternder Stoff aus gezwirnten Wollgarnen; z. B. für Anzüge, Hosen, Sakkos.

Frotté (= Frottee): hartes, festes, knotiges, leinwandbindiges Gewebe, dessen Schuss aus knotigen Effektzwirnen (mit Leinen) besteht; z. B. für Massagetücher.

Frottier: Baumwollstoff mit ein- oder beidseitigen, saugfähigen Schlingen, als Velours-, Zwirn- oder Walkfrottier; z. B. für Handtücher, Bademäntel und Sportbekleidung.

Futterware: dichter, meist linksseitig gerauter, weicher Maschenstoff; z. B. für Sweatshirts und Jogging-Anzüge.

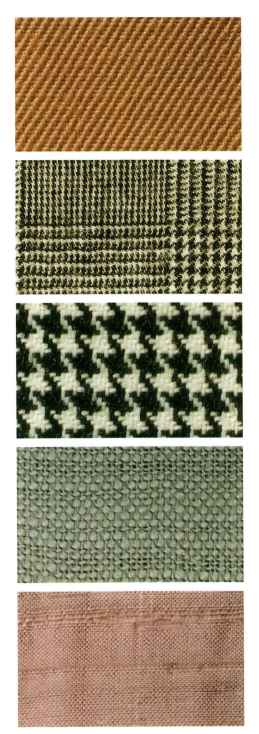

Gabardine: dichter, strapazierfähiger Kammgarnstoff mit diagonal verlaufenden steilen Rippen (Köpergraten); z. B. für Mäntel, Anzüge, Hosen und Röcke.

Glencheck: klassisches Gewebemuster mit klein- und großflächigen, markanten, zusammentreffenden Karos; z. B. für Kostüme und Anzüge.

Hahnentritt: Gewebemuster mit abgewandelten Kleinkaros (Verlängerung an den Ecken); z. B. für Anzüge, Sakkos, Hosen und Kostüme.

Halbleinen: glatter, leinwandbindiger Stoff mit Garnverdickungen durch Leinen im Schuss; z. B. für Bekleidung, Bett- und Tischwäsche.

Honan: glänzender, leinwandbindiger Wildseidenstoff mit Noppen; z. B. für DOB, HAKA und Dekostoffe.

Inlett: federn- und daunendichter, glatter, feinfädiger, weicher, saugfähiger Baumwollstoff; für Hüllen zu Federn und Daunen in Kissen und Einziehdecken.

Interlock: glatte, feine, weiche, elastische, doppelflächige, formstabile Maschenware; für Damen- und Herrentrikotagen.

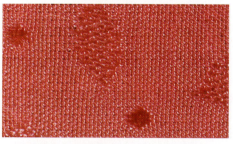

Jacquard: Web- oder Maschenware mit reicher, figürlicher, dekorativer Musterung in Jacquard-Technik; z. B. für Bekleidungs- und Heimtex-Stoffe.

Jeans: Oberbegriff für indigogefärbte, verwaschen wirkende, legere, strapazierfähige Stoffe für die Ober- und Freizeitbekleidung.

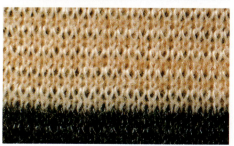

Jersey: weicher, glatter, elastischer Maschenstoff aus feinfädigem Material wie Baumwolle, Wolle, Chemiefasern; für Kleider, Röcke, Pullover und Blusen.

Kammgarn: Oberbegriff für feine, weiche, glatte, leichte Wollstoffe mit vielfältiger Musterung; z. B. für Anzüge, Hosen, Kostüme, Röcke u. Ä.

Karo: Stoff aus beliebigem Fasermaterial in Karo-Garnmusterung. Die Musterung trägt häufig eine Spezialbezeichnung: Oxford für bunt gewebte, glatte Stoffe; Vichy für klein gewürfelte, kontrastreiche Karos; Madras für großzügige Karos.

Köper: Oberbegriff für köperbindige Stoffe mit ausgeprägten, diagonalen Köpergraten; z. B. für DOB, HAKA und Berufsbekleidung.

Kretonne: leinwandbindiger, luftdurchlässiger Baumwollstoff aus mittelfeinen Garnen uni oder bedruckt; z. B. für Kleider, Röcke, Blusen, Bett- und Tischwäsche.

Linon: leinwandbindiger, glatter, gesengter, unempfindlicher Baumwollbettwäschestoff in Weiß, uni oder bedruckt.

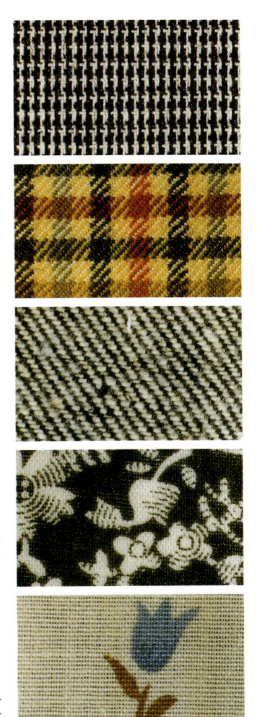

Lochstickerei: feine Stoffe, z. B. Batiste zeigen dekorative Durchbrucheffekte mit interessanten Mustern. Wertvolle Lochstickerei zeigt saubere, klare Konturen. Einsatz: Kleider, Blusen, Wäsche, Tischwäsche u. Ä.

Loden (Tuch-, Strich- und Hirtenloden): stark gewalkter und gerauter, dichter, strapazierfähiger, imprägnierter Wollstoff aus Streichgarn für Mäntel- und Trachtenbekleidung.

Microfasern: Stoffbezeichnung für Oberstoffe aus microfeinen Fasern, z. B. aus Polyester/Polyamid. Eigenschaften solcher Stoffe: besonders fein, weich, seidenähnlich in Griff und Glanz, fließender Fall, gut durchgefärbt.

Moiré: gerippter Stoff mit holzmaserartigen Prägemustern; z. B. für Abendkleider, Futterstoffe und Hutbänder.

Musselin: zarter, leichter, poröser, leinwandbindiger, feinfädiger Stoff mit fließendem Fall, uni oder bedruckt; z. B. für Kleider und Blusen.

Nessel: gelblicher, ungebleichter, leger wirkender, noppiger, leinwandbindiger Baumwollstoff für die Oberbekleidung und Blusen.

Nicki: weicher, dekorativer Maschenstoff mit samtartiger Oberseite, Unterseite zeigt Maschenstäbchen; z. B. für Pullis, Babybekleidung und Morgenmäntel.

Panama: poröser Stoff in Panamabindung, d. h., zwei oder mehrere Garne in Kette und Schuss kreuzen sich leinwandbindig; z. B. für DOB und HAKA.

Pepita: klassisches Gewebemuster mit klein gewürfelten, meist hellen und dunklen Karos; z. B. für DOB, HAKA und Heimtex.

Pikee: plastisch wirkender, elastischer, trotzdem formstabiler und poröser Maschenstoff; z. B. für Sportbekleidung, Blusen und Hemden.

Popeline: leinwandbindiger Stoff, dessen feine Rippen durch hohe Kettdichte erreicht wird; z. B. für Mäntel, Jacken, Hosen, Röcke, Hemden und Freizeitjacken.

Rips: Stoff mit markanten, feinen, in Längs- oder Querrichtung verlaufenden Rippen (Ripsbindung); z. B. für Mäntel, Kleider, Röcke und Dekostoffe.

Samt: Stoff mit dekorativ aussehender, weicher, dichter Faseroberfläche, gebildet durch aufgeschnittene Garnschlaufen; z. B. für DOB, HAKA und Dekostoffe.

Schotten: großflächige, mehrfarbig karierter, sportlich wirkender Stoff in klassischen Farben; z. B. für Kleider, Röcke, Hosen und Blusen.

Seersucker (spr.: siersacker): Stoff mit kreppähnlichen, in Streifen verlaufenden Aufwerfungen; z. B. für Jacken, Kleider, Hosen, Hemden und Blusen.

Serge (spr.: sersch): weicher, glatter, strapazierfähiger Stoff mit diagonalen Köpergraten, evtl. mit kontrastierenden Nadelstreifen; z. B. für Anzüge, Röcke und Hosen.

Shetland: melierter, leicht gewalkter und verfilzter, im Griff sich körnig anfühlender Streichgarn-Oberbekleidungsstoff, Rohstoff Wolle; für sportlich wirkende Mäntel und Sakkos.

Single-Jersey: einflächige, glatte, feine und weiche, leichte, elastische, poröse Maschenware; z. B. für Kleider, Poloblusen, Tag-, Nacht- und Bettwäsche.

Spitze: zartes, dekoratives, gesticktes, gewebtes oder geklöppeltes Flächengebilde mit durchsichtigem Grund. Spitzen schmücken Textilien und können sehr wertvoll sein.

Steppstoff: leichter, winddichter und Wasser abstoßender Oberstoff mit leichter, weicher und wärmender Polyesterfüllung. Einsatz: Winterjacken und Mäntel.

Strickstoff: Sammelbegriff für gestrickte Stoffe der Oberbekleidung in vielfältiger, effektvoller Musterung aus unterschiedlichen Rohstoffen. Maschen und Muster wirken dabei sehr plastisch und dekorativ.

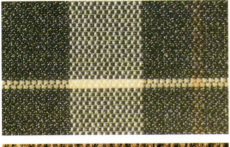

Taft: feiner, weicher, leinwandbindiger Uni-Stoff aus Seide oder Endlos-Chemiefaser; z. B. für Kleider, Röcke, Blusen, Futterstoffe und Nachtwäsche.

Tricotine: schwerer, strapazierfähiger, knitterunempfindlicher Stoff mit steil verlaufenden, wirkähnlichen Rippen; für Reiterhosen, Uniformen, Anzüge und Hosen.

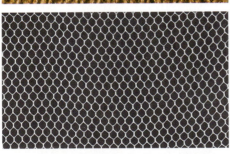

Tüll: waben- oder gitterförmiges, regelmäßig durchbrochenes, feines, spitzenartiges Flächengebilde; z. B. für Abend- und Brautkleider, Schleier und Gardinen.

Tweed: handwebartiger, sportlich wirkender, leinwandbindiger Stoff aus gröberen, meist melierten Wollgarnen; z. B. für Mäntel, Röcke, Jacken und Hosen.

Velours: Stoff mit kurzer, durch Rauen aufgerichteter Haardecke, die samtartig, weich und warm wirkt. Einsatz: Mantel- und Jackenstoff für Herbst und Winter, meist aus Wolle bzw. Wollgemisch.

Vlies: Stoff aus einer oder mehreren Lagen locker verbundener Textilfasern. Vliese dienen als wärmende Füllung in Steppartikeln (Polyestervlies) oder als formgebender, nicht sichtbarer Einlagenstoff für Kragen, Revers, Brustpartien usw.

Voile: feiner, dünner, schleierartiger, luftdurchlässiger, leinwandbindiger Stoff für Schleier, Blusen, Kleider, Dekostoffe.

Webpelz: Stoff mit pelzähnlicher, weicher, wärmender Oberfläche oder Polyacryl; z. B. für Mäntel, Jacken und Plüschfutter.

Wildseide: Stoff aus Garnen von Kokons wild lebender Seidenraupen. Solche Stoffe zeigen effektvolle Garnverdickungen und besitzen viele nützliche Gebrauchseigenschaften des Naturprodukts Seide; für DOB, HAKA und Heimtextilien.

21 Funktionelle Bekleidung

21.1 Membran

Schutz vor Feuchtigkeit, Regen und Wind gehört zu den wichtigsten Anforderungen, welche an die Oberbekleidung gestellt werden. Gleichzeitig muss die Haut atmen können. Kleidung mit **Membran**, jenem hauchdünnen Häutchen, erfüllt diese drei Voraussetzungen gleichzeitig.

Querschnitt durch eine 0,01 mm starke Membran, 2000-fach vergrößert.

Verkaufsargumente für Kleidung mit Membran

- **wasserdicht:** keine Nässe (Regen/Schnee) kann in die Kleidung eindringen
- **winddicht:** schützt den Körper vor Abkühlen bei Wind
- **atmungsaktiv:** Schweiß in Form von Wasserdampf kann nach außen dringen

Bedeutende Markenhersteller von Membranen sind **Goretex** (Membran aus Polytetrafluorethylen) und **Sympatex** (Membran aus einer Polyester-Verbindung). Die Verarbeitung der Membran erfolgt als

- **Oberstofflaminat** (laminieren = verbinden von zwei Stoffen): Die Membran wird direkt mit dem Oberstoff verbunden (= Zwei-Lagen-Laminat);
- **Insertlaminat:** Die Membran befindet sich lose zwischen Oberstoff und Futterstoff;
- **Futterlaminat:** Der Futterstoff wird auf der linken Seite mit der Membran verbunden.

Die Verarbeitung/Konfektionierung erfordert große Sorgfalt, um die Membran nicht zu beschädigen. Nähte z. B. müssen zusammen mit einem Membran-Spezialband verschweißt, Taschen, Knöpfe usw. membranfreundlich verarbeitet werden.

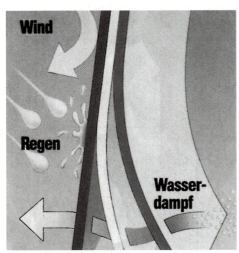

Funktionsschema Sympatex/Goretex

Membranen sind waschbar, doch ist das Pflegesymbol des betreffenden Textils zu beachten.

Einsatzbereich: Hüte, Mützen, Mäntel, Jacken, Anoraks, Blousons.

21.2 Doppelflächige, funktionelle Maschenware

Bei harter körperlicher Arbeit, bei Sport und bei Hitze von außen entsteht Schweiß. Millionen von Schweißdrüsen produzieren Feuchtigkeit, die bei Verdunstung auf der Haut Verdunstungskälte produzieren soll, um dem Körper die überschüssige Wärme zu entziehen.

Damit dieser „Mechanismus" in Verbindung mit dem auf der Haut liegenden Textil, z. B. der Sportwäsche, funktioniert, muss dieses Textil schnell Feuchtigkeit/Schweiß aufnehmen und rasch vom Körper weg nach außen abtransportieren. Dabei darf das Textil nicht auf der Haut kleben und sich auch nicht wie ein nasses Handtuch auf der Haut anfühlen.

Die Lösung hierzu bringt die doppelflächige Maschenware, welche die speziellen Vorteile der Chemiefasern mit denen der Naturfasern, z. B. Baumwolle, verbindet. Das Textil besteht aus zwei Flächen:

Die innere Schicht, z. B. Frotté, besteht aus synthetischen Chemiefasern, welche die Feuchtigkeit schnell aufnehmen und an die nächste Textilschicht abgeben kann.

An der Oberfläche der zweiten Textilschicht, z. B. aus Baumwolle/Viskose, kann die Feuchtigkeit zwischengespeichert und dann verdunstet werden.

Verkaufsargumente

- Die Haut fühlt sich lange trocken an;
- das Textil klebt nicht auf der Haut, der Körper bleibt warm und trocken;
- die Haut kann atmen, die für die Kühlung notwendige Schweißproduktion wird nicht behindert;
- ideal für funktionelle, hautnahe Textilien im Sportbereich.

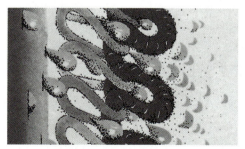

Funktionsschema: doppelflächiger, funktioneller Stoff

Einsatzbereiche

- Sportunterwäsche, Sweatshirts, T-Shirts, Sporttrikots, Poloshirts, Radtrikots, Skibekleidung, Socken u. Ä.

21.3 Neuere funktionelle Stoffe[1] für sportliche Aktivitäten

Coolmax

DuPont entwickelte eine Faser mit vier feinen Haarröhrchen, welche die Oberfläche der Faser um ca. 25% vergrößern. Wirkung:
- Der Stoff kann mehr Feuchtigkeit aufnehmen und an die Bekleidungsaußenseite abtransportieren. Bei starkem Schwitzen fühlt sich der Stoff auf der Haut noch trocken an.
- Der Stoff trocknet schnell, ist weich, hautfreundlich und formbeständig.

Einsatz: Maschenwaren/Trikotagen, die auf der Haut getragen werden, z. B. Tennis-, Golf-, und Radlerbekleidung.

Cordura Supplex

Handelsbezeichnung für ein Spezialgewebe aus besonderen, mikrofeinen Endlosgarnen (Filamenten).
Eingenschaften:
- leichtes, weiches, geschmeidiges, elastisches Gewebe mit baumwollähnlichem Griff („Supplex" ist die Bezeichnung für weich, fein, elastisch);
- extrem reiß- und scheuerfest;
- schnell trocken und pflegeleicht.

Einsatz: Alle sportlichen Aktivitäten unter sommerlich heißen Bedingungen, z. B. Running, Trekking, Radsport und anderen schweißtreibenden Sportarten.

---

[1] Bei den Abbildungen handelt es sich um Beispiele, die den Einsatzzweck verdeutlichen sollen, d. h. keine Original-Stoffmuster.

Supplex Jersey
Handelsbezeichnung für leichte, elastische Strickware aus besonderen mikrofeinen Polyamid-Endlosgarnen.

Eigenschaften:
- Solche Stoffe entsprechen denen von Corura Supplex.
- Hinzu kommt noch mehr Bewegungsfreiheit durch die Maschenkonstruktion.

Einsatz: Für alle körpernahen Bekleidungen, z. B. sportive Tops, für Outdoor-Sportbekleidung wie Walking, Trekking, Running, Radsport u. Ä.

Texapor O 2
Handelsbezeichnung für atmungsaktive Wetterschutzbekleidung aus einem Zwei-Lagen-Laminat, aus „porenloser Membran" in Verbindung mit einer mikroporösen, atmungsaktiven Beschichtung.

Eigenschaften:
- wasserdichtes Gewebe;
- atmungsaktiv: beim Schwitzen hohe Wasserdampfdurchlässigkeit, teilweise höher als bei einer „Membrane";
- winddicht.

Texapor O 2 gibt es in verschiedenen Ausführungen mit unterschiedlichen Trägermaterialien.

Einsatz: wasser-, winddichte und atmungsaktive, funktionelle Oberbekleidung wie Jacken, Hosen für unterschiedliche sportliche Aktivitäten.

Übungsaufgaben: Kapitel 21, Seite 304

22 Die Sprache des Verkäufers: mehr als ein Mittel der Verständigung

 Fallbeispiel

1 Äußerungen von Verkäufern:
   - „Völlig falsch! Was Sie da behaupten, ist absoluter Blödsinn!"
   - „Darf ich Sie auf ein günstiges Angebot hinweisen. Bitte sehen Sie …"
   - „Da hätten Sie früher kommen müssen, jetzt habe ich nichts Geeignetes mehr!"
   - „Bitte sagen Sie, was Ihnen an dieser Hose nicht gefällt!"

 Auswertung

Welche Äußerungen wirken auf den Kunden
   1. wie „Killer", die das Gespräch stören bzw. abbrechen lassen? Suchen Sie die entsprechenden Worte dazu!
   2. gesprächsfördernd?

 Fallbeispiel

2 Formulierungen, die angenehme Empfindungen auslösen (am Beispiel einer Verpackungsaufschrift):

„Dieses Traumeis für verwöhnte Feinschmecker ist mit vielen Walnüssen wundervoll bereichert und zeichnet sich durch vollendete Geschmacksharmonie aus Diese unvergleichliche Eiskreation wird nach Original Schweizer Rezepten unter Verwendung allerbester Zutaten hergestellt."

 Auswertung

Welche Worte sind geeignet, angenehme Empfindungen auszulösen?

 Sachdarstellung

Unsere Sprache ist das wichtigste Mittel der Verständigung. Damit beim Bedienen und Beraten störungsfreie und verkaufsfördernde Gespräche geführt werden können, lohnt es, sich mit der Sprache als wichtigstem „Werkzeug" des Verkäufers zu befassen.

22.1 Grundlagen eines erfolgreichen Verkaufsgesprächs

Verkaufsgespräche werden grundsätzlich von zwei wichtigen Gesichtspunkten/Aspekten geprägt:

Die **„Sachebene"**: Auf dieser Ebene übermitteln wir Sachinformationen, also Informationen, die klar, vernünftig, rational (= verstandesmäßig) sind. Beispiel: Der Verkäufer nennt Produkteigenschaften, Preise, Serviceleistungen usw., der Kunde fragt nach diesen oder ähnlichen Dingen.

Die **„Beziehungsebene"**: Auf dieser Ebene übermitteln wir Emotionen, also Gefühle, was wir über unseren Gesprächspartner oder über andere denken. Doch aufgepasst: Wir können positive oder negative Gefühle auslösen, die sich auf unsere Beziehungen zu unseren Gesprächspartnern auswirken.

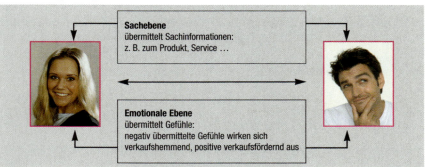

Ziel des erfolgreichen Verkaufs- und Beratungsgesprächs:
- Die Gesprächsinhalte zum gewünschten Produkt, zu seinen Eigenschaften, Vorteilen, Einsatzmöglichkeiten sollen dem Informationsbedürfnis des Kunden entsprechen (= inhaltlicher Aspekt);
- die Gesprächsbeziehung zum Kunden soll positiv gestaltet werden, um eine angenehme, verkaufsfördernde Atmosphäre zu schaffen (= Beziehungsaspekt). Eine gestörte Beziehung führt selten zum Kaufabschluss.

Beziehungen im Verkaufsgespräch positiv gestalten

Dabei wollen wir auf fünf bedeutende Grundsätze achten:

Positives Denken und Handeln verbessert die Aussicht auf den Erfolg.

Beispiel: Ich bin überzeugt, dass ich mit meinen Kunden ein gutes Verkaufsgespräch führen kann.

Eigene Identifikation mit dem Geschäft und seinem Sortiment. Wenn ich vom Sortiment, den einzelnen Produkten und von der Leistungsfähigkeit des eigenen Geschäfts überzeugt bin, kann ich Kunden leichter von unserem kundenorientierten Sortiment überzeugen.

Den Kunden akzeptieren, wie er ist, ihn also nicht ändern, belehren, erziehen wollen, sondern ihn auch bei Meinungsverschiedenheiten ernst nehmen.

Beispiel: Ich akzeptiere die Einwände des Kunden und erkenne sein Interesse am Produkt.

Verständnis zeigen für den Gesprächspartner. Dies kommt dadurch zum Ausdruck, dass ich als Verkäufer bereit bin, mich mit den Wünschen, Gedanken, Vorstellungen, Einwänden, Reklamationen des Kunden zu beschäftigen und darauf einfühlsam einzugehen.

Ehrlichkeit und Fairness schaffen Vertrauen. Unwahre Angaben zu Produkten und Verhaltensweisen, die dem Kunden unnötig das Geld aus der Tasche ziehen, zerstören Vertrauen.

Ergebnis: Eine vom Verkäufer positiv gestaltete Gesprächsbeziehung führt häufig zum Erfolg!

22.2 Gesprächsstörer vermeiden

Darunter versteht man **Aussagen und Verhaltensweisen, welche das Verkaufsgespräch erschweren bzw. abwürgen**. Vermeiden wir solche Aussagen, verläuft unser Verkaufsgespräch reibungsloser und konfliktfreier. Außerdem steigt die Chance, dass der Kunde mehr über seine eigentlichen Wünsche und Vorstellungen spricht und wir uns leichter mit ihm verständigen können.

Gesprächsstörer im Überblick

Killerphrasen, Reizworte | Befehle | Überreden | Vorwürfe | Kundenerwartungen dämpfen

Gesprächsstörer	Beispiele
• Killerphrasen	– „Blödsinn, Quatsch, Käse ..., was Sie da sagen!" – „Was verstehen Sie denn von der Sache!"
• Befehlen	– „Sie müssen noch einen Augenblick warten, Sie sehen doch, dass ...!" – „Mischen Sie sich nicht ein!"
• Überreden	– „Nehmen Sie doch diese wunderschöne Handtasche!" – „An Ihrer Stelle würde ich nicht zögern, sondern sofort zugreifen."
• Vorwürfe machen	– „Das habe ich mir gleich gedacht, dass Sie damit ..." – „Wären Sie gleich gekommen, dann hätten wir ..."
• Kundenerwartungen dämpfen	– Ein Kunde sucht ein Geschenk. Verkäufer: „Oh je, das ist natürlich schwierig!" – Der Verkäufer findet nicht die richtige Ware für den Kunden. Verkäufer: „Da habe ich höchstens noch ...!"

22.3 Gesprächsförderer anwenden

Darunter versteht man Aussagen und Verhaltensweisen, die dem Kunden signalisieren:

„Bitte sprechen Sie ausführlich über Ihre Wünsche und Erwartungen, ich möchte Ihr Anliegen verstehen, damit ich Sie gut bedienen und beraten kann."

Gesprächsförderer im Überblick

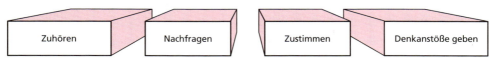

Zuhören — Nachfragen — Zustimmen — Denkanstöße geben

Zuhören

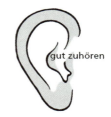

Uns allen sind folgende Klagen vertraut: *„Der hört ja nie richtig zu!" „Der hört nicht auf mich!"* Die Aussage: *„Der hört auf mich"*, enthält Anerkennung und Wertschätzung. Dies soll für uns Verkäufer zutreffen. **Zuhören ist die Kunst**, dann zu schweigen, wenn der Kunde anfängt, Wünsche, Vorstellungen, Absichten, Meinungen, Einwände vorzubringen.

Ob wir teilnahmslos oder **interessiert zuhören**, merkt der Kunde an folgenden, häufig anzutreffenden **Verhaltensweisen**: weit geöffnete Augen, Blickkontakt, bestätigendes Nicken oder Worte wie *„jaaa", „ah ja", „aha", „mm", „hm", „interessant", „tatsächlich", „darüber sollten wir uns unterhalten"*. Dies alles signalisiert dem Kunden Interesse und bedeutet für ihn: Hier werde ich gehört und verstanden.

Zustimmen

Jeder Mensch strebt nach Bejahung, Zustimmung, Anerkennung. Je mehr wir dem Kunden dieses Gefühl in Worten und Verhaltensweisen geben, desto sympathischer findet er uns und desto günstiger ist die Atmosphäre für einen Kaufabschluss.

Folgende Worte drücken Zustimmung aus:
„Ja." „Richtig." „Sehr recht." „Sie sagen ganz richtig." „Sie haben Recht." „Das stimmt." „Jawohl, gerne." „Sie haben gut gewählt." „Sie sind auf diesem Gebiet sachkundig." „Ich kann Sie gut verstehen." ...

Nachfragen

Durch Nachfragen zeigt der Verkäufer Interesse für die Anliegen seines Kunden und macht es ihm leicht, darüber zu berichten. Mit geeigneten Fragen können wir das Verkaufsgespräch weiterbringen (vgl. Kapitel 23).

Beispiel:
Kunde: „Ich suche da nach etwas, womit ich ... Was gibt es denn in dieser Hinsicht Geeignetes?"
Verkäufer: „Könnten Sie bitte noch weitere Angaben hierzu machen, damit wir das Richtige leichter finden?"

Denkanstöße geben

Mit dem **Denkanstoß** wollen wir dem Kunden die Entscheidung nicht abnehmen, sondern ihn veranlassen, **Gründe für oder gegen etwas** zu **suchen**. Eine Entscheidung, die er selbst trifft, trägt und verteidigt er besser als eine vom Verkäufer empfohlene!

Beispiel:
Kunde: „Ich weiß nicht, ob ich den teuren oder den preiswerten Pulli nehmen soll?"
Verkäufer: „Der teurere hat den Vorteil, dass …"

Weitere Beispiele, mit denen wir Denkanstöße auslösen können:
- „Ist es für Sie ein Vorteil, wenn der Artikel …"
- „Haben Sie daran gedacht, dass …"

22.4 Kundenorientierte Sprache anwenden

Zwischen Kunde und Verkäufer gibt es einen Dialog, wobei die Gesprächspartner versuchen, sich gegenseitig zu beeinflussen. Die kundenorientierte Sprache zeigt Möglichkeiten, wie der Verkäufer die Gesprächsatmosphäre und das Gespräch günstig beeinflussen kann, ohne gekünstelt zu wirken.

Bestandteile kundenorientierter Sprache sind

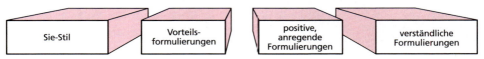

Sie-Stil | Vorteilsformulierungen | positive, anregende Formulierungen | verständliche Formulierungen

Sie-Stil

Die Sprache des Verkäufers drückt aus, ob die Anliegen des Kunden oder seine eigenen Interessen im Mittelpunkt stehen. Aussagen in „ich"-Form enthalten häufig Anweisungen und Befehle. **Der geschulte Verkäufer spricht kundenorientiert im Sie-Stil** und verwendet die Worte: „Sie", „Ihr", „Ihre", „Ihnen".

statt „ich" und „wir"	besser: „Sie"
• „Ich zeige jetzt einen Rock, der …"	• „Sehen Sie bitte, dieser Rock …"
• „Wir haben da eine große Auswahl an …"	• „Bei uns finden Sie eine große Auswahl an …"
• „Ich empfehle diesen Artikel wegen …"	• „Sie interessieren sich bestimmt für diese Artikel mit folgenden Vorteilen …"
• Ich finde das Kleid …"	• „Was meinen Sie dazu …"
• „Dagegen möchte ich einwenden …"	• „Bitte bedenken Sie …"

Vorteilsformulierungen

Darunter versteht man Formulierungen im Sie-Stil, die gleichzeitig durch ein Tätigkeitswort **den Kunden auf (gewünschte) Vorteile hinweisen**.

Beispiele für Vorteilsformulierungen	
• „Das bringt Ihnen …"	• „Das garantiert Ihnen …"
• „Das hilft Ihnen …"	• „Das fördert Ihre …"
• „Sie sparen dadurch …"	• „Damit erhöhen Sie …"
• „Damit erreichen Sie …"	• „Das verbessert Ihre …"
• „Das sichert Ihnen …"	• „Das senkt Ihre …"

„Bei diesem Modell sparen Sie …!"

Durch solche und ähnliche Vorteilsformulierungen verdeutlichen wir dem Kunden kurz und treffend die Vorteile einer bestimmten Ware. Solche Aussagen bilden das Fundament unserer Argumente (vgl. Kapitel 29).

Positive, anregende Formulierung

Positive Aussagen eines Verkäufers lassen auf eine lebensbejahende Einstellung schließen. Bei Pessimisten überwiegen negative Aussagen. **Positive, anregende Formulierungen wirken verkaufsfördernd.** Der Aussagegehalt bleibt derselbe.

negative, nicht anregende Aussagen	positive, anregende Aussagen
• *„Oh je, das Glas ist schon halb leer …"*	• *„Das Glas ist noch halb voll …"*
• *„Gar nicht schlecht, wie dieses Kleid aussieht …"*	• *„Wie hübsch dieses Kleid aussieht …"*
• *„Die Creme verhindert Gesichtsfalten …"*	• *„Die Creme glättet die Haut …"*
• *„Dieses Kleid macht dick …"*	• *„Dieses Kleid kaschiert vorzüglich …"*
• *„Da haben Sie keinen schlechten Kauf getätigt …"*	• *„Sie haben gut gewählt …"*

Verständliche Formulierungen

Treffende Adjektive beschreiben anschaulich Produkte, Vorgänge und Situationen.

Das Material der Superlative:

AMARETTA

Erleben Sie Komfort-Qualität in anspruchsvollster Art. „AMARETTA" ist in allem einzigartig: Edel wie feinstes Leder, superweich und spürbar leicht, trotzdem unempfindlich und extrem strapazierstark (problemlos bei max. 30° im Schongang waschbar). Sie werden an Ihrem „AMARETTA"- Kurzmantel viel Freude haben.

Die nachfolgende Tabelle zeigt, durch welche sprachlichen Merkmale unsere Aussagen im Verkaufsgespräch leichter oder schwerer verständlich werden.

schwerer verständlich	leichter verständlich
• lange, verschachtelte Sätze • Vielzahl unwichtiger Argumente • passive Satzkonstruktion (werden, wird) • nicht erklärte Fachausdrücke • Verwendung langsilbiger Hauptwörter (…ung, …keit)	• kurze, einfache Sätze • wenige, zugkräftige Argumente • aktive Satzkonstruktionen • erklärte Fachausdrücke • Verwendung treffender Eigenschafts- (= Adjektive) und passender Tätigkeitswörter (= Verben)

Die richtige Sprechtechnik wirkt angenehm

Wir beachten folgende Punkte:

• Sprechtempo:	– Zu schnell wirkt nervös und verwirrend. – Zu langsam klingt lustlos und ermüdend. – Zu gleichförmig klingt monoton und sachlich.
• Lautstärke:	– Zu leise wirkt unsicher und erfordert hohe Aufmerksamkeit. – Zu laut wirkt unangenehm und aufdringlich.
• Stimmhöhe:	– Zu tief wirkt brummig und träge. – Zu hoch klingt piepsig und kindlich.
• Sprechpausen:	– Zu lange Pausen wirken wenig anregend und überzeugend. – Pausenloses Reden wirkt geschwätzig und aufdringlich.
• Aussprache:	– Mangelnde Bewegungen von Mund, Lippen und Zunge führen zu schlechter Aussprache (Laute und Silben werden verschluckt), was unverständlich wirkt.

> Übungsaufgaben: Kapitel 22, Seite 305

23 Fragetechnik: Gezielte Fragen bringen das Verkaufsgespräch weiter

 Fallbeispiel

Die Verkäuferin im Schuhfachgeschäft scheut keine Mühe, einer Kundin elegante Schuhe, die zu ihrem Ballkleid passen sollen, zu zeigen und sie fachmännisch zu beraten. Die Schuhe, die nicht infrage kommen, räumt sie weg. Zwei Paar elegante Schuhe bleiben übrig. Die Kundin zögert, als ob sie sich's noch einmal überlegen wollte. Auf die Verkäuferin warten schon andere Kunden.

Verkäuferin: *„Welches Paar gefällt Ihnen besser, das blaue aus dem weichen Oberleder oder jenes schwarze in der neuen Form?"*
Kundin: *„Die aus dem weichen Oberleder finde ich doch noch eleganter, und bequemer sind sie auch!"*
Verkäuferin: *„Darf ich Ihnen diese einpacken?"*
Kundin: *„Ja bitte, ich glaube, dass diese für mich die besten sind!"*

 Auswertung

1. Die Kundin überlegt, ob sie überhaupt kaufen will. Durch welche Frage gelingt es der Verkäuferin,
   a) auf die Entscheidung hinzuwirken und
   b) den Kauf zum Abschluss zu bringen?
2. Hat die Verkäuferin die Kundin überrumpelt? Was meinen Sie?

 Sachdarstellung

23.1 Vorteile, die mit der richtigen Anwendung von Fragen verbunden sind

Die richtige Anwendung von Fragen bringt für das Verkaufsgespräch Vorteile. Wer fragt,
- spricht weniger und erfährt mehr vom Kunden (Bedarf, Vorstellung, Einwände);
- aktiviert den Kunden zum Nachdenken;
- zeigt Interesse am Kunden und löst Interesse bei ihm aus;
- sorgt für angenehme Gesprächsatmosphäre und vermeidet Konflikte;
- lenkt und verkürzt das Gespräch in Richtung Kaufentscheidung.

23.2 Wichtige Frageformen im Verkaufsgespräch

Hinter jeder Frage, die der Fragesteller (Verkäufer) an seinen Gesprächspartner (Kunde) richtet, **steckt eine bestimmte Absicht**. Die verschiedenen Frageformen, die damit verbundenen Absichten, Beispiele und ihre Anwendung in unterschiedlichen Verkaufssituationen sollen Sie jetzt kennen lernen.

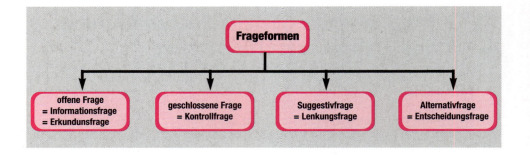

23.3 Die offene Frage (= Informationsfrage)

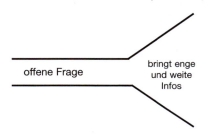

Die offene Frage (= Erkundungsfrage) veranlasst den Kunden, sich zu äußern, und **bringt enge und weite Informationen** über seine Wünsche, Vorstellungen, Meinungen, Gedanken. Häufig beginnt die Frage mit den Fragewörtern Wer, Wie, Wo, Was, Wann oder Warum (= W-Fragen).

Beispiele für offene Fragen:

- „Was soll das Gerät können?"
- „Zu welchem Anlass möchten Sie …?"
- „Was darf ich Ihnen zeigen?"
- „Welche Bedenken haben Sie bei …?"
- „Was meinen Sie zu …?"
- „Wie gefällt Ihnen …?"
- „Wie finden Sie …?"
- „Welche Vorstellungen haben Sie zu …?"

Die offene Frage eignet sich zu der Bedarfsermittlung, um Wünsche und Vorstellungen kennen zu lernen; bei der Produktpräsentation, um Gedanken und Meinungen zum Produkt zu hören; bei Kundeneinwänden, um Bedenken zu erfahren.

23.4 Die geschlossene Frage (= Kontrollfrage)

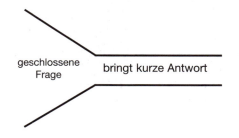

Wünscht der Fragesteller von seinem Gesprächspartner **eine kurze, knappe Antwort**, ist eine geschlossene Frage angebracht. Sie engt die Antwort ein, beschränkt den Dialog und führt zu einer speziellen Antwort. Deshalb wird sie auch als Kontrollfrage bezeichnet.

Beispiele für geschlossene Fragen:

- „Tragen Sie Größe 38?"
- „Haben Sie beachtet, dass ...?"
- „Werden Sie schon bedient?"
- „Arbeiten Sie mit diesem Gerät ...?"
- „Sind Sie damit einverstanden, dass ...?"
- „An welchem Tag können Sie ...?"
- „Können Sie das Gerät selbst bedienen?"
- „Nehmen Sie diesen Pullover?"

23.5 Suggestivfrage (= Lenkungsfrage)

Suggestivfragen wollen den Kunden beeinflussen (suggerieren = beeinflussen), ihn in eine bestimmte Richtung lenken, ihm eine Antwort „in den Mund legen".

Die **positive Suggestivfrage soll zur Antwort „ja" führen**. Darin sind vielfach Worte wie: doch, bestimmt, sicher, auch, meinen Sie auch, gerade, lieber gleich.

Beispiele für positive Suggestivfragen (bzw. suggestive Aussagen):

- „Das Kleid sieht doch gut aus!"
- „An dem Gerät haben Sie bestimmt lange Spaß, weil es ..."
- „Sie möchten sicher die größere Packung, Sie sparen dadurch ..."
- „Gerade die Automatik dieser Kamera garantiert bestmögliche Bilder!"

Doch Vorsicht, die Suggestivfrage **„riecht"**, wenn sich der Verkäufer nicht der Mühe unterzieht, seinen Kunden durch Argumente (Vorteile) zu überzeugen. „Durchschaut" der Kunde den Verkäufer, dem nur am Umsatz, nicht aber an den eigentlichen Interessen des Kunden liegt, stellt er gegebenenfalls eine **„entlarvende" Gegenfrage**.

Beispiel für diese Situation:
Verkäufer: „Sie finden doch auch, dass für Sie nur dieses Kleid infrage kommt?"
Kundin: „Wieso, was veranlasst Sie zu dieser Annahme? Woher wissen Sie, was ich eigentlich suche?"

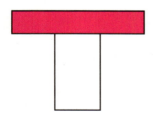

Aufgepasst: Negative **Suggestivfragen** führen meist zur Antwort „nein". Dadurch geht ein Verkaufsgespräch schnell zu Ende, Verkaufschancen nehmen ab.

Beispiele für negative Suggestivfragen:

- „Sie sind nicht an ... interessiert?"
- „Daran haben Sie kein Interesse?"
- „Eine Krawatte zum Hemd brauchen Sie nicht?"
- „Sonst brauchen Sie nichts?"
- „Sonst noch was?"
- „Das wär's wohl?"

23.6 Alternativfrage (= Entscheidungsfrage)

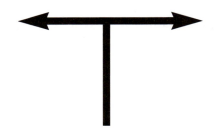

Bei der Alternativfrage bieten wir dem Gesprächspartner (Kunde) die **Wahl zwischen zwei Möglichkeiten**. Der Kunde soll sich zwischen beiden Möglichkeiten (= Alternativen) entscheiden, nachdem eine ausführliche Produktvorführung mit Verkaufsargumenten vorausgegangen ist. Auf diese Weise **bereiten** wir **die Entscheidung vor** und führen das Gespräch zum positiven Abschluss.

Beispiele für Alternativfragen:

- „Bevorzugen Sie die helle oder die dunkle Ledertasche?"
- „Sagt Ihnen der flauschige Angora-Pulli besser zu als der aus feiner Merino-Wolle?"
- „Möchten Sie lieber diese Waschmaschine mit dem Sparprogramm oder die einfache, preisgünstigere?"

Übungsaufgaben: Kapitel 23, Seite 305

24 Der gute Kontakt schafft Sympathie und Vertrauen

 Fallbeispiel

Sie kennen mich!
Ich bin eine nette Kundin. Ich beklage mich nie, auch nicht, wenn Sie mit Ihren Kolleginnen plaudern und sich keinen Deut um mich kümmern. Ich sage kein Wort. Wenn eine Verkäuferin mürrisch, launisch, gehässig wird, nur weil ich wissen will, wo die Pullover sind, bleibe ich höflich und zuvorkommend. Niemals kritisiere ich. Es würde mir nie im Traum einfallen, anderen Leuten in der Öffentlichkeit eine Szene zu machen! Auch rede ich nie schlecht über andere Leute oder gar über Geschäfte, auch wenn es Gründe dafür gibt.

Ich bin eine nette Kundin!
Ich will Ihnen aber auch sagen, was ich noch bin: Ich bin die Kundin, die nie mehr wiederkommt. Das ist meine Rache dafür, dass man mich herumschubst. Gewiss, auf diese Weise kann ich meinem Ärger nicht gleich Luft machen, aber auf lange Sicht ist dies eine viel tödlichere Rache. Wer zuletzt lacht, lacht am besten. Ich lache, wenn ich sehe, wie Sie wie Verrückte Geld für die Werbung ausgeben, um mich zurückzuholen. Dabei hätten Sie mich von Anfang an mit ein paar netten Worten und einem freundlichen Gesichtsausdruck behalten können!

 Auswertung

1. Welche positiven Eigenschaften spricht der Text bei dieser Kundin an?
2. Worin besteht die „Rache" dieser Kundin? Mögliche Folgen?
3. Welche Verhaltensweisen des Verkäufers erschweren, welche erleichtern den Kontakt zum Kunden?

Sachdarstellung

24.1 Ziel des Kontakts: Sympathie und Vertrauen gewinnen

Erinnern wir uns: In Bedienungs- und Beratungsgeschäften, in welchen die Mehrzahl der Verkäufer tätig sind, kommt es maßgeblich auf die Person des Verkäufers an. Seine Aufgabe ist u. a., eine **positive Beziehung zum Kunden herzustellen**, denn zwischen Kunden und Verkäufer liegt manches Trennende. Der Kunde hat z. B. andere Interessen, schlechte Erfahrungen mit Verkäufern, Vorurteile. Sein Alter, Geschlecht, seine Herkunft, soziale Stellung usw. sind unterschiedlich. Erfolgreiche Verkäufer schaffen Kontakt und bauen auf diese Weise eine Brücke zum Kunden.

Der gute **Kontakt**
- ermöglicht eine angenehme Gesprächsatmosphäre und lässt uns sympathisch erscheinen;
- baut Misstrauen ab und fördert Vertrauen;
- ist kundenorientiert und verkaufsfördernd.

24.2 Grundsätzliches Verhalten im Umgang mit Menschen

Im Umgang mit Menschen gilt:

> Jeder Mensch strebt danach, belohnt und nicht bestraft zu werden.

Mit unserem Verhalten können wir also gegenüber Kunden „belohnend" oder „bestrafend" wirken. Dies ist kontaktfördernd oder kontaktstörend.

Kontaktfördernd sind z. B.	Kontaktstörend sind z. B.
rasche Hinwendung zum Kunden, freundliche Begrüßung, aktiv zuhören, auf Interessen, Wünsche, Vorstellungen, Meinungen des Kunden eingehen, zustimmen, verständlich erklären, sich engagieren, höflich und freundlich sein usw.	Kunden nicht beachten, Privatgespräche fortführen, Kunden ins Worte fallen, Interesse, Wünsche, Vorstellungen übergehen; lustloses, gleichgültiges, arrogantes, geringschätziges Verhalten, unhöflich sein, widersprechen usw.

Auf unsere „belohnenden" Verhaltensweisen reagiert der Kunde fast immer positiv, „bestrafende" beeinträchtigen die Verkaufsatmosphäre, erzeugen Misstrauen und Antipathie. Würden Sie sich als Kunde von einem Verkäufer „prügeln" lassen und trotzdem kaufen?

24.3 Wir treten in Kontakt mit Kunden, die Beratung wünschen

Der Kunde braucht Zeit für eine Orientierung

Der Kunde, der ein Geschäft mit der Absicht aufsucht, sich bedienen oder beraten zu lassen, braucht zunächst einige Sekunden Zeit, um sich zu orientieren und sich auf die Situation einzustellen. Deshalb „stürmen" wir nicht sofort auf den Kunden zu, als wollten wir ihn „überfallen". Auch wir nutzen, sofern es die Situation erlaubt, die Zeit, um uns auf den neuen Kunden einzustellen. Wenige Sekunden reichen aus, um ruhig, sicher und aufgeschlossen das Verkaufsgespräch aufzunehmen.

„Entgegenkommen"

Geht der Kunde, nachdem er sich orientiert hat, zielgerichtet auf den Verkäufer zu, versuchen wir nach Möglichkeit, ihm entgegenzugehen. Dieses Aufeinanderzugehen signalisiert dem Kunden bewusst oder unbewusst „Entgegenkommen".

Wir grüßen den Kunden

Entsprechend dem heutigen Lebensstil sind die Grußformen freier. Zwei Grundsätze gelten:

1. **Situationsgerecht grüßen**, wobei Alter, Geschlecht, berufliche Position, Bekanntheitsgrad, regionale Gepflogenheiten bestimmend sind.
2. **Wir grüßen den Kunden so, wie er dies von uns erwartet.**

Für den Berufsalltag bedeutet dies

- landes- oder ortsüblich grüßen, z. B. *„Grüß Gott!"*, *„Guten Morgen, Frau Müller!"*, *„Guten Tag"*, *„Schön guten Abend, Herr Dr. Schulz"* usw.; Titel, wie Dr., Professor, gehören zur Anrede;
- *„Hallo, Annette!"* kann den Grußerwartungen einer bekannten jüngeren Kundin entsprechen, wenn sie selbst ihre Bekannte mit *„Hallo"* grüßt; eine ältere Dame erwartet wahrscheinlich einen „klassischen" Gruß!

Jeder Kunde hört gern seinen Namen. Die Verwendung des Namens schafft eine persönliche Atmosphäre. Insbesondere Stammkunden sprechen wir mit dem Namen an. Falls uns der Name unbekannt ist, können wir diesen von Kollegen, bei Änderungswünschen, Hauszustellungen, Scheckzahlung oder vom Kunden selbst erfahren. *„Ich sehe, Sie kaufen öfter bei uns ein. Ich möchte Sie gerne mit Ihrem Namen ansprechen."*

Immer lächeln oder freundlicher Gesichtsausdruck?

Das „Land des Lächelns" gibt es nur in der Operette; dieses Lächeln ist gespielt. Gehen wir sparsam damit um, sonst wirkt es gekünstelt und unehrlich! Ein freundlicher, entspannter Gesichtsausdruck signalisiert Zuwendung und Sympathie: *„Sie sind willkommen"*, *„Ich freue mich, dass Sie gekommen sind"*, *„Ich möchte Ihnen gerne Ihre Wünsche erfüllen."*

Augenkontakt herstellen

Der **Augenkontakt** ist Ausdruck zwischenmenschlicher Beziehung und **bedeutet Interesse und Wertschätzung** des Gesprächspartners. Wir halten Augenkontakt, indem wir unserem Gesprächspartner in die Augen bzw. auf die Nasenwurzel schauen, ohne ihn anzustarren oder durch ihn hindurchzusehen, als wäre er Luft. Blickkontakt strahlt Sicherheit, Offenheit, Ehrlichkeit und Zuwendung aus.

Der ideale Gesprächsabstand zum Kunden

Wenn der Verkäufer dem Kunden „zu nahe tritt", ihm „auf die Pelle rückt", kann dies aufdringlich und bedrängend wirken: Er hat den „Persönlichkeitsraum" seines Kunden missachtet. Der Kunde stellt ihn dadurch wieder her, indem er wahrscheinlich zurückweicht. Wir respektieren die persönliche Distanzzone zum Kunden: ca. 50 bis 120 cm.

Zuhören bringt uns Informationen und bedeutet Interesse am Kunden

„Reden ist Silber, Schweigen ist Gold." Dies gilt besonders dann, wenn uns der Kunde seine Wünsche, Vorstellungen, Interessen, Ansichten, Meinungen und Einwände mitteilt. Dadurch erhalten wir nützliche Informationen für das weitere Verkaufsgespräch, z. B. für die Warenvorlage, die Verkaufsargumente und die Beantwortung von Einwänden.

> Aktives Zuhören deutet unser Kunde als Interesse und Zuwendung. Wir zeigen dieses, indem wir uns für den Kunden Zeit nehmen, keine andere Arbeit nebenher erledigen, nicht ins Wort fallen, kein „Streitgespräch" beginnen, unsere Blicke auf den Kunden richten, zustimmend nicken, Bemerkungen von uns geben wie *„jaa"*, *„das ist ja sehr interessant"*, *„ahhh"* usw.

Unsere körpersprachlichen Signale, die vom Gesichtsausdruck, der Gestik, der Haltung ausgehen, verraten dem Kunden wortlos, ob wir aktiv zuhören oder desinteressiert weghören.

24.4 Guter Kontakt strahlt zurück

Zu Beginn eines Verkaufsgesprächs besteht die Chance, aber auch die Notwendigkeit für eine positive Gesprächsatmosphäre. Der von uns geschaffene Kontakt strahlt zurück, auch bei Kunden, die wir auf den ersten Blick nicht sonderlich sympathisch finden.

> Mit zunehmendem Kontakt finden wir den Kunden sympathischer und er uns. Er „belohnt" dies durch sein Verhalten: Er ist weniger misstrauisch, lässt sich leichter führen, bringt weniger Einwände und kauft gerne bei uns.

Übungsaufgaben: Kapitel 24, Seite 306

25 Wir sprechen den Kunden an

 Fallbeispiel

Einige Meinungen von Verkäufern:
- *„Erst wenn der Kunde ausreichend informiert ist, kauft er. Deshalb müssen wir ihn ansprechen!"*
- *„Ich warte einfach, bis mich der Kunde ruft, damit ich nicht aufdringlich wirke. Aufdringlichkeit verjagt Kunden!"*
- *„Ob ein Kunde angesprochen werden möchte, kann man doch erkennen!"*
- *„Jeder Kunde, der sich ausgiebig mit der Ware beschäftigt, muss angesprochen werden!"*

 Auswertung

Welche dieser Meinungen teilen Sie? Überlegen Sie! Diskutieren Sie darüber mit Kollegen!

 Sachdarstellung

Wenn wir einen Bedienungs- oder Beratungsverkauf vornehmen, müssen wir den Kunden ansprechen. Wie und wann wir dies am besten tun, dazu gibt es verschiedene Auffassungen, aber keine allgemein gültigen Regeln. Wir beobachten den Kunden, ohne ihm „auf die Finger zu schauen". Für uns gilt: *„Augen auf"*, dann können wir folgende **typische Situationen** feststellen:

> Der Kunde
> - „bummelt" durch das Geschäft;
> - gibt zu erkennen, dass er angesprochen werden möchte;
> - beschäftigt sich mit der Ware;
> - will sich „nur mal umsehen".

25.1 Der Kunde bummelt durch das Geschäft

Er bleibt vorübergehend vor einer Ware stehen, betrachtet sie nur kurz und oberflächlich, geht anschließend zur nächsten usw. Ein **spezielles Interesse liegt nicht vor**. Die Gründe, weshalb sich der „Kunde" in unserem Geschäft aufhält, sind z. B. die angenehme Einkaufsatmosphäre, Überbrückung einer Wartezeit, Regenwetter usw. Solche „Kunden" sprechen wir im Allgemeinen nicht an. Trotzdem beobachten wir sie aus einiger Entfernung, während wir unsere Arbeiten erledigen, um sie jederzeit ansprechen zu können, wenn sie dies zu erkennen geben.

25.2 Der Kunde gibt zu erkennen, dass er angesprochen werden möchte

Er schaut sich suchend nach einem Verkäufer um oder geht zielgerichtet auf diesen zu. Wünscht unser Kunde Hilfe, so verlangt er die sofortige Zuwendung.

Beispiele, wie wir ihn ansprechen können
• *„Guten Tag, kann ich Ihnen behilflich sein?"* bzw. *„Guten Tag"* (mit fragendem Blick) • *„Grüß Gott, was kann ich für Sie tun?"* • *„Bitte schön, was darf ich Ihnen zeigen?"* • *„Ja?"* (mit fragender Betonung, was beabsichtigt, die Wünsche des Kunden zu erfahren)

Durch solche und ähnliche Aussagen signalisieren wir unser Interesse am Kunden. Wenn er von sich aus sofort seinen Wunsch nennt, ist eine freundliche Begrüßung notwendig. Unnötiges Wartenlassen wertet der Kunde als Desinteresse und Geringschätzung. Wir sprechen **hinzukommende Kunden** nach der Begrüßung richtig an.

richtig	falsch
• *„Sie werden sofort bedient, wenn ich frei bin."* • *„Sehen Sie sich doch bitte schon einmal um."* • (Verkäufer wendet sich an den Kunden, den er gerade berät): *„Gestatten Sie, dass ich kurz dem hinzugekommenen Kunden zeige, wo er das gewünschte Produkt findet."* • Verkäufer grüßt wortlos den Kunden, um ihm zu signalisieren, dass er ihn wahrgenommen hat.	• *„Sie sehen doch, ich bediene gerade!"* • *„Ich habe auch nur zwei Hände."* • *„Jetzt habe ich keine Zeit."* • *„Einer nach dem anderen!"* • *„Haben Sie Knöpfe vor den Augen, weil Sie nicht sehen, dass ich ..."*

25.3 Der Kunde beschäftigt sich bereits mit dem Produkt

Die offene Warendarbietung ermöglicht dem Kunden freien Zugang zur Ware und Kontakt zu ihr. Steht er vor dem Warenträger, holt er den Artikel aus dem Regal, nimmt ihn prüfend in die Hand, hält sich z. B. die Jeans an usw., können wir von einem großen **Interesse für das Produkt** ausgehen.

Die Gedanken des Kunden kreisen wahrscheinlich um folgende Fragen: *„Ist das für mich das richtige Produkt?"*, *„Welche vorteilhaften Eigenschaften hat es?"*, *„Wie ist der Preis?"* usw. Wir sollten den Kunden nicht plötzlich aus seinen Gedanken herausreißen, sondern uns einige Sekunden wartend neben ihn stellen, bis er z. B. durch Blickkontakt seine Gesprächsbereitschaft signalisiert. Durch die kurze Wartezeit können Kunde und Verkäufer sich leichter aufeinander einstellen.

Produktbezogene Kontaktaufnahme

Wir nützen die Chance, mit dem Kunden „über das Produkt" ins Gespräch zu kommen. Was wir sagen, soll ihn informieren, ihm weiterhelfen und das Interesse für das Produkt verstärken. Durch unsere Beratung wird der Kunde häufig erst auf das Produkt und seine besonderen Vorzüge aufmerksam, die er ohne unsere Hilfe übersehen hätte.

Beispiele im Jeansshop:

Kunde	Aussage des Verkäufers
• macht Griffprobe	– „Diese Jeans sind auf der rechten Warenseite leicht geschmirgelt und fühlen sich deshalb weich an!"
• hält sich Jeans an	– „Bitte probieren Sie diese Jeans einmal unverbindlich an, die Kabine hier ist frei!"
• liest das Preisetikett	– „Markenqualität im neuesten Schnitt, sehr preiswert!"
• sucht nach weiteren Jeans in einer bestimmten Größe	– „Am nächsten Rundständer führen wir weitere Jeans in Ihrer Größe!"
• liest das Pflegeetikett	– „Diese Stretch-Jeans bitte nicht in den Trockner stecken, sonst laufen sie ein!"

Solche oder ähnliche Aussagen sind situationsgerechter als Fragen, z. B. *„Was darf es sein?", „Bitte schön", „Was kann ich für Sie tun?"*.

25.4 Der Kunde will sich „nur mal umschauen"

Viele Kunden, die ein Geschäft aufsuchen, interessieren sich für das Warenangebot, „was es alles so gibt", „was alles kostet". Sie wollen sich umsehen, orientieren, informieren. Die offene Warendarbietung lädt dazu ein.

25.4.1 Bedienung und Beratung nicht aufdrängen

Hinter den Worten „Ich möchte mich nur mal umschauen" können die Befürchtungen des Kunden stehen: Wenn ich mich beraten lasse,
- fühle ich mich zum Kauf verpflichtet;
- überredet mich der Verkäufer zu etwas, was mir nicht gefällt.

Der zur Beratung und zum Kauf gedrängte Kunde, der sich „nur mal umschauen" will, reagiert normalerweise misstrauisch, unwillig, abweisend und ungehalten, er verlässt verärgert das Geschäft und drückt Freunden und Bekannten seine Empörung darüber aus. Studien, die das Kundenverhalten erforschen, zeigen, dass eine große Zahl von Kunden sich vor einem Kauf in mehreren Geschäften informiert.

> Viele Kunden wollen sich **ohne Kaufzwang** bewegen und über Produkte informieren können. Das Interesse dafür und für unser Geschäft ist etwas Positives. Wer ungestört Kontakt zum Produkt aufnehmen und sich unbeeinflusst mit ihm beschäftigen kann, bei dem wird der Besitzwunsch geweckt und die Kaufentscheidung vorbereitet. Aufdringlichkeit verjagt Kunden!

25.4.2 Wie wir uns verhalten

Wenn sich der Kunde längere Zeit mit dem Produkt beschäftigt, wollen wir ihn einerseits ansprechen, andererseits nicht aufdringlich sein. Diese scheinbar unlösbare Aufgabe bewältigen wir, wenn wir zum Ausdruck bringen, dass der Kunde

- alles in Ruhe ansehen und ggf. an- bzw. ausprobieren kann,
- sich gerne unverbindlich bedienen und beraten lassen kann,

also in keiner Weise zum Kauf verpflichtet ist.

Nun kommt es darauf an, Formulierungen zu verwenden, die nicht missverstanden werden.

Beispiel:
Verkäufer: „Guten Tag!" (Nachdem der Kunde den Gruß erwidert hat:) „Diese schicke Jacke ist winddicht, wasserfest und atmungsaktiv!"

Kunde: „Vielen Dank, ich wollte mich nur mal umsehen!"

Verkäufer: „Bitte schauen Sie sich um, weitere Modelle finden Sie ..."
oder: „Selbstverständlich gerne! Ich zeige Ihnen unverbindlich unsere neuen Jacken!"

Wenn der Kunde keine Bedienung und Beratung wünscht, ziehen wir uns mit freundlichen Worten ohne „saure" Miene zurück: „Wenn Sie irgendwelche Fragen haben, stehe ich Ihnen gerne und unverbindlich zur Verfügung!"

Geben Sie Ihrem Kunden noch nützliche, verkaufsfördernde Tipps, z. B.

- „Preiswerte Einzelteile in Ihrer Größe haben wir ..."
- „Ganz modische Bikinis sind dort drüben bei ..."

25.5 Aushändigungsverkauf

Beim Aushändigungsverkauf erfüllt der Verkäufer einen relativ genau geäußerten Kundenwunsch. Häufig stehen Fragen nach dem gewünschten Produkt im Vordergrund. Wir nützen die Möglichkeit, den Kunden positiv mit wenigen verkaufsfördernden und nützlichen Argumenten zu beeinflussen.

Aushändigungsverkäufe gibt es nicht nur an der Fleisch- und Wursttheke, beim Obst und Gemüse. Sie sind bei verschiedenartigen Produkten denkbar. So kann z. B. der Kauf eines Hemds ein Aushändigungsverkauf sein.

Verkäufer: „Dieses Baumwollhemd mit Vario-Kragen können Sie mit Krawatte, an heißen Tagen auch ohne Krawatte, tragen. Es sieht immer gut aus und Sie sind korrekt gekleidet!"

25.6 Kontaktaufnahme bei Selbstbedienung

Beim Kauf von Waren des täglichen Bedarfs, z. B. Lebensmitteln, Schreibwaren, problemlosen Textilien usw. begegnet der Kunde Verkaufsmitarbeitern, die mit dem Bestücken und Nachfüllen von Waren, der Warenpflege, der Warenplatzierung oder Warenpräsentation beschäftigt sind.

Auch wenn bei der Selbstbedienung Kontakte mit dem Warenangebot wesentlich intensiver sind als mit Kunden, so wollen wir doch beachten, dass ein positives Verhalten die Kundenorientierung und die Kundenbindug stärkt.

Hier einige Negativ- und Positivbeispiele.

Negativbeispiel	Positivbeispiel
Der Verkäufer eilt mit griesgrämigem Gesicht und gesenktem Kopf durch die Regalreihen.	Der Verkäufer grüßt freundlich und nimmt für einen Augenblick Augenkontakt auf.
Der Kunde sucht vergeblich nach einem Verkäufer, der, obwohl er erkennt, dass er gebraucht wird, weitereilt.	Der Verkäufer wendet sich dem hilfesuchenden Kunden zu.
Der Kunde findet ein bestimmtes Produkt nicht und erwartet Hilfe. Verkäufer: „Gehen Sie zuerst nach links, dann zweimal nach rechts, dann sehen Sie das gewünschte Produkt."	Verkäufer: „Ich zeige Ihnen, wo Sie das Produkt finden." Der Verkäufer geht zusammen mit dem Kunden zum Regal und händigt es mit einer nützlichen Information aus.
Kunde wünscht Auskunft über bestimmte Packungsgröße; Verkäufer: „Schauen Sie doch selbst nach, ich habe jetzt dafür keine Zeit."	Verkäufer sieht selbst nach, ob die gewünschte Packungsgröße vorrätig ist und händigt diese aus.

Übungsaufgaben: Kapitel 25, Seite 307

26 Bedarfsermittlung bei beratungsintensiver Ware

 Fallbeispiel

In einem Lederwarengeschäft ...
Verkäuferin: *„Guten Tag. Was darf ich Ihnen zeigen?"*
Kundin: *„Ich suche eine schicke Handtasche."*
Verkäuferin: *„In schicken Handtaschen sind wir gut sortiert. Wir werden bestimmt das Richtige für Sie finden. Wozu soll die Tasche passen?"*
Kundin: *„Zum eleganten braunen Kostüm."*
Verkäuferin: *„Bitte kommen Sie hier herüber!"* (Verkäuferin holt zunächst drei verschiedene elegante Taschen unterschiedlicher Form in echt Leder und in Kroko.) *„Ich möchte Ihnen gerne solche Taschen, ihre Innenausstattung und ihre Verarbeitung zeigen, damit Sie unser Sortiment kennen lernen."*
Kundin: (Verkäuferin zeigt und führt vor.) *„Aah, das ist ja sehr interessant."*

 Auswertung

1. Was können folgende Aussagen der Verkäuferin bei der Kundin bewirken?
   a) *„In schicken Handtaschen sind wir gut sortiert!"*
   b) *„Nun schauen wir, damit wir das Richtige für Sie finden!"*
2. Auf welche Frage konnte die Verkäuferin der Kundin sofort eine Tasche zeigen, die den Vorstellungen der Kundin nahekamen?
3. Welche Fragen sind geeignet, den Bedarf des Kunden zu ermitteln?

 Sachdarstellung

26.1 Vertrauensauslöser verwenden

Nach der Begrüßung und nachdem der Kunde seinen Wunsch genannt hat, schaffen wir **durch Vertrauensauslöser eine angenehme, verkaufsfördernde Gesprächsatmosphäre**. Wir vermeiden Aussagen, welche die Erwartungen des Kunden dämpfen.

Beispiele:

Vertrauensauslöser	Aussagen, welche Kundenerwartungen dämpfen können
• *„Wir schauen, damit wir das Richtige für Sie finden."* • *„In dem Artikelbereich haben wir eine große Auswahl."* • *„Darauf sind wir spezialisiert."* • *„Wir haben uns auf diese Wünsche und Probleme eingestellt."*	• *„Oje, das ist natürlich schwierig."* • *„Leider führen wir den Artikel nicht, da hätte ich **höchstens** noch ..."* • *„Mit diesem Wunsch werden Sie sich schwertun."* • *„Das ist natürlich nicht einfach, weil ..."*

Vertrauensauslöser verstärken im Kunden das Gefühl, dass er mit einem leistungsfähigen Geschäft und einem fachkundigen Verkäufer in Kontakt getreten ist.

26.2 Direkte Bedarfsermittlung

26.2.1 Mit offenen Fragen den speziellen Bedarf ermitteln

Bei dieser Methode der Bedarfsermittlung stellt der Verkäufer offene Fragen, um Hinweise über die Beschaffenheit des gewünschten Produkts zu erhalten. Kaufwünsche wie „eine Jacke" sind noch unbestimmt, sie enthalten also keine konkreten Angaben, z. B. über Größe, Material, Qualität, Ausführung, gewünschte Eigenschaften. Beim Kauf von beratungsintensiven Waren wissen die meisten Kunden nicht genau, wie der gewünschte Artikel beschaffen sein soll. Ziemlich genaue Angaben können sie aber darüber machen,

- für welchen **Zweck, Anlass**, zu welcher **Gelegenheit**,
- für welchen **Einsatzbereich** das gewünschte Produkt dienen soll,
- welche Anforderungen/Erwartungen sie an das Produkt stellen.

Alle Fragen, die den Kunden veranlassen, über seinen Bedarf oder Kaufgrund nachzudenken und sich darüber zu äußern, geben uns Hinweise über die Ware, ihr Aussehen und ihre gewünschten Eigenschaften.

Beispiele:

Verkäuferfragen	mögliche Kundenantworten
• „Zu welcher Gelegenheit wollen Sie die Jacke tragen?" • „Wozu soll die Handtasche passen?" • „Welche Anforderungen stellen Sie an den Computer?"	• „Die Jacke möchte ich vorwiegend in der Freizeit tragen." • „Zum hellen Kostüm und …" • „Soll ausbaufähig werden für …"

Die Antworten ermöglichen uns, Rückschlüsse auf das Produkt zu ziehen und solche Waren zu zeigen, welche den Wünschen des Kunden am nächsten kommen.

26.2.2 Unpassende und falsche Fragen

Beispiele:

Unpassende Fragen
„Tragen Sie Größe 38?"
„Welche Größe tragen Sie?"
„Suchen Sie etwas Bestimmtes?"

Falsche Fragen
„Welche Farbe soll's denn sein?"
„Wie viel Geld möchten Sie ausgeben?"
„Soll der Pulli aus Wolle oder Baumwolle sein?"

Man erkennt, bei all den Beispielen liegen geschlossene Fragen vor. Solche und ähnliche Fragen, die bereits bei der Bedarfsermittlung gestellt werden, haben folgende Nachteile:

- Wir verlangen vom Kunden bereits bei der Bedarfsermittlung eine **Entscheidung**, obwohl er das Produkt, seine Eigenschaften und Vorzüge noch gar nicht kennt.
- Die **Produktauswahl**, die der Verkäufer vorzeigen und vorführen kann, **wird kleiner**.
- **Kunde und Verkäufer sind „festgelegt"**, das Verkaufsgeschehen lässt sich kaum noch steuern.

Hinweis: Geschlossene Fragen eignen sich gut beim Aushändigungsverkauf. Hier erfüllt der Verkäufer einen relativ genauen Kundenwunsch.

Beispiel: Der Kunde sucht Baumwollsocken für Schuhgröße 42.
Verkäufer: „Welche Schuhgröße tragen Sie?"

26.3 Indirekte Bedarfsermittlung

Beispiel im Baumarkt beim Autozubehör:

Verkäuferin:	„Guten Tag!"
Kundin:	„Ich suche Schonbezüge für eine VW Modell XY!"
Verkäufer:	„Dann müsste die Größe A passen."
Kundin:	„Stimmt, diese Größe passt im Allgemeinen!"
Verkäuferin:	(Kunde und Verkäuferin gehen an das Regal für Sitzbezüge. Die Verkäuferin zieht drei heraus und führt diese vor.) „Wenn Sie die besonders fröhlich bedruckten aus dem unempfindlichen Polyamid-Stoff lieben, dürften diese von besonderem Interesse für Sie sein. Bevorzugen Sie dagegen eher ruhigere Farbtöne, wären diese Bezüge eine interessante Alternative!"
Kundin:	„So in der Art, vielleicht könnte ..."

Kundenwunsch ermitteln → **Testangebot vorlegen** → **aus Kundenreaktionen auf Erwartungen schließen**

Bei dieser Methode der Bedarfsermittlung stellt der Verkäufer möglichst wenig Fragen. Er legt, nachdem die Kundenwünsche bekannt sind, sofort ein **„Testangebot"** von zwei bis drei infrage kommenden Artikeln vor und wartet die Reaktion des Kunden ab. Der Verkäufer kann dann daraus **Rückschlüsse** auf die gewünschten Eigenschaften des Artikels, auf dessen Aussehen, Einsatz, Verwendung, Pflege usw. **ziehen**. Wenn das zuerst gezeigte Produkt noch nicht den Kundenvorstellungen entspricht, kommen die anschließend vorgeführten Artikel seinen Wünschen näher.

Die indirekte Bedarfsermittlung bringt folgende **Vorteile**:
- kein unnötiges „Ausfragen" von Kunden, sie äußern sich zu der vorgelegten Ware selbst;
- wir richten das Interesse des Kunden gleich auf die Ware;
- die umfangreiche Warenvorlage bietet uns die Chance, Kundenwünsche leichter zu erfüllen.

Übungsaufgaben: Kapitel 26, Seite 308

27 Kaufmotive geben Auskunft über die Nutzenerwartungen des Kunden

⚠ **Fallbeispiel**

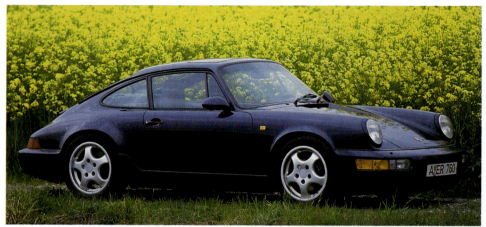

Für den Verkäufer eines Autohauses, das über einen größeren Bestand an Neu- und Gebrauchtwagen verfügt, ergeben sich folgende Situationen:

- Eine vierköpfige Familie sucht einen größeren, gebrauchten Pkw, in welchem die Familie bequem Platz hat. Der Kofferraum soll groß genug sein, um die Campingausrüstung aufnehmen zu können.
- Eine etwa 20-jährige Frau interessiert sich für einen preiswerten Gebrauchtwagen mit sparsamem Benzinverbrauch.
- Ein Mann mittleren Alters bittet um Prospekte für besonders umweltfreundliche Wagen und wünscht hierzu technische Angaben.
- Der Versicherungsvertreter A, ein Stammkunde, hat eine Probefahrt im neuesten Luxusmodell gemacht, die ihn von der hervorragenden Technik und der fantastischen Ausstattung überzeugte. Ein Kauf wird in Aussicht gestellt.

◯ **Auswertung**

1. Obwohl die Kunden alle an Autos interessiert sind, liegen in jedem Einzelfall spezielle Beweggründe vor. Ermitteln Sie diese.
2. Warum wäre es nicht sinnvoll, wenn der Verkäufer in allen Verkaufsgesprächen von der Größe, Höchstgeschwindigkeit, Leistung des Motors u. Ä. sprechen würde?
3. Welche Vorteile bringt es, wenn man Beweggründe beim Kauf klar erkennt?

Sachdarstellung

27.1 Kaufmotive und Nutzenerwartungen

Kaufmotive geben Auskunft, was den Kunden zum Kauf bewegt (Motiv = Beweggrund oder **Ziel des Handelns**) bzw. welchen Nutzen oder Vorteil er vom Produkt erwartet. Jedes Produkt hat die Fähigkeit, Nutzen zu bringen.

Artikel	Nutzen (Beispiele)
• Nahrung	– sichert Grundbedürfnisse
• Geschirrspüler	– Arbeitsersparnis, Bequemlichkeit, mehr Freizeit
• teures Luxusauto	– Anerkennung (= Prestige), Geltung, sicheres, bequemes Reisen
• einfacher Gebrauchtwagen	– Bequemlichkeit, Unabhängigkeit, Sparsamkeit
• gutes Spielzeug	– Beschäftigung, Zuwendung, Entdeckung, Bildung
• Heimwerkerartikel	– Unabhängigkeit, Ersparnis, Entdeckung

Werden im Verkaufsgespräch Kaufmotive erkennbar, können wir

- leichter ein kundenorientiertes Warenangebot unterbreiten,
- gezielter Produkte zeigen und vorführen,
- individueller argumentieren.

27.2 Häufige Kaufmotive

Welche Kaufmotive hat der Kunde? Wir beschränken uns in dieser Darstellung auf solche, die häufig vorkommen und auf die wir im Verkaufsgespräch gut eingehen können.

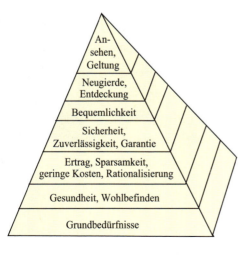

Die Pyramide „bewertet" die verschiedenen Motive von einer untersten Ebene (Grundbedürfnisse) bis zur höchsten Spitze (Geltung, Anerkennung), über die Rangordnung innerhalb der Pyramide lässt sich streiten, sie ist subjektiv.

Grundbedürfnisse

Um leben zu können, müssen grundlegende Bedürfnisse befriedigt werden. Der Kunde kauft Nahrungsmittel, um Hunger und Durst zu stillen; Kleidung, um nicht zu frieren ... (Versorgungskäufe). Der Kunde kennt diese Produkte und deren Preise; häufig verhält er sich sehr preisbewusst.

Gesundheit und Wohlbefinden

Bei vielen Kunden gewinnen als Kaufgründe **die Gesundheit und das Wohlbefinden, die Umweltfreundlichkeit** zunehmend an Bedeutung. Einige Beispiele für Artikelgruppen und Lebensbereiche, in welche diese Gedanken hineinwirken:

- gesündere Nahrungsmittel;
- Naturkosmetik, Naturheilkunde;
- Gebrauchsgegenstände aus umweltgerechten Materialien, z. B. Textilien aus Naturfasern, Schuhe aus Leder;
- Fitnessartikel für den Freizeitbereich usw.

Ertrag, Sparsamkeit, geringe Kosten, Rationalisierung

Kunden, die sich von diesem Motiv leiten lassen, wollen einen **Vorteil**, der sich **in Geld** ausdrücken lässt.

Beispiele:
Für einen bestimmten Betrag möglichst eine große Menge, Portion, Packung einkaufen können, hohe Ertrags- oder Gewinnchancen mitnehmen (Kapitalanlage), preiswert einkaufen können, günstigen Verbrauch erzielen (Geräte mit Sparprogramm), Sonderangebote wahrnehmen usw.

Sicherheit, Zuverlässigkeit und Garantie

Kunden, die sich von solchen Motiven leiten lassen, möchten sich vor möglichen Risiken und Verlusten schützen, die Erwartung in **Sicherheit und Zuverlässigkeit** steht hier im Vordergrund. Folgende Kundenäußerungen lassen dies erkennen: „Ist das Gerät auch wirklich sicher, entspricht dies …?", „Können Sie mir die Garantie geben, dass das Material …?", „Verliere ich nichts, wenn …?", „Wie sicher kann ich sein …?"

Bei technischen Geräten, Maschinen, Autos, Versicherungen spielen solche Motive eine Rolle!

Bequemlichkeit

Kunden mit diesem Motiv legen Wert auf **Erleichterung. Bequemlichkeit** und mühelose Abwicklung einer Tätigkeit werden angestrebt, z.B.: *„Das Spülen von Hand ist mir zu aufwendig, zu umständlich. Ich suche jetzt nach…"*
Solche Erwartungen können sich an Haushaltsgeräte, Werkzeuge, Fertiggerichte, pflegeleichte Textilien, Möbel, Einbauküchen, Schuhe, automatische Kameras, Autos mit Automatik-Getriebe usw. richten.

Neugierde, Entdeckung

Kunden mit diesem Motiv sind an **Neuheiten** sehr interessiert. Sie wollen gleich von Anfang an dabei sein, ausprobieren, nichts versäumen, erleben, entdecken wie …
Neugierde, Wünsche auf Erlebnisse, Entdeckung, Abenteuerlust sind die treibenden Kräfte, die z.B. bei Büchern, Zeitschriften, neuester Mode, Hobbyartikeln, Spielzeug, PCs, Pkw, Freizeiterlebnissen, Abenteuerurlaub, Besuch besonderer Veranstaltungen usw. vorliegen können.

Ansehen und Geltung

Äußerungen des Kunden oder sein Verhalten lassen erkennen, dass er nach **Anerkennung, Beliebtheit, Einfluss, Ansehen und Geltung** strebt. *„Die Leute sollen sehen, wer man ist und was man sich leisten kann!"*
Bei Ware des gehobenen Bedarfs wie Delikatessen, aufwendige Autos, Designerkleidung, wertvolle Pelzmäntel und Teppiche, exklusive Möbel, kostbare Schmuckstücke und Luxusartikeln sind solche Motive von Bedeutung. Viele Kunden sind empfindlich und fühlen sich bloßgestellt, wenn der Verkäufer dieses Motiv offen anspricht.
Deshalb sind Umschreibungen notwendig wie: *„Dieser Ring ist sehr kostbar, er ist aus…", „Dies ist etwas Erlesenes, das nicht jeder trägt…", „Dieses Modellkleid ist etwas ganz Einmaliges und Exklusives…"*.

Gefühls- und verstandesbetonte Kaufmotive

Kaufmotive werden auch in gefühls- und verstandesbetonte Motive eingeteilt, eine exakte Trennung ist nicht immer möglich und bringt wenig!

gefühlsbetont:	verstandesbetont:
• Ansehen, Geltung, schönes Aussehen; • Neugierde, Entdeckung, Mode, Freude; • Gesundheit, Wohlbefinden, Genuss; • Spiel- und Arbeitstrieb, Vergnügen.	• Ertrag, Sparsamkeit, geringe Kosten, Rationalisierung; • Bequemlichkeit, Qualität; • Sicherheit, Zuverlässigkeit, Garantie; • Umweltschutz.

27.3 Kaufmotive erkennen und entsprechend agieren/argumentieren

Kundenwünsche und erkannte Kaufmotive	mögliche Antworten
„Was haben Sie diese Woche an Fleisch im Angebot?" **Motiv: Sparsamkeit**	„Diese Woche haben wir Schweinefleisch im Angebot, das Beste und Feinste, zum Kurzbraten oder als Medaillons, das Pfund kostet nur..."
„Ich suche elegante Schuhe!" **Motiv: schönes Aussehen, Ansehen, Geltung**	„An eleganten Schuhen sind wir gut sortiert, wir führen namhafte modische Schuhe von italienischen und deutschen Herstellern, bitte sehen Sie..."

27.4 Probleme, die mit den Kaufmotiven verbunden sein können

Wir wollen einige Probleme kurz ansprechen:

Viele Kunden sind nicht bereit, insbesondere wenn die Motive Bequemlichkeit, Ansehen, Geltung und Luxus vorliegen, dies dem Verkäufer mitzuteilen; sie wollen auch nicht darauf angesprochen werden!

> Übungsaufgaben: Kapitel 27, Seite 309

28 Gut gezeigt ist halb verkauft – die Produktvorführung durch den Verkäufer

  Fallbeispiel

◯ **Auswertung**

1. a) Wie führt diese Verkäuferin das Textil vor? Beschreiben Sie dies, und gehen Sie auch auf Gesichtsausdruck und Blickkontakt zur Kundin ein.
   b) Gewinnt die Kundin durch die Warenvorlage einen Gesamteindruck von der gezeigten Ware? Begründen Sie Ihre Meinung!
2. Nehmen Sie zu folgenden Aussagen eines Verkäufers Stellung:
   a) „Gut gekleideten Kunden kann man teure Waren vorlegen!"
   b) „Ich beginne bei der Warenvorlage mit der obersten Preislage, dann stimmt mein Umsatz am Monatsende!"

▭ **Sachdarstellung**

28.1 Produktvorführung durch den Verkäufer wirkt verkaufsfördernd

Bei beratungsintensiven und erklärungsbedürftigen Produkten braucht der Kunde (meist) unsere Hilfe. Nur der Fachmann kennt die Vorzüge des Produkts. Er kann diese dem Kunden anschaulich zeigen und auf seine speziellen Wünsche und Probleme (Figurprobleme, geschmackliche Unsicherheiten) eingehen.

Der Kunde will, dass wir

- die Produkte zeigen und auf deren Besonderheiten hinweisen;
- diese in ihrem Einsatz bzw. in der Anwendung vorführen;
- Entscheidungshilfen bieten.

Eine gekonnte Produktdarbietung

- verkürzt das Verkaufsgespräch, das Auge nimmt rasch viele Informationen auf;
- weckt die Aufmerksamkeit und das Interesse des Kunden;
- steigert den Besitzwunsch.

28.2 Grundsätze der Produktvorlage

Welche Produkte legen wir vor?

Die vorangegangene Bedarfsermittlung gibt uns Hinweise über Zweck bzw. Anlass des Kaufs, die Einsatzmöglichkeiten und Qualitätsanforderungen an das Produkt. Danach sollen wir möglichst rasch verschiedene Artikel vorlegen.

In welcher Preislage legen wir vor?

Wenn der Kunde keine Angaben über den Preis macht, legen wir zunächst Artikel in unterschiedlichen Preislagen vor, ohne dass wir Extrempreislagen auswählen. Wir können dann aufgrund sprachlicher oder körpersprachlicher Signale auf untere oder obere Preislagen ausweichen. Beginnen wir dagegen mit der höchsten Preislage, haben wir keinen Handlungsspielraum mehr, überfordern den Kunden möglicherweise und lösen dadurch Kaufhemmungen aus, was ihn ggf. veranlasst, unser Geschäft zu verlassen. Beginnen wir mit der unteren Preislage, schränken wir die Auswahl ein.

Manchmal gibt uns der Kunde einen Hinweis auf den Preis, den wir respektieren.

Hinweise auf Waren mit höherem Preis	Hinweise auf preiswerte Ware
• „Ich möchte etwas Exklusives!" • „Ich möchte klassische Eleganz!" • „Ich lege Wert auf Qualität!" • „Ich suche besonders hochwertige Markenkleidung!"	• „Sie haben doch heute ein Sonderangebot!" • „Haben Sie keine Einzelteile?" • „Ich suche einen Bikini aus dem SSV!" • „Ich möchte preiswert einkaufen!"

Ob ein Kunde preiswerte oder höherpreisige Produkte kauft, lässt sich nicht anhand der äußeren Erscheinung abschätzen. Vielfach sind wohlhabende Kunden sehr sparsam bzw. Leute mit geringerem Einkommen wollen sich gelegentlich etwas Besonderes leisten.

Wie viele Artikel zeigen wir vor?

Der Kunde erwartet eine Auswahl, um einzelne Artikel miteinander vergleichen zu können. Er will Nutzen und Aussehen gegeneinander abwägen und dann entsprechend auswählen.

Wenn wir **zu viele Artikel** vorlegen, **verwirren** wir den Kunden. Er kann sich nicht entschließen und verlässt unser Geschäft. Werden **zu wenig** Artikel vorgelegt, gibt es **keine Vergleichsmöglichkeiten**. Es fällt dem Kunden schwer, eine geeignete Ware zu finden. Der Verdacht liegt nahe, der Verkäufer habe kein Interesse und das Geschäft keine Auswahl.

Wenn wir dem Kunden drei bis fünf Artikel vorlegen, dann ist das nicht zu viel und nicht zu wenig. Wir bieten dadurch eine echte Auswahl an. Sollte diese nicht ausreichen, reagieren wir auf die Hinweise des Kunden und holen weitere Artikel herbei, die seinen Wünschen näherkommen. Die Artikel, die der Kunde ablehnt, räumen wir beiseite.

Wie wir die Produkte eindrucksvoll zeigen

Dies hängt insbesondere von den Kundenwünschen und der Art des Produkts ab. Hier einige Grundsätze:

1. Das Auge des Kunden nimmt in kurzer Zeit mehr Informationen auf als das Ohr. Deshalb ist **Zeigen besser als tausend Worte**.
   Beispiel: wir nehmen Kleider aus dem Ständer, Kissenbezüge aus der Verpackung der Bettwäschegarnitur usw.
2. Der Kunde will einen **Gesamteindruck** des Produkts, deshalb zeigen wir das betreffende Textil in seiner Gesamtheit.
3. Wir zeigen das Produkt mit seinen **Gebrauchs- und Verwendungsmöglichkeiten**.
   Beispiel: Wir machen Kombinationsvorschläge und zeigen die in Stoff, Farbe und Stil aufeinander abgestimmten Bekleidungsstücke, wie Blazer, Rock, Bluse u. Ä., die sich harmonisch ergänzen, aber auch einzeln getragen werden können.
4. Damit ein positiver Gesamteindruck entsteht, legen wir **zusammengehörende Teile miteinander** vor.
   Beispiel: Sakko mit Hemd und Krawatte.
5. Eine planvolle Produktvorführung spricht die **Sinne, Gefühle und Fantasien** der Kunden an, weil diese vielfach gefühlsmäßig ihre Kaufentscheidungen treffen.
   Beispiel: „Bitte fühlen Sie, wie fantastisch weich und hautsympathisch diese feine Angora-Wolle ist; ein echtes Tragevergnügen."

6. Wir **weisen auf** die **Besonderheiten** des Produkts **hin**.
   Beispiel: Anorak
   - mit imprägniertem, strapazierfähigem Tactel-Oberstoff,
   - angerautem, wärmendem Flanell-Futter,
   - Kordelzug für individuelle Weite und Bequemlichkeit,
   - winddichter, wetterfester und atmungsaktiver Membran,
   - Kapuze im Kragen, die vor Wind und Nässe schützt,
   - großer Brusttasche für viele Utensilien,
   - dekorativen, kontrastierenden Blenden.

7. Die wirkungsvolle Produktvorführung fordert den Kunden auf, **sich selbst** von den Vorteilen der Produkte zu **überzeugen**.

   Beispiele:
   - **Anprobe:** jugendlicher Stil, gute Passform, korrekter Sitz, fließender Fall;
   - **Griffprobe:** weicher, feiner, sommerlicher Baumwollstoff ...;
   - **Gewichtsprobe:** leichtes Kleid, schwerer, haltbarer Stoff ...
   - viele interessante Details wie Volants, modischer Baumwolldruck ...

8. Wir unterstützen unsere Produktvorlage durch treffende Aussagen. Eine anschauliche Warenvorführung verwendet **treffende Eigenschaftswörter**, die auf **Vorteile** hinweisen (= positive Begründung).

   Beispiele:
   - *„Dieses Kissen ist federleicht!"*
   - *„Die zarten Farben wirken sehr fein und harmonisch!"*
   - *„Dieses aparte Kleid hat einen jugendlichen Schnitt!"*

   Nichtssagende Aussagen, wie *„das ist schön"* oder *„das ist gute Qualität"* vermeiden wir.

9. Durch **sorgfältige Behandlung** werten wir den vorgeführten Artikel auf.

Übungsaufgaben: Kapitel 28, Seite 311

29 Verkaufsargumente: Entscheidungshilfen für den Kunden

⚠ Fallbeispiel

1 Ein junger Mann sucht geeignete Bekleidung für alpinen Skilauf. Er hält sich, wie er dem Verkäufer sagt, für einen sportlichen Läufer. Ein Verkäufer ist ihm behilflich:

Verkäufer: *„Dieser Anorak besitzt zwischen Ober- und Unterstoff eine Membran in Mehrschichten-Laminat, was auspezeichnete physiologische Eigenschaften mit sich bringt ..."*

● Auswertung

1. Besitzt der Verkäufer Ihrer Meinung nach Warenkenntnisse? Begründung!
2. Welche Wirkung geht von solchen Verkaufsargumenten auf Kunden aus,
   a) die ein geringes Sachwissen haben,
   b) die sachkundig sind?
3. Könnte der Verkäufer einem Kunden, der geringes Fachwissen besitzt, mit diesen Argumenten überzeugen? Begründen Sie Ihre Meinung!

⚠ Fallbeispiel

2 Dieser Kunde will sich weiter informieren. Er trägt in einem anderen Geschäft der City nochmals dieselben Wünsche vor.

Verkäufer: *„Darf ich Sie fragen, welche Art von Gelände Sie bevorzugen, um leichter auf die gewünschte Skibekleidung schließen zu können?"*

Kunde: *„Ohne mich zu überschätzen, rechne ich mich zu den sportlichen Läufern."*

Verkäufer: *„Gerade für diese Gruppe haben wir eine Riesenauswahl. Ich darf Ihnen einige Teile in Ihrer Größe ganz unverbindlich vorführen (Verkäufer nimmt zunächst zwei heraus): Dieser Overall hier ist modisch und gleichzeitig funktionell. Die eingearbeitete Membran zwischen Ober- und Futterstoff funktioniert nach dem Prinzip der menschlichen Haut. Körperfeuchtigkeit in Form von Wasserdampf kann durch Milliarden feiner Poren hindurch. Die Membran ist also atmungsaktiv! Dagegen können Schnee, Regen und Wind nicht eindringen! Dadurch bleibt Ihr Körper trocken, warm und leistungsfähig ...!*

◯ **Auswertung**

Im zweiten Fallbeispiel kommen waren- und kundenbezogene Verkaufsargumente vor.
1. Welche Argumente sind im zweiten Fallbeispiel warenbezogen, welche kundenbezogen?
2. Wodurch werden Verkaufsargumente kundenbezogen?
3. Warum wirken kundenbezogene Verkaufsargumente überzeugender?

▉ **Sachdarstellung**

29.1 Argumente, Argumentation

Argumente sind Begründungen und Beweise, die dem Kunden die mit dem Kauf des Produkts verbundenen Vorteile (= Nutzen) verständlich machen und ihn überzeugen sollen. Die Art und Weise, wie wir den Kunden wirkungsvoll von seinem persönlichen Nutzen zu überzeugen versuchen, nennt man **Argumentation**. Diese ist erlernbar und hat nichts mit Überredung oder Überrumpelung zu tun.

29.2 Woraus wir Verkaufsargumente ableiten

Damit wir über einen genügenden Vorrat an Verkaufsargumenten verfügen, zeigt die folgende Tabelle, aus welchen Bereichen wir Verkaufsargumente ableiten können.

Bereich (woher)	Beispiele für Verkaufsargumente
1. Einsatz; z. B. • Skifahren, Wandern	– „Dieses Blouson eignet sich nicht nur für Skifahrer, sondern ganz allgemein als Oberbekleidung im Winter!"
2. Produkt, z. B. • Aussehen • Gebrauchs- eigenschaften • Pflege • Details • Material	– „Dieser Bikini ist modisch bedruckt." – „Der Bikini-Stoff aus Kettjersey ist feinmaschig, trägt nicht auf, ist elastisch und trotzdem formstabil." – „Die Badehose trocknet rasch und ist pflegeleicht. Sie brauchen diese nur klarzuspülen und kurz auszuschleudern ..." – „Bitte beachten Sie bei dieser Badehose die Innentasche, z. B. für Kleingeld." – „Diese Badehose ist aus 80 % Polyamid und 20 % Lycra. Das bringt hohe Elastizität und schnelles Trocknen mit sich."
3. Preis, z. B. • Preiswert • Preis als Qualitäts- garantie • Preis spielt keine Rolle	– „Preisgünstiges Einzelteil!" – „Der Preis dieses Marken-Tennishemdes garantiert Qualität." – „Dieser Cashmere-Pullover ist etwas Besonderes für Kenner!"
4. Service-Leistungen, z. B. • Änderung • Zustellung • Umtausch • Auswahl	– „Innerhalb einer Stunde ändern wir Ihnen diese Hose." – „Wir liefern den Teppich frei Haus." – „Falls der Pullover Ihrer Frau nicht gefällt, tauschen wir ihn gerne um!" – „Wir geben Ihnen diese drei Jogging-Anzüge bis morgen zur Auswahl mit!"

29.3 Voraussetzungen für eine wirkungsvolle Argumentation

Voraussetzungen für eine wirkungsvolle Argumentation sind:
- Produkt- und Warenkenntnisse: Je besser wir das Produkt kennen, desto leichter können wir Kunden von den Vorzügen der Ware überzeugen;
- Beherrschung der Produktvorführung, weil das Auge mehr und schneller Produktinformationen aufnimmt als das Ohr;
- die Fähigkeit, sich einfach, kurz und anregend auszudrücken, weil wir dadurch verständlich wirken;
- Beherrschung der Fragetechnik, weil gezielte Fragen das Gespräch weiterbringen;
- Beobachtung des Kunden hinsichtlich seiner sprachlichen und nichtsprachlichen Signale, damit der Dialog nicht abbricht.

29.4 Produktbezogene Verkaufsargumente

Darunter versteht man **Argumente, die etwas über das Produkt, seine Eigenschaften und Merkmale, den Einsatz, den Preis sowie über Serviceleistungen zu dieser Ware aussagen.**

29.4.1 Anwendung produktbezogener Verkaufsargumente

Diese eignen sich
- als **„Einstieg" in die Verkaufsargumentation**, nachdem sich der Kunde bereits mit dem Produkt beschäftigt hat;

  Beispiel: Ein Kunde betrachtet das Pflegeetikett einer Jacke.
  Verkäufer: *„Diese Jacke ist pflegeleicht. Sie können sie problemlos waschen…"*
- bei **Kunden mit Fachwissen oder bei Fachleuten:** Ob unser Kunde zu diesem Personenkreis gehört, ergibt sich aus Kundenäußerungen oder anhand körpersprachlicher Signale. Diesem Personenkreis zeigen wir das Sortiment mit ausgewählten, produktbezogenen Verkaufsargumenten.

29.4.2 Nachteile produktbezogener Verkaufsargumente

Sie sind sachbezogen und stellen die Ware mit ihren Merkmalen und Eigenschaften in den Mittelpunkt des Verkaufsgesprächs. Nur Kunden mit Fachwissen sind in der Lage, aus Fachbegriffen wie Membran, Laminat, mercerisierte Baumwolle usw. Vorteile abzuleiten.

Wünscht der Kunde bei erklärungsbedürftigen Produkten Bedienung und Beratung, muss der Vorteil (Nutzen), den der Artikel mit sich bringt, verständlich gemacht werden. Dazu ist der Verkäufer als Fachberater zuständig und notwendig.

29.5 Umweltbezogene Verkaufsargumente

29.5.1 Einzelhandel und Umweltschutz

Der Schutz der Natur als Grundlage des Lebens tritt immer stärker in das Bewusstsein der Menschen. Durch umweltbezogene Verkaufsargumente
- sprechen wir das Umweltbewusstsein unserer Kunden an,
- fördern wir den Absatz umweltverträglicher Waren/Textilien und Dienstleistungen,
- schützen wir die Umwelt.

Argumente

Rohstoffverwendung	Wiederverwertung von Rohstoffen (= Recycling)	Abfallvermeidung
Ist der Einsatz eines bestimmten Rohstoffs für eine Ware umweltschonend? **Beispiele:** naturbelassene Baumwolle, hautfreundlicher Farbstoff	Können die Grundstoffe einer Ware/Verpackung in die Rohstoffproduktion zurückgeführt werden? **Beispiel:** Wiederaufbereitung des wertvollen Rohstoffs Wolle für neue Stoffe	Ist die Verpackung notwendig und umweltschonend? **Beispiele:** Plastiktüten, die ohne Umweltbelastung beseitigt werden

29.5.2 Beispiele für umweltbezogene Verkaufsargumente

- „Die naturbelassene Baumwolle und die Farbstoffe dieses Wäscheteils entsprechen dem Öko-Tex Standard 100. Darauf können Sie sich verlassen."
- „Die Füllung dieser Einziehdecke besteht aus Wolle und wurde durch Wiederaufbereitung wertvoller Wollstoffe gewonnen!"
- „Der baumwollene Strampler ist ungebleicht. Die empfindliche Babyhaut empfindet Hautfreundlichkeit."
- „Dieses Lederimprägnierspray enthält umweltgerechtes Treibgas ohne schädliches FCKW."
- „Ihre neue Kombination packen wir in eine umweltfreundliche Tragetüte."

29.6 Kundenbezogene Verkaufsargumente

29.6.1 Der Kunde sucht „Nutzen"

Jeder Kunde will individuelle Bedürfnisse befriedigen. Er sucht den Nutzen, den das Produkt mit sich bringt. Der gewünschte Artikel ist nur „Mittel zum Zweck", er dient der Bedürfnisbefriedigung.

Nutzen umfasst:
- **praktischen Nutzen**, z. B. Eigenschaften wie Haltbarkeit, Bequemlichkeit, leichte Bedienung, Pflege;
- **Geltungsnutzen (ideeller Nutzen)**, z. B. schönes Aussehen, Wecken von Aufmerksamkeit, Anerkennung, Beliebtheit, Attraktivität.

Die wichtigste Aufgabe des Beratungsgesprächs besteht darin, den **Nutzen** eines Produkts zu **verdeutlichen**.

Wenn der Kunde vom Nutzen überzeugt ist, kauft er. Um dieses Ziel zu erreichen, gehen wir schrittweise vor:

1. Schritt: Wir leiten aus Produktmerkmalen Nutzen ab.

2. Schritt: Wir überzeugen vom Nutzen eines Produkts, indem wir diesen verständlich machen, begründen und beweisen.

Erinnern wir uns an das Beispiel mit dem Anorak und der Membran. Die folgende Tabelle zeigt, welchen Nutzen (Vorteil) wir daraus ableiten können:

Merkmal einer Ware	Nutzen
poröse Membran	• funktioniert nach dem Prinzip der menschlichen Haut, sie ist atmungsaktiv; Schnee, Regen und Wind können nicht eindringen • Körper bleibt trocken, warm und leistungsfähig

Ein planvoll angelegtes Verkaufsgespräch versucht, dem Kunden den Nutzen zu erläutern. Solche Überlegungen an erklärungsbedürftigen Waren unseres Sortiments sind das Fundament erfolgreichen Argumentierens.

29.6.2 Vorteils- und Sie-Formulierungen

Damit der Kunde seinen persönlichen Nutzen (Vorteil) leicht erkennt, wenden wir **Vorteilsformulierungen** an. Diese gebrauchen treffende Verben (Tätigkeitswörter), welche kurz und verständlich den Vorteil verdeutlichen. Wir können die Wirksamkeit kundenbezogener Verkaufsargumente weiter erhöhen, wenn wir gleichzeitig die Sie-Formulierung anwenden. Dadurch bewirken wir Identifikation mit Kundenwünschen.

Beispiele für Vorteilsformulierungen mit Tätigkeitswörtern, die mit der Sie-Form verbunden sind:
- „Das bringt Ihnen ..."
- „Das hilft Ihnen ..."
- „Damit sparen Sie ..."
- „Das sichert Ihnen ..."
- „Das garantiert Ihnen ..."
- „Das erhöht Ihren ..."
- „Das zeigt Ihr ..."
- „Das senkt Ihre ..."
- „Das verbessert Ihre ..."
- „Das fördert Ihre ..."
- „Das ermöglicht Ihnen ..."
- „Damit können Sie ..."

Beispiele für Vorteilsformulierungen:
- „Eine Beimischung von Mikrofasern bringt Ihnen hautsympathisches Verhalten, Feinheit, Weichheit, geringes Gewicht ..."
- „Reine Schurwolle garantiert Ihnen ..."
- „Dieses exklusive Modell von ... ermöglicht Ihnen ..."

Fassen wir zusammen:

29.7 Wie wir den Kunden am besten überzeugen (Argumentationstechnik)

Darunter versteht man die **Art und Weise, wie wir den Kunden am besten überzeugen**. Um dies zu klären, wollen wir etwas weiter ausholen und einige Überlegungen anstellen.

Haben Sie schon einmal überlegt, warum z. B.

- das Verkaufsargument: *„Der Schal ist aus weicher Wolle"*, noch nicht genügend überzeugt;
- auf Märkten, Ausstellungen, Messen usw. immer dort viel „los" ist, wo etwas vorgeführt wird;
- erfolgreiche Verkäufer von Autos Interessenten zur Probefahrt einladen bzw. auffordern?

29.7.1 Merkmale einer wirkungsvollen Argumentationstechnik

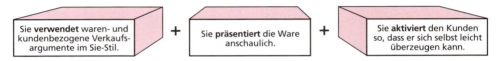

Sie **verwendet** waren- und kundenbezogene Verkaufsargumente im Sie-Stil. + Sie **präsentiert** die Ware anschaulich. + Sie **aktiviert** den Kunden so, dass er sich selbst leicht überzeugen kann.

Sie wissen aus eigener Erfahrung: Was Sie selbst mit eigenen Augen gesehen haben, überzeugt mehr als tausend Worte! Nutzen Sie deshalb die Chance, auch wenn dies arbeitsintensiv ist (Herbeiholen und Wegräumen von Ware), dem Kunden möglichst viel zu zeigen und vorzuführen! Versuchen Sie, wichtige **Vorteile des Produkts möglichst anschaulich** zu zeigen.

29.7.2 Den Kunden aktivieren

Sie beherrschen die Argumentationstechnik dann perfekt, wenn Sie den Kunden so aktivieren, dass er sich selbst überzeugen kann. Erinnern Sie sich: Argumente sind (auch) Beweise, doch den Beweis führt der Verkäufer.

Wie beweist der Verkäufer seinem kritischen Kunden, dass z. B.	Der beste Beweis ist immer der, den sich der Kunde selbst erbringt. Fordern Sie ihn einfach mit Überlegung dazu auf:
- der Schal wirklich weich und hautsympathisch ist; - der Overall tatsächlich passt usw.?	- „Testen Sie doch bitte selbst, wie weich der Schal ist und legen sie ihn einmal um!" - „Überzeugen Sie sich selbst von der guten Passform dieses Overalls und schlüpfen Sie unverbindlich einmal hinein!"

Viele (aber nicht alle) Beweise lassen sich durch entsprechende, vom Verkäufer vorgeführte und vom Kunden nachgemachte Proben erbringen!

Wenn Sie Ihrem Kunden Kontrollfragen stellen, können Sie aus seinen Antworten ableiten, ob die Beweisführung gelungen ist.

Beispiele:
- *„Konnte Sie die Anprobe überzeugen, wie weich, fein und hautsympathisch dieser Schal ist?"*
- (Bei der Anprobe) *„Passt Ihnen der Blazer gut?"*

Sie sehen also, dass Sie den Kunden vielfältig aktivieren können:
- Beziehen Sie ihn aktiv in das Verkaufsgespräch ein (Verkaufsgespräche sind keine Verkäufermonologe, sondern Dialoge mit Kunden),
- seien Sie an seinen Vorstellungen und Meinungen interessiert und fragen Sie danach,
- stellen Sie Kontrollfragen, um zu erfahren, ob der Kunde von den Vorteilen der Ware überzeugt ist.

Wenn Sie den Kunden so aktivieren, dass er sich selbst von den vorteilhaften Eigenschaften eines Produkts überzeugt, ist Ihre Argumentation sachkundig, fair und Erfolg versprechend.

Übungsaufgaben: Kapitel 29, Seite 312

30 Preisgespräche überzeugend führen

⚠ Fallbeispiel

Ein Mann mittleren Alters befasst sich mit sportlichen Jacken aus Leder. Ein Verkäufer kommt hinzu:

Verkäufer: „Guten Tag, Sie interessieren sich für diese Nappa-Jacke?"
Kunde: „Ja, die gefällt mir gut. Was kostet sie denn?"
Verkäufer: „Diese sportliche Jacke ist aus feinem Ziegennappa. Sicher haben Sie beachtet, wie weich und geschmeidig dieses wertvolle Leder ist und welche ausgezeichnete Trageeigenschaften es hat. Durch die handwerklich gearbeiteten Details mit Stehbundkragen, Manschettenärmel, Leistentasche, gestricktem Taillenbund ist sie aufwendig verarbeitet. Sie kostet 298,00 EUR. Bitte schlüpfen Sie doch einmal hinein, damit Sie sich von der bequemen Passform und den angenehmen Trageeigenschaften überzeugen können!"

🔴 Auswertung

1. Aus welchem Grund hat der Verkäufer nicht gleich den „nackten" Preis genannt, sondern ihn zuerst in Verkaufsargumente „verpackt"?
2. Nennen Sie die Verkaufsargumente, die geeignet sind, im Kunden Wertvorstellungen einer Ware zu erhöhen!
3. Auf welche Weise gelingt es guten Verkäufern, „höherpreisige" Waren zu verkaufen?

▨ Sachdarstellung

Der Kunde, der eine Ware kaufen will, ist bereit, dafür „Opfer" zu bringen. Die Trennung vom Geld erfordert eine Entscheidung, die umso leichter fällt, je mehr der gewünschte Artikel persönlichen Nutzen (= Vorteile) bringt. Weil die finanziellen Möglichkeiten des Kunden begrenzt sind, überlegt er sich, ob die Ware ihr Geld wert ist.

30.1 Der Kunde setzt den Preis in Beziehung zum Wert eines Produkts

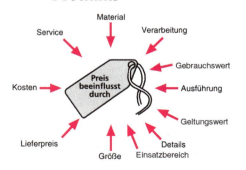
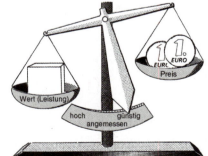

Die linke Darstellung zeigt, welche Merkmale den Preis eines Produkts beeinflussen; die rechte verdeutlicht: Der Kunde setzt bewusst oder unbewusst den Preis in Beziehung zum Wert bzw. zur Leistung eines Produkts. Das führt zu persönlichen (subjektiven) Wertvorstellungen, wie hoher, angemessener, günstiger Preis.

Aus diesen Zusammenhängen lassen sich wichtige Gesichtspunkte für unsere Preisargumentation ableiten.

30.2 Wir „verpacken" den Preis in Kundennutzen („Sandwich-Methode")

Der Kunde kauft, was ihm nützt. Gerade bei erklärungsbedürftigen Produkten, bei denen der Kunde ja unsere Beratung wünscht, leiten wir aus den Produktmerkmalen Nutzen ab. Ein überzeugendes Preisgespräch setzt alle Möglichkeiten ein, die uns aus der Verkaufsargumentation bekannt sind, um **Nutzen und Wertvorstellungen** im Kunden zu erzielen, z. B.:

- produkt- und kundenbezogene Verkaufsargumente;
- anschauliche Produktvorführung;
- Aktivierung des Kunden, sodass er sich selbst überzeugt.

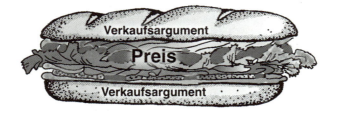

Beispiel: „Dieser leichte Trenchcoat ist durch den Koller, die breiten Revers, Schulterklappen, Ärmellaschen, Leistentaschen und den Rundgurt sehr sportlich. Der Oberstoff aus feinfädiger Baumwolle ist imprägniert und deshalb wetterfest. Das Modell des führenden Herstellers X hat, wie Sie hier sehen, eine hochwertige Innenausstattung mit vielen Details, wie Paspeltaschen ..."

Höhere Preise müssen nicht notwendigerweise die Kauflust des Kunden bremsen, denn verglichen mit anderen oder gleichen Artikeln sind damit weitere Vorteile des Produkts verbunden, die es zu begründen und verständlich zu machen gilt. Beispielsweise sind bei festlicher Bekleidung im Fachgeschäft Zusatzleistungen wie nobles Ambiente, exklusive Beratung, hervorragender Service, Auswahl und dgl. verbunden.

Die folgende Darstellung zeigt, dass wir durch ein erfolgreiches „Verpacken" des Preises die Wertvorstellung im Kunden erhöhen können.

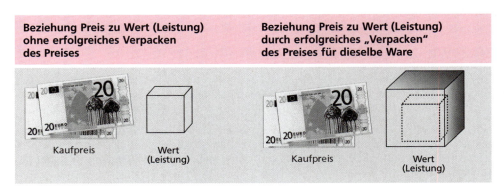

30.3 Der richtige Zeitpunkt, um den Preis zu nennen

Ein **überzeugend geführtes Preisgespräch** stellt zuerst den Nutzen des Produkts heraus. Der Vorteil dieser Vorgehensweise besteht darin, dass zuerst eine Nutzenvorstellung im Kunden aufgebaut wird und daraus leichter die Überzeugung folgt, dass die gezeigte und vorgeführte Ware die richtige ist.

Stellen wir den Preis an das Ende, hört der Kunde ihn als Letztes. Erfahrungsgemäß beziehen sich viele Äußerungen eines Kunden auf das zuerst bzw. zuletzt Gehörte. Wir müssten dann hierzu Stellung nehmen. Dieser Nachteil lässt sich vermeiden, wenn ein anschließendes, kurzes, nochmals zugkräftiges Verkaufsargument folgt und das Interesse des Kunden wieder auf die Vorteile der Ware lenkt.

Beispiel:
Verkäufer: *„Dieses Blouson besteht aus weichem Lammvelour, es ist superleicht, herrlich bequem, wirkt durch Stehbundkragen und Strickbund sehr sportlich!"*

Kunde: (nickt wohlgefällig) *„Was kostet dieses Blouson?"*

Verkäufer: *„In dieser hervorragenden Ausstattung kostet es 259,00 EUR. Bitte schlüpfen Sie doch in dieses handschuhweiche Lammvelours-Blouson hinein, um sich von den außergewöhnlichen Trageeigenschaften zu überzeugen!"*

Nennen wir den Preis vorzeitig, ohne dass es uns gelungen ist, den Wert des Produkts verständlich zu machen, so **lenken wir das Interesse des Kunden auf den Preis** und nicht auf die Produktvorteile. Weil es leichter und angenehmer ist, Nutzenvorstellungen im Kunden aufzubauen als mögliche Preiseinwände auszuräumen, sollten Preise nicht vorzeitig genannt werden. Selbst wenn der Kunde gleich nach dem Preis des Produkts fragt, wirken wenige, starke Argumente werterhöhend.

Ist der Kunde **vor allem an preisgünstiger Ware interessiert** und können wir diese vorlegen, **gehen wir sofort auf den Preis ein**, denn dann ist der Preis unser Argument.

Beispiel:
Kunde: „Was haben Sie noch an preisgünstigeren Hosen?"
Verkäufer: „Preiswerte Einzelteile finden Sie ..."

Wir achten darauf, dass der Kunde bei preisgünstigen Waren das Gefühl einer vollwertigen Ware erhält.

30.4 Wie wir den Preis nennen

Fragt der Kunde nach dem Preis, so nennen wir ihn, nachdem wir diesen in Nutzen verpackt haben, sicher, fast beiläufig, ohne Betonung und eigene Wertung, als wäre der Preis nichts Besonderes. Verkäuferäußerungen, wie *„das kostet aber", „das ist aber sehr teuer", „das kostet allerdings", „da kann ich Ihnen höchstens noch das teurere Modell zeigen"*, signalisieren dem Kunden, er könne sich den Artikel nicht leisten bzw. der Artikel sei den geforderten Preis nicht wert. Solche Aussagen wirken kaufhemmend.

30.5 Wie wir Preisschocks verhindern

Einige Techniken in der Preisargumentation können uns helfen, Preisschocks zu vermeiden.

Optische Verkleinerung

Wir führen den Preis eines Artikels auf eine kleinere Menge oder Anzahl zurück, oder wir „verteilen" ihn auf die gesamte Nutzungsdauer des Produkts.

Beispiel: *„So einen klassischen, wertvollen Mantel trägt man doch viele Jahre. Die Kosten pro Jahr halten sich dann in Grenzen."*

Zerlegungsmethode

Wir zerlegen die Gesamtleistung in Teilleistungen.

Beispiel: *„Der Blazer kostet 149 EUR, der Rock 79 EUR, die Hose 69 EUR, die Bluse 49 EUR. Auf diese Weise hat man doch viele Kombinationsmöglichkeiten und ein variables Outfit!"*

Vergleichsmethode

Wir vergleichen den Artikel, für den sich der Kunde interessiert, mit einem teureren. Dadurch erscheint der Preis des gewünschten Artikels nicht mehr so hoch.

Beispiel: (nach der Produktvorführung mit entsprechenden Argumenten) *„Bitte vergleichen Sie doch einmal dieses Modell für 258,00 EUR, das doch ganz Ihren Wünschen und Vorstellungen entspricht, mit dem teureren für 348,00 EUR. Sie sparen also 90,00 EUR."*

Verharmlosungsmethode

Wir verharmlosen den Aufpreis des teureren Produkts.

Beispiel: *„Das Modell A kostet 149,00 EUR, das preiswertere 129,00 EUR. Da Ihnen das Modell A mehr zusagt, fällt der Preisunterschied von 20,00 EUR kaum ins Gewicht."*

30.6 Wir stellen uns auf die Preisvorstellungen des Kunden ein

Im Verkaufsalltag können wir beobachten, dass Kunden bei **Versorgungseinkäufen**, z. B. Nahrungsmittel u. Ä., **sehr preisbewusst** sind und nach günstigen Angeboten Ausschau halten. Dieselben Kunden achten bei längerlebigen, hochwertigen Gebrauchsgütern, z. B. technischen Geräten wie Geschirrspüler, Autos, häufiger auf gute Qualität und sind bereit, dafür einen höheren Preis zu zahlen. Bei **Erlebniseinkäufen**, bei denen Kunden ihr **Geltungsbedürfnis** zum Ausdruck bringen, z. B. Exklusivartikel, Luxusartikel, **spielt der Preis meist keine Rolle**.

Hat der Kunde bestimmte Preisvorstellungen, respektieren wir diese und stellen uns, sofern es unser Warenangebot zulässt, darauf ein. Vier Preiserwartungen sind häufig anzutreffen:

Preisvorstellungen	wir stellen uns darauf ein
• Kunde will preiswert kaufen	– Wir begründen den Preisvorteil und geben durch entsprechende Warendemonstration und Verkaufsargumente dem Kunden das Gefühl einer vollwertigen Ware. Preisgünstige Waren gibt es bei folgenden Gelegenheiten: Sonderveranstaltungen, Jubiläen, WSV, SSV, Räumungsverkäufe, kleine Fehler, Einzelteile u. Ä.
• Kunde sucht den Preis als Garantie für gute Qualität	– Wir zeigen, veranschaulichen, erklären Qualitätsmerkmale. – Wir vergleichen die Qualität verschiedener Artikel. – Wir weisen auf die längere Nutzungsdauer hin (*„Das Teuerste ist oftmals auf die Dauer das Billigste"*).
• „Der Preis spielt keine Rolle" (Preis ist Ausdruck des Geltungsbedürfnisses)	– Wir zeigen, veranschaulichen, erklären das Außergewöhnliche, Luxuriöse, Einmalige, z. B. Modellkleid, Antiquität, Teppich usw.
• Kunde setzt sich eine Preisgrenze	– Wir zeigen Waren innerhalb dieser Preisgrenze und weisen auf preiswerte Ware hin, die den gewünschten Nutzen stiftet, auf entbehrliche Extras, spätere Komplettierung, Ratenkauf, Alternativangebote.

Übungsaufgaben: Kapitel 30, Seite 313

31 Kundeneinwände: lästige Kaufwiderstände oder nützliche „Wegweiser"?

△ Fallbeispiel

 Auswertung

1. Wogegen richten sich die Einwände der Kunden in Ihrem Geschäft?
2. Warum bringen Kunden Einwände vor?
3. Welche Aufgabe fällt dem Verkäufer zu, wenn der Kunde Einwände vorbringt?
4. „Einem Kundeneinwand muss man knallhart widersprechen!" Wie wirkt sich dieses Verhalten eines Verkäufers vermutlich auf das Verkaufsgespräch aus?
5. Sollte man Kundeneinwände(n)
   a) übergehen,
   b) ausweichen,
   c) widerlegen,
   d) beantworten?
6. a) Wie gehen Sie vor, wenn Kunden Einwände erheben? Welche Methoden wenden Sie zur Beantwortung an?
   b) Es gelingt, Kundeneinwände erfolgreich zu beantworten. Wie wirkt sich eine erfolgreiche Behandlung von Einwänden auf den Kunden, den Verkäufer und das Geschäft aus?

◼ Sachdarstellung

31.1 Gründe für Einwände

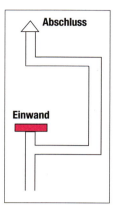

Jeder Kauf verlangt vom Kunden eine Entscheidung, die mit finanziellen „Opfern" verbunden ist. Deshalb ist es verständlich, wenn Bedenken, Widerstände, Hemmungen und Einwände auftreten, die wie eine Wand wirken. Sie bieten uns die Möglichkeit, die Vorstellungen und Erwartungen des Kunden näher kennen zu lernen, sind also **nützliche „Wegweiser"** für das weitere Verkaufsgespräch. Die meisten Einwände lassen sich beantworten, nur unerfahrene Verkäufer empfinden diese als Ablehnung oder gar als Angriff.

Kunden äußern Einwände auf verschiedene Weise; sie fragen, zweifeln, sind kritisch, aber auch sachlich und ruhig, manchmal erregt, abfällig, verletzend usw.

31.1.1 Häufige Gründe für Einwände

Kunde wünscht weitere Informationen	Kunde ist noch nicht überzeugt	Kunde sucht einen Vorwand bzw. benutzt eine Ausrede
• z. B. über Eigenschaften, Einsatz, Vorteile.	• z. B. vom Geschäft, Verkäufer, Preis, den Eigenschaften der Ware, von den Verkaufsargumenten.	• um das Geschäft ohne „Gesichtsverlust" verlassen zu können.
Beispiele: „Ist das auch wirklich die neueste Mode?" „Warum ist dieser hübsche Pulli so teuer?"	Beispiele: „Davon bin ich noch nicht so ganz überzeugt!" „Das Muster der Stores gefällt mir gut, sind die später auch noch aktuell?"	Beispiele: „Ich wollte mich ja nur mal unverbindlich umschauen, ob …" „So viel Geld habe ich jetzt nicht dabei."

31.1.2 Worauf sich Kundeneinwände beziehen

Kundeneinwände können sich beziehen auf

- **das Produkt**
  - „Die Hemden dürften ruhig ein wenig flotter aussehen!"
  - „Ich suche Jeans im Gammlerlook und keine Edeljeans!"

- **den Preis**
  - „Das ist aber teuer!"
  - „Ich kann warten, bis die Hosen zum Saisonschlussverkauf reduziert werden!"
  - „Ich zweifle, ob die Ware das wert ist, was sie kostet!"

- **das Geschäft und den Verkäufer**
  - „Hören Sie mal, schon wieder muss ich feststellen, dass Sie diesen gängigen Artikel nicht führen!"
  - „Gibt es in diesem Geschäft niemand, der wirklich etwas von der Sache versteht?"
  - „Service kennt dieses Haus wohl nicht?"

- **die Argumentation**
  - „Können Sie mir das nicht einfacher ohne Fachchinesisch erklären?"
  - „Mir wär's lieber, Sie würden mir Ware zeigen!"
  - „Ich möchte jetzt endlich wissen, welche Vorteile der Anorak besitzt!"

31.2 Verhaltensweise bei Kundeneinwänden

Wir können Einfluss auf den Verlauf und damit auf den Erfolg des Verkaufsgesprächs nehmen. Die Tabelle stellt positives und negatives Verkäuferverhalten gegenüber.

Die Kaufstimmung wird	
durch positives Verhalten verbessert:	durch negatives Verhalten verschlechtert:
• ruhig, sachlich, freundlich verständnisvoll zuhören; der Kunde fühlt sich dann verstanden • respektieren der Meinung des Kunden, denn jeder Mensch strebt nach Bejahung und Anerkennung • unterschiedliche Ansichten herunterspielen, Einwand „beantworten"	• ungeduldig, unsachlich, unhöflich, spannungserhöhende Redensarten; der Kunde fühlt sich in die Rolle des Gegners gedrängt • belehren, rechthaberisch sein, Einwand zerreden; der Kunde empfindet dies als Herabsetzung • direkten Widerspruch herausfordern

31.3 Einwände, die wir nicht entkräften

Dazu gehören:

- **Ausreden**, um das Geschäft ohne Einkauf verlassen zu können. Sie sind keine wirklichen Einwände und stehen in keinem Zusammenhang mit vorangegangenen Argumenten. Wir respektieren dies und ermöglichen dem Kunden einen freundlichen, ungetrübten Abgang.
- **Vorurteile und vorgefasste Meinungen:** Wer z. B. der Ansicht ist, dass Grün eine unausstehliche Farbe ist, fällt diese Entscheidung gefühlsmäßig. Mit verstandesmäßigen Argumenten ist hier nicht beizukommen. Wir lassen den Kunden bei seiner Ansicht und fragen z. B. nach seinen Lieblingsfarben.
- **Waren, die den Kunden in seinem Wohlbefinden stören**, einengen, unbequem sind nicht passen.
  Kunde: „Der Rock ist sehr eng, da fühle ich mich nicht wohl!"
  Verkäufer: „Dann müsste Ihnen die nächste Größe passen!"

31.4 Auf welche Weise wir Einwände entkräften

Die Verkaufspraxis kennt mehrere Methoden, um Kundeneinwände zu beantworten. Diese können uns eine wirksame **Hilfe** sein, **wenn sie** nicht schematisch, sondern **situations- und kundenbezogen angewandt werden**.

Möglichkeiten

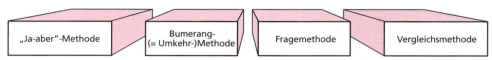

31.4.1 „Ja-aber"-Methode

Hier gibt der Verkäufer dem Kunden erst einmal recht. Auf die **Zustimmung folgt das Gegenargument**, also die nicht gesehene Seite des Problems.

Kunde: „Dieser Pullover ist aber teuer!"
Verkäufer: „Sie haben Recht, auf den ersten Blick ist das eine Menge Geld, (aber) bedenken Sie bitte, dass dieser Pullover aus feiner Merino-Schurwolle, waschmaschinenfest ausgerüstet ist."

Vom Wörtchen „aber" sollten wir möglichst wenig Gebrauch machen. Für den Kunden wirkt es wie ein Warnsignal: „Aha, jetzt kommt der ‚Pferdefuß'".

Einige Formulierungsbeispiele, die Zustimmung und Gegenargumente enthalten:

Zustimmung (Ja)	→	Gegenargument (Aber)
• „Es stimmt, dass diese Farbe empfindlich ist,		– (aber) Sie können die Jacke selbst leicht waschen."
• „Ich stimme Ihnen völlig zu,		– (aber) beachten Sie bitte folgende Vorteile ..."
• „Ich stimme Ihrer Auffassung zu,		– vergleichen Sie doch bitte ..."
• „Im Allgemeinen ist das richtig,		– darf ich Sie darauf hinweisen, dass ..."
• „Sehr richtig, dass Sie ...		– die Frage ist nur, ob ...?"
• „Sicher ist das wichtig, dass ...		– nur sollten Sie sich im Klaren sein, ob ..."

31.4.2 Bumerang- (= Umkehr-)Methode

Hier versucht der Verkäufer deutlich zu machen, dass der **vermeintliche Nachteil in Wirklichkeit für den Kunden einen Vorteil bedeutet**, den er bisher noch nicht gesehen hat. Jede Sache hat zwei Seiten, es kommt nur auf die Betrachtungsweise an.

Kunde: „Dieser Pullover ist ja aus Wolle/Acryl!"
Verkäufer: „Gerade deshalb ist er waschmaschinenfest, formstabil und preiswert!"

Der Verkäufer stimmt auf diese Weise dem Einwand des Kunden zu, wandelt diesen dann in ein Argument **für** die Ware um.

> Wir leiten die Umkehrmethode mit folgenden Formulierungen ein:
> - gerade deshalb ist ...
> - deswegen
> - aus diesem Grund
> - dafür

31.4.3 Fragemethode

Sie eignet sich gut, wenn wir aufgrund der sprachlichen und körpersprachlichen Signale des Kunden erkennen, dass insbesondere unausgesprochene Einwände vorliegen. **Wir fordern den Kunden auf, seine Bedenken offen zu äußern**, um dann gezielt darauf einzugehen.

Kunde: *„Ich glaube, das ist doch nicht das Richtige für mich!"*

Verkäufer: *„Sie haben offensichtlich noch Bedenken. In welcher Hinsicht gehen Ihre Erwartungen noch nicht in Erfüllung?"*

> Die Fragemethode hat folgende **Vorteile**:
> - Wir zeigen durch unsere Fragen Interesse an seinem Einwand.
> - Der Kunde kann seine Erwartungen über die Ware verdeutlichen und erhält Gelegenheit, davon zu sprechen.
> - Wir erfahren die Gründe für die Einwände.

Beispiele:
- *„Bitte sagen Sie ruhig, was Ihnen an dem Mantel noch nicht gefällt, damit wir zusammen den geeignetsten für Sie finden!"*
- *„Ich sehe, Sie sind mit der Hose noch nicht so ganz zufrieden. Bitte äußern Sie Ihre Bedenken, was Ihnen noch nicht so recht zusagt!"*
- *„Worin liegen Ihre Zweifel?"*

31.4.4 Vergleichsmethode

Wir schwächen den Einwand des Kunden durch Vergleichen mit anderen Waren ab, um zu zeigen, dass die **vorgelegte Ware die meisten Vorteile besitzt**.

Kunde: *„Vielleicht würde mir eine Jacke mit einem wärmenden Polyester-Vlies anstatt einer teureren Daunenjacke genügen?"*

Verkäufer: *„Wenn Sie die Daunenjacke mit der anderen vergleichen, dann haben Sie bei Daune den Vorteil, dass sie ... ist!"*

31.4.5 Preiseinwände, kein Grund zur Kapitulation

Der Einwand des Kunden: *„Das ist aber zu teuer"*, kann auf folgende Gründe hinweisen:
- *„Ist der Artikel auch sein Geld wert? Ich möchte mehr darüber erfahren!"*
- *„Der Preis ist **mir** zu hoch! So viel will ich nicht ausgeben, ich kann mir den Artikel nicht leisten!"*
- *„Die Konkurrenz führt denselben Artikel zu einem günstigeren Preis!"*

Welcher Grund wirklich vorliegt, lässt sich durch Fragen klären:
- *„Was veranlasst Sie zu der Annahme, dass der Artikel teuer ist?"*
- *„Weshalb halten Sie den Preis für zu hoch?"*
- *„Haben Sie denselben Artikel bei unserem Mitbewerber günstiger gesehen?"*

Gründe für Preiseinwände	→ Orientierungshilfe für richtiges Verhalten
• *„Ist der Artikel auch wirklich sein Geld wert? Ich möchte mehr darüber wissen!"*	• Argumente anführen, die den Wert der Ware verdeutlichen • den Kunden die Vorteile der Ware selbst vergleichen lassen
• *„Der Preis ist mir zu hoch, ich kann mir den Artikel nicht leisten!"*	• dies respektieren und • preiswertere Artikel mit ähnlichen Eigenschaften anbieten
• *„Die Konkurrenz bietet denselben Artikel zu einem günstigeren Preis an!"*	• beim Vergleich von Waren auf ähnliches Aussehen, **möglicherweise** unterschiedliche Qualität hinweisen! • Konkurrenz hat Sonderangebot für Artikel A, wir für Artikel B der gleichen Art • wir bieten Zusatzleistungen, z. B. Beratung, Service u. Ä.

(Sonstige Techniken in der Preisargumentation kennen wir vom Kapitel 30, Seite 227.)

Übungsaufgaben: Kapitel 31, Seite 314

32 Bei Kaufbereitschaft auf den Abschluss hinwirken

 Fallbeispiel

Nach einem ausführlichen Verkaufsgespräch mit anschaulicher Produktvorführung und vielen guten Verkaufsargumenten sagt der Verkäufer:

- „Entschließen Sie sich bitte bald, morgen könnte es schon zu spät sein ..."
- „Ich packe Ihnen die Krawatte ein!"
- „Diesen Mantel müssen Sie nehmen, nur dieser kommt für Sie infrage, sonst habe ich nichts Geeignetes. Greifen Sie doch zu!"
- „Sagt Ihnen das Hemd A oder das Hemd B besser zu?"
- „Welchen Mantel halten Sie für Ihre Situation am besten?"

 Auswertung

1. a) Welche dieser Äußerungen setzt den Kunden unter Druck?
   b) Auf welche Weise reagiert normalerweise der Kunde auf „Druck"?
2. a) Kaufbereite Kunden sagen nicht alle „das nehme ich", sondern drücken ihre Kaufbereitschaft „verschlüsselt" mit sprachlichen und körpersprachlichen Mitteln (Gestik, Gesichtsausdruck, Haltung) aus. Geben Sie hierzu Beispiele.
   b) Was können Sie als Verkäufer tun, wenn Sie bei Kunden Kaufbereitschaft feststellen?

 Sachdarstellung

32.1 Der Kunde signalisiert Kaufbereitschaft

Wirklich vorhandene Kaufbereitschaft erkennen wir an sprachlichen und körpersprachlichen Mitteilungen des Kunden. Überhören oder übersehen wir solche Signale, erlahmt das Kaufinteresse, der Kunde „steigt aus", die Früchte einer planvollen Argumentation erntet dann vielleicht ein anderes Geschäft. Wir achten auf folgende Signale:

sprachliche Kaufsignale	→	körpersprachliche Kaufsignale
• Kunde erkundigt sich nach Einzelheiten • Kunde sagt z. B. *„gefällt mir sehr gut"*, *„das suche ich schon lange"*, *„das ist das Richtige"*, *„passt genau"* • Kunde sichert Entscheidung ab, indem er unsere Argumente wiederholt • der Kunde stellt Fragen nach Zahlungsweise, Skonto, Zugabe, Art der Zustellung, Zeitpunkt der Lieferung u. Ä.		• Kunde nickt zustimmend • strahlende Miene mit nach oben gezogenem Mundwinkel, leuchtende Augen • genießerisches Aneinanderreiben der Hände, mehrmals in die Hand nehmen und Besitzergreifen der Ware • Griff nach Geldbeutel, Scheckkarte, Kreditkarte o. Ä.

32.2 Abschlusstechniken

Stellen wir ein oder mehrere Kaufsignale fest, versuchen wir den Kauf zum Abschluss zu bringen. Dazu gibt es drei Möglichkeiten:

32.2.1 Alternativfragen führen direkt zur Entscheidung und damit zum Abschluss

Beispiele:

- *„Möchten Sie lieber das Kleid mit floralem oder Punktemuster?"*
- *„Sagt Ihnen die dekorative oder die rustikale Tischdecke mehr zu?"*

Bei dieser Methode bieten wir dem Gesprächspartner die **Wahl zwischen zwei möglichen Artikeln** (vgl. Kapitel 23). Voraussetzung ist, dass er diese, was sich im Verlauf des Verkaufsgesprächs ergeben hat, als vorteilhafte Alternativen anerkennt. Dadurch engen wir die Auswahl ein und stellen den Kunden vor die Wahl, sich für den einen oder anderen Artikel zu entscheiden.

32.2.2 Zusammenfassen der wichtigen Vorzüge

Kunde: *„Ich kann mich noch nicht so richtig entscheiden!"*
Verkäufer: *„Sie legen, wie Sie sagten, Wert auf eine modisch funktionelle Vielzweck-Jacke!"*
Kunde: *„Ja, das sind so meine Vorstellungen!"*
Verkäufer: *„Diese hier besitzt alle die gewünschten Vorzüge!"*

Alle wichtigen Vorzüge, die der Kunde wünscht, **fassen wir nochmals zusammen**. Der Kunde erkennt: Wenn ich diesen Artikel nehme, gehen meine Wünsche und Vorstellungen in Erfüllung.

32.2.3 Empfehlung mit Begründung

Kunde: „Was soll ich jetzt machen?"
Verkäufer: „Ich empfehle Ihnen diese Kombination. Sie erfüllt alle Ihre Wünsche und Vorstellungen hinsichtlich …"

Die Empfehlung kann dem Kunden die Entscheidung erleichtern. Eine Entscheidung, die der Kunde trifft, verteidigt oder begründet er vor sich und anderen besser als eine, die der Verkäufer für den Kunden trifft. Deshalb **begründen** wir unsere Empfehlung mit stichhaltigen Sachargumenten.

32.3 Abschlussverstärker

Wenn sich Kunden für eine bestimmte Ware entschieden haben, treten gelegentlich Zweifel auf: War die Entscheidung richtig? Stimmt der Preis? … hätte ich …, wenn ich nur … Zweifel an der getroffenen Entscheidung lassen sich durch „Abschlussverstärker" zurückdrängen, indem die wichtigsten Vorteile der Ware nochmals angesprochen werden.

Beispiele:
- „Ihre Entscheidung ist deshalb richtig, weil Sie …"
- „Mit dieser kostbaren Bluse gehen alle Ihre Wünsche, wie … in Erfüllung, weil diese …"
- „Sie haben gut gewählt, weil …"

Verwenden wir solche **Abschlussverstärker mit Begründungen**, kann der Kunde die getroffene Entscheidung leichter vor sich selbst rechtfertigen. Dadurch sichern wir die Entscheidung des Kunden ab.

32.4 Hochdruckverkauf schadet

- „Entschließen Sie sich bitte bald, morgen schon könnte …"
- „Kaufen Sie jetzt, sonst …"
- „Ich packe Ihnen das Hemd ein!"
- „Warum zögern Sie, greifen Sie doch zu!"
- „Das müssen Sie nehmen, nur diese Jacke kommt infrage!"

Der Verkäufer fordert zum Kauf auf. Dabei geht es ihm vordergründig um sein Interesse und um seinen Vorteil. Aufforderungen, Aufdringlichkeit, den Kunden unter Druck setzen, sind „Erpressung". Wer will schon Opfer solcher Methoden werden?

32.5 Und wenn der Kunde es sich nochmals überlegen will?

Wenn der Kunde unser Geschäft aufsucht, gilt sein Interesse unserem Sortiment und unserer Beratung. Will er sich den Kauf nochmals überlegen, respektieren wir dies, ohne beleidigt zu reagieren. Sind wir bis zum Schluss freundlich, ist es durchaus möglich, dass der Kunde zu uns zurückkommt und dann rasch entschlossen kauft oder eines Tages mit anderen Wünschen zu uns kommt.

32.6 Die gekonnte Verabschiedung schafft eine positive Nachwirkung

Der erste Eindruck ist zwar entscheidend, aber der letzte ist bleibend. Ziel der Verabschiedung ist es, eine positive Nachwirkung beim Kunden zu erreichen, also eine „belohnende" Wirkung auszuüben und Grundlage für den nächsten Kauf zu schaffen.

Beispiele für Verhaltensweisen, die der Kunde positiv aufnimmt:
- Wir bedanken uns für den Einkauf: *„Vielen Dank für den Einkauf!"*
- Wir bieten dem Kunden an, sich bei Problemen mit dem Produkt an uns zu wenden, damit wir eine Lösung suchen können, z. B.: *„Sollten Sie wider Erwarten Probleme mit dem Produkt haben, lassen Sie's uns wissen, wir helfen Ihnen gern weiter!"*
- Wir begleiten, sofern üblich, den Kunden zur Kasse/Tür, verabschieden uns höflich und wünschen: *„Noch einen schönen Tag!"*

> Übungsaufgaben: Kapitel 32, Seite 315

33 Zusatzangebote nicht vergessen

 Fallbeispiel

Felix, Verkäufer im Sportfachgeschäft, wurde von seinem Abteilungsleiter aufgefordert, künftig mehr auf Zuempfehlung zu achten. Nach einigen Tagen berichtet Felix stolz:

„Gestern kam ein Kunde und wollte Tennisbekleidung. Als er sich für das Modell XY entschieden hatte, sagte ich: ‚Wenn Sie auch bei kühleren Tagen spielen wollen, empfehle ich Ihnen lange Tennishosen.' Dies leuchtete dem Kunden ein, und er kaufte eine lange Hose, Tennissocken und eine Sporttasche noch dazu."

 Auswertung

1. Hat der Verkäufer Ihrer Meinung nach richtig gehandelt?
2. Warum gehört zur individuellen und fachmännischen Beratung, dass wir dem Kunden Zusatzartikel anbieten?
3. a) Zählen Sie Zusatzartikel aus Ihrer Branche auf, die ein Kunde unbedingt benötigt, um einen gekauften Hauptartikel verwenden zu können.
   b) Welche Artikel würden Sie einem Kunden darüber hinaus empfehlen?
4. Manche Verkäufer finden es aufdringlich, Zusatzangebote zu machen. Wie denken Sie darüber?

 Sachdarstellung

33.1 Zusatzangebote bringen zusätzlichen Nutzen

Zu einer individuellen und fachmännischen Beratung gehört auch, dass wir Zusatzartikel anbieten. Das sind nicht irgendwelche überflüssigen Dinge, die wir dem Kunden aufschwatzen, sondern **nützliche** Produkte, die zum Hauptartikel passen, diesen sinnvoll ergänzen, aufwerten oder überhaupt erst einsatzfähig machen.

Beispiele für Zusatzangebote, welche

den praktischen Wert verbessern:	das Aussehen verbessern:
• Bohrmaschine und Bohrer, Zusatzhandgriff, Bohrtiefenanschlag, Bohrständer	• Kleid und Schal, Kette, Anstecknadel, Gürtel
• Camcorder und Ladegerät, Akku, Kabelsatz, Tragegurt, Fernbedienung	• Anzug und Hemd, Krawatte, Pullunder, Socken

Zusatzangebote bringen Vorteile für den:

Kunden:	Verkäufer:	Geschäftsinhaber:
• ersparen dem Kunden Ärger, Zeit und Geld, falls der Zusatzartikel erst die Einsatzbereitschaft des Hauptartikels gewährleistet	• heben das Ansehen bei Kunden und Geschäftsinhaber, steigern das Selbstbewusstsein	• steigern Umsatz und Gewinn

Notwendige Zusatzartikel machen den Hauptartikel erst einsatzbereit

Zusatzartikel gibt es zu fast allen Waren. Notwendige Zusatzartikel sind solche, die einen Hauptartikel erst einsatzbereit oder verwendbar machen, z. B.

- der Gürtel zur Hose
- die Batterie zur Taschenlampe
- die Nähzutaten zum Stoff
- der Staubbeutel zum Staubsauger

Notwendiges Zubehör empfehlen wir immer, auch wenn gerade großer Kundenandrang herrscht oder der Kunde in Eile ist.

Zu Recht wäre ein Kunde verärgert, wenn er einen gekauften Artikel anschließend nicht verwenden kann, nur weil eine „Kleinigkeit" fehlt, und es der Verkäufer versäumt hat, ihn darauf aufmerksam zu machen.

Nützliche Zusatzartikel

Wir weisen den Kunden auch auf nützliche Artikel hin, die den Hauptartikel sinnvoll ergänzen, ihn aufwerten, seine Einsatz- und Verwendungsmöglichkeiten erhalten bzw. erweitern, z. B.

- Krawatte zum Hemd/Sakko;
- Schal, Handschuhe, Hut zum Mantel;
- Hose oder Pulli zum Rock.

33.2 Zusatzverkäufe richtig planen

An unserem Zusatzangebot erkennt der Kunde, dass wir uns für seine Probleme interessieren und bemüht sind, Artikel auszuwählen, die für seine Zwecke oder die Lösung seiner Probleme geeignet sind.

Fehler vermeiden

Wir vermeiden Fragen und Formulierungen, welche die wahrscheinliche Antwort „Nein" bewirken („negative Suggestivfragen"), z. B.:

- „Eine Krawatte zum Hemd benötigen Sie wohl nicht?"
- „Brauchen Sie auch noch Modeschmuck?"
- „Benötigen Sie sonst nichts mehr?"

Auch gleichgültig vorgetragene Fragen lassen kein Interesse am Kunden erkennen.

Vorteilhafte Formulierungen lassen den Kunden über weiteren Bedarf nachdenken

Vorteilhaft sind Formulierungen, die den Kunden anregen, über den Ergänzungsbedarf nachzudenken.

Beispiele:
- *„Wenn Sie Ihre Kombination aus Rock und Bluse erweitern wollen, empfehle ich Ihnen diese passende Zweitbluse. Bitte ..."*
- *„Diese schicke Krawatte hier passt gut zum neuen Hemd und zum Sakko."*

33.3 Kunden von der Nützlichkeit des Zusatzangebots wirkungsvoll überzeugen

Um den Kunden von der Nützlichkeit unseres Zusatzangebots zu überzeugen, müssen wir

- verständlich argumentieren,
- die Waren anschaulich zeigen sowie
- den Kunden im Beratungsgespräch und bei der Warenvorführung aktivieren, damit er sich selbst von den Vorteilen des Produkts überzeugen kann.

33.4 Der richtige Zeitpunkt für Zusatzangebote

Einen bestimmten, unbedingt einzuhaltenden Zeitpunkt gibt es nicht. Bei Waren, die das Aussehen und damit die optische Wirkung verbessern, kann es sinnvoll sein, bereits **während der Warendemonstration** und -argumentation zum Hauptartikel den Zusatzartikel vorzulegen. Dies gilt auch, wenn der Kunde die vielfältigen Verwendungsmöglichkeiten des Hauptartikels nicht kennt.

Beispiele:
- *„Das sportlich elegante Hemd kommt durch diese passende Krawatte erst richtig zur Geltung!"*
- *„Dieses kontrastierende Seidentuch passt hervorragend zum Mantel und variiert das Aussehen des Mantels reizvoll."*

Obwohl sich der Kunde noch nicht zum Kauf entschlossen hat, kann bereits jetzt der Zusatzartikel den Wert des Hauptartikels erhöhen und die Attraktivität zusammengehörender und zusammenpassender Waren verstärken und verdeutlichen. Der Kunde kann sich auf diese Weise auch selbst von der Zweckmäßigkeit und Nützlichkeit unseres Zusatzangebots überzeugen. Hat sich der Kunde für den Hauptartikel entschieden, ist es für unser Zusatzangebot höchste Zeit. Nützen wir die Kaufstimmung, an der Kasse ist es zu spät.

> Übungsaufgaben: Kapitel 33 und 34, Seite 315

34 Alternativangebote richtig unterbreiten

 Fallbeispiel

 **Auswertung**

1. Wie hätten Sie gehandelt?
2. Nennen Sie Artikel aus Ihrem Sortiment, die andere ersetzen können (Alternativangebote).
3. Warum ist es besser, den Kunden Alternativangebote zu unterbreiten, als nur zu sagen, dass wir die gewünschte Ware nicht führen?
4. Formulieren Sie Sätze, die geeignet sind, den Kunden für Ihr Alternativangebot zu interessieren.

 Sachdarstellung

Es kommt sehr häufig vor, dass Kunden nach Artikeln fragen, die zwar zum Sortiment gehören, jedoch nicht geführt werden oder im Augenblick nicht vorrätig sind, z. B. Levis 501.

34.1 Wir erforschen, was der Kunde wirklich wünscht

Äußert ein Kunde einen Wunsch, den wir nicht unmittelbar erfüllen können, unterbreiten wir nicht voreilig ein Alternativangebot, sondern ermitteln, was er wirklich wünscht.

Im Verlauf des Verkaufsgesprächs kann sich dann herausstellen, dass der Kunde etwas anderes will, als er ursprünglich verlangte.

34.2 Alternativen anbieten

Verlangt der Kunde einen Artikel, den wir in dieser Ausführung, Farbe, Form oder Aufmachung nicht vorrätig haben, können wir ihm oft weiterhelfen, wenn wir erfahren, warum er gerade diesen Artikel möchte. Es fällt uns dann nicht schwer, einen Artikel zu finden, der die Wünsche des Kunden genauso gut erfüllt wie der zunächst verlangte.

Beispiele:

Der Kunde wünscht	Wir bieten als Alternative an
• Mantel • Blazer • Blouson • dunkler Rock des Herstellers X • Damen-Badeanzug • Jogginganzug	– lange Jacke – Jacke – Freizeitjacke – dunkler Rock des Herstellers Y – Bikini – Freizeitanzug

Es gelingt uns nur dann, den Kunden zu überzeugen, wenn auch das Alternativangebot seine Bedürfnisse befriedigt und der vorgeschlagene Artikel in seinem Aussehen, Einsatz und seinen Verwendungsmöglichkeiten ebenso gut oder besser ist als der ursprünglich verlangte.

34.3 Auf die richtige Formulierung kommt es an

Wenn wir verkaufen wollen, dürfen wir uns nicht durch ungeschickte Formulierungen den Weg zum Erfolg verbauen.

Aussagen, die ein Alternativangebot erschweren:	Aussagen, die den Wert des Alternativangebots herabsetzen:
• „Schade, der Artikel ist leider ausgegangen. Schauen Sie doch in ein paar Tagen noch mal vorbei!"	• „Wir haben leider **nur** Artikel der Firma B."
• „Tut mir leid, ausgerechnet diese Marke führen wir nicht!"	• „Der Artikel ist leider vergriffen." **Ersatzweise** kann ich Ihnen ... anbieten."
• „Da könnte ich Ihnen höchstens noch ... empfehlen!"	• „**Vielleicht** versuchen Sie es einmal mit dieser Marke?"

Der Kunde will nicht wissen, was wir nicht haben oder was gerade ausgegangen ist. Ihn interessiert die Ware, mit der er seine Wünsche erfüllen kann.

34.4 Die gewünschte Marke wird nicht geführt

Fragt ein Kunde nach einer bestimmten „Marke", kann dies verschiedene Gründe haben. Entweder hat er selbst mit Artikeln dieser Marke gute Erfahrungen gemacht oder Freunde und Bekannte haben ihm zu dieser „Marke" geraten.

Falsch wäre es jetzt, dem Kunden die Marke „ausreden" zu wollen oder diese gar herabzusetzen. Stattdessen führen wir dem Kunden einen gleichwertigen Artikel einer von uns geführten Marke vor und interessieren ihn mit treffenden Verkaufsargumenten für unseren Vorschlag.

Will der Kunde dennoch seiner „Marke" treu bleiben, und lehnt er unser Angebot ab, reagieren wir nicht verärgert. Es ist besser, **einmal** nichts zu verkaufen, als **auf Dauer** einen Kunden zu verlieren. Oder besser: Wir bestellen die Ware, sofern dies möglich und der Kunde damit einverstanden ist.

34.5 Der gewünschte Artikel wird nicht geführt

Wünscht der Kunde einen Artikel, den wir nicht führen, sagen wir dies. Benötigt der Kunde den Artikel nicht sofort, können wir eine Sonderbestellung durchführen. Ist dies nicht möglich, nennen wir dem Kunden Geschäfte, die den Artikel führen. Auf diese Weise gewinnen wir Sympathie und möglicherweise einen neuen Kunden.

> Übungsaufgaben: Kapitel 33 und 34, Seite 316

35 Kunden bringen Begleitpersonen mit

▲ Fallbeispiel

⬤ Auswertung

1. Manche Verkäufer sind der Meinung, Begleitpersonen stören nur die Verkaufshandlung. Wie denken Sie darüber?
2. Zeigen Sie an unterschiedlichen Beispielen, wie man Begleitpersonen in die Verkaufshandlung einbeziehen kann.
3. Was kann man als Verkäufer tun, wenn eine Begleitperson zu verstehen gibt, dass sie nicht am Verkaufsgespräch interessiert ist? Begründen Sie Ihre Meinung.
4. Wie reagieren Sie, wenn während des Verkaufsgesprächs Meinungsverschiedenheiten zwischen Kunde und Begleitperson auftreten?

◻ Sachdarstellung

35.1 Warum Kunden Begleitpersonen mitbringen

Es gibt zahlreiche Gründe, warum Kunden nicht gerne allein einkaufen.

Beispiele:
- Junge Paare kaufen häufig gemeinsam. Einkaufen bereitet Freude, die sie miteinander teilen wollen.
- Ängstliche und misstrauische Kunden fürchten, dass ihnen etwas aufgedrängt wird, was sie gar nicht wollen.
- Sachverständige Begleiter sollen mit Rat und Tat zur Seite stehen.
- Familien kaufen gemeinsam ein, wenn es um langlebige und hochwertige Gebrauchsgüter geht, z. B. Möbel, Autos, Fernseher, die allen gefallen sollen.

35.2 Die Rollen der Begleiter, unser Verhalten

So unterschiedlich die Gründe sind, Begleiter zum Einkauf mitzubringen, so verschieden sind auch deren Rollen. Soll die Verkaufshandlung erfolgreich verlaufen, müssen wir herausfinden, welche Rolle die Begleitperson spielt.

Rolle der Begleitpersonen

Aktivität	Fachwissen	Einfluss
• ist aktiv • ist passiv	• hat Fachwissen • ist nicht fachkundig	• beeinflusst positiv • übt kaufhemmenden Einfluss aus

Die Begleitperson ist aktiv

Interessierte Begleiter schalten sich meist selbst in das Verkaufsgeschehen ein. Sie kennen die Wünsche und Vorstellungen des Kunden, stellen Fragen, geben Anregungen, erteilen Ratschläge und versuchen zusammen mit dem Kunden das Beste auszuwählen.

Die Unterstützung nehmen wir gerne an und behandeln die Begleitperson als willkommenen Partner.

Die Begleitperson ist passiv

Eine uninteressierte Begleitperson beteiligt sich nicht am Verkaufsgespräch und versucht auch nicht, den Kunden durch Mimik oder Gestik zu beeinflussen. Wir brauchen uns wenig um sie zu kümmern. Dauert das Verkaufsgespräch mit dem Kunden länger, z. B. bei beratungsintensiver Ware, bieten wir der Begleitperson eine Sitzgelegenheit an, legen ihr Zeitungen, Zeitschriften, Prospekte vor oder weisen sie auf weitere Annehmlichkeiten unseres Hauses hin, beispielsweise auf die Cafeteria. Wir verkürzen ihr so die Wartezeit und verhindern, dass sie durch ungeduldiges Verhalten den Kunden ablenkt.

Eltern mit Kindern zeigen wir unsere Spielecke oder beschäftigen die Kinder sinnvoll. Wissen die Eltern ihre Sprösslinge gut versorgt, kaufen sie unbeschwert ein.

Die fachkundige Begleitperson

Wer fachkundig ist,

- kennt das Produkt, bedient, handhabt, behandelt es richtig;
- versteht und verwendet Fachausdrücke;
- sucht selbst nach geeigneter Ware für den Kunden;
- prüft eingehend die vorgelegte Ware und vergleicht sie mit anderer;
- fragt nach notwendigem Zubehör;
- erläutert dem Kunden Vor- und Nachteile;
- schützt vor Fehlkäufen.

Fachkundige Begleitpersonen **beziehen wir** unterstützend in die Verkaufshandlung ein und geben ihnen die Gelegenheit ihre Kenntnisse anzuwenden. Auf diese Weise fühlt sich der Kunde in der Wahl seines fachkundigen Beraters bestätigt.

Die unkundige Begleitperson

Ist es um die Fachkenntnisse des Begleiters nicht so gut bestellt, berichtigen wir seine Aussagen, ohne ihn bloßzustellen. Der Kunde vertraut auf seinen Begleiter, sonst hätte er ihn nicht mitgebracht. Dieses Vertrauensverhältnis dürfen wir nicht zerstören.

Beispiel:
Begleitperson: „Ich weiß aus eigener Erfahrung, Blusen aus Viskose sind nicht waschbar."
Verkäufer: „Sie haben Recht, früher war das so. Inzwischen sind solche Blusen waschbar. Bitte sehen Sie hier die Pflegeanleitung."

Die einflussreiche Begleitperson

Einflussreiche Begleitpersonen unterstützen den Kunden mit ihren Argumenten, lenken das Interesse des Kunden auf bestimmte Waren, lehnen unsere Vorschläge ab oder raten dem Kunden zum Kauf. Unsere Aufmerksamkeit gilt hier zwar vornehmlich dem vermutlich ausschlaggebenden Begleiter, doch dürfen wir den Kunden, für den die Ware bestimmt ist und der ja letztendlich bezahlen muss, nicht vernachlässigen.

Beide, Kunde und Begleiter, gilt es zufriedenzustellen.

Der Begleiter beeinflusst den Kunden positiv

Übt die Begleitperson einen positiven, kauffördernden Einfluss aus, ist dies für uns eine wertvolle Unterstützung. Wir stimmen ihr zu, bestätigen ihre Fachkenntnisse, loben ihren guten Geschmack und stellen uns bei der Warenvorlage auf ihre Wünsche und Vorstellungen ein.

Der Begleiter übt einen kaufhemmenden Einfluss aus

Sind Kunde und Begleiter unterschiedlicher Meinung und übt der Begleiter einen kaufhemmenden Einfluss aus, der den Kauf infrage stellen kann, versuchen wir

- mit wirkungsvollen Argumenten zu überzeugen;
- zwischen Kunde und Begleiter zu vermitteln;
- die Begleitperson positiv zu beeinflussen.

Situationsbeispiel: Mutter und Tochter kommen zum Einkauf. Die Tochter will eine Jacke und hat bereits großen Gefallen an einem modischen Modell gefunden. Die Mutter „bremst". Sie legt mehr Wert auf praktische Gebrauchseigenschaften wie haltbar, Wasser abweisend, wärmerer Futterstoff usw.

Wirkungsvolle Argumente überzeugen

- „Bitte prüfen Sie selbst, wie strapazierfähig der Stoff ist!"
- „Bitte probieren Sie die Jacke doch selbst und stellen Sie fest, wie angenehm diese sich trägt!"
- „Vom Schnitt her ist die Jacke ganz aktuell. Hinzu kommen die vorteilhaften Gebrauchseigenschaften, z. B. ..."

Wir vermitteln zwischen Kunde und Begleiter

Dabei machen wir auf Gemeinsamkeiten aufmerksam:
„Beim Kauf einer Jacke sind beide Gesichtspunkte wichtig: Das schicke Aussehen, auf das Sie (Verkäufer wendet sich an die Tochter) Wert legen, und die praktischen Gebrauchsei-

genschaften wie Wasser abweisend, Wärme haltend, pflegeleicht (Verkäufer wendet sich an die Mutter)!"

Wir sollen auch an Alternativangebote denken, die beiden Interessen gerecht werden:
„Diese Jacke hier ist vom Schnitt und den vielen Details ganz aktuell und hat gleichzeitig praktische Vorteile, z. B. imprägnierter Oberstoff und ein wärmendes Flanellfutter!"

Wir beeinflussen den Begleiter positiv

- durch Denkanstöße: *„Haben Sie bedacht, dass eine Jacke, die Ihrer Tochter gefällt, auch gerne von ihr getragen wird?"*
- durch Suggestivfragen: *„Sie sind doch auch der Meinung, dass eine Jacke modisch sein soll, wie diese hier, und gleichzeitig nützliche Eigenschaften haben muss?"*

Übungsaufgaben: Kapitel 35, Seite 316

36 Reklamationen richtig behandeln

 Fallbeispiel

Die Speise- und Getränkekarte eines Restaurants enthält u. a. folgenden Text:

> *Sehr geehrter Gast!*
> *Wir geben uns viel Mühe, Ihren Aufenthalt hier so angenehm wie möglich zu gestalten. Die von Ihnen ausgewählten Speisen bereiten wir mit großer Sorgfalt zu. Sollte es trotzdem einmal vorkommen, dass Sie etwas zu beanstanden haben, wenden Sie sich bitte gleich an uns! Wir wollen den Fehler so schnell wie möglich beheben, damit Sie nicht nur zufrieden sind, sondern sich gerne an uns und unser gastliches Haus erinnern.*

 Auswertung

1. Der Text vermeidet den Ausdruck „reklamieren" und ersetzt ihn durch einen freundlicheren. Suchen Sie diesen und weitere gleichbedeutende (hier nicht genannte)!
2. Wie will sich das Restaurant mit seinen Mitarbeitern gegenüber dem Gast verhalten, wenn dieser einmal eine Reklamation vorbringt?
3. Wie beurteilen Sie die Einstellung des Restaurants zu Beanstandungen? Stellen Sie sich vor, Sie selbst sind der reklamierende Gast!
4. Weshalb ist es sinnvoll, wenn z. B. auch Einzelhandelsgeschäfte und ihre Verkäufer diese oder ähnliche Einstellung bei der Erledigung von Reklamationen haben?

 Sachdarstellung

36.1 Reklamationsgründe

Unter dem Begriff **Reklamationen** versteht man **Beanstandungen, Beschwerden, Klagen,** Einsprüche. Diese ergeben sich, nachdem der Kunde das Produkt gekauft hat. Häufige **Gründe** sind:

- fehlerhaftes Produkt, z. B. Webfehler, Materialfehler;
- falsche Behandlung der Ware durch den Kunden, z. B. in der Bedienung, Pflege;
- falsche oder ungenügende Beratung des Verkäufers. z. B. unzutreffende Angaben über das Material, den Einsatz, die Behandlung.

Jeder Kunde hat das Recht, Beanstandungen vorzubringen. Er hält seine Reklamation für wichtig, die schnellstens zu erledigen ist. Nach dem BGB (vgl. Mängelrüge § 459 ff.) sind solche Reklamationen berechtigt, für deren Ursache der Verkäufer, das Geschäft oder der Hersteller verantwortlich sind.

36.2 Was durch die Behandlung von Reklamationen erreicht werden soll

Bei der Behandlung von Reklamationen hat der Verkäufer die Rolle des „Mittlers" zwischen Hersteller und Geschäft einerseits und Verbraucher andererseits zu übernehmen.

Ziele des Kunden:	Ziele des Geschäfts (und Herstellers):
• Er möchte nicht um sein Recht kämpfen müssen;	• Fehlerursache, wenn möglich, abstellen;
• er erwartet faire Behandlung ohne zusätzlichen Ärger, Unmut, Enttäuschung;	• weiteren Ärger, Unannehmlichkeiten, Unmut dem Kunden ersparen;
• er erwartet situationsgerechte, individuelle Hilfe, die ihn zufriedenstellt.	• lieber durch großzügige Hilfe ggf. einen einmaligen Verlust hinnehmen, als den Kunden für immer verlieren.

36.3 Wir erledigen Reklamationen

Die **Gesprächsatmosphäre** bei Reklamationen kann unterschiedlich sein: Einige Kunden sind unsicher und schüchtern, andere kühl und berechnend, wieder andere enttäuscht und unzufrieden, die nächsten verärgert, gereizt und aggressiv. Hinzu kommt die Angst des Verkäufers: Kommen unliebsame Auseinandersetzungen auf mich zu, gelingt es, eine zufriedenstellende Lösung für alle Beteiligten zu finden, bleibt der Kunde unserem Geschäft treu usw.?

Die folgenden Ausführungen sind **Grundregeln** für die erfolgreiche Behandlung von Reklamationen. Sie lassen genügend Spielraum, um im konkreten Fall individuell auf den Kunden einzugehen.

Hier die einzelnen Schritte im Überblick:

Verständnis für die Reklamation zeigen

Bei Beschwerden können wir mit dem Kunden einen **Platz außerhalb der Kundenzone** aufsuchen, wo wir ungestört sind. Dadurch ist es anderen Kunden unmöglich, mitzuhören und sich einzumischen. *„Darf ich Sie bitten, eine ruhige Ecke oder das Büro aufzusuchen, damit wir Ihr Problem in Ruhe miteinander besprechen können?"*

Wir vermeiden möglichst die Worte *„Reklamation"* und *„Beanstandung"*, *„Klage"*, *„Beschwerde"*. Sprechen wir dagegen von *„Ihrem Problem"*, *„Ihrer Frage"*, *„Ihrem Anliegen"*, so nehmen wir den Worten ihre Schärfe und Härte.

> **Verständnisvolle und einfühlsame Worte** verbessern die Gesprächsatmosphäre und wirken beruhigend, z. B.
> - *„Es tut mir leid, dass Sie ..."*
> - *„Gut, dass Sie gleich gekommen sind, wir wollen die Angelegenheit so schnell wie möglich in Ordnung bringen!"*
> - *„Ich bedaure, dass Sie Unannehmlichkeiten hatten!"*

Wenn für die Bearbeitung der Reklamation eine bestimmte Person zuständig ist, bitten wir den Kunden mit einigen verständnisvollen Worten, sich einen Augenblick zu gedulden, bis die sachkundige Person sich der Angelegenheit annimmt.

Aufmerksam zuhören

Ist der Kunde verärgert, gereizt, aggressiv, dann will er seinen Unmut und Groll loswerden. Wir lassen ihm die Gelegenheit, sich zu entladen. Deshalb unterbrechen wir ihn nicht! **Persönliche und unsachliche Angriffe** überhören wir einfach.

Durch aufmerksames Zuhören, die Äußerung „ja", Kopfnicken, Augenkontakt, ohne den Kunden anzustarren, signalisieren wir Offenheit, Interesse und Zuwendung.

Fehler besichtigen und schriftlich aufnehmen

Wir besichtigen den Fehler in Anwesenheit des Kunden und vergleichen den geschilderten Sachverhalt mit dem tatsächlichen. Unsere Feststellung, die wir ggf. schriftlich aufnehmen, macht dem Kunden deutlich, dass wir sein Anliegen verstanden haben, und führt ihn zu mehr Sachlichkeit. Die Feststellung enthält dann nicht mehr, **wie** der Kunde die Reklamation vorbringt, sondern **was** für ein Fehler vorliegt. Erst jetzt zeigt sich, ob die Reklamation wirklich berechtigt ist.

Entschuldigen und bedanken

Bei berechtigten Reklamationen entschuldigen wir uns für den Fehler. Weil der Kunde unserem Geschäft vertraut, dass wir einwandfreie Ware verkaufen, und weil er uns die Chance gibt, den Fehler gutzumachen, erwartet er unsere persönliche Entschuldigung. Eine geeignete Formulierung lautet: *„Ich entschuldige mich bei Ihnen für ..."* Dies gilt auch dann, wenn Kollegen oder Lieferanten für den Fehler verantwortlich sind. Wer den Fehler begangen hat, ist dem Kunden gleichgültig.

Ein Dank kann sich darauf beziehen, dass der Kunde z. B. gleich gekommen ist und uns dadurch vor weiterem Schaden und vor Unannehmlichkeiten bewahrt hat.

Hilfe anbieten

Wir korrigieren den Fehler und bieten Hilfe an:

- **Nachbesserung:** Hat das Geschäft eine eigene Werkstatt, z. B. eine Schneiderei, kann er die Beseitigung des Mangels vornehmen. Manche Hersteller sind im Rahmen der **Produkthaftung** auch zur Nachbesserung bereit.
- **Umtausch/Neulieferung:** Der Kunde erhält für sein Geld den gleichen Artikel oder einen gleichwertigen in fehlerfreier Ausführung.
- **Preisnachlass/Minderung:** Ist der Fehler unerheblich und will der Kunde die fehlerhafte Ware behalten, erhält er einen Preisnachlass.
- **Gutschein oder Geld zurück (= Wandlung):** Kommt keine der vorgenannten Möglichkeiten in Betracht, erhält der Kunde einen Gutschein (Umsatz geht nicht verloren). Die großzügigste Lösung ist „Geld zurück", wenn der Kunde darauf besteht.

Großzügigkeit, Entgegenkommen (= Kulanz) sind zwar aufwendig, ersparen aber allen Beteiligten Ärger und kommen dem Ziel, den Kunden zu erhalten, am nächsten. Wenn wir den Kunden fragen, ob er mit der gebotenen Lösung zufrieden ist und er bejaht dies, ist die Reklamation erfolgreich erledigt.

36.4 Die Reklamation ist nicht berechtigt

Ob die Reklamation berechtigt ist oder nicht, ergibt sich erst nach der Fehlerfeststellung.

Beispiele für unberechtigte Reklamationen:
- Der Pullover ist infolge falscher Behandlung eingelaufen.
- Die hellen Schuhe haben beim ersten Tragen im Regenwetter sofort Flecken bekommen, weil der Kunde die Schuhe vorher trotz Hinweis des Verkäufers nicht imprägniert hat.

Bei unberechtigten Reklamationen sollten wir das Gespräch so führen, dass der Kunde den **Behandlungsfehler** selbst erkennt und damit seine Beschwerde als gegenstandslos betrachtet. Wir erreichen dies durch geeignete Fragen.

- „Könnten Sie bitte in allen Einzelheiten schildern, auf welche Weise Sie den Pullover gewaschen haben?"
- „Welche Schuhpflege haben Sie vor dem ersten Tragen gegen Wasserflecken vorgenommen?"

Wir achten darauf, dass dem Kunden jeglicher **Vorwurf und das Gefühl der Niederlage** („Ich habe mir gleich gedacht, dass Sie da etwas falsch gemacht haben!") **erspart** wird.

In Kleinigkeiten sollten wir **dem Kunden großzügig entgegenkommen** und Kulanz als Service zeigen. Bei größerem „Streitwert", wenn sich keine Einigung abzeichnet, bieten wir dem Kunden an, den Lieferer, unabhängige Prüf- oder Schiedsstellen um Stellungnahme zu bitten, wer für den Fehler verantwortlich ist. Die Kosten übernehmen wir, wenn kein Behandlungsfehler vorliegt und die Reklamation berechtigt ist.

Übungsaufgaben: Kapitel 36 und 37, Seite 317

37 Umtausch aus Kulanz und als Service für den Kunden

⚠ Fallbeispiel

In folgenden Situationen wünschen Kunden unter Vorlage ihrer Kassenbons die gekauften Waren umzutauschen.

1 Schon beim ersten Tragen gefällt der neue Bikini der jungen Kundin nicht mehr.
2 Das Geburtstagskind besitzt bereits ein ferngesteuertes Rennauto und hätte Freude an einem ferngesteuerten Geländewagen. Ein Umtausch wurde nicht vereinbart.
3 Die Auflagen zu den Gartenstühlen sind nicht waschmaschinenfest, obwohl der Verkäufer die Waschmaschinenbeständigkeit ausdrücklich zusicherte.
4 Das superleichte Nylon-Hauszelt hat infolge eines Webfehlers ein faustgroßes Loch.
5 Die Kundin hat für ihre Tochter einen Pullover gekauft, der eine Nummer zu klein ist. Die Tochter kommt am folgenden Tag mit und probiert die nächste Größe, die passt und gleich viel kostet.

○ Auswertung

1. Welche Gründe liegen jeweils für den gewünschten Umtausch vor?
2. In welchem Fallbeispiel müssen wir umtauschen, weil
   a) die Ware einen Fehler hat (Reklamation)?
   b) die Ware nicht die vom Verkäufer zugesicherte Eigenschaft besitzt (Reklamation)?
3. Besteht keine Verpflichtung zum Umtausch, versucht der verständnisvolle Verkäufer, seinem Kunden entgegenzukommen.
   a) Worin könnte das Entgegenkommen bestehen?
   b) Welche Vor- und Nachteile ergeben sich daraus?
   c) Bei welchem Fallbeispiel halten Sie ein Entgegenkommen für sinnvoll?

☐ Sachdarstellung

37.1 Umtauschgründe und Voraussetzungen für einen Umtausch

Dem Wunsch des Kunden, eine übereilt gekaufte Ware oder eine Ware, die ihm nicht mehr gefällt, schnell und ohne Nachteile loszuwerden, sind Grenzen gesetzt!

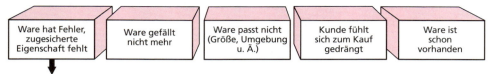

= gleichzeitig Reklamationsgrund; vgl. Kapitel Reklamation

Umtauschpflicht besteht nur, wenn die Ware fehlerhaft ist, eine zugesicherte Eigenschaft fehlt und bei Geschenkartikeln mit vereinbartem Umtauschrecht.

Wollen wir dem Kunden entgegenkommen und auch dann umtauschen, wenn keine rechtliche Verpflichtung dazu besteht, geschieht dies aus **Kulanz** und bedeutet Service, z. B., wenn der Kunde eine Ware gekauft hat, die ihm nicht bzw. nicht mehr gefällt oder nicht passt. **Voraussetzungen** dafür sind, dass

- die Ware immer noch fehlerfrei, unbeschädigt, nicht benutzt und nicht getragen ist. (Eine Anprobe, von Textilien, bedeutet noch keinen Gebrauch. Sie ist notwendig, um festzustellen, ob das Textil überhaupt passt);
- der Kassenbon o. Ä. als Nachweis für die in unserem Geschäft gekaufte Ware vorgelegt wird;
- das Produkt innerhalb der betrieblich vereinbarten Frist (meist auf dem Kassenbon aufgedruckt) umgetauscht wird.

37.2 Vom Umtausch ausgeschlossene, fehlerfreie Waren

Wie würde wohl eine Kundin reagieren, die in unserem Sortiment einen zurückgetauschten, bereits gebrauchten Lippenstift findet? Aus hygienischen und anderen Gründen sind deshalb bestimmte Warengruppen vom Umtausch ausgeschlossen:

- hygienische Artikel, z. B. Wäsche, Badebekleidung, Miederwaren, Zahnbürsten, kosmetische Artikel;
- offene Lebensmittel;
- Schnittwaren, z. B. Stoffe, Blumen, Draht;
- preisreduzierte Waren von Räumungs-, Schluss- und Jubiläumsverkäufen, Sonderangebote;
- Produkte, deren Gebrauch man nicht erkennt, z. B. Batterien, CDs u. Ä.

Ausnahme: Die Waren sind noch original verpackt bzw. „versiegelt".

37.3 Typische Umtauschwaren

Typische Umtauschwaren sind:

- **Geschenkartikel**, der Kauf ist risikoloser, wenn Umtauschrecht vereinbart ist
- **geschmacksabhängige Waren**, z. B. Textilien, Schmuck, Lederwaren, Kleinmöbel
- **umgebungsabhängige Waren**, also Produkte, die zu anderen passen müssen, z. B. Teppiche, Lampen

37.4 Grundregeln für die Verhaltensweise bei Umtausch

Einige Grundregeln dienen als Orientierung für die bessere Bewältigung, lassen aber genügend Spielraum, uns individuell auf den jeweiligen Kunden und die entsprechende Situation einzustellen.

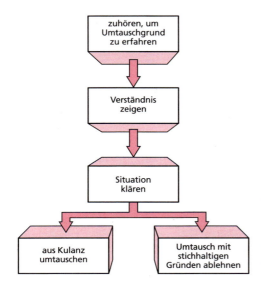

Zuhören, um den Umtauschgrund zu erfahren

Wir hören gut zu, um zu erfahren, wo den Kunden der „Schuh drückt", halten Augenkontakt, ohne ihn anzustarren, nicken mit dem Kopf. Dies signalisiert Offenheit, Zuwendung und Interesse.

Verständnis zeigen

Folgende und ähnliche Sätze schaffen Kontakt zum Kunden und bewirken Verständnis für sein Anliegen:

- „Wir Verkäufer möchten, dass Sie sich an dem gekauften Produkt freuen können!"
- „Was kann ich für Sie tun?"
- „Kann ich Ihnen weiterhelfen?"

Situation klären

Um sicherzugehen, was der Kunde will, wenden wir öffnende Fragen an, z. B.:

- „In welcher Hinsicht erfüllt das Produkt nicht Ihre Wünsche?"
- „Sind Sie mit der Ware noch nicht so ganz zufrieden?"
- „Was gefällt Ihnen an der Ware nicht?"

Die Antworten hierauf geben uns Auskunft über die Umtauschgründe und über die Erwartungen des Kunden.

Hilfen, die wir dem Kunden anbieten

Der Einzelhändler mit seinen Mitarbeitern bemüht sich, seinen Kunden entgegenzukommen und auch dann noch umzutauschen, wenn keine Verpflichtung zum Umtausch besteht. Eine **großzügige Hilfe** lässt erwarten, dass der Kunde unserem Geschäft erhalten bleibt. **Umtausch ist somit Kundendienst.** Nur wenige Kunden versuchen, diesen Service zu missbrauchen, z. B. wenn ein getragenes Tanzkleid umgetauscht werden soll.

Diese Leistung wird anerkannt, sie wirkt verkaufsfördernd. Wie weit das Entgegenkommen geht und wer darüber entscheidet, liegt im Ermessen der Geschäftsleitung.

> Folgende Hilfen können wir anbieten:
> - **andere Produkte** mit ähnlichen Eigenschaften anbieten (Alternativangebot), ggf. mit Aufpreis oder Rückerstattung der Preisdifferenz;
> - **Gutschrift**, wenn der Kunde nichts Passendes findet;
> - **Erstattung des Geldbetrages** als großzügigste Hilfe, wenn andere Hilfen nicht mehr in Betracht kommen.

Auch entspricht es der Kulanz, dann noch umzutauschen, wenn die Umtauschfrist abgelaufen oder der Kassenbon verloren gegangen ist.

37.5 Mit stichhaltigen Gründen den Umtausch ablehnen

Einem guten Kunden die Bitte auf Umtausch abzuschlagen, ist eine schwierige Aufgabe, die vielfach Abteilungsleitern oder erfahrenen Sachbearbeitern zufällt. Das Verständnis für die Ablehnung nimmt zu, wenn der Kunde stichhaltige Gründe erhält.

Kundin: „*Der Bikini passt nicht richtig, ich habe ihn nur einmal getragen!*"
Verkäufer:„*Wir sind sonst großzügig und wollen unseren Kunden behilflich sein, wo immer dies möglich ist. Bitte haben Sie dafür Verständnis, dass wir hier aus hygienischen Gründen im Interesse anderer Käufer nicht umtauschen können!*"

37.6 Bereits beim Kauf Umtauschwünschen entgegenwirken

Einem späteren **Wunsch auf Umtausch** können wir dadurch **entgegenwirken**, dass wir den Kunden
- über Vorteile, Eigenschaften der Ware, ihren Einsatz informieren und eingehend beraten sowie Einwände ausräumen;
- durch unsere Kontrollfragen die Vorteile des Produkts bestätigen lassen;
- ggf. darauf hinweisen, dass der betreffende Artikel vom Umtausch ausgeschlossen ist.

> Übungsaufgaben: Kapitel 36 und 37, Seite 317

38 Verhalten gegenüber Ladendieben

⚠ Fallbeispiel

Der größten Wertschätzung der Ladendiebe „erfreuen" sich nach wie vor Parfümerie-, Sport- und Luxusartikel, CDs und DVDs, Schreib- und Spielwaren sowie Schmuck, Mode und technische Artikel. In Textilkaufhäusern und -fachgeschäften überwiegen die Ladendiebstähle in den Bereichen Lederbekleidung, Jeans, modische Markenartikel und Kleinartikel wie Wäsche, Krawatten, Accessoires.

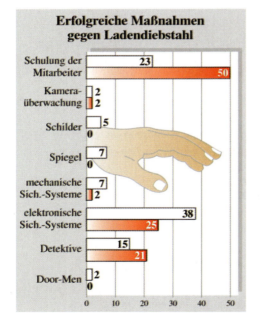

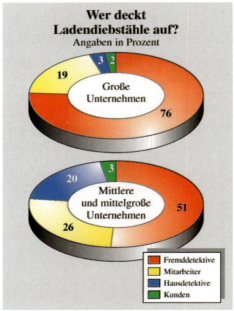

⬤ Auswertung

1. Ermitteln Sie aus obiger Darstellung Erkenntnisse für Ihr Geschäft!
    a) Wer deckt Ladendiebstähle auf?
    b) Erfolgreiche Maßnahmen gegen Ladendiebstähle?
2. Gibt es in Ihrem Geschäft Artikel, die bevorzugt gestohlen werden?

■ **Sachdarstellung**

Die Zahl der Ladendiebe steigt von Jahr zu Jahr. Der Schaden, der dadurch angerichtet wird, liegt zwischen 12 und 15 Mrd. EUR, was einem Wert von 1 Mio. Pkw entspricht. Jedes Jahr werden Hunderttausende beim Ladendiebstahl ertappt. Wahrscheinlich wird nur jeder 20. Ladendieb gefasst. Auch sind die Diebstähle durch unehrliches Personal ganz erheblich.

38.1 Ladendiebe: Wer, was, wann stiehlt

Menschen aus allen gesellschaftlichen Gruppen können Ladendiebe sein. Es stehlen Heranwachsende und Studenten, Ärzte, Hausfrauen, Erwerbslose und Rentner. Mindestens ein Drittel der Diebstähle wird von Kindern und Jugendlichen begangen. Dabei ist interessant, dass die meisten Diebe nicht aus wirtschaftlicher Not stehlen.

Solche unliebsamen „Kunden" kommen zu jeder Geschäftszeit, insbesondere aber bei Hochbetrieb, in der Mittagszeit oder nach Büroschluss. Auch das Gedränge, wie bei SSV und WSV, Jubiläums- und Räumungsverkäufen, bietet dem Dieb besondere Gelegenheit.

Was wird gestohlen? Seidene Teppiche, feine Wäsche, edle Parfüms, Delikatessen usw. Das „Beute-Lager" der Diebe zeigt ein breites Sortiment, d. h., Diebstähle passieren überall und jederzeit bei den unterschiedlichsten Artikeln. **Ergebnis:** Jeder kann es gewesen sein.

38.2 Methoden der Ladendiebe

Wer die Methoden der Ladendiebe kennt, hat gute Möglichkeiten, Ladendiebstähle zu verringern.

- Ist es nicht eigenartig, wenn der Kunde an einem Sonnentag mit Schirm eine Parfümerie betritt und sich bei den Parfüms zu schaffen macht?
- Ist es nicht seltsam, wenn der Kunde mit einem aufgeknöpften, weit geschnittenen Mantel in die Abteilung kommt?
- Ist es nicht auffallend, wenn sich Kunden besonders lange in der Abteilung aufhalten und tote Winkel ausnutzen?

Wir richten unser Augenmerk auch auf solche Kunden, die mit Kartons, großen Taschen oder Armschlingen kommen (ideales Versteck für „kostenlose Ware"). Dreiste Ladendiebe nehmen die Ware unter den Arm und verdrücken sich; ganz unerschrockene nehmen sogar herumliegende Preisauszeichnungsgeräte zur Hand und machen die Preise selbst. Falls Sie Textilien verkaufen, ist es ratsam dem Kunden nicht zu viel Einzelteile in die Kabine mitzugeben und die Anzahl beim Verlassen unauffällig zu überprüfen. Manche Kunden „spezialisieren" sich darauf, mehrere Kleidungsstücke übereinander anzuziehen.

In Lebensmittelabteilungen findet man häufig geöffnete Kartons, Schokoladenpapier und leere Flaschen, die auf einen „guten Schluck" oder eine „kostenlose Mahlzeit" schließen lassen.

38.3 Verhalten, wenn sich jemand verdächtig macht
38.3.1 Verdachtsmomente
Manche „Kunden" fallen dadurch auf, dass sie sich ungewöhnlich lange in der Abteilung aufhalten, aufgeregt hin und her laufen, sich öfters umschauen, insbesondere, wenn sie gerade beobachtet werden, im toten Winkel dem Verkäufer den Rücken zukehren sowie nervös und unsicher reagieren. Kommen „Hilfsmittel" wie große Taschen, Kartons, Schirme usw. hinzu, ist besondere Wachsamkeit und weitere Beobachtung erforderlich.

Arbeiten die Ladendiebe als Team, hat eine Person meist die Aufgabe, Verkäufer abzulenken oder ein Zeichen zu geben.

38.3.2 Verhaltensweise
Aufgrund des bloßen Verdachts dürfen wir keinen Kunden beschuldigen, sonst beschuldigt er uns. Wir beobachten weiter, gehen auf ihn zu und sprechen ihn an, z. B.:
- Haben Sie Schwierigkeiten beim Auffinden gewünschter Ware?"
- „Ich sehe, Sie suchen nach irgendetwas. Kann ich Ihnen weiterhelfen?"

Folgt jetzt eine ungewöhnliche Reaktion, z. B. wenn sich der Kunde fluchtartig unserem Ansprechen entzieht oder verstört bzw. schnippisch antwortet, dann verstärken sich die Verdachtsmomente. **Überführen können wir den „Dieb" erst nach Verlassen der Abteilung bzw. nach der Kasse.** Bis dort hat er die Chance die Ware zu bezahlen. Danach liegt der Tatbestand des Ladendiebstahls vor.

38.4 Verhaltensweise, wenn der Dieb auf frischer Tat ertappt wird
Sind wir absolut sicher, dass ein Ladendiebstahl vorliegt, weil wir z. B. das Wegstecken der Ware beobachtet haben bzw. die akustische Alarmanlage dies signalisiert, sagen wir zu dem Dieb:
- *„Entschuldigung, wir möchten mit Ihnen eine Unstimmigkeit im Büro klären!"* oder
- *„Entschuldigen Sie bitte, wir haben das Sicherheitsetikett noch nicht entfernt. Bitte kommen Sie ins Büro!"*

Die überwiegende Mehrheit der Diebe folgt dieser ruhigen und sachlichen Aufforderung. Das Gespräch mit dem Dieb im Büro sollte im Beisein einer dritten Person erfolgen. Spätere Anschuldigungen des Ladendiebes, z. B. wegen eines erzwungenen Geständnisses, werden somit unterbunden.

Wird die Taschenkontrolle verweigert, können wir die Polizei herbeirufen, um die Kontrolle vornehmen zu lassen, körperliche Durchsuchungen sind nicht erlaubt. Versucht der Dieb zu fliehen, halten wir ihn bis zum Eintreffen der Polizei fest. Hat er sich aber ausgewiesen (Personalausweis, Führerschein oder Reisepass), müssen wir ihn gehen lassen.

„Fangprämien" (= Ergreifungsprämien), z. B. 50,00 EUR oder 10% des Warenwerts je Diebstahl, sind zulässig, wenn das Geschäft durch Hinweisschilder auf die Ergreifungsprämie hinweist (BGH-Urteil). **Maßnahmen** gegenüber dem Dieb sind **Anzeige** und **Hausverbot**.

Werden Kinder oder Jugendliche als Diebe ertappt, sollen statt der Polizei besser die Eltern benachrichtigt werden, weil nicht die Strafe, sondern die Unterlassung und Reue anzustreben sind.

38.5 Erhöhtes Risiko schreckt ab

Ladendiebe sind besonders aktiv, wenn sie nicht bzw. nur wenig beobachtet werden. Deshalb muss der potenzielle Dieb das Gefühl haben: „Vorsicht, hier besteht ein hohes Risiko, ertappt und bestraft zu werden!"

Ein sehr einfaches, aber wirkungsvolles Mittel besteht darin, Kunden verbal oder nonverbal zu begrüßen, auch wenn noch bedient oder beraten wird. Dadurch signalisieren wir, dass wir den Kunden wahrgenommen haben und ihn im Auge behalten. Zusammen mit nebenstehendem Hinweis nimmt die Bereitschaft zum Diebstahl ab. Eine wirksame Abschreckung besteht in einer Kombination aus zweckmäßiger Ladeneinrichtung, aufmerksamen Mitarbeitern und verlässlichen Sicherungsanlagen.

Beispiel eines Ladendiebstahlplakates:

Im Interesse unserer ehrlichen Kunden:
- zeigen wir jeden Ladendiebstahl an
- fordern wir von jedem Ladendieb Schadenersatz
- erteilen wir jedem Ladendieb Hausverbot

Um Ladendiebstähle zu bekämpfen, sind nach einer Umfrage bei Einzelhändlern drei Maßnahmen besonders erfolgreich: Schulung der Mitarbeiter, elektronische und mechanische Sicherungssysteme.

Ladeneinrichtung	Mitarbeiter	Sicherungsanlagen

• Warnschilder und Spiegel für tote Winkel
• abgeschlossene Vitrinen (bei Uhren, Schmuck u. Ä.)
• Einrichtungen, die Übersichtlichkeit und Ordnung ermöglichen
• nicht zu hohe Regale
• abschließbare Oberbekleidungsständer, z. B. für Pelzbekleidung
	• aufmerksam sein
	• nicht zu viel Ware vorlegen
	• keine Taschen oder Waren in den Verkaufsraum mitnehmen lassen (bei Selbstbedienung)
	• Ware dem Kunden nur verpackt mitgeben
	• mit Kollegen Verkaufsablösung und Überwachung absprechen
	• Ware erst einpacken, wenn sie bezahlt ist
	• Verhaltenstraining
	  – im Verdachtsfall
	  – im Ernstfall
	  – in kritischen Situationen, z. B. Gewalt
	• Detektive und uniformierte Wachleute (= „Doormen")
		• Ketten, Seile und elektronische Leinensicherungssysteme, z. B. für Pelze, Computer
		• wiederverwendbare Plastik-Hartetiketten z. B. für Textilien
		• elektronische Artikelsicherungssysteme für Massenartikel mittlerer Preislage
		  – Hochfrequenz
		  – akustisch-magnetisches
		  – elektromagnetisches System
		• „Quellensicherung" enthält eine nicht erkennbare Sicherung, z. B. im Buchrücken, im Absatz eines Schuhs.

Ergebnisse
- Ladendiebe gibt es in allen Bevölkerungsschichten, es wird immer und alles gestohlen.
- Ladendiebe stehlen mit und ohne Hilfsmittel (z. B. Schirme, Kleidung usw.).

Übungsaufgaben: Kapitel 38, Seite 318

39 Kundendienst: besondere Serviceleistungen

 Fallbeispiel

Qualität und unser Service gehören zusammen

Wenn Sie sich für ein Hausgerät entscheiden, wissen Sie, Qualität zahlt sich immer aus. Und die Serviceleistung kommt von uns, Ihrem Fachhändler.

Das sind die besonderen Vorteile für Sie

- Beratung durch geschulte Fachkräfte
- Anlieferung frei Haus
- Aufstellung und fachgerechte Inbetriebnahme
- Elektro- und Wasserinstallation auf Wunsch
- Zuverlässiger Kundendienst schnell und preiswert
- Vollgarantie für zwei Jahre

Im Service liegt unsere Stärke

 Auswertung

1. Welchen Service bietet dieses Geschäft beim Kauf von Hausgeräten an?
2. Zählen Sie Serviceleistungen Ihres Geschäfts auf.
3. Welche Vorteile bringen Serviceleistungen
   a) dem Kunden? b) dem Geschäft?
4. *„Serviceleistungen wirken verkaufsfördernd."* Was halten Sie von dieser Aussage?

 Sachdarstellung

39.1 Serviceleistungen helfen verkaufen

Sie bringen dem Kunden zusätzliche Vorteile. Werden sie richtig angeboten, wirken sie verkaufsfördernd.

Folgende Beispiele zeigen dies:
- *„Unser technischer Kundendienst schließt kostenlos das Fernsehgerät an und stellt die Sender ein!"*
- *„Selbstverständlich liefern wir die Schrankwand unentgeltlich!"*
- *„Wir übernehmen ein Jahr Vollgarantie. Innerhalb dieser Zeit beheben wir alle auftretenden Mängel kostenlos!"*
- *„Die regelmäßig anfallenden Wartungsarbeiten führen wir für Sie in unserer eigenen Werkstatt kostengünstig durch!"*
- *„Nutzen Sie doch unseren Service zur Einkaufsfinanzierung! Wir führen für Sie ein Konto, über das Sie nach Belieben verfügen können!"*

Die angebotenen Serviceleistungen sollen dem Kunden die Kaufentscheidung erleichtern. So entschließt sich jemand beispielsweise eher zum Kauf eines Geschenks, wenn ihm das Umtauschrecht zugesichert wird. Ein anderer Kunde kauft ein Fernsehgerät in dem Geschäft, welches das Gerät durch geschultes Personal fachmännisch aufstellen und anschließen lässt.

39.2 Kundendienstleistungen

Zum **Kundendienst** gehören Serviceleistungen, die allen unseren Kunden zugutekommen, auch wenn sie nichts kaufen, und Leistungen, die wir nur in Verbindung mit der Ware oder bei der Bezahlung, entgeltlich oder unentgeltlich, anbieten.

allgemeine Serviceleistungen	Serviceleistungen in Verbindung mit dem Produkt	Serviceleistungen bei der Bezahlung
• Parkplätze • Kinderbetreuung • Einkaufswagen • Fahrstühle • Rolltreppen • Sitzplätze • Imbissstube • Cafeteria • Vermietung von Werkzeug und Geräten • Annahme telefonischer Warenbestellung • Kundenzeitschrift	• fachgerechte Warenverpackung; Geschenkverpackung • Warenzustellung • Aufstellen, Anschließen, Einstellen von Geräten • Wartungs- und Reparaturdienst • Sonderbestellungen • Auswahlsendung • Zurücklegen von Waren • Garantie • Umtausch • Rücknahme von Verpackungen	• Electronic Cash • Kundenkarte • Kreditkarte • Kauf auf Rechnung • Ratenkauf • Inzahlungnahme von Gebrauchtgeräten • Mietkauf • Leasing

39.3 Allgemeine Serviceleistungen erleichtern den Einkauf

Je angenehmer der Einkauf für den Kunden ist, desto leichter entscheidet er sich für ein bestimmtes Geschäft. Anziehend wirken beispielsweise ausreichende Parkmöglichkeiten in unmittelbarer Nähe des Geschäfts. Die Kunden brauchen nicht lange nach freien Parkplätzen zu suchen und können nach dem Einkauf die Waren auf kurzen Wegen zu ihren Fahrzeugen bringen.

Eltern mit Kindern kaufen dort ein, wo sie ihre „Sprösslinge" in der Spielecke oder bei hilfsbereitem Verkaufspersonal gut „versorgt" wissen. Andere Kunden schätzen es, wenn sie sich nach dem Einkauf oder zwischen mehreren Einkäufen etwas entspannen können und dafür Sitzgelegenheiten oder eine Cafeteria zur Verfügung stehen.

39.4 Serviceleistungen, die mit dem Produkt verbunden sind

Produktbezogene Serviceleistungen erhöhen und erhalten den Gebrauchswert des Produkts. Sie ermöglichen dem Kunden einen bequemen Einkauf. Da sich viele Produkte in Qualität und Preis kaum noch unterscheiden, fällt der Kunde seine Kaufentscheidung häufig nach den angebotenen Serviceleistungen.

Die fachgerechte Verpackung der Ware

Durch eine fachgerechte Verpackung des Produkts erleichtern wir den Transport und bewahren sie vor möglichen Schäden. Zerbrechliche Waren, z. B. Glas oder Porzellan, schlagen wir einzeln in Seidenpapier ein und verpacken erst dann gemeinsam.

Die Warenzustellung

Kann der Kunde das gekaufte Produkt nicht selbst transportieren, z. B. Kühltruhe, Waschmaschine, Schrankwand, bieten wir ihm die Zufuhr durch betriebseigene Pkw bzw. Lkw oder die Zustellung durch Rollfuhrunternehmen, Post oder Bahn an.

Aufstellen, Anschließen, Einstellen gekaufter Waren

Kauft ein Kunde technische Geräte, z. B. Fernseher, Stereoanlagen oder Möbel, und kann er anfallende Montagearbeiten vor Inbetriebnahme oder Benutzung nicht selbst ausführen, übernehmen wir durch entsprechend ausgebildete Fachkräfte diesen Service. Diese Arbeiten erledigen wir in der Regel kostenlos. Wünscht der Kunde darüber hinausgehende, weitere Leistungen, z. B. die Elektro- und Wasserinstallation für eine Waschmaschine, bieten wir ihm diese Serviceleistung zu einem günstigen Preis an.

Die Sonderbestellung

Möchte ein Kunde einen Artikel, den wir im Augenblick nicht vorrätig haben, und lehnt er unser Alternativangebot ab, führen wir eine Sonderbestellung durch. Wir bieten dies an, sofern der Kunde die Ware nicht sofort benötigt, diese noch lieferbar ist und von uns bestellt werden kann.

Die Auswahlsendung

Kann sich ein Kunde im Geschäft nicht für einen Artikel entscheiden, z. B. welche der vorgelegten Tischdecken zu einem Kaffeeservice und zur Einrichtung passt, oder kauft er nicht für sich selbst, z. B. bei Geschenken, geben wir, wenn er persönlich bekannt ist, eine Auswahl mit. Der Kunde kann dann zu Hause, in der entsprechenden Umgebung, in aller Ruhe prüfen und entscheiden, was für seine Zwecke am besten geeignet ist.

Der Wartungs- und Reparaturdienst

Ist ein Artikel defekt, bieten wir die Reparatur in eigener Werkstatt an oder senden den Artikel an den Hersteller. Bringt ein Kunde einen solchen Artikel, nehmen wir den genauen Schaden und dessen vermutliche Ursache auf, prüfen die Reparaturmöglichkeit und erstellen einen Kostenvoranschlag. Kleinere Arbeiten erledigen wir kostenlos.

Die Garantie

Zahlreiche Hersteller und Händler übernehmen für ihre Produkte eine Teil- oder Vollgarantie, d. h., sie beseitigen alle innerhalb einer bestimmten Frist, z. B. von zwei Jahren, auftretenden Mängel ganz oder teilweise kostenlos. Hat der Kunde den Schaden durch unsachgemäße Behandlung oder Handhabung verursacht, erlischt der Garantieanspruch ebenso wie bei eigenhändigen Reparaturversuchen. Der Kunde muss die Garantie vorlegen, damit wir seinen Anspruch auf Garantie überprüfen können.

Der Umtausch aus Kulanz

Will der Kunde eine gekaufte Ware umtauschen, bieten wir ihm unsere Hilfe an. Wenn das Produkt nicht vom Umtausch ausgeschlossen ist und außerdem nicht benutzt, getragen, verändert oder beschädigt ist, tauschen wir es um.

39.5 Serviceleistungen bei der Bezahlung

Immer mehr Betriebe des Einzelhandels stellen Kundenkarten aus oder akzeptieren Kreditkarten, mit denen bargeldlos eingekauft werden kann. Die Kunden erhalten, meist am Monatsende, eine Rechnung, die durch Bank- oder Postüberweisung oder im Lastschrifteinzugsverfahren beglichen wird. Zahlt der Kunde mit einer EC-Karte unter **Eingabe einer PIN** (persönliche Identifikationsnummer), handelt es sich um das **Elektronic-Cash-Verfahren**. Ist die dabei online erfolgte Überprüfung (Autorisierung) positiv, garantiert die kontoführende Bank die Einlösung des Betrages.

Der Ratenkauf

Viele Kunden kaufen und können erst später bezahlen. Diesem Wunsch kommen wir entgegen. Insbesondere bei langlebigen, höherwertigen Gebrauchsgütern wie Möbeln, Elektrogeräten, Autos, deren Kaufpreis der Kunde nicht auf einmal aufbringen kann, bieten wir den Ratenkauf an. Der Kunde kann dann, entsprechend seiner finanziellen Möglichkeiten, den Kaufpreis in monatlichen Raten entrichten.

Kauf auf Probe

Beim Kauf auf Probe kann der Kunde die Ware, z. B. Kamera, Stereoanlage, Filmprojektor, kostenlos ausprobieren und danach zurückgeben. Behält er die Ware oder gibt er innerhalb der vereinbarten Frist nicht zu erkennen, dass er die Ware nicht behalten will, gilt sein Schweigen als Annahme.

Der Mietkauf

Der Kunde kann Waren für einen längeren Zeitraum auch mieten, z. B. Musikinstrumente. Er zahlt eine monatliche Miete, die, falls er sich nach Ablauf der Mietzeit zum Kauf entschließt, auf den Kaufpreis angerechnet wird.

Leasing

Gegen einmalige Mietsonderzahlung und monatliche Mietzahlungen kann der Kunde, insbesondere Fahrzeuge, Computer, Fotokopiergeräte, auch leasen (= mieten). Nach Ablauf der vertraglich festgelegten Leasingdauer muss er die Ware dem Händler zurückgeben.

Die Vorteile von Mietkauf und Leasing:
- Kunde erhält das neueste Gerät;
- Wartungs- und Reparaturarbeiten werden vom Vermieter/Leasinggeber durchgeführt;
- Kaufpreis braucht nicht auf einmal aufgebracht zu werden.

Übungsaufgaben: Kapitel 39, Seite 318

40 Werbung im Einzelhandel

△ Fallbeispiel

○ Auswertung

1. Halten Sie Werbung für notwendig oder überflüssig? Begründen Sie ausführlich Ihre Meinung!
2. *„Werbung verführt die Verbraucher und veranlasst sie zu unüberlegten Handlungen!"*
   Wie denken Sie darüber?
3. Was erwarten Sie als mündiger Verbraucher von der Werbung?
4. Welche Ziele verfolgt ihr Geschäft mit einzelnen Werbemaßnahmen?
5. Schildern Sie, wofür und auf welche Art und Weise Ihr Geschäft wirbt!

 Sachdarstellung

Werbung begegnet uns überall, offen, versteckt, aggressiv oder unterschwellig. Sie vermittelt dem Verbraucher Informationen und Orientierung, sie schafft Markttransparenz und sorgt für Preiswettbewerb. Über 90 % der Bundesbürger stehen laut Umfrage des Zentralausschusses der Werbewirtschaft zu der Aussage: *„Werbung gehört in unsere Welt und sollte erhalten bleiben."*

40.1 Begriffsbestimmungen und Ziele der Werbung

Werbung ist eine absichtliche und zwangfreie Form der Beeinflussung, welche die Menschen zur Erfüllung der **Werbeziele** veranlassen soll.

Werbeziele können ökonomisch und/oder außerökonomisch sein. Ökonomische Ziele lassen sich in Geld oder Stückzahlen ausdrücken. Außerökonomische Ziele betreffen die Beziehungen zu den Umworbenen.

Beispiele für ökonomische Ziele:	Beispiele für außerökonomische Ziele:
• Umsatzsteigerung • Erhöhung des Marktanteils • Kostensenkung • Gewinnerhöhung	• Aufmerksamkeit wecken • Informationen liefern • Kunden beeinflussen • Kaufentscheidungen herbeiführen

Dem Einzelhandelsunternehmen stehen zahlreiche Möglichkeiten zur Verfügung, „Werbung" zu betreiben. Die wichtigsten Formen sind die klassische Absatzwerbung, Salespromotion und Public Relations.

Absatzwerbung	Salespromotion	Public Relations
Maßnahmen, die erfolgen um Kunden zu gewinnen, zu informieren, zu überzeugen und zum Kauf zu animieren	Kaufanreize während des Kaufs zur Unterstützung der Absatzwerbung	Maßnahmen, die geeignet sind, die Beziehungen zur Öffentlichkeit zu pflegen und zu verbessern
z. B. Anzeigen, Prospekte, Werbebriefe, Werbespots, Plakate, E-Mails	z. B. Warenvorführungen, Verkostungen, Displays, Lautsprecherdurchsagen, Preisausschreiben, Gewinnspiele	z. B. Betriebsbesichtigungen, Modenschauen, Feste, Kundenzeitschriften, Presseberichte

40.2 Grundsätze der Werbung

- **Wahrheit:** Die Werbung soll in Text und Bild nichts enthalten, was geeignet ist, den Verbraucher irrezuführen, z. B. falsche Angaben über die Herstellungsart, Beschaffenheit oder Eigenschaften einer Ware.

  Beispiel: Für einen Pullover aus Wolle darf nicht mit dem Begriff „Reine Schurwolle" geworben werden, wenn dieser aus Reißwolle besteht.

- **Klarheit:** Die Aussagen der Werbebotschaft sollen klar und verständlich sein. Entscheidend ist die Auffassung der Umworbenen und nicht, wie der Werbende seine Aussagen verstanden haben will.

  Beispiel: statt: Übergangsmantel mit Polytetrafluorethylen-Membran, besser: Übergangsmantel mit winddichter, wasserdichter und atmungsaktiver Membran.

- **Aktualität:** Interessante Ereignisse sollen in der Werbebotschaft ihren Niederschlag finden, z. B. Sportbekleidung eines bekannten Tennisspielers.

- **Originalität:** Werbung will Interesse wecken. Der Aufmerksamkeitswert einer Werbemaßnahme ist umso größer, je ideenreicher diese aufgemacht ist, z. B. Limonadenwerbung, die nicht nur den Verstand, sondern auch Träume, Wünsche, Sehnsüchte anspricht.
- **Stetigkeit:** Werbeeindrücke werden durch Wiederholung verstärkt und im Gedächtnis der Umworbenen fester verankert.
- **Wirtschaftlichkeit:** Die gesteckten Werbeziele sollen möglichst kostengünstig erreicht werden. Dies setzt planmäßiges Vorgehen und gezielten Einsatz der vorhandenen Mittel voraus. **Werbeerfolgskontrollen**, z. B. Beobachtung des Kundenverhaltens, Kundenbefragungen, Kundenzählungen, Preisausschreiben und Tests geben Aufschluss über die Wirtschaftlichkeit und den erzielten Erfolg.
- **Soziale Verantwortung:** Werbung darf nicht gegen die guten Sitten und nicht gegen ästhetische, moralische oder religiöse Empfindungen verstoßen, z. B. frauendiskriminierende Werbung.

40.3 Werbearten

Wofür wird geworben?

Der Einzelhändler kann werben für

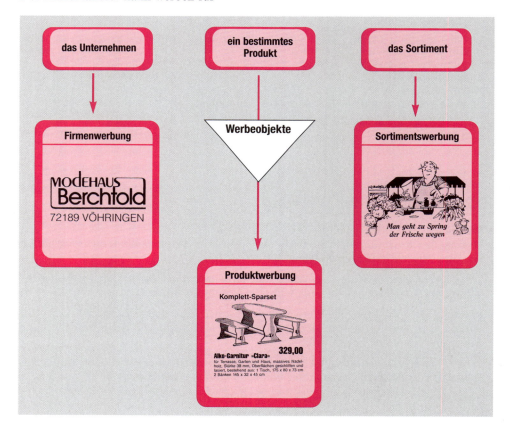

Wer wirbt?

Der Einzelhändler kann allein oder zusammen mit anderen werben.

Formen der Werbung

Alleinwerbung/Einzelwerbung	kooperative (kollektive) Werbung	
Gemeinschaftswerbung	Sammelwerbung	Verbundwerbung

Alleinwerbung/Einzelwerbung	Vorteile:
Werbung eines einzelnen Unternehmens für eigene Ziele, z. B. Erhöhung des Images, Vorstellung des Sortiments, Einführung eines neuen Produkts	• nützt allein dem Einzelhändler • dient der Abgrenzung gegenüber der Konkurrenz

kooperative (= kollektive) Werbung	Vorteile:
Gemeinschaftswerbung Der einzelne Unternehmer ist bei der Werbemaßnahme nicht zu erkennen, z. B. Werbung für Wein, Milchprodukte, Teppiche, Blumendünger.	• kostengünstiger/wirtschaftlicher als Einzelwerbung • unterstützt die Einzelwerbung
Sammel-/Aktionswerbung Der einzelne Unternehmer ist bei der Werbemaßnahme zu erkennen, z. B. Werbetafeln an Stadteinfahrten, ortsansässige Handwerker werben auf einer Seite der Lokalpresse.	• kostengünstige Werbung • schlagkräftiger als Einzelwerbung • wertet benachteiligte Standorte auf

Verbundwerbung

Werbung von Einzelhändlern und Herstellern von Waren, die zusammengehören:

> **Kein Wunder, es ist GORE-TEX®**
>
> Kinder wollen jeden Tag ein neues Abenteuer, und sie wollen eine außergewöhnliche Ausrüstung für ihre Erlebnisse. Die Sicherheit und den außergewöhnlichen Klima-Komfort von GORE-TEX® gibt es natürlich auch für Kinder. Zum Beispiel in Skianzügen von Boy, Schuhen von Elefanten und Handschuhen von Ziener. Damit ja kein Abenteuer ins Wasser fällt, denn wir wollen, dass auch Ihre kleinen Kunden warm und trocken bleiben.
>
> **GORE-TEX®**
> So unvergleichlich wie unsere Haut.

Beispiele:
- Gore-Tex und die Bekleidungshersteller Elefanten und Ziener werben gemeinsam für Skianzüge, Schuhe und Handschuhe.
- „Ihre zuverlässigen Partner für's Auto: Reifen-Zoller & Auto-Rösch!"
- „Ihre Camping-Partner: Camping Gaz, Molto-Grillo, Sonnenzelte ‚Le Soleil' und Schlafsäcke ‚Midnight Sun'!"

Vorteile:
- Bedarfsbündel werden vorgestellt, z. B. Skianzüge, Schuhe, Skiwäsche;
- „Problemlöser" werden angeboten, z. B. Ski und Skischule;
- Markenartikel werden gemeinsam verkauft, z. B. Gore-Tex und Bogner Skianzüge.

40.4 Werbemittel und Werbeträger

Werbemittel sind die Gestaltungsmittel, mit denen sich eine Werbemaßnahme an den Umworbenen richtet, z. B. die Sprache, der Text, der Ton, die Musik und das Bild.
Werbeträger ist das Kommunikationsmittel, das die Werbebotschaft zum Umworbenen bringt.

Eine weitere Einteilung der Werbemaßnahmen erfolgt in:

- **Werbung in Printmedien:** Zeitungsanzeigen, Anzeigenblätter, Postwurfsendungen, Prospekte, Kataloge u. Ä.
- **Außenwerbung:** Werbung in der Öffentlichkeit wie Litfaßsäule, Leuchtreklame, Busbeschriftung u. Ä.
- **POS-Werbung:** Werbung am Ort des Verkaufs wie Schaufenster, Vorführung, Durchsagen u. Ä.
- **FFF-Werbung:** in Funk, Film und Fernsehen sowie Online-Diensten, Katalogen auf CD-Rom u. Ä.

40.5 Werbeplanung

Jede erfolgreiche Werbemaßnahme beruht auf einer durchdachten Werbeplanung. Diese umfasst folgende **Phasen:**

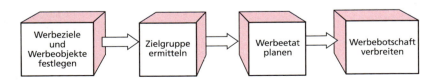

40.5.1 Werbeziele und Werbeobjekte festlegen

Die Darstellung zeigt, dass es unterschiedliche Werbeziele gibt. Nicht alle lassen sich gleichzeitig erreichen. Deshalb muss sich der Werbetreibende für das im Moment wichtigste Ziel entscheiden, z. B. Produktinformation, Bedürfnisse wecken, Umsatzsteigerung.

Bei jeder Werbemaßnahme ist das **„Objekt"**, das beworben werden soll, festzulegen. Das können sein:

- einzelne Produkte, z. B. Bademoden der Marke X
- Teile des Sortiments, z. B. die neue Modesaison
- besondere Leistungen des Unternehmens, z. B. Aktionspreise, qualifizierte Beratung, Parkplätze und Kundendienst.

40.5.2 Zielgruppen ermitteln

Die Zielgruppe ist der **Personenkreis**, an den sich die Werbung wendet. Je genauer ein Geschäft seinen Kundenkreis hinsichtlich der Kaufwünsche, Verhaltensweise, des Alters, Geschlechts, Einkommens und Berufs kennt, desto gezielter und erfolgreicher kann sich eine Werbemaßnahme an eine bestimmte Gruppe richten.

Beispiele für Zielgruppen:
- Junge Käufer für Jeans und Sportswear interessieren sich für legere Freizeitkleidung, weniger für elegante Gesellschaftskleidung;
- Rentnerinnen sind an Gesundheitsartikeln interessiert;
- Haushalte mit einem hohen Einkommen leisten sich mehr als solche mit geringem Einkommen, z. B. Schmuck;
- gepflegte, prestigeorientierte Karrierefrauen geben mehr Geld für elegante Kleidung und Kosmetika aus.

40.5.3 Werbeetat planen

Der Handel gibt etwa 1 bis 5% des Umsatzes für Werbung aus, was zu einer Gesamtsumme von über 60 Mrd. Euro führt.

Unter dem **Werbeetat** versteht man die Geldmittel, die für ein Jahr für Werbekosten bereitgestellt werden. Wie sie das Geschäft auf welche Tage, Wochen und Monate verteilt, hängt ab von den

- betrieblichen Anlässen wie z. B. Jubiläum, Aktionswochen,
- kalendermäßigen „Ereignissen" wie Weihnachten, Muttertag,
- örtlichen Gegebenheiten wie Stadtfeste u. Ä.

Der Werbeetat berücksichtigt
- den Ist-Umsatz des Vorjahres und den Planumsatz des laufenden Jahres,
- die Werbekosten des Vorjahres und des Planjahres.

Außerdem werden die Werbekosten in Prozent des Umsatzes im Vorjahr und Planjahr errechnet.

Ist-Umsatz Vorjahr _____		Planumsatz _____		
Werbekosten Vorjahr in EUR _____		Werbekosten Planjahr in EUR _____		
Werbekosten Vorjahr in % _____		Werbekosten Planjahr in % _____		
Monat	Werbekosten Vorjahr	Etat Planjahr Soll	Ist Planjahr	Abweichung in EUR
Januar	EUR	EUR	EUR	
Februar	EUR	EUR	EUR	
März	EUR	EUR	EUR	
April	EUR	EUR	EUR	

Werbeaussagen am Umsatz zu orientieren, ist die verbreitetste Methode. Sie besagt: je mehr Umsatz, desto höher die Werbeausgaben. Bei rückläufigem Umsatz ist dies bedenklich. Gerade dann ist ein erhöhter Werbeeinsatz nötig.

40.5.4 Streuplan aufstellen

Aufgabe der Streupläne ist, Werbebotschaften der ausgewählten Zielgruppe möglichst zur richtigen Zeit in einem ausgewählten Gebiet unter Einsatz der geeignetsten Werbemittel zu vermitteln.

Der **Streuplan** umfasst folgende Einzelpläne:

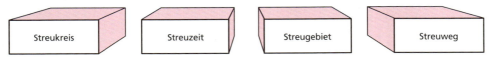

Der **Streukreis** beschreibt die Zielgruppe (= Personenkreis), die beworben werden soll (vgl. Abschnitt 40.5.2, Seite 270), z. B. Jugendliche, Hausfrauen, Urlauber.

Die **Streuzeit** sagt, zu welchem Zeitpunkt, wie lange und in welchen zeitlichen Abständen die Werbemaßnahmen erfolgen sollen.

Beispiele:
- Die neue Mode wird zu Beginn der Saison (z.B. Februar/März) vorgestellt und die Anzeigen werden einige Male wiederholt. Die Wiederholung verstärkt die Werbebotschaft. Unterbleibt weitere Werbung, geraten frühere Werbebotschaften schnell in Vergessenheit.
- Fernseh-Werbespots erscheinen am günstigsten kurz vor den Nachrichten und erreichen deshalb besonders viele Haushalte.

Die Planung der Streuzeit muss auch sicherstellen, dass das Werbematerial, z. B. Prospekte oder Handzettel, rechtzeitig zur Verfügung steht.

Das **Streugebiet** kennzeichnet das Gebiet, in welchem die Werbemaßnahmen durchgeführt werden sollen.

Beispiele:
- Die Waschmittelwerbung im Fernsehen erreicht Haushalte zwischen Flensburg und Garmisch-Partenkirchen.
- Eine regionale Tageszeitung erreicht mit ihrer Werbung in ihrem Verbreitungsgebiet z. B. 5 Mio. Leser.

Der **Streuweg** wählt den Weg (= Medien) aus, der für die vorgesehene Werbung besonders wirksam erscheint.

Beispiele:
- Ein Textilgeschäft wählt eine attraktive Schaufenstergestaltung und Zeitungsbeilagen.
- Ein großes Elektro-Discountgeschäft bevorzugt Anzeigen in Tageszeitungen und Rundfunkwerbung.

40.6 Werbebotschaften

„Minimales mit Maxi Charme"

Modisch geschnittene T-Shirts oder Tops für Sie und Ihn, zu einer luftigen Beinbekleidung, die Ihnen maximales Urlaubsgefühl vermittelt. Unifarbene Röcke aus leichtem Jeansstoff für Sie und modische Shorts mit aufgesetzten Taschen für Ihn sind Ihre ideale Sommerbekleidung.
Darin werden Sie sich immer wie im Urlaub fühlen.

Ein reizender Sommer zum Verlieben

Erfolgreiche Werbemaßnahmen sprechen nicht nur den Verstand (informative Werbung), sondern auch das Gefühl an. Sie nutzen Sehnsüchte und Träume aus (affektive Werbung). Werbebotschaften suggerieren (= einreden), dass mit dem Kauf einer Ware diese Sehnsüchte, Wünsche und Träume in Erfüllung gehen. Dies kann man sich modellhaft so vorstellen:

Wünsche, Träume, Triebe ...	werden Wirklichkeit durch den Kauf entsprechender Produkte und Dienstleistungen, z. B.
• Gesundheit, Sicherheit, Wohlergehen • Geselligkeit, Freude, Fröhlichkeit • Freiheit, Abenteuer, Emanzipation • Sauberkeit, Glück, Zufriedenheit • Attraktivität, Sympathie, Jugend, Fitness, Schönheit	– Versicherungen, gesunde Textilien – Wein, Bier, Zigaretten, CDs, Disco – Kleidung, Autos, Urlaub, Reisen – Waschmittel, Seife, Couch-Garnitur – Kosmetika, Bio-Kost, Jogginganzug

Damit Werbebotschaften beim Kunden ankommen, bedarf es verschiedener Reize, die ihrerseits (Kauf-)Reaktionen auslösen sollen.

40.7 Werbewirkung

Die Werbewirksamkeit hängt davon ab, ob beim Umworbenen das Interesse geweckt und seine Gefühle und Bedürfnisse angesprochen und Kaufimpulse ausgelöst werden. Um an das Ziel, also zum Kaufabschluss zu kommen, muss die Werbebotschaft nach der AIDA-Formel Folgendes erreichen:

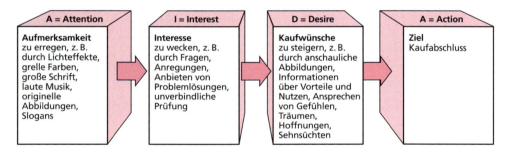

40.8 Werbesprache

Zum Erfolg trägt in hohem Maße die Werbesprache bei, die den Umworbenen durch sprachliche Mittel zum Erreichen des Werbeziels führen soll.

Merkmale der Werbesprache	Beispiele
• Markennamen, Warenzeichen	– Boss, Lacoste, Fink, Schiesser
• Wiederholungen	– „... Erdal, das geht einfach, das glänzt ideal, echte Lederpflege, ja, das ist Erdal – Erdal, einfach glänzend!"
• Wortneubildungen	– Verwöhnaroma, Ajaxglanz, aprilfrisch, fewaweiß
• Übertreibungen	– „der Gipfel des Aromas", „das Beste, das es je gab", „bärenstark", „weißer als weiß"

Merkmale der Werbesprache	Beispiele
• Slogans	– „8 × 4 – und der Tag gehört Dir!" „Wir geben Ihrer Zukunft ein Zuhause – LBS!" „Ritter Sport – Quadratisch, praktisch, gut!" „Apollinaris. Aus dieser Quelle trinkt die Welt."
• Fragesätze	– „Kribbelt's auf der Haut?" „Sind Sie müde?" „Erkennen Sie mich?" „Schon probiert?"
• Befehlssätze	– „Du darfst!" „Holen Sie sich jetzt!" „Lauf, Jäger, lauf!"
• positive Aussagen	– „Rein, wie die Natur ihn gibt." Nur Vorteile werden aufgezählt, negative Eigenschaften und Unvollkommenheiten werden nicht erwähnt.
• Wortspiele	– „Dringt tief ein, macht tief rein." „Nicht immer, aber immer öfter."

Rationale Reize	Emotionale Reize
sprechen den Kunden **verstandesmäßig** an.	sprechen den Kunden **gefühlsmäßig** an.
Beispiele:	Beispiele:
• „Die große Packung hilft Ihnen sparen!" • „Die Schuhe sind wasserdicht!" • „Hosen von bester Qualität!" • „Sommermode zu günstigen Preisen!"	• „Ein reizender Sommer – heiße Nachtwäsche" • „Abenteuer- und Urlaubsfreuden in ..." • „Der Geschmack dieser Früchte ist unvergleichlich!" • „... ein ästhetischer Körper!"

40.9 Grenzen der Werbung einhalten

Die Gefahr des Missbrauchs der Werbung wird durch eine Reihe von Gesetzen, Verordnungen, durch freiwillige Verhaltensregeln und die Selbstdisziplin der Wirtschaft sowie durch die Aktivitäten der Verbraucherorganisationen weitgehend eingeschränkt. Diese Kontrollmöglichkeiten sorgen für einen funktionsfähigen Wettbewerb und einen wirksamen Verbraucherschutz.

Das wichtigste Gesetz im Zusammenhang mit der Werbung ist für den Einzelhandel das **Gesetz gegen den unlauteren Wettbewerb (UWG)**.

Dieses Gesetz dient dem Schutz der Mitbewerber, der Verbraucher und der sonstigen Marktteilnehmer vor unlauterem Wettbewerb, das sind Handlungen, die geeignet sind den Wettbewerb zum Nachteil der genannten Personen zu verfälschen.

Verbot unlauteren Wettbewerbs (§ 3 UWG)

Unlauter sind danach beispielsweise
- Wettbewerbshandlungen, die geeignet sind, die Entscheidungsfreiheit der Verbraucher und der sonstigen Marktteilnehmer durch Druck oder unangemessene und unsachliche Einflüsse zu beeinträchtigen, z. B. unentgeltliches Befördern von Kunden zum eigenen Geschäft;
- Handlungen, welche die Unerfahrenheit insbesondere von Kindern und Jugendlichen oder die Angst und Zwangslagen von Verbrauchern ausnutzen.

Irreführende Werbung (§ 5 UWG)

Werbung mit Angaben, die geeignet sind, Kunden irrezuführen, ist verboten. Irreführende Angaben sind nachprüfbare Tatsachen, also keine Werturteile oder Meinungen. Entscheidend ist, ob eine Aussage wahr ist und welche Bedeutung der Kunde dieser Aussage beimisst.

Beispiele:
- **Ursprung:** Imitierte Jeans aus Hongkong werden als „Levis"-Jeans angeboten.
- **Herstellungsart:** Gläser, die maschinell gefertigt wurden, werden als „mundgeblasen" und „handbemalt" bezeichnet.

Werbung mit Preisen

Der Einzelhändler ist – abgesehen von Verlagserzeugnissen wie Zeitungen, Zeitschriften, Büchern – in seiner Preisgestaltung grundsätzlich frei. Das UWG und die Preisangabenverordnung verlangen jedoch, dass bei der Preisangabe die Grundsätze von **Preiswahrheit** und **Preisklarheit** beachtet werden.

Preismanipulation:

- Waren werden in Zeitungsanzeigen, Schaufenstern, Katalogen zu günstigen Preisen angeboten, sind aber im Geschäft nicht vorrätig oder werden teurer verkauft.
- Waren werden als „Sonderangebot" bezeichnet oder mit „Sonderpreis" ausgezeichnet, obwohl der normale Preis verlangt wird.
- Preisunterbietung zur Verdrängung oder Vernichtung von Mitbewerbern.
- Preisschaukelei = kurzfristige Preisherauf- und -herabsetzungen ohne sachlichen Grund, um die Kunden zu verunsichern.

Erlaubt sind Preisgegenüberstellungen: Preisgegenüberstellungen und Preissenkungen auf Preisschildern und Werbetafeln sind grundsätzlich zulässig.

Beispiele:

früher: 120,00 EUR *jetzt: 80,00 EUR*	~~120,00 EUR~~ 80,00 EUR	*jetzt 40,00 EUR billiger*	*um 33 1/3 % herabgesetzt*
Preisgegenüberstellungen		Preissenkungen	

Übungsaufgaben: Kapitel 40, Seite 319

Anhang

Sonderveranstaltungen/Warenkundliche Informationsquellen

1. Sonderveranstaltungen

Mit der Reform des Gesetzes gegen den unlauteren Wettbewerb (UWG) wurde die Reglementierung der Sonderveranstaltungen aufgehoben. Die Bestimmungen über **Schlussverkäufe, Jubiläumsverkäufe und Räumungsverkäufe fallen ganz weg.**

Der Einzelhandel kann künftig seine Verkaufsaktionen regional und zeitlich flexibler gestalten. **Sonderverkäufe können jederzeit stattfinden.** Eine Beschränkung auf bestimmte Warengruppen findet nicht mehr statt. Aufgehoben wurden auch die Bestimmungen über die Dauer der Sonderveranstaltungen, die Sperrfristen sowie das Vor- und Nachschieben von Waren.

Der jeweilige Einzelhändler kann damit seiner Kreativität bei der Kundenwerbung freien Lauf lassen. Lediglich das **Verbot der irreführenden Werbung setzt dabei Grenzen.**

Räumungsverkäufe gelten als irreführend, wenn nicht tatsächlich die Räumung des Warenvorrats wegen einer bestimmten **Zwangslage** oder der **Geschäftsaufgabe** erfolgt.

Eine **Räumungszwangslage** kann sich ergeben durch
- ein unabwendbares Ereignis, z. B. Schäden durch Feuer, Wasser, Sturm oder vergleichbare Ereignisse,
- behördlich genehmigte Umbaumaßnahmen.

Unzumutbare Belästigungen (§ 7 UWG)

Eine unzumutbare Belästigung ist beispielsweise gegeben bei
- einer erkennbar unerwünschten Werbung,
- einer Werbung mittels Telefon, Faxgerät, elektronischer Post, automatischer Anrufmaschine, ohne Einwilligung des Adressaten,
- elektronischen Nachrichten (E-Mails, Spam), bei denen die Identität des Absenders verheimlicht oder verschleiert wird oder bei der keine gültige Adresse vorhanden ist, an die der Empfänger eine Aufforderung zur Einstellung richten kann.

Wer gegen § 3 des UWG verstößt, kann auf Unterlassung und Schadensersatz in Anspruch genommen werden durch
- Mitbewerber,
- Verbände (Einzelhandelsverbände, Verbraucherverbände),
- Industrie- und Handelskammern oder Handwerkskammern.

Erzielt ein Wettbewerber bei **vorsätzlicher Zuwiderhandlung** gegen das Verbot unlauteren Wettbewerbs auf Kosten vieler Abnehmer einen Gewinn, ist dieser an den Bundeshaushalt abzuführen.

Freiwillige Selbstkontrolle und Überwachung des Wettbewerbs

Die Gefahr des Missbrauchs der Werbung wird nicht nur durch Gesetze, sondern auch durch freiwillige Verhaltensregeln und die Selbstdisziplin der Wirtschaft eingeschränkt. Für einen wirksamen Verbraucherschutz und einen funktionsfähigen Wettbewerb sorgen insbesondere folgende

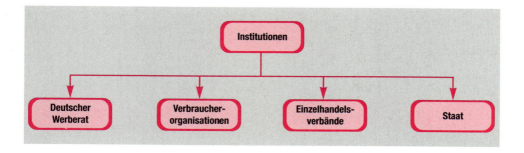

2. Verbände, Messen, Fachschulen

Verbände/Organisationen/Institutionen:

- Der Hauptverband des Deutschen Einzelhandels (HDE) ist die Spitzenorganisation des deutschen Einzelhandels für ca. 400 000 selbstständige Unternehmen mit insgesamt 2,7 Millionen Beschäftigten und einem Umsatz von ca. 500 Milliarden Euro. Er bietet eine Menge von Leistungen, im Bildungsbereich z. B. Informationen zu Karriere im Einzelhandel, Ausbildungsberufe, Daten und Fakten, Gesetze und Verordnungen, Weiterbildungregelungen, Bildungszentren und Fachschulen.

  Adresse: Hauptverband des Deutschen Einzelhandels (HDE),
  Am Weidendamm 1 A, 10117 Berlin.
  Web-Adresse: **www.einzelhandel.de** (Internet-Portal/Homepage für den Einzelhandel)

- Von großem Nutzen für interessierte und engagierte Mitarbeiter des Einzelhandels ist folgende Adresse:

  Bundesarbeitsgemeinschaft für Mittel- und Großbetriebe des Einzelhandels (BAG),
  Friedrichstraße 60, 10117 Berlin
  Web-Adresse: **www.bag.de**

  Die Homepage bietet viele Informationen zum Thema Berufsbildung, außerdem Lehrbücher/Broschüren im Bereich Ware und Verkauf an. Hilfreich sind auch die Warenkunde-Broschüren zu verschiedenen Warengruppen wie Haushaltswaren, Sportartikel u. Ä.

- Regionale Industrie- und Handelskammern bieten Fortbildungsmaßnahmen für Mitarbeiter des Einzelhandels an, z. B. warenkundliche Seminare, Verkaufstrainings, Prüfungsvorbereitungen u. Ä.

  Web-Adresse: **www.ihk.de**
  Wählen Sie dort aus der Auswahl verschiedener Städte Ihre standortnahe IHK aus.

- Um die Interessen der Verbraucher, denen Sie als Verkäufer nahestehen, kümmern sich insbesondere die Verbraucherverbände. Diese geben Auskunft über Verbraucherpolitik und praktische Tipps zum Verbraucheralltag.

  Adresse: Bundesverband der Verbraucherzentralen und Verbraucherverbände,
  Markgrafenstraße 66, 10969 Berlin
  Web-Adresse: **www.vzbv.de**

Messen/Ausstellungen

Bezeichnung	Ort
Herren-Mode-Woche	Köln
Internationale Fachmesse für Heim- und Haustextilien (Heimtex)	Frankfurt
Fachmesse für Bekleidungstextilien (Interstoff)	Frankfurt
MODE-WOCHE	München
Internationale Modemesse (Igedo)	Düsseldorf
Internationale Sportartikelmesse (Ispo)	München
Internationale Möbelmesse	Köln
Internationale Grüne Woche	Berlin
Boot	Düsseldorf
Internationale Spielwarenmesse	Nürnberg
Musikmesse	Frankfurt am Main
Internationale Messe für Haushaltgroß- und -kleingeräte	Köln
Internationale Fachmesse für Uhren, Schmuck, Edelsteine und Silberwaren (INHORGENTA)	München
Internationale Eisenwarenmesse	Köln
Internationale Sportwarenmesse	München
Pirmasenser Lederwoche international	Pirmasens
Internationale Herren-Mode-Woche	Köln
Internationale Lederwarenmesse	Offenbach am Main
Photokina	Köln
Internationale Wassersportausstellung (INTERBOOT)	Friedrichshafen
Souvenirs und Geschenke	Wiesbaden

Der Verband der deutschen Messewirtschaft veröffentlicht im Internet unter der Adresse:
http://www.auma.de
wichtige Informationen zu Messen/Ausstellungen in Deutschland und weltweit hinsichtlich Ort, Zeitpunkt und Branche u. Ä.

Kontakt: AUMA-Ausstellungs- und Messe-Ausschuss der Deutschen Wirtschaft e. V., Littenstraße 9, 10179 Berlin.

Fachschulen/Institute

Bezeichnung	
B. I. D. T. Bildungsinstitut des Deutschen Textileinzelhandels (BTE) An Lyskirchen 14, 50676 Köln	Tel. 0221-92 15 09-11 Fax 0221-92 15 09-10 http://www.bte.de
Lehranstalt des Deutschen Textileinzelhandels (LDT)	Tel. 07452-84 09-0 Fax 07452-84 09-40 http://www.ldt.de

Übungsaufgaben

1. Kapitel: Erwartungen des Kunden an den Verkäufer, das Geschäft und das Produkt

01

Geschäft: attraktive Warenpräsentation, vielseitiges Warenangebot, gute Qualität, verschiedene Preislagen, informative Werbung, kompetente Verkäufer, nützlichen Service

Verkäufer: kompetent, freundlich, engagiert, interessiert, ehrlich, einfühlsam, gewandt

a) Was besagt obige Darstellung in Bezug auf die Kundenorientierung?
b) Worin besteht das Ziel der Kundenorientierung aus der Sicht des Geschäfts?
c) Was wird wahrscheinlich eintreten, wenn Kunden unzufrieden sind?

02 a) Weshalb achten Verkäufer auf eine gepflegte äußere Erscheinung?
b) Wie sollte diese in der Textil-, in der Lebensmittelabteilung und im Baumarkt aussehen?

03 a) Welche Verhaltensweisen eines Verkäufers wirken auf den Kunden besonders „belohnend", welche „bestrafend"? Sammeln Sie einige Beispiele.
b) Was signalisiert ein freundlicher Gesichtsausdruck dem Kunden?
c) Welche Vorteile bringen gute Umgangsformen Kunden und Verkäufer?

04 Warum benötigen Sie bei Ihrer Arbeit gute Produkt- und Warenkenntnisse und umfassende Sortimentskenntnisse? Begründen Sie dies.

05 Welche Vorteile bringt dem Kunden ein bedarfsorientiertes Sortiment?

06 Welche Äußerungen von Kunden lassen auf einen hohen Gebrauchswert, hohen Geltungswert oder günstigen Preis schließen?
a) „Ich suche eine strapazierfähige, pflegeleichte Hose."
b) „Das Geburtstagsgeschenk soll schon was darstellen."
c) „Haben Sie nichts Eleganteres, Fräulein?"
d) „Ich möchte gerne eine funktionelle preislich akzeptable Skiunterwäsche."

07 a) Erklären Sie die Begriffe Gebrauchswert und Geltungswert.
b) Nennen und beschreiben Sie bei drei Artikeln Ihres Geschäfts deren Gebrauchs- und Geltungswerte.

Kleines Projekt

01 Führen Sie in kleinen Gruppen an Ihrem Schulort, z. B. in der Fußgängerzone, Kundenbefragung zum Thema Kundenorientierung durch. Bringen Sie in Erfahrung, wie wichtig Kunden folgende Punkte sind:
a) im Fachgeschäft
  (1) eine freundliche Bedienung
  (2) Fachwissen/Sortimentskenntnisse
  (3) individuelle Beratung
  (4) Auswahl
b) im Verbrauchermarkt
  (5) günstige Preise
  (6) umweltfreundliche Produkte
  (7) guter Service

02 Veranschaulichen Sie die Ergebnisse und tragen Sie diese der Klasse vor.

03 Vergleichen Sie die Ergebnisse der Gruppen und kommen Sie zu einem Gesamtergebnis.

2. Kapitel: Verkaufsformen im Einzelhandel: Bedienung, Selbstbedienung, Vorwahl u. Ä.

01 Die Zeitungsbeilage eines Modehauses enthält u. a. den Text:

> **Das Modehaus X**
> bietet in kultivierter Fachgeschäftsatmosphäre eine komplette, modisch abgerundete Spitzenauswahl, fachkundige Beratung und einen ganz persönlichen Service.

a) In welcher Bedienungsform verkauft das Geschäft wohl seine Produkte?
b) Welche angebotenen Leistungen bedingen ein höheres Preisniveau als bei Selbstbedienung?

02 Welche Vorteile bringt die Selbstbedienung
a) dem Geschäft?
b) dem Kunden?

03 Welche Voraussetzungen muss das Geschäft schaffen, damit der Kunde ohne Hilfe eines Mitarbeiters findet, was er gerade sucht?

04 a) Ein neu eröffnetes Selbstbedienungswarenhaus (SB-Warenhaus) führt 40 000 verschiedene Artikel. Kennzeichnen Sie die jeweilige Artikelgruppe mit der wahrscheinlichen Verkaufsform (B = Bedienung, SB = Selbstbedienung).
(1) Leuchtmittel   (4) Heimwerkerartikel
(2) offenes Obst und Gemüse (5) offener Käse
(3) Getränke   (6) Uhren und Schmuck
b) Weshalb gibt es in SB-Warenhäusern keine totale Selbstbedienung?

05 Macht die Selbstbedienung den Verkäufer überflüssig? Begründen Sie Ihre Meinung.

06 Welche Vorteile bietet dem Kunden die Vorwahl gegenüber der Selbstbedienung?

07 Worin liegen die Stärken des Bedienungsgeschäfts?

08 Unterscheiden Sie tabellarisch Fachgeschäft, SB-Warenhaus, Fachmarkt hinsichtlich Verkaufsform, Standort, Sortiment, Preisen und Art der Ware.

Kleines Projekt

Bestimmt finden Sie an Ihrem Berufsschulort ein größeres und neueres Einkaufszentrum (EKZ) mit einem umfassenden Angebot aus nahezu allen Branchen und für jeden Bedarf. Ermitteln Sie in Kleingruppen vor Ort
a) die verschiedenen Geschäfte, die sich in dem EKZ befinden sowie
(1) deren (geschätzte) Größe;
(2) deren wichtigste Warengruppen/Sortimente;
(3) die vorherrschende Verkaufsform und
(4) die Gestaltung der Geschäftsräume;

b) die Preislagen eines Fachgeschäfts und eines Discounters (= Billiganbieters), und versuchen Sie, für die unterschiedlichen Preislagen verschiedene Gründe zu finden;
c) die Tätigkeiten eines Verkäufers, die bei Vorwahl anfallen.
d) Tragen Sie die Ergebnisse Ihrer Beobachtungen vor.

3. Kapitel: Das kundenorientierte Sortiment ist Voraussetzung für geschäftlichen Erfolg

01 Beschreiben Sie das Sortiment Ihres Geschäfts und verwenden Sie dabei Fachbegriffe der Sortimentspyramide auf Seite 27.

02 Welches Sortiment liegt in folgenden Geschäften vor?
Auswahlantwort: tiefes – schmales Sortiment – Vollsortiment
a) „Tante-Emma-Laden"
b) Fachgeschäft
c) Warenhaus

03 Erklären Sie den Unterschied zwischen einem flachen und einem schmalen Sortiment.

04 Nennen Sie wichtige Merkmale von Markenartikeln und Handelsmarken.

05 Stellen Sie Bedarfsbündel zusammen zum Thema
a) „Fotografieren macht Spaß"
b) „Malerarbeiten leicht gemacht"
c) „Hochzeit: Ihr schönster Tag!"

06 Geben Sie Beispiele für umweltgerechte Produkte ihres Sortiments und erläutern Sie die umweltgerechte Produktlösung.

Kleines Projekt

Sicher haben Sie als Auszubildender bereits mehrere „Rundgänge" durch die Verkaufsräume unternommen und die Zusammensetzung des Sortiments genauer angeschaut. Gehen Sie nochmals in Ruhe das Sortiment Ihres Geschäfts durch. Sie haben mehr davon, wenn Sie sich vorher den Sortimentsaufbau anhand der Sortimentspyramide (vgl. Seite 27) ansehen, um die Fachbegriffe richtig anzuwenden.

01 Welche Warenbereiche führt Ihr Geschäft (vgl. Aufgabe 1)?

02 Geben Sie Auskunft über die Breite und Tiefe der Sortimente.

03 a) Welche Sortimente gehören zum Standardsortiment, welche zum Randsortiment?
b) Welche bekannten Markenanrtikel, welche Eigenmarken/Handelsmarken führt Ihr Geschäft?
c) Welche Artikel tragen stark zum Erfolg Ihres Geschäfts bei (mengen- und wertmäßig)?

4. Kapitel: Wirkungsvolle Produktpräsentation und Produktplatzierung sind verkaufsfördernd

01 a) Erklären Sie den Unterschied zwischen Warenpräsentation und Warenplatzierung.
b) Welche Absichten verfolgen Warenpräsentation und Warenplatzierung?

02 Weshalb ist die Warenplatzierung bei Vorwahl und in Selbstbedienungsgeschäften von besonderer Bedeutung?

03 a) Nach welchen Gesichtspunkten stellt man
   (1) Produktgruppen   (2) Bedarfsbündel zusammen?
   b) Geben Sie Beispiele für Bedarfsbündel.

04 a) Was sind Aktionsplatzierungen?
   b) Wo kann man diese verstärkt einsetzen?

05 Was kann man von der Warenplatzierung her tun, wenn Waren lange liegen bleiben?

06 Nach welchen Gesichtspunkten kann man Artikel aus Ihrer Branche
   a) zusammenstellen?
   b) ins Verkaufsregal einordnen?
   c) Machen Sie Aussagen zur Regalwertigkeit.

07 Betrachten Sie die Abbildung der Warenplatzierung eines Supermarktes auf Seite 38.
   a) Wo sind verkaufsstarke Zonen?
   b) Wo sind verkaufsschwache Zonen?
   c) Wodurch ergeben sich Zonen unterschiedlicher Verkaufsstärke?
   d) Wie kann man verkaufsschwache zu verkaufsstarken Zonen aufwerten?

08 a) Erklären Sie „Visual Merchandising".
   b) Was soll dabei erreicht werden?
   c) Geben Sie drei Beispiele für solche Maßnahmen Ihres Geschäfts.

09 Beschreiben Sie die Unterschiede zwischen „thematischem Schaufenster" und „Faszinationsfenster".

10 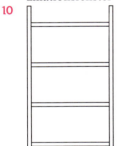 Hier ist schematisch ein Selbstbedienungsregal abgebildet. Ergänzen Sie
   a) die Bezeichnung der Regalzonen,
   b) die Höhe dieser Regale,
   c) die Wertigkeit der Regalzonen.

Kleines Projekt

01 Welche Grundsätze der Warenpräsentation und -platzierung können Sie in Ihrem Geschäft oder in einem Geschäft Ihrer Wahl erkennen? Erläutern Sie diese kurz. Nehmen Sie Ihr Lehrbuch zu Hilfe. Vielleicht können Sie Bilder mit der Digitalkamera aufnehmen und der Klasse zeigen?

02 Tragen Sie kurz Ihre Beobachtungen/Erkenntnisse hierzu vor.

5. Kapitel: Illustriertes Mode-1-×-1 mit Bekleidungs-Grundformen

01 Bezeichnen Sie die Mantel-/Jackenformen! Auswahlantworten:
- ① Dufflecoat
- ② Caban
- ③ Raglan
- ④ Parka
- ⑤ Redingote
- ⑥ Trenchcoat
- ⑦ Leichtmantel
- ⑧ Thermomantel

02

Tragen Sie die Details dieses Trenchcoats durch Pfeile richtig in die Darstellung ein!
Details:
– Achselklappen,
– Koller,
– Ärmellaschen,
– Rundgurt,
– Leistentaschen,
– zweireihige Knopfleiste,
– Kragen,
– Revers,
– Raglanärmel

03 Nennen Sie wichtige europäische Modezentren!

04 Ergänzen Sie: „Mode ist ein ‚Spiel' von Farben …"

05 Bezeichnen Sie folgende Taschenformen! Auswahlantworten:
① Bananen- ② französische ③ Paspel- ④ Pattentasche

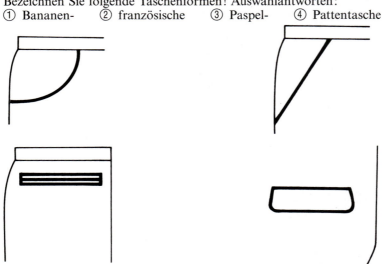

06 Ordnen Sie richtig zu: Coordinates, Complet, Compose!

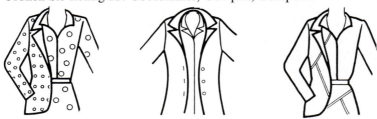

6. Kapitel: Warentypische Qualitätsmerkmale, Bekleidungsgrößen, Textilkennzeichnung, Produktbeschreibung

01

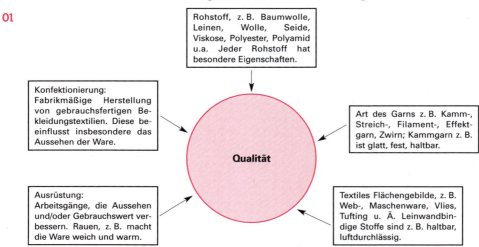

01 a) Was verstehen Sie unter dem Begriff „Qualität"?
b) Welche fünf Merkmale beeinflussen nach der Darstellung S. 284 die Qualität eines Textils?

02  a) Die „Qualität" dieses Hemdkragens gibt Anlass für Reklamationen. Bezeichnen Sie die Qualitätsmängel!
b) Welche rechtlichen Ansprüche hat der Kunde, wenn so etwas beim Waschen passiert?

03 Ein sportliches Qualitätshemd sieht gut aus und hat viele nützliche Eigenschaften, auf die Sie im Beratungsgespräch hinweisen.

a) Worin zeigt sich die gute Qualität
① im Rohstoff?
② in der Verarbeitung und in Details?
b) Welche Trageeigenschaften besitzt dieses Hemd an heißen Tagen?
c) Welche weiteren nützlichen Gebrauchseigenschaften besitzt dieses Hemd?
d) Welcher textile Rohstoff beeinflusst die Gebrauchseigenschaften des Hemdes besonders stark?
e) Welche Bedeutung hat die Waschmaschinenfestigkeit? Begründung!

04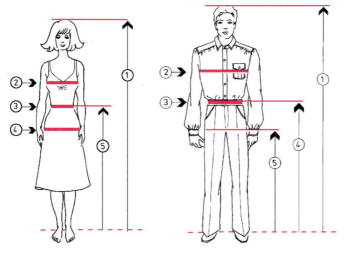

a) Welche Merkmale bilden die Grundlage für die DOB-Größen?
b) Grundlage für die Herrenoberbekleidungsgrößen bildet der Brust-, Hüftumfang und die Körperhöhe. Welche Größennummern tragen
   ① Normalgrößen?
   ② schlanke Größen?
   ③ untersetzte Größen?
c) Etikett Seite 285 ist ein Beispiel für die Rohstoffkennzeichnung eines Pullovers. Wie lautet die Rohstoffgehaltsangabe?
d) Was versteht man unter Rohstoffgehaltsangabe?
e) Was halten Sie von einem Etikett, das Rohstoffkennzeichnung und Pflegekennzeichnung miteinander verbindet?

05 a)

| 38 |
| Seidenbluse |
| EUR 58,00 |

Das Textilkennzeichnungsgesetz will mit der gesetzlichen Rohstoffkennzeichnung dem Schutz des Verbrauchers dienen. Eine im Schaufenster dekorierte Bluse trägt nebenstehendes Etikett.

Welche Aussage über die Bluse muss zutreffen (richtige Aussage ankreuzen)?
– Die Bluse glänzt seidig, hat aber mit Seide nichts zu tun;
– Die Seidenbluse ist aus 100% Polyamid;
– Die Bluse ist aus dem Naturprodukt Seide, gewonnen durch Kokons Seide spinnender Insekten;
– Die Bluse ist aus seidig glänzenden Chemiefasern, die man früher mit „Kunstseide" bezeichnete.

b) Worin besteht der Schutz des Verbrauchers durch das Textilkennzeichnungsgesetz?
c) Welchen Nutzen haben wir Verkäufer durch die Rohstoffgehaltsangabe der Textilien?

06 Hier sind Beispiele für Waren-/Markenzeichen und Gütezeichen abgebildet.

a) Ermitteln Sie die Waren-/Markenzeichen!
b) Ermitteln Sie die Gütezeichen!
c) Gütezeichen garantieren …

7. Kapitel: Überblick über die Textilrohstoffe

01 Hier ist ein gekürztes Verkaufsgespräch mit Verkaufsargumenten in der Herrenabteilung wiedergegeben:

„Diese Freizeitjacke ist sehr sportlich gehalten: Schnitt, Leistentaschen, abgesteppter Reverskragen (spr.: rewärkragen), Koller, Ärmeltaschen und Steppnähte wirken sportlich. Der Baumwollanteil bewirkt ein angenehmes Tragegefühl und macht die Jacke weich und hautsympathisch, der Polyesteranteil erhöht die Haltbarkeit und mach das Textil pflegeleicht. Die Pflege ist problemlos: Einfach Pflegeleicht-Programm einschalten, die Jacke braucht nicht bzw. nur leicht gebügelt zu werden."

Welche Verkaufsargumente zum Gebrauchswert beziehen sich
a) auf die Haltbarkeit?
b) auf die Pflege?
c) auf die Eigenschaften, die Gesundheit und Wohlbefinden fördern?

02 Begründen Sie folgende Behauptung: Durch Fasermischungen unterschiedlicher Textilrohstoffe lässt sich der Gebrauchswert eines Textils verbessern!

03 Welche gemeinsamen Eigenschaften haben
a) zellulosische Chemiefasern?
b) synthetische Chemiefasern?

04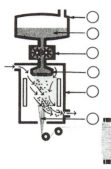
a) Nebenstehende Skizze zeigt das vereinfachte Herstellungsprinzip von Chemiefasern. Übertragen Sie aus dem nachfolgenden Text die richtigen Ziffern in die Skizze: In einem Behälter ① befindet sich eine flüssige Spinnmasse ②, wobei diese durch eine Spinnpumpe ③ in eine Spinndüse ④ gedrückt wird. In einer Vorrichtung ⑤ bilden sich endlose Chemiefasern ⑥.
b) Welches ist der (sind die) Grundstoff(e) für:
   – Zellulosische Chemiefasern?
   – Synthetische Chemiefasern?
c) Auszubildende eines Textilgeschäfts haben anhand von Textilien und ihrer (gesetzlich vorgeschriebenen) Rohstoffkennzeichnung verschiedene Chemiefaserbezeichnungen notiert. Ordnen Sie folgende Bezeichnungen den zellulosischen und synthetischen Chemiefasern richtig zu!
Viskose, Elastan, Polyester, Polyamid, Modal, Polyacryl, Acetat, Triacetat, Cupro und Lyocell.

05 a) Ordnen Sie folgende Naturfasern ihrem Herkunftsbereich tabellarisch zu: Baumwolle, Sisal, Seide, Asbest, Lamawolle, Jute, Alpaka, Flachs, Mohairwolle, Hanf, Kaschmirwolle, Schafwolle, Glasfasern, Kokos, Ramie, Kamelhaar, metallische Fasern, Leinen.
b) Unterstreichen Sie in der Gruppe der pflanzlichen und tierischen Faserstoffe dieser Tabelle jeweils die beiden wichtigsten Rohstoffe!
c) Welche gemeinsamen Gebrauchseigenschaften besitzen folgende Naturfasern?
   (1) Mineralische
   (2) Pflanzliche
   (3) Tierische

8. Kapitel: Kundenansprüche/Verkaufsargumente

01 Ordnen Sie folgende Eigenschaften von Textilien den angegebenen Eigenschaftsgruppen richtig zu (die halbfett gedruckten können mehreren Eigenschaftsgruppen zugeordnet werden):
bügelfrei, elastisch, **lichtecht**, **formbeständig**, hygienisch, pflegeleicht, Wasser abweisend, **knitterarm**, wärmend, jugendlich, abriebfest, antistatisch, sportlich, einlaufsicher, sauber verarbeitet, saugfähig, leicht, haltbar, hautsympathisch, reißfest, geschmeidig.

	Gebrauchswert		
Aussehen	textile Eigenschaften, die Gesundheit und Wohlbefinden fördern	Haltbarkeitseigenschaften	Pflegeeigenschaften

02  In der Hemdenabteilung hören wir folgendes Verkaufsgespräch:
„Dieses sportliche Hemd mit den Überkaros hat einen modischen Kragen. Bitte fühlen Sie selbst, wie weich die Krageneinlage gearbeitet ist, damit die Haut nicht wund scheuert. Das Hemd ist aus 50% Baumwolle und 50% Polyester, wobei der Baumwollanteil das Hemd weich, saugfähig und hautsympathisch macht, der Polyesteranteil glatt und bügelarm. Dieser Batist-Hemdenstoff ist luftdurchlässig und atmungsaktiv. Das Hemd ist leicht tailliert; Sportmanschetten und aufgesetzte, markante Brusttaschen wirken sportlich. Sie können das Hemd offen mit einem hübschen Tuch tragen."

a) Welche Verkaufsargumente wurden genannt
  – zum Aussehen?
  – zum Gebrauchswert?
    • Pflege:
    • Eigenschaften, die Gesundheit und Wohlbefinden fördern:
b) Wie nennt man die Eigenschaft eines Textils,
  (1) die Körperfeuchte (Transpiration) aufnimmt, z. B. bei Tagwäsche?
  (2) die Porösität ermöglicht, z. B. bei einem Hemd?
  (3) die durch Waschen, Bügeln und chemische Reinigung Pilze töten kann, z. B. Babywäsche?
  (4) die bequeme Anpassung an Körperform und Bewegung ermöglicht, z. B. Miederwaren?

03 Was versteht man unter dem Begriff Gebrauchswert eines Textils?

04 Im Beratungsverkauf erwarten Kunden eine situationsgerechte, individuelle und kompetente Beratung. Hier setzen Sie Verkaufsargumente ein. Erläutern Sie den Begriff „Verkaufsargument".

05 a) Viele Menschen, z. B. Sportler, Bauarbeiter, Gärtner, üben im Freien bei kühler Witterung und körperlicher Anstrengung eine Tätigkeit aus, bei der sie schwitzen. Die Kleidung, welche auf diese Situation abgestimmt sein soll, sollte temperaturausgleichend sein. Was versteht man unter temperaturausgleichend?

b)  Um sich in der Kleidung wohlzufühlen, auch bei verändertem Klima (z. B. Hitze, Kälte, Wind und Wetter) und unterschiedlicher Belastung (z. B. Ruhe, Anstrengung, Schwerarbeit, Sport), muss die Kleidung auf Klima und Körper abgestimmt sein. Welche Folgen kann es haben, wenn Kleidung, Klima und Körper nicht aufeinander abgestimmt sind?

06 Welche der folgenden Gebrauchseigenschaften, wie:
lichtecht – waschecht – kochfest – hygienisch – luftdurchlässig – wärmehaltig – elastisch – trittelastisch – scheuerfest – weich – saugfähig – leicht zu pflegen, werden bei unten stehenden Textilien verlangt und können in einem Beratungsgespräch treffende Verkaufsargumente sein?
– Wäsche aus Baumwolle
– Schlafzimmerteppich
– Socken und Strümpfe
– Bluse
– Wollpullover
– Wäsche für sportliche Aktivitäten

9. Kapitel: Pflege und Behandlung von Textilien

01 Welche Vorteile hat der Kunde, wenn er beim Beratungsverkauf Pflege- und Behandlungshinweise über das zu erwerbende Textil erfährt? Verwenden Sie in Ihrer Formulierung die Aussagen: *„Schönes, gepflegtes Aussehen"*, *„Gebrauchswert"*, *„Pflegereklamationen"*.

02 a) Viele Kunden verlangen pflegeleichte Textilien. Welche Eigenschaften umfasst der Begriff „pflegeleicht" im Allgemeinen?
b) Was sind die Kaufgründe (= „Kaufmotive"), die Kunden zum Kauf pflegeleichter Textilien bewegen?

c) Weshalb sollte die Kundin darauf hingewiesen werden, dass beim Waschen von Pflegeleicht-Textilien die Einstellung des Pflegeleicht-Programms (= Schonwaschprogramm) erforderlich ist?
d) Was ist hinsichtlich der Füllmenge der Waschmaschine bei Pflegeleicht-Textilien zu beachten?
e) Eine Verkäuferin empfiehlt ihrer Kundin beim Kauf einer pflegeleichten Bluse u. a.
„… höchstens kurz, nur wenige Sekunden anschleudern oder besser tropfnass auf einen Plastikbügel hängen, etwas glatt streichen."
Welchen praktischen Nutzen hat die Kundin aus diesen Hinweisen?
f) Bei welcher Gruppe von Textilrohstoffen ist die Pflegeleichtigkeit
– angeboren?
– durch Ausrüstung, z. B. chemische Behandlung, erwerbbar?

03 a) Prüfen Sie, ob folgende Behauptungen stimmen, wenn ja, ankreuzen:
(1) Die Pflegekennzeichnung ist gesetzespflichtig.
(2) Die fünf Symbole sind international geschützt.
(3) Die Pflegebehandlung lt. Etikett garantiert einwandfreie Pflege.
(4) ⊠ Dieses Zeichen bedeutet: Nur von Hand waschen.
(5) Die Pflegebehandlung von Oberbekleidung richtet sich nach dem Rohstoff, dem textilen Flächengebilde, der Ausrüstung und der Art der Herstellung (Konfektionierung).
b) Auf welche fünf Behandlungsarten beziehen sich die Pflegesymbole?

c) Wie lautet die Kennzeichnung eines entsprechenden Symbols, wenn ein Textil eine dieser Behandlungsarten nicht verträgt?
d) Erläutern Sie folgende Pflegekennzeichnung eines pflegeleichten Hemds, einer pflegeleichten Bluse aus Baumwolle mit Polyester!

e) Ergänzen Sie die Pflegesymbole für

Artikel	Pflegesymbole				
– Wintermantel aus reiner Schurwolle	⊻	△	⌐	○	⊡
– hautfarbener, feiner BH aus 80 % Polyamid und 20 % Elastan	⊻	△	⌐	○	⊡
– weiße Bettwäsche aus 100 % Baumwolle	⊻	△	⌐	○	⊡

04 In der folgenden Tabelle sind die wichtigsten Wirkstoffe der Waschmittelgruppen enthalten.

Wirkstoffe	Universalwaschmittel = Vollwaschmittel	Spezial-/Fein-/Wollwaschmittel
Tenside	●	●
Phosphate/Phosphat-Ersatz (Sasil)	●	●
Bleichmittel (Perborate)	●	○
Optische Aufheller	●	○
Enzyme	◐	

Symbolerläuterung: ● immer enthalten; ○ nicht enthalten; ◐ ist je nach Art des Waschmittels enthalten oder nicht enthalten.

a) Entnehmen Sie der Tabelle, wie sich Voll(= Universal)waschmittel von Fein(= Spezial)waschmitteln unterscheiden:
b) Welcher Wirkstoff
   (1) löst Eiweiß und stärkehaltigen Schmutz, z. B. Ei, Soßen, Grasflecken, Blut?
   (2) ist als Weißtöner bekannt und führt bei einer zu großen Menge zum Vergrauen der Wäsche?
   (3) kann zwar Schmutz nicht beseitigen, aber den Farbstoff dieses Schmutzes zerstören, um ihn unsichtbar zu machen, z. B. bei Obst-, Rotwein- und Gemüseflecken?
   (4) verhindert Kalkablagerungen auf dem Textil und in der Waschmaschine und enthärtet das Wasser?
   (5) benetzt das Textil rasch mit Wasser, hebt bestimmte Schmutzarten ab, verteilt diese und verhindert eine Wiederablagerung?
c) Welche beiden Wirkstoffe können bei farbigen Textilien zu unerwünschten Farbänderungen führen?
d) Welche Gruppe von Waschmitteln löst am besten den Schmutz?
e) Welche Gruppe von Waschmitteln ist besonders farbschonend?
f) Bei welchen Temperaturen wirken die heutigen Voll-/Universalwaschmittel?

10. Kapitel: Baumwolle: meistverarbeitete Naturfaser mit vielen Vorzügen

01

a) Was stilisiert (symbolisiert) das Bildzeichen?
b) Welche Art von Faser liegt vor (drei Nennungen)?
c) Aus welchem Baustoff besteht Baumwolle zu über 90% seines Gewichts?
d) Ein Textilprüfinstitut erhält eine Bluse mit Farbfehlern (Reklamationsfall), deren Rohstoffetikett fehlt. Durch eine mikroskopische Faseruntersuchung soll der Textilrohstoff bestimmt werden. Wie müsste das mikroskopische Faserbild aussehen, wenn die Bluse aus reiner Baumwolle ist (ankreuzen)?

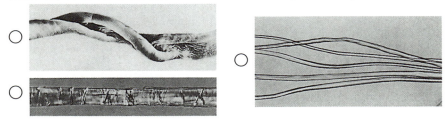

02 a) Baumwolle weist u.a. folgende Gebrauchseigenschaften auf; begründen Sie diese kurz:
   (1) saugfähig, weil ...
   (2) hautsympathisch, weil ...
   (3) hygienisch, weil ...
b) Bei welchen Textilien sollten diese in a) aufgezählten Gebrauchseigenschaften alle gemeinschaftlich auftreten?
   (1) Bereich Kleidung:
   (2) Bereich Wohnung:
c) Durch welche Ausrüstungen lassen sich folgende nachteilige Gebrauchseigenschaften der Baumwolle beseitigen?
   (1) Baumwollartikel laufen beim Waschen ein (schrumpfen bzw. krumpfen).
   (2) Baumwollartikel muss man, um sie glatt zu bekommen, intensiv bügeln.
   (3) Baumwollartikel fühlen sich, was bei Wintertextilien nachteilig ist, zu kühl an.
   (4) Baumwollartikel knittern, weil die Fasern unelastisch sind.
   (5) Ein Popelinemantel, der u.a. Baumwolle enthält, sollte keine Feuchtigkeit (Regen) aufnehmen.
d) Welche Verbesserungen bringt das Mercerisieren (siehe Damast-Stoffmuster) mit sich?

03 a) Folgende Artikel können aus Baumwolle sein, z.B.:
Slips, Geschirrtücher, Strampler, Röcke, Kissenbezüge (für das Bett), Sakkos, Handtücher, Tafeldecken (weiß, festlich), Schlafanzüge, Übergangsmäntel, Babyjäckchen, Bettbezüge, Badetücher, Waschhandschuhe, Hosen, Bademäntel, Babyhemdchen, Socken, Kleider, Kaffeedecken (bunt), Arbeitsmäntel, T-Shirts, Jogginganzug, Tennishemden.
Ordnen Sie diese Textilien folgenden Artikelgruppen richtig zu:
– Oberbekleidung

- Leibwäsche
- Küchen- und Frottierwäsche
- Babywäsche
- Tischwäsche
- Bettwäsche
- Sportbekleidung

04 Viele Kunden wünschen für Leib-, Bett- und Babywäsche Textilien aus reiner Baumwolle. Nennen Sie wichtige Eigenschaften!
- Eigenschaften, die Gesundheit und Wohlbefinden fördern.
- Eigenschaften, welche die Haltbarkeit betreffen.
- Pflegeeigenschaften

05 a) Viele Blusen und Hemden haben einen hohen Baumwollanteil. Nennen Sie vier Eigenschaften/Verkaufsargumente der Baumwolle, die für die Warengruppen besonders wichtig sind!
b) Wie lauten die Pflegesymbole für ein buntes Hemd, eine bunte Bluse aus Baumwolle mit Polyester?
c) Welche vorteilhaften Eigenschaften bringt Polyester für einen solchen Fasermix?

11. Kapitel: Leinen (= Flachs): für hohe Qualitätsansprüche

01 Welche Aussagen sind richtig?

Flachs ist eine
- Pflanzenfaser aus überwiegend Zellulose
- Pflanzenfaser aus feinen Holzteilchen
- tierische Faser

- Bastfaser
- Stengelfaser
- Naturfaser

02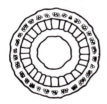

a) Hier liegt der schematische Aufbau des Flachsstängels vor. Wo befindet sich das Faserbündel, das in mehreren aufwendigen Arbeitsgängen gewonnen werden muss?
b) Wie erklärt sich der hohe Preis des Leinens?

03 Ergänzen Sie in Tabellenform!

Merkmale		
– Rohstoffgehaltsangabe in %		
– Erkennung		
– Griffprobe		
– Haltbarkeit		
– Preis		
– Gewicht		

04 a) Vergleichen Sie folgende Gebrauchseigenschaften von Baumwolle und Leinen tabellarisch, indem Sie diese mit „sehr gut", „gut" und „gering" bezeichnen.
- Haltbarkeit
- Knitterfestigkeit
- Weichheit und Schmiegsamkeit
- Wärmeleitung (Kühleffekt)
- Saugfähigkeit
- Waschbeständigkeit
- Schmutzempfindlichkeit
- Hitzebeständigkeit

b) Weshalb eignet sich Leinen nicht für Leibwäsche, z. B. Tag-, Nachtwäsche?

05  Dieses Trachten-Sakko (und viele andere Oberbekleidungstextilien) ist (sind) aus Leinen.
Nennen Sie Verkaufsargumente
a) zum Aussehen/Schnitt,
b) zum Gebrauchswert, wobei Sie sinnvolle Argumente vom Rohstoff Leinen ableiten.

06 Begründen Sie folgende Gebrauchswerte eines halbleinenen Gläsertuchs.
a) saugfähig und trocknet rasch, weil ...
b) flust wenig, weil ...
c) haltbar, weil ...
d) hygienisch, weil ...

07  Formulieren Sie in wörtlicher Rede Verkaufsargumente zu der intensiv-farbigen, pflegeleicht ausgerüsteten Tagesdecke. Gehen Sie auf das Aussehen und den Gebrauchswert ein, verwenden Sie dabei folgende Begriffe, Eigenschaftswörter und Pflegehinweise:
effektvolle, rustikal wirkende Gewebestruktur, vielseitig verwendbare Farbe, liegt glatt, fällt nicht lappig, knitterarm, hohe Haltbarkeit, Pflegeleichtigkeit, Schonwaschgang, geringere Füllung der Waschtrommel, tropfnass aufhängen oder anschleudern, glatt ziehen beim Trocknen, dann wenig oder nur leicht überbügeln.

12. Kapitel: Wolle: tierische Faser mit vielen guten Eigenschaften

01 a) Diese beiden Gütezeichen symbolisieren den Wollknäuel und sind international geschützt. Was bedeuten diese Zeichen?

   b) Was garantiert reine Schurwolle (drei Merkmale)?

c) Welche Aussage trifft für das Combi-Wollsiegel nicht zu (ankreuzen)?
   (1) Der Anteil der Schurwolle beträgt mindestens 60 %.
   (2) Es handelt sich um eine Fasermischung von Schurwolle mit synthetischen Chemiefasern, z. B. Polyamid oder Polyester.
   (3) Durch die Fasermischung von Schurwolle mit synthetischen Chemiefasern lässt sich Pflegeleichtigkeit, noch größere Haltbarkeit und geringes Verfilzen erzielen.
   (4) Strümpfe oder Socken tragen immer das Combi-Wollsiegel.

02 Durch die Brennprobe können tierische Fasern aus Eiweißsubstanzen, aus denen auch Wolle besteht, nachgewiesen werden. Beschreiben Sie den Geruch von verbrennender Wolle!

03 a) Die verschiedenen Wollsorten mit ihren unterschiedlichen Eigenschaften kommen unter folgenden Bezeichnungen vor:
   Merino – Crossbred – Cheviot – Lambswool – Shetland
   Beschreiben Sie diese hinsichtlich ihrer Eigenschaften und deren Verwendung/Einsatzbereich in Tabellenform.
   b) Zählen Sie drei Merkmale auf, hinsichtlich der sich Wollsorten voneinander unterscheiden.

04 Ein Kunde wendet in einem Verkaufsgespräch ein: „Wolle kratzt immer, deshalb kann ich nie Wollartikel auf der Haut tragen." Der Verkäufer denkt an folgende Argumente:
   Nr. 1 *„Artikel aus Merino und Lambswool dürfen nicht kratzen!"*
   Nr. 2 *„Sie haben Recht, das ist ein Nachteil der Wolle."*
   Nr. 3 *„Bitte fassen Sie diesen Artikel aus feiner, weicher Merinowolle einmal an. Leider kennen viele Kunden das angenehme Tragegefühl nicht. Bitte überzeugen Sie sich selbst und probieren Sie in dieser Kabine unverbindlich den Artikel an!"*
   a) Beurteilen Sie Argumentationsmöglichkeit Nr. 1 und Nr. 2 von der sachlichen Richtigkeit her!
   b) Auf welche Weise versucht der Verkäufer, den Kunden bei der Argumentation Nr. 3 zu überzeugen?
   c) Bei welchen Bekleidungsartikeln könnten solche Einwände kommen?
   d) In welcher Aufgabe innerhalb des Kapitels „Wolle" kommt eine Stoffprobe aus feiner Merinowolle vor, die als Unterwäsche, insbesondere für Rheumakranke und ältere Menschen, bei sportlicher Tätigkeit und kaltem Wetter Verwendung findet?

05 a) Begründen Sie folgende Gebrauchseigenschaften:
   (1) Wolle hält warm.
   (2) Wolle ist knitterarm.
   (3) Wolle ist saugfähig.
   b) Wolle ist temperaturausgleichend. Was versteht man unter dieser Eigenschaft?
   c) Was bewirkt die temperaturausgleichende Eigenschaft, z. B. für Skifahrer, Wanderer, Bergsteiger …?
   d) Viele Kunden interessieren sich für Wolltextilien, weil diese Gesundheit und Wohlbefinden fördern können.
   (1) Von welchen Eigenschaften sollten Sie sprechen, um Ihrem Kunden diesen Wert zu verdeutlichen?
   (2) Bei welchen Wolltextilien stehen solche gesundheitsfördernden Eigenschaften im Vordergrund? Gehen Sie, wenn möglich, auch auf die Art der Tätigkeit oder Berufe ein.

06 Waschbare Wolltextilien aus Maschenwaren, wie Pullover, Strickwesten, Schals, Mützen, Strümpfe, Socken, können bei unsachgemäßem Waschen filzen.
a) Welche vier Merkmale/Bedingungen treten beim Filzen gleichzeitig auf?
b) Wie verändert sich das falsch behandelte Textil?
c) Eine Kundin reklamiert einen Pullover aus reiner Schurwolle (ohne besonderes Ausrüstungsetikett), der beim Waschen filzte, und verlangt Ersatz.
  (1) Handelt es sich um eine berechtigte Reklamation?
  (2) Zählen Sie mindestens fünf Pflegefehler auf, die durch falsche Behandlung erfolgt sein könnten:
d)  Welche Veränderung an der Wollfaser wird durch Ausrüstung vorgenommen, damit das betreffende Wolltextil nicht mehr filzen kann?

e) Was beachten Sie bei der Pflege von Wollpullovern mit folgenden Etiketten hinsichtlich:

– der Waschtemperatur?
– der Art des Waschmittels?
– der Hand- oder Maschinenwäsche?
– des Schleuderns?
– des Trocknens?
– des „Bügelns" und der Bügeltemperatur?

13. Kapitel: Wolle von anderen Tieren als vom Schaf (= edle Tierhaare)

01

a) Bestimmen Sie anhand der Abbildungen die einzelnen „Lieferanten" edler Tierhaare.
b) Machen Sie Aussagen zum Aussehen und zu den Gebrauchseigenschaften folgender edler Tierhaare:
  (1) Kaschmir
  (2) Angora
  (3) Kamel

02 Ermitteln Sie gemeinsame Eigenschaften, die Sie als Verkaufsargumente in Beratungsgesprächen einsetzen können:
(1) zum Aussehen
(2) zum Gebrauchswert

03 Durch welche Eigenschaften unterscheiden sich Unterhaar (= Flaumhaar) und Grannenhaar (= Deckhaar)?

04 Das Beste vom Besten unter den wertvollen Textilrohstoffen ist Kaschmir (= Cashmere).
a) Was sind die besonderen Vorzüge?
b) Nennen Sie fünf Textilien, die Kaschmir, ggf. mit feinster Merinowolle gemischt, enthalten können!

05 Einem Kunden gefällt ein Kaschmirschal sehr gut, von seinem hohen Preis ist er aber schockiert.
a) Wie erklärt sich der hohe Preis für Textilien aus Kaschmir?
b) Was sagen Sie dem Kunden (wörtliche Rede), um ihm den Kauf „schmackhaft" zu machen?

14. Kapitel: Seide: wertvoll und gute Gebrauchseigenschaften

01 Aus was wird die Naturfaser Seide gewonnen?

02 Vergleichen Sie tabellarisch Maulbeer- und Tussahseide hinsichtlich
– Glanz
– Garnverdickung
– Optische Wirkung
– Feinheit und Griff
– Gewicht

03 Textilien aus Seide besitzen u.a. folgende Eigenschaften:
gute Festigkeitswerte – fein, weich geschmeidig – fließender Fall – je nach Artikel waschbar bzw. nur chemisch zu reinigen – temperaturausgleichend – knitterarm – saugfähig – wirkt je nach Art sportlich, elegant, festlich, exklusiv – empfindlich gegenüber Transpiration, Deos, intensivem Sonnenlicht („schießt") – leuchtende Farben.
Welche der genannten Eigenschaften der Seide beziehen sich
a) auf das Aussehen?
b) auf die Gebrauchseigenschaften wie
– Haltbarkeit,
– Eigenschaften, die Gesundheit und Wohlbefinden fördern,
– Pflegeeigenschaften?

04  „Dieses exklusive Modell aus Crêpe de Chine ist etwas Erlesenes für den gehobenen Bedarf, das sich für die gewünschten Anlässe bestens eignet. Dieser duftige, feine, federleichte Crêpe de Chine hat einen fließenden Fall und ist knitterarm. Beachten Sie die Stofffülle und die Weite! So ein wertvolles Teil sollten Sie einer sorgfältig arbeitenden chemischen Reinigung anvertrauen. Mein Kompliment, dass Sie den Wert dieses Textils erkennen. Probieren Sie es doch einmal unverbindlich an!"
  a) Welche rohstofftypischen Argumente wurden hier genannt?
  b) Welche Hinweise beziehen sich verstärkt auf den Stoff und seine Eigenschaften?
  c) Welche Worte könnten der Kundin schmeicheln, ohne plump zu wirken?
  d) Durch welchen Hinweis versucht die Verkäuferin, den Besitzwunsch der Kundin zu steigern?

05 Manche Leute bevorzugen Wäsche aus Seide/Seidenmischungen. Welche nützlichen Eigenschaften der Seide fördern Gesundheit und Wohlbefinden?

06 a) Welche Textilien aus Seide sind nicht waschbar ⊗, welche (ggf.) waschbar ⊙?
  (1) Hemden   (3) Socken   (5) Sakkos
  (2) Skiunterwäsche (4) Krawatten   (6) Kissenhüllen
  b) Wie lauten die Pflegesymbole für
  – die waschbaren Seidentextilien,
  – die nicht waschbaren Seidentextilien?
  c) Welche Pflegehinweise geben Sie für Waschseide
  1. zur Waschtemperatur,
  2. zur Art des Waschmittels,
  3. zur Art des Waschverfahrens,
  4. auf die Frage, ob man dieses Textil schleudern darf,
  5. zum Trocknen,
  6. zum Bügeln (Dämpfen),
  7. zum Entfernen von Flecken?

15. Kapitel: Chemiefasern: vielseitige Eigenschaften und Einsatzbereiche, größter Marktanteil

01 a) Was versteht man unter Chemiefasern?
  b) Nennen Sie Grundstoffe zur Herstellung
  (1) zellulosischer Chemiefasern,
  (2) synthetischer Chemiefasern.
  c) Rohstoffbezeichnungen für Chemiefasern sind:
  Polyester, Viskose, Modal, Polyamid, Polyacryl, Acetat und Triacetat, Cupro, Elastan (und Polyurethan), Polychlorid, Polypropylen.
  Ordnen Sie diese den zellulosischen und synthetischen Chemiefasern zu und nennen Sie wichtige Handelsnamen zu den synthetischen Chemiefasergruppen.

d) 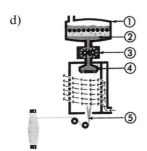 Hier ist das Schmelzspinnverfahren zur Herstellung von Polyester und Polyamid abgebildet. Bezeichnen Sie die betreffenden Bestandteile nach den entsprechenden Ziffern!

e) Die Hersteller von Chemiefasern liefern folgende Produkte: Spinnfasern, multifiles Filamentgarn, Spinnfasergarn, texturiertes Garn. Bestimmen Sie anhand der Skizzen die von den Herstellern erzeugten Produkte.

02 a) **Viskose-Druckstoffe** sind feine, weiche, hautsympathische, bedruckte Stoffe mit fließendem Fall und angenehmen Trageeigenschaften.
Mit welcher pflanzlichen Naturfaser hat Viskose große Ähnlichkeit?
b) Wie erklärt sich diese hohe Ähnlichkeit?
c) Welche Aufgabe hat ein Viskose-Futterstoff in der Oberbekleidung?
d) Der Futterstoff eines bunten Baumwollkleids ist laut Rohstoffkennzeichnung aus 100% Viskose. Ergänzen Sie das Pflegeetikett, das sowohl für den Ober- als auch für den Futterstoff gelten soll (Futterstoff ist pflegeleicht; die Pflege richtet sich nach dem empfindlichsten Rohstoff).

03 a) Wie unterscheiden sich Viskose und Modal hinsichtlich folgender Merkmale? Ordnen Sie richtig zu: sehr hoch, hoch, gering, kochfest.
   – Saugfähigkeit
   – Nassfestigkeit
   – zulässige Waschtemperatur
   – Einlaufsicherheit

b) 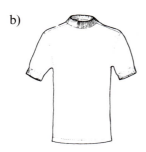 Eine Kundin sagt bei einem Poloshirt aus Baumwolle/Modal: „Schade, dass dieses Shirt Chemiefasern enthält. Dann verzichte ich lieber darauf, weil ich Textilien aus Naturfasern bevorzuge."
Welche Aussage eines Verkäufers halten Sie für die beste?
(1) „Dann lassen Sie's doch bleiben!"
(2) „Ich würde auch nur Textilien aus Naturfasern nehmen!"
(3) „Modal ist wie Baumwolle aus reiner Zellulose und aus natürlichen Rohstoffen!"
(4) „Wie Sie meinen!"
(5) „Da sind Sie ganz auf dem Holzweg, Viskose ist wie Baumwolle!"

04 Bei welchen zellulosischen Chemiefasern (Viskose, Modal, Acetat, Triacetat, Cupro) liegen folgende Merkmale vor? Stellen Sie dies tabellarisch auf!
– Plisseebeständigkeit
– größte Baumwollähnlichkeit
– bedeutendste zellulosische Chemiefaser
– edler Glanz
– beste Saugfähigkeit
– angeborene Pflegeleichtigkeit
– größte Hitzeempfindlichkeit
– geringe Nassfestigkeit

05 a) Welche Gruppe synthetischer Chemiefasern halten Sie für folgende Einsatzbereiche besonders geeignet (richtige Lösung ankreuzen)?
Auswahlantworten: Polyester (PL)*, Polyamid (PA)*, Polyacryl (PC)*, Elastan (EA)*, Polypropylen (PP)*
– Wollähnliche Strickwaren, lichtechte Gardinen und Dekostoffe, Markisen, Jerseystoffe für die DOB, Kinderbekleidung
– Pflegeleichte, glatte, knitterunempfindliche Stoffe; bewährter Partner für Fasermischungen mit Baumwolle und Wolle in vielen Einsatzbereichen, feiner Stoffe
– Miederwaren, Sportbekleidung, Stützstrümpfe mit viel Bewegungsfreiheit durch hochelastischen Faseranteil
– Feinstrumpfhosen, Miederwaren, Nutzschicht bei Teppichen, Badebekleidung
* Die Abkürzungen entsprechen dem EDV-Schlüsel lt. TKG
b) Nennen Sie möglichst viele wichtige Eigenschaften zu:
(1) Polyester   (2) Polyamid   (3) Polyacryl   (4) Elastan

06 Eine Modezeitschrift weist auf „Kofferkleider, sommerlich im Schnitt und im Dessin, pflegeleicht und von geringem Gewicht (100% Polyester)" hin.

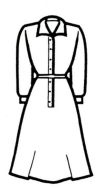

a) Welche weiteren nützlichen Gebrauchseigenschaften besitzt dieses Kleid?
b) Wenn die Kundin das Kleid abends im Waschbecken „herauswäscht" ist es dann am Nachmittag des folgenden Tages wieder trocken? (Begründung!)
c) Pflegesymbole:

07 a) Was versteht man unter Microfasern?
b) Welche Eigenschaften haben Stoffe aus Microfasern?
c) Wie erklärt sich, dass Stoffe aus Microfasern besonders atmungsaktiv sind?

08  a) Wodurch kommt der hohe Feuchtigkeitstransport texturierter und gekräuselter Chemiefaser-Garne zustande?
b) Was bewirkt ein hoher Feuchtigkeitstransport bei starker Schweißproduktion, wenn z. B. der Sportler stark schwitzt?

09 GORE-TEX®

Die hauchdünne, farblose Membran lässt dampfförmigen Schweiß, dessen Moleküle etwa 2000-mal kleiner sind als die des Wassers, durch. Sie wird z. B.
– mit dem Oberstoff verbunden (Fachausdruck „laminiert") oder
– mit einem Wärmevlies verbunden und liegt lose zwischen Ober- und Futterstoff wie bei Mänteln, Anoraks, Skibekleidung.

Ermitteln Sie die richtige Kombination von Eigenschaften solcher Stoffe/Gewebe mit Membranen!
– winddicht, wasserdurchlässig, atmungsaktiv
– winddurchlässig, wasserdicht, atmungsaktiv
– winddicht, wasserdicht, atmungsaktiv
– winddicht, wasserdicht, atmungsinaktiv

16. Kapitel: Die Art des Garns beeinflusst die Eigenschaften eines Textils

01 a) Ermitteln Sie anhand der Abbildungen die Art der Garne! Auswahlantworten:
① Filamentgarn ② texturiertes Garn ③ Kammgarn ④ Streichgarn

b) Bestimmen Sie anhand folgender Beschreibung die Art der Garne!
Auswahlantworten: Effektgarn – Effektzwirn – Kammgarn – Streichgarn – texturiertes Garn.
  (1) unter Einwirkung von Wärme und Druck gekräuseltes, (meist) multifiles Filamentgarn;
  (2) aus langstapeligem, gekämmtem Fasergut aus Natur- und/oder Chemiefasern hergestelltes, – glattes, feines, gleichmäßiges und haltbares Garn;
  (3) Grundgarn, das von einem zweiten Garn, das Schlingen, Knoten, Schleifen u. Ä. bildet, umschlungen wird;
  (4) aus kurz- und langstapeligem Fasergut aus Natur- und/oder Chemiefasern hergestelltes, weich gedrehtes, moosiges, wärmehaltiges Garn;
  (5) Garn, das durch besondere Farb- oder Glanzeffekte auffallend, lebhaft oder dekorativ wirkt.

c) Die Herstellung eines Spinnfasergarns aus Spinnfasern lässt sich in einer Skizze darstellen. Beschreiben Sie stichwortartig die Arbeitsgänge!

02 a) Wie unterscheiden sich Stoffe aus Kammgarn und Streichgarn hinsichtlich
– Aussehen? – Faserlänge?
– Griff? – Haltbarkeit?
– Drehung? – Wärmerückhaltvermögen?
b) Woran erkennt man Kammgarnstoffe?
c) Wie wirkt sich ein Verzwirnen auf den Gebrauchswert eines Textils aus?
d) Woran erkennt man gezwirnte Stoffe?

03 Wählen Sie für folgende Stoffe die passenden Garne aus!
Auswahlantworten: ① Kammgarn   ④ Kammgarnzwirn
                   ② Streichgarn   ⑤ Effektzwirn
                   ③ texturiertes Garn
a) Badebekleidungsstoffe aus Polyamid/Elastan
b) Stoffe für besonders strapazierfähige Hosen, Jacken u. Ä.
c) Geraute Mantelstoffe für den Winter, z. B. Flausch
d) Effektvolle Strickstoffe mit Noppen, Bouclés o. Ä.
e) Glatter Stoff aus Wolle mit klarem Warenbild für die DOB/HAKA

17. Kapitel: Webwaren: viele Arten und Einsatzmöglichkeiten

01 a) 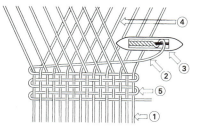 b)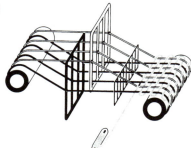

Oben stehende Skizze zeigt das Prinzip des Webens. Bezeichnen Sie in der Skizze die wichtigen Teile.

Beschreiben Sie kurz die Arbeitsweise des Webstuhls.

c) Was versteht man unter dem Begriff Bindung?

02 Hier sind Flechtbild, Patrone und Rapport der Leinwandbindung dargestellt.

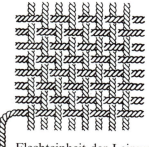 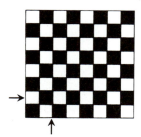

Flechteinheit der Leinwandbindung   Patrone und Rapport

301

a) Woran erkennen Sie leinwandbindige Stoffe?
b) Nennen Sie zehn Bezeichnungen für leinwandbindige Gewebe.
c) Welche leinwandbindigen Stoffe kommen bei Ihnen im Verkauf vor?
d) Welche allgemeinen Eigenschaften haben diese Stoffe aufgrund der Bindung?

03   Die Köperbindung

(1) 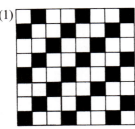   (2) 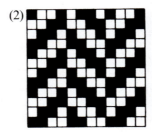   (3)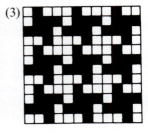

Was sagen Ihnen folgende drei „Patronen"-Bilder?

04   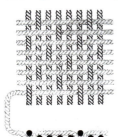   Hier das Flechtbild des atlasbindigen Gewebes.
a) Das Flechtbild der Satinbindung zeigt „Garnflottierungen". Was versteht man darunter?
b) Die „Garnflottierung" beeinflusst die Gewebeeigenschaften. Machen Sie Aussagen zu
   (1) Griff und Glätte,
   (2) Glanz,
   (3) Dichte und
   (4) Haltbarkeit.

05   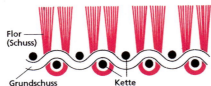   Samte, Cords und Frottierwaren sind Sondergewebe. Nennen Sie jeweils drei Arten und Einsatzbereiche.

18. Kapitel: Maschenwaren: viele Arten, Eigenschaften und Einsatzbereiche

01   Was zeigen folgende Skizzen?

(1)   (2)   (3)   (4)

02   Welcher Unterschied besteht im Verlauf des Garns (der Garne) zwischen Kulier-, Kett- (und Wirk)ware?
a) Bei Kulierware läuft das Garn ...
b) Bei Kettware laufen die Kettgarne von ...

03 Wie beeinflusst der unterschiedliche Garnverlauf bei Kulier- und Kettware die Merkmale
- Dehnung,
- Dehnungsrichtung,
- Laufmaschenfestigkeit?

04 Welche Aussagen treffen eher zu für ① Maschenwaren, ② Webwaren?
(1) Die Knitterneigung dieser Stoffe ist gering.
(2) Die Luftdurchlässigkeit wird durch den schlaufenförmigen Garnverlauf verbessert.
(3) Die Elastizität dieser Stoffe ist gering.
(4) Die Stoffe können sich nicht so leicht verziehen.
(5) Waagerechtes Trocknen auf trockenem Frottiertuch vermeidet ein Verziehen des Textils, z. B. eines Pullovers.

05 Nennen Sie fünf verschiedene Maschenwaren mit ihrer genauen Bezeichnung, einer Kurzbeschreibung und deren Einsatzbereich.

19. Kapitel: Ausrüstung verbessert Gebrauchswert und/oder Aussehen der Textilien

Hier sind tabellarisch wichtige Ausrüstungen zusammengestellt.

Ausrüstung (AR) beeinflusst		
insbesondere den Gebrauchswert:	Aussehen und Gebrauchswert:	insbesondere das Aussehen:

• antistatische AR
• hygienische AR
• imprägnieren
• Krumpfecht AR
• Mottenschutz AR
• Pflegeleicht-AR
  – hochveredeln
  – waschmaschinenfest ausrüsten
	• appretieren
	• chintzen
	• dekatieren
	• Fleckschutz-AR
	• mercerisieren
	• plissieren
	• rauen
	• sengen
	• walken
	• meltonieren
		• entbasten
		• kalandern
		  – mangeln
		  – moirieren
		  – gaufrieren
		• scheren
		• färben
		• bedrucken
		• stonewashed

01 Was versteht man unter dem Begriff „Ausrüstung"?
02 Nach welchen Gesichtspunkten ist obige Tabelle aufgebaut?
03 Welche Ausrüstungen sind
a) baumwolltypisch,
b) wolltypisch,
c) seidentypisch?
04 Beschreiben Sie in einem Satz, was durch die betreffende Ausrüstung erreicht werden soll.

20. Kapitel: Kleines Stoff-ABC: Aussehen, Eigenschaften und Einsatzbereich der Stoffe

01 Das „Kleine Stoff-ABC" S. 163–179 zeigt und beschreibt in Kurzform Aussehen, Eigenschaften und Einsatz vieler Stoffe.
Prägen Sie sich Stoffbezeichnung, Aussehen, Eigenschaften und Einsatzbereich der Stoffe ein, mit denen Sie im Berufsalltag umgehen.

02 Welche Stoffe sind im Bekleidungsbereich
   a) zurzeit aktuell?
   b) klassisch?

21. Kapitel: Funktionelle Bekleidung

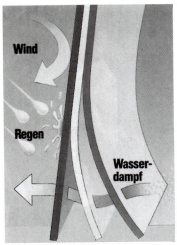

Funktionsschema Sympatex/Gore-Tex

01 Was verstehen Sie unter „funktioneller Bekleidung"?
02 Welche Lösungen zur funktionellen Bekleidung
   a) bietet die linke Darstellung?
   b) bieten die rechten Darstellungen?
   c) kennen Sie für Outdoor-Sportaktivitäten?

22. Kapitel: Die Sprache des Verkäufers: mehr als ein Mittel der Verständigung

01
Ein Daunentrench ist der bequemste und vielseitigste Wintermantel, den Sie sich denken können, denn er passt Ihnen über Jeans und Pullover genauso gut wie über den dunklen Anzug. Daunenmantel Olav hat eine schlank machende Innensteppung, ist herrlich leicht und wunderbar warm. Zwei Außentaschen, zwei Schubtaschen innen, eine Reißverschlussinnentasche. Hochschließende Knopfleiste. Außen 65% Polyester, 35% Baumwolle, Wind und Wasser abweisend, innen atmungsaktives Futter aus 100% Baumwolle, Daunenfüllung mit 60% Daunenanteil. Waschmaschinenwaschbar bei 30 °C, trocknerbeständig. Gewicht: 1.500 g.
Dieser Text enthält Vorteilsformulierungen im Sie-Stil.
  a) Unterstreichen Sie die entsprechenden Worte, die darauf hinweisen!
  b) Weshalb verwenden gute Verkäufer häufig Vorteilsformulierungen?

02 Handelt es sich bei folgenden Fragen bzw. Aussagen eines Verkäufers um
  ① Gesprächsstörer bzw. ② Gesprächsförderer?
  a) „Das ist schon längst aus der Mode, alles kalter Kaffee!"
  b) „Sie haben gut gewählt …"
  c) „Passen Sie auf, sonst verursachen Sie Make-up-Flecken!"
  d) „Daran werden Sie viel Freude haben!"
  e) „Wozu möchten Sie das gewünschte Kleid tragen?"
  f) „Dieser seidene Pulli ist aber sehr teuer!"
  g) „So etwas können Sie doch nicht tragen!"

03 Was bewirken im Allgemeinen
  a) Gesprächsförderer?
  b) Gesprächsstörer?

04 Welche drei Merkmale kennzeichnen die kundenorientierte Sprache eines Verkäufers?

05 Üben Sie Vorteilsformulierungen im Sie-Stil!
  a) Pullover; schickes Aussehen
  b) Kleid; gute Figur
  c) Gymnastikanzug; elastisch, viel Bewegungsfreiheit

06 Wandeln Sie die negativen Formulierungen in positive um!
  a) „Gar nicht schlecht, wie diese Kombination bei Ihnen aussieht!"
  b) „Nicht übel, diese neue Jacke!"
  c) „Sie müssen etwas tragen, was Ihren Bauch verdeckt!"
  d) „Bei Figurproblemen werden Sie sich schwertun!"

23. Kapitel: Fragetechnik: gezielte Fragen bringen das Verkaufsgespräch weiter

01 Ermitteln Sie die Art der Frage! Auswahlantworten:
① offene Frage ② geschlossene Frage ③ Suggestivfrage ④ Alternativfrage
a) „Sagt Ihnen Lila besser zu als Pink?"
b) „Sieht diese Hose nicht wirklich gut aus?"
c) „Tragen Sie Größe 38?"
d) „Zu welchem Anlasse möchten Sie … tragen?"

02 (1) ─< (2) >─ (3) ▶┐ (4) ▬ (5) ↔┬

Hier sind die Fragearten symbolhaft (1)–(5) dargestellt. Bezeichnen Sie diese jeweils und beschreiben Sie kurz die Absicht des Fragestellers.

03 Bilden Sie zu jeder Frageart ein Beispiel, das zu Ihrer betrieblichen Situation bzw. zum betrieblichen Sortiment passt.

04 a) Offene Fragen haben viele Vorteile; nennen Sie zwei wichtige!
b) Bilden Sie zwei geschlossene Fragen zur Größe Ihrer Kundin!

05 Zu welcher wahrscheinlichen Antwort führt in den meisten Fällen die negative Suggestivfrage?

06 Bilden Sie eine
a) offene Frage, wenn ein Vater für seine Tochter ein Geschenk sucht;
b) geschlossene Frage, wenn Sie als Verkäufer wissen wollen, ob das gewünschte Textil die richtige Größe hat;
c) suggestive Aussage bzw. Frage, um den Kunden positiv zu beeinflussen, das teurere Textil zu nehmen!

07 Warum ist es für Verkäufer wichtig, die Fragetechnik zu beherrschen?

24. Kapitel: Der gute Kontakt schafft Sympathie und Vertrauen

01 Mit Ihrer Kollegin betreten Sie ein gepflegtes, gut besetztes Restaurant. Ein Kellner hat Ihr Kommen wahrgenommen.
a) Zählen Sie Verhaltensweisen des Kellners auf, die kontaktfreundlich sind und auf einen angenehmen Aufenthalt schließen lassen!
b) Beschreiben Sie negative Verhaltensweisen des Kellners, die den Kontakt erschweren!
c) Nennen Sie kontaktfördernde Verhaltensweisen, die Sie in Ihrem Geschäft anwenden können!

02

Bei welcher Miene fällt Ihnen der Kontakt leichter? Begründung!

03 Was kann im Beratungsverkauf ein guter Kontakt zum Kunden bewirken?

04 Nehmen Sie zu der Aussage Stellung: „Ein guter Verkäufer muss immer lächeln!"

05 Welche Verhaltensweisen eines Verkäufers stören den guten Kontakt zum Kunden?
a) den Kunden anstarren
b) freundlicher, entspannter Gesichtsausdruck
c) freundlicher Gruß, wenn möglich mit Namen
d) den Kunden erst dann bedienen, wenn Aufräumungsarbeiten erledigt sind
e) den Kunden von Kopf bis Fuß „mustern"

06 Sie sind gerade mit Aufräumungsarbeiten beschäftigt. Ein Kunde kommt auf Sie zu, um von Ihnen bedient zu werden. Welche Aussage ist nach der Begrüßung kontaktfördernd?
a) „Sie müssen noch ein paar Minuten warten!"
b) „Momentchen, ich bin gleich so weit!"
c) „Kann ich Ihnen behilflich sein?"
d) „Sie können bestimmt noch ein bisschen warten, bis alles sauber aufgeräumt ist!"
e) „Hat Sie noch niemand bedient?"

07 Weshalb ist es nicht richtig, sofort auf Kunden loszustürmen, die in ein Geschäft (mit Vorwahl/Vollbedienung) kommen?

08
a) Was versteht man unter Augenkontakt?
b) Was signalisiert unser Augenkontakt dem Kunden?
c) Geben Sie Beispiele für sprachliche und körpersprachliche Signale, die dem Kunden zeigen, dass Sie ihm „aktiv" zuhören!
– sprachliche Signale
– körpersprachliche Signale

25. Kapitel: Wir sprechen den Kunden an

01 Woran erkennen Sie, ob ein Kunde in Ihrem Geschäft angesprochen werden will?

02 Sie beobachten, dass ein Kunde sehr interessiert eine Jeans-Jacke betrachtet. Wie kommen Sie am besten mit dem Kunden ins Gespräch (wörtliche Rede!)?

03 Viele Kunden lieben den angenehmen Zeitvertreib, durch ein Geschäft zu bummeln.
a) An welchen Verhaltensweisen des Kunden erkennt man solche Absichten?
b) Soll man diese Kunden ansprechen (begründen Sie Ihre Meinung!)?

04 Welche Begrüßung halten Sie dort, wo beratungsintensive Textilien verkauft werden, für die beste? Begründen Sie Ihre Wahl.
a) (Kunden einfach fragend ansehen.)
b) „Guten Tag" (der Verkäufer stellt Blickkontakt her).
c) „Guten Tag, kann ich Ihnen behilflich sein?"
d) „Guten Tag, was darf ich Ihnen zeigen?"
e) (Kunden anstarren.)

05 a) Welche Bedingungen müssen erfüllt sein, um mit Kunden „über die Ware" ins Gespräch zu kommen?
b) Welche Vorteile hat eine solche Kontaktaufnahme für
(1) Verkäufer?
(2) Kunden?

06 a) Was „signalisiert" ein Kunde, der bei der Kontaktaufnahme sagt: *„Ich möchte mich nur mal umschauen!"*

b) Welche Verhaltensweise ist dann die beste?
(1) In Zukunft keine Kunden mehr ansprechen.
(2) Dem Kunden wortlos auf Schritt und Tritt folgen.
(3) Dem Kunden sagen: *„Tun Sie, was Sie nicht lassen können!"*
(4) Dem Kunden sagen: *„Gerne, Sonderangebote finden Sie hier …"*
c) Begründen Sie, warum folgende Antwort günstig ist: *„Wenn Sie irgendwelche Fragen haben, stehe ich Ihnen gerne zur Verfügung!"*

26. Kapitel: Bedarfsermittlung bei beratungsintensiver Ware

01 **Fallbeispiel Nr. 1**

Im Textilfachgeschäft: Die Kundin geht auf eine Verkäuferin zu.
Verkäuferin: (mustert eine Kundin) *„Guten Tag, was darf ich Ihnen zeigen?"*
Kundin: *„Ich suche eine schicke Lederjacke."*
Verkäuferin: *„Haben Sie an etwas Bestimmtes gedacht?"*
Kundin: *„Nein!"*
Verkäuferin: *„Welche Farbe soll die Jacke haben?"*
Kundin: (zeigt einen ratlosen Gesichtsausdruck) *„Ach, ich weiß nicht, vielleicht braun?"*

Verkäuferin: *„Wir führen braune Jacken in Lederimitat, Ziegenleder und Lamm, in Nappa- und Veloursleder."*
Kundin: (zieht die Schultern fragend hoch und schaut unschlüssig drein) *„Wenn ich das wüsste, jetzt zeigen Sie mir doch endlich was!"*
Verkäuferin: *„Sie müssen doch selbst wissen, was Sie wollen. Ich muss jetzt nur noch wissen, was die Jacke kosten soll."*
Kundin: *„So um 300 EUR."*
Verkäuferin: *„Tja, das ist natürlich schwierig, die wirklich schönen und schicken Jacken fangen in dieser Preislage erst an."*
Kundin: *„Ja, dann will ich mir's nochmals überlegen."*

Auswertung:
a) Welche Fragen stellte die Verkäuferin, die eine Entscheidung verlangen?
b) Ist es sinnvoll, zu Beginn des Beratungsgesprächs Fragen zu stellen, die vom Kunden eine Entscheidung erfordern (Begründung!)?
c) Wie wirken sich solche Fragen, wenn sie bereits bei der Bedarfsermittlung gestellt werden, auf unseren Handlungsspielraum aus?
d) Warum verlässt die Kundin wohl das Geschäft?

02 **Fallbeispiel Nr. 2**
Dieselbe Situation in einem anderen Textilfachgeschäft.
Verkäuferin: *„Guten Tag, was darf ich Ihnen zeigen?"*
Kundin: *„Ich suche eine schicke Lederjacke."*
Verkäuferin: *„In schicken Jacken sind wir gut sortiert. Wir werden bestimmt das Richtige für Sie finden. Wozu soll die Jacke passen?"*
Kundin: *„Zu einer dunklen Hose."*
Verkäuferin: *„Bitte kommen Sie hier herüber!"* (Verkäuferin holt zunächst drei verschiedene, sportlich-elegante Jacken in Lamm- und Ziegennappa.) *„Ich möchte Ihnen gerne solche Jacken, ihre Details und Verarbeitung zeigen, damit Sie unser Sortiment kennen lernen."*
Kundin: (Verkäuferin zeigt und führt vor.) *„Diese Jacke ist sehr hübsch."*

Auswertung:
a) Was können folgende Aussagen der Verkäuferin bei der Kundin bewirken?
  (1) *„In schicken Jacken sind wir gut sortiert!"*
  (2) *„Wir werden bestimmt das Richtige für Sie finden!"*
b) Auf welche Frage konnte die Verkäuferin sofort Jacken zeigen, die den Vorstellungen der Kundin nahekamen?
c) Welche Fragen sind geeignet, den Bedarf des Kunden zu ermitteln?

03 Was versteht man unter einem „Testangebot"?

04 a) Worin bestehen die wesentlichen Merkmale
  (1) der direkten Bedarfsermittlung?
  (2) der indirekten Bedarfsermittlung?
b) Welcher Methode geben Sie den Vorzug? Begründung!

05 Welche Frage stellen Sie, wenn der Kunde sagt: *„Ich suche Funktionswäsche!"*

06 Ein Kunde kommt in ein Sportgeschäft mit der Absicht, sich ausführlich beraten zu lassen. Eine freundliche Verkäuferin geht auf den Kunden zu: *„Suchen Sie etwas Bestimmtes?"*
a) Was halten Sie in dieser Situation von der Bedarfsermittlung?
b) Welche Fragen zur Bedarfsermittlung hätten Sie gestellt, wenn der Kunde sagt: *„Ich suche Sportbekleidung?"*

27. Kapitel: Kaufmotive geben Auskunft über die Nutzenerwartungen des Kunden

01 Die häufigsten Kaufmotive sind:

Ermitteln Sie anhand folgender Kundenäußerungen das entsprechende Kaufmotiv!
① „Ich suche ein exklusives Modellkleid."
② „Der Gymnastikanzug sollte bequem sein."
③ „Führen Sie günstige Einzelteile?"
④ „Die Skiunterwäsche sollte angenehm weich, warm und saugfähig sein!"
⑤ „Haben Sie den neuesten Hit hereinbekommen?"

02 Formulieren Sie zu folgenden Kaufmotiven ähnliche Kundenaussagen!
a) Sparsamkeit, geringe Kosten
b) Bequemlichkeit
c) Sicherheit/Zuverlässigkeit
d) Neugierde/Entdeckung
e) Gesundheit/Wohlbefinden/Umweltschutz

03 Stellen Sie fest, welche Aussagen richtig sind!
Wenn Verkäufer die Kaufmotive ihrer Kunden richtig erkennen,
a) finden sie schneller geeignete Textilien.
b) können Verkäufer gezielter Ware zeigen und vorführen.
c) können sie individueller argumentieren.
d) fühlen sich Kunden mit ihren Motiven stets bloßgestellt.
e) fühlen sich Kunden besser verstanden.

04  Eine exklusive Winter-Jeans aus dem Hause B., eine Jeans für den Kenner in bester Qualität, sagenhaft bequem, sodass Sie sich darin wohlfühlen können. Sehenswerte Details: Five-Pocket-Form, mit Bundfalte und geschwungenen Vordertaschen, aus stonewashed Denim mit warmem, kariertem Baumwollfutter, sehr preiswert!

a) Welche Nutzenerwartungen des Kunden spricht dieser Werbetext an?
b) Welchen Geltungsnutzen hinsichtlich des Aussehens erfüllt Ihrer Meinung nach diese Jeans?

05 Sind folgende Kaufmotive mehr verstandes- oder mehr gefühlsbetont?
a) Ansehen, Geltung, schönes Aussehen
b) Sparsamkeit, geringe Kosten, Ertrag
c) Mode, Nachahmung
d) Spielbetrieb
e) Neugierde, Entdeckung
f) Sicherheit, Zuverlässigkeit

28. Kapitel: Gut gezeigt ist halb verkauft – die Produktvorführung durch den Verkäufer

01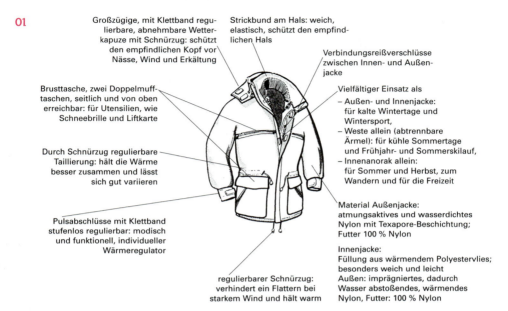

Großzügige, mit Klettband regulierbare, abnehmbare Wetterkapuze mit Schnürzug: schützt den empfindlichen Kopf vor Nässe, Wind und Erkältung

Strickbund am Hals: weich, elastisch, schützt den empfindlichen Hals

Verbindungsreißverschlüsse zwischen Innen- und Außenjacke

Brusttasche, zwei Doppelmufftaschen, seitlich und von oben erreichbar: für Utensilien, wie Schneebrille und Liftkarte

Vielfältiger Einsatz als
– Außen- und Innenjacke: für kalte Wintertage und Wintersport,
– Weste allein (abtrennbare Ärmel): für kühle Sommertage und Frühjahr- und Sommerskilauf,
– Innenanorak allein: für Sommer und Herbst, zum Wandern und für die Freizeit

Durch Schnürzug regulierbare Taillierung: hält die Wärme besser zusammen und lässt sich gut variieren

Pulsabschlüsse mit Klettband stufenlos regulierbar: modisch und funktionell, individueller Wärmeregulator

Material Außenjacke: atmungsaktives und wasserdichtes Nylon mit Texapore-Beschichtung; Futter 100 % Nylon

Innenjacke: Füllung aus wärmendem Polyestervlies; besonders weich und leicht Außen: imprägniertes, dadurch Wasser abstoßendes, wärmendes Nylon, Futter: 100 % Nylon

regulierbarer Schnürzug: verhindert ein Flattern bei starkem Wind und hält warm

a) Welche Vorzüge der Jacke lassen sich anschaulich zeigen?
b) Weshalb ist es günstig, Vorzüge eines Textils dem Kunden zu zeigen?
c) Der Text enthält eine Menge Vorteilsformulierungen. Unterstreichen Sie diese!
d) Wozu eignet sich diese Jacke laut Text?
e) Welche Vorschläge für Kombinationsmöglichkeiten enthält der Text?

02 Entscheiden Sie, ob folgende Grundsätze der Warenvorlage günstig oder ungünstig sind! Bei der Warenvorlage
a) beginne ich mit der obersten Preislage.
b) beginne ich mit der untersten Preislage.
c) lege ich sofort sehr viele Teile vor.
d) lege ich zwei bis vier Teile vor.
e) zeige ich die Vorzüge/Besonderheiten des Produkts.
f) spreche ich viele Nachteile des Produkts an.

03 Weshalb legen Sie
a) nicht zu viel,
b) nicht zu wenig
Waren vor?

04 Welche Nachteile ergeben sich, wenn Sie bei der Warenvorlage
a) in der untersten,
b) in der obersten
Preislage beginnen?

05 Schildern Sie, wie Sie Kunden anschaulich und überzeugend Artikel Ihres Sortiments vorführen!

06 Wie überzeugen Sie am besten Ihren Kunden, der befürchtet, dass der hübsche Merinowollschal kratzt?
a) Durch die Behauptung: *„Wolle kratzt nicht."*
b) Indem ich sage: *„Es gibt auch nichtkratzende Wollsorten."*
c) Indem ich frage: *„Haben Sie eine empfindliche Haut?"*
d) Indem ich dem Kunden suggeriere: *„So eine Befürchtung ist unsinnig!"*
e) Indem ich den Kunden auffordere, sich selbst durch Anprobe von der Weichheit zu überzeugen.

07 Welche der folgenden Aussagen über die Warenvorführung treffen zu?
Die gekonnte Warenvorführung
a) steigert den Besitzwunsch.
b) verkürzt das Verkaufsgespräch.
c) fördert das Interesse des Kunden.
d) ist unnötige Zeitvergeudung.

08 „Zeigen ist besser als tausend Worte." Begründen Sie diese These!

29. Kapitel: Verkaufsargumente: Entscheidungshilfen für den Kunden

01
Super-Sommer-Chic
Sanft, soft, zartumschmeichelnd wie der Sommerwind: luftiges SOMMERKLEID; ein Modell, das Ihnen gefallen wird! Leicht, hautsympathisch und deshalb angenehm (100% Viskose), Handwäsche bei 30 Grad.
a) Woraus leitet der vorangehende Text Verkaufsargumente ab?
b) Ermitteln Sie die produkt- und kundenbezogenen Verkaufsargumente!
c) Welche Begriffe/Adjektive lösen angenehme Empfindungen aus?
d) Nennen Sie weitere Verkaufsargumente zum Aussehen des Sommerkleides, die im Text noch nicht angesprochen sind!

02 Zwei Verkäufer streiten sich. Der Verkäufer A behauptet: *„Verkaufsargumente und Verkaufsargumentationen sind dasselbe!"* Was meinen Sie?

03 Welche Verkaufsargumente sind mehr warenbezogen, welche mehr kundenbezogen?
a) *„Dieser Popelinemantel ist waschbar."*
b) *„Der Anzug steht Ihnen wirklich gut."*
c) *„Diese Arbeitskleidung ist aus gezwirntem Baumwollköper."*
d) *„Diese einlauffeste Jeans-Hose müsste Ihnen gut passen."*

04 a) Was versteht man unter der Argumentationstechnik?
b) Nennen Sie die wesentlichen Merkmale der Argumentationstechnik!
c) Wie können Sie feststellen, ob Ihr Kunde Ihre Argumentation verstanden hat?

05 Halten Sie es für besser, bei einem Textil
a) möglichst wenige, dafür nützliche Verkaufsargumente oder
b) möglichst alle denkbaren Verkaufsargumente anzubringen (Begründung)?

06 Formulieren Sie kundenbezogene Verkaufsargumente als Vorteilsformulierung!
 a) Hose; pflegeleicht
 b) Anorak; mit Polyester-Wattierung
 c) Bluse; gute Kombinierbarkeit
 d) „Dieses Textil ist mercerisiert."
 e) „Der Föhn hat einen Umschalter für 1.000 und 2.000 Watt."

07 a) Was sollen umweltbezogene Verkaufsargumente bewirken?
 b) Geben Sie zwei Beispiele für umweltbezogene Verkaufsargumente zu Artikeln/ Dienstleistungen Ihres Geschäfts!
  (1) Artikel
  (2) Dienstleistung

30. Kapitel: Preisgespräche überzeugend führen

01 Viele Kunden sind oft erstaunt, warum Textilien so viel kosten. Als Verkäufer können Sie dies leicht erklären. Nennen Sie fünf Merkmale, welche den Preis eines Textils beeinflussen!

02 Kunde: „Warum ist die Jacke aus Ziegennappa teurer als die aus Porcvelours?"
 Verkäufer: „Ziegennappa ist ja auch besser!"

 Geben Sie eine bessere Antwort, in wörtlicher Rede, indem Sie den Preisunterschied begründen! Hierzu einige Anhaltspunkte:

 Ziegennappa: Weicher, leichter, geschmeidiger, haltbarer, feiner;
 Porcvelours: Schwer, gerautes Leder, preiswerter, kräftig, weniger aufwendig verarbeitet.

03  Die „Sandwich-Methode" ist eine gute Möglichkeit, den „Preis in Kundennutzen zu verpacken". Bilden Sie ein Beispiel mit einem Artikel Ihres Sortiments!

04 Wenn Kunden den Preis erfahren, hören Verkäufer oftmals ein erstauntes, zuweilen empörtes „Das ist aber teuer!".
 Wie beurteilen Sie folgende Antworten?
 a) „Es gibt noch viel teurere Artikel."
 b) „Erstklassige Ware ist halt teuer."
 c) „Teuer, sagen Sie, ach, finden Sie wirklich?"

05 a) Welche Möglichkeiten gibt es, preisbewussten Kunden günstige Angebote zu unterbreiten?
 b) Wie erklären Sie sich, dass eine Kundin für einen exklusiven Pelzmantel Tausende von EUR ausgibt und den Preis einfach hinnimmt, dieselbe Kundin aber beim Kauf von Grundnahrungsmitteln nach den preiswertesten Angeboten Ausschau hält?
 c) Kunde: „Ich lege Wert auf gute Qualität." Wie stellen Sie sich im Preisgespräch darauf ein?

06 „Was wollen Sie etwa ausgeben?" – „Was darf es etwa kosten?" – „An welche Preislage denken Sie?"
 Welche Nachteile ergeben sich durch solche Fragen (Ausnahme: Geschenkkauf)?

07 Um Kunden unangenehme Preisschocks zu ersparen, können Sie die
① Vergleichs- ② Verharmlosungs- ③ Zerlegungsmethode ④ optische Verkleinerung anwenden. Ermitteln Sie anhand folgender Verkäuferäußerungen die jeweilige Methode!
a) „Der Rock kostet 79 EUR, die Hose 69 EUR, die Seidenbluse 59 EUR und die Jacke 95 EUR. Auf diese Weise hat man viele Kombinationsmöglichkeiten."
b) „So einen wertvollen, klassischen Pelz trägt man doch viele Jahre. Die Kosten pro Jahr halten sich somit in Grenzen."
c) „Diese gestreifte Jacke für 195 EUR, die Ihnen gut gefällt, kostet nur 20 EUR mehr als die karierte."
d) „Bitte vergleichen Sie die aufwändige Verarbeitung dieser Jacke mit der anderen, dann …"

31. Kapitel: Kundeneinwände: lästige Kaufwiderstände oder nützliche „Wegweiser"?

01 Um Einwände zu beantworten/entkräften, gibt es mehrere Möglichkeiten.

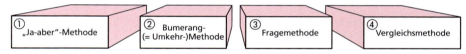

a) Ermitteln Sie anhand folgender Verkäuferäußerungen die entsprechende Methode!
  – „Vergleichen Sie doch bitte diesen weichen Seidenschal mit dem aus Wolle, dann …"
  – „Was sagt Ihnen bei diesem Pullover noch nicht so recht zu?"
  – „Sie haben Recht, natürlich ist der Mantel teuer. Bitte beachten Sie, er enthält wertvolles, feines Kaschmir …"
b) Ermitteln Sie anhand der Abbildungen die entsprechende Einwandmethode!

02 a) Was bedeuten Einwände im Verkaufsgespräch?
   b) Welche Chance bietet sich, wenn Gründe für Kundeneinwände erkennbar werden?
03 Was tut ein Kunde, der nicht zugeben will, dass er sich das gewünschte Textil nicht leisten kann?
04 a) Unterschied: Echter Einwand – Vorwand
   b) Wie verhalten Sie sich, wenn der Kunde einen Vorwand anbringt?
05 Stimmt die Behauptung: „Wer Einwände hat, kauft nicht." (Begründung!)?

06 Prüfen Sie die Richtigkeit folgender Aussagen!
   a) Kunden, die Einwände vorbringen, suchen Streit.
   b) Einwände stören immer das Verkaufsgespräch.
   c) Einwände zeigen, dass der Kunde nicht kaufen will.
   d) Echte Einwände sind ein Hinweis, dass der Kunde noch ein Problem hat.
   e) Einwände muss man eiskalt widerlegen.

07 Kundin: *„Dieses Hemd ist aber sehr teuer!"* Formulieren Sie (in wörtlicher Rede) Ihre Einwandbehandlung!
   a) in der Ja-aber-Methode
   b) in der Fragemethode

08 Ein Kunde wendet ein: *„Dieser Schal aus Kaschmir ist aber sehr teuer!"* Beantworten Sie den Einwand mit
   a) der Vergleichsmethode und vergleichen Sie dabei einen Wollschal mit einem Kaschmirschal.
   b) der Umkehrmethode.

32. Kapitel: Bei Kaufbereitschaft auf den Abschluss hinwirken

01 Was versteht man unter „Abschlusstechnik"?

02 Wird in folgenden Beispielen die Kaufbereitschaft ① sprachlich oder ② körpersprachlich signalisiert?
   Kunde
   a) sagt: *„Ganz prima, gefällt mir sehr gut."*
   b) nickt zustimmend.
   c) strahlt über das ganze Gesicht.
   d) fragt nach der Kasse.
   e) zieht eine Geldkarte heraus.

03 Wichtige Abschlusstechniken sind:

① Alternativfragen stellen	② Wichtige Vorteile zusammenfassen	③ Empfehlung mit Begründung

Geben Sie für jede Abschlusstechnik ein Beispiel!

33. Kapitel: Zusatzangebote nicht vergessen

01 Welcher Unterschied besteht zwischen einem Zusatz- und einem Alternativangebot?

02 Nennen Sie nützliche Zusatzartikel für
   a) Mäntel,
   b) Kostüme,
   c) Trekkinghosen.

03 Welche Vorteile ergeben sich, wenn z. B. der Kunde zum Anzug das passende Hemd mit Krawatte kauft? Für
   ① den Kunden,
   ② den Verkäufer,
   ③ das Geschäft?

04 Ein Kunde hat sich gerade für einen Anzug entschieden. Welche Verhaltensweise/ Formulierung ist die geeignetste, um einen Zusatzverkauf einzuleiten?
  a) Wortlos ein Hemd und passende Krawatte dazulegen.
  b) *„Brauchen Sie auch noch ein Hemd?"*
  c) *„Dieses feine Hemd aus reiner Baumwolle passt vorzüglich zu diesem Anzug."* (Verkäufer zeigt dies.)
  d) *„Sonst brauchen Sie nichts?"*

05 Eine Kundin ist schon mehrmals in denselben Mantel geschlüpft, der ihr offenbar gut gefällt. Obwohl die Entscheidung für den Mantel noch nicht gefallen ist, bringt eine Verkäuferin ein wunderschönes, großflächig bedrucktes Seidentuch und zeigt Tragemöglichkeiten in Verbindung mit dem Mantel vor. Der Kundin gefällt es, dass dadurch der Mantel variationsreicher getragen werden kann.
  a) Ist in diesem frühen Zeitpunkt ein Zusatzverkauf sinnvoll?
  b) Warum gelingt vermutlich der Verkauf des Haupt- und des Zusatzartikels?
  c) Wann ist der späteste Zeitpunkt für den Zusatzverkauf?

34. Kapitel: Alternativangebote richtig unterbreiten

01 Unterbreiten Sie einer Kundin ein Alternativangebot, wenn das gewünschte Textil nicht vorrätig ist!
  Kunde wünscht
  a) T-Shirt der Marke A.
  b) Triangel-Bikini.
  c) glänzende Bluse aus Seide.

02 a) Welche Formulierung ist die beste, wenn der Kunde eine Jeanshose des Herstellers X verlangt, die Ihr Geschäft nicht führt?
  (1) *„Mit so einem Hersteller geben wir uns nicht ab."*
  (2) *„Tut mir leid, diese Marke führen wir nicht!"*
  (3) *„Da habe ich etwas Besseres, sehen Sie …"*
  (4) *„Darf ich Ihnen etwas zeigen, was Ihren Wünschen sehr nahekommt. Diese Hose …"*
  b) Begründen Sie, welche in a) genannte Aussage die beste ist!

35. Kapitel: Kunden bringen Begleitpersonen mit

01 Um Kunden und deren Begleitpersonen richtig behandeln zu können, muss man die Gründe kennen, weshalb sie Begleitpersonen mitbringen. Zählen Sie vier verschiedene Gründe/Situationen auf!

02 a) Die „Rollen" der Begleitpersonen sind unterschiedlich und gegensätzlich. Ergänzen Sie!
  Der Begleiter
  (1) ist aktiv oder …
  (2) ist fachkundig oder …
  (3) beeinflusst den Käufer positiv oder …
  b) Woran erkennen Sie „fachkundige" Begleiter?
  c) Ist es günstig, fachkundige Begleiter ins Verkaufsgespräch einzubeziehen (Begründung!)?

03 Die 13-jährige Andrea, die mit ihrer Mutter einen Einkaufsbummel macht, darf sich neu einkleiden. Mutter und Tochter haben einen unterschiedlichen „Geschmack", die Mutter denkt mehr ans Praktische, die Tochter interessiert sich mehr fürs Modische.
   a) Welche Aussagen einer Verkäuferin sind günstig?
      (1) „Wenn Sie sich nicht einig sind, kann ich Ihnen auch nicht mehr helfen."
      (2) „Sie müssen doch selbst wissen, was Sie wollen!"
      (3) (zur Mutter gewandt) „Wenn's Ihrer Tochter nicht gefällt, wird sie das Kleid nicht tragen, das wäre doch schade?"
      (4) (holt ein anderes Kleid, an die junge Kundin gewandt) „Vielleicht erfüllt dieses Kleid deine Wünsche und die deiner Mutter?"
      (5) (an die Mutter gewandt, die Tochter probiert gerade in der Kabine) „Das Kleid steht Ihrer Tochter gut, junge Leute mögen's modisch und dürfen dies auch zeigen."
      (6) (zur Mutter gewandt) „Die jungen Leute mögen's heutzutage alle verrückt!"
   b) Begründen Sie mündlich, welche Aussage der Verkäuferin Sie für die beste halten!

36./37. Kapitel: Reklamationen richtig behandeln/Umtausch aus Kulanz und als Service für den Kunden

01  Frau S., eine Kundin, hat gestern kurz vor Ladenschluss noch schnell für ihre Schwester einen Bikini gekauft, obwohl die Verkäuferin gebeten hatte, die Schwester möge doch persönlich zur Anprobe vorbeikommen. Heute möchte Frau S. den Bikini unter Angabe der folgenden Gründe umtauschen:
   a) Die Anprobe hat gezeigt, dass der Bikini viel zu groß ist.
   b) Der Bikinislip hat ein Loch.
   c) Der Bikini passt, gefällt aber dem Freund nicht.
      (1) In welchem Fall müssen Sie umtauschen?
      (2) In welchem Fall bitten wir die Kundin um Verständnis, dass wir nicht umtauschen können?
      (3) Mit welchen Worten (wörtliche Formulierung) würden Sie den Umtauschwunsch der Kundin ablehnen?
   (4) Umtausch aus Kulanz: Unter welchen Bedingungen können wir der Kundin doch noch entgegenkommen?
   (5) Auf welche Weise wollte die Verkäuferin einen Bikini-Umtausch ausschließen? Wie beurteilen Sie ihr Verhalten beim Verkauf?
02 Was ist der Unterschied zwischen Umtausch und Reklamation?
03 Weshalb ist es für viele Verkäufer unerfreulich, Reklamationen zu bearbeiten?

04 Es ist ein Fehler, Beschwerde führende Kunden zu verdächtigen, dass sie den Fehler verursacht haben, oder die Beschwerde zu verharmlosen. Das beeinflusst die Gesprächsatmosphäre negativ.
   a) Welche Äußerungen eines Verkäufers wirken verdächtigend, welche verharmlosend?
      (1) „Das kann schon mal vorkommen!"
      (2) „Haben Sie die Waschanleitung auch richtig gelesen?"
      (3) „Was haben Sie bloß falsch gemacht?"
      (4) „Nur keine Aufregung, das schadet den Nerven!"
   b) Bilden Sie jeweils zwei weitere Äußerungen dieser Art!
      (1) verdächtigend
      (2) verharmlosend

05 „Bei kleinen Beanstandungen/Reklamationen großzügig behandeln!" Welchen Vorteil bringt dies?

06 Formulieren Sie zwei kurze Sätze, die geeignet sind, aufgebrachte Kunden zu beruhigen!

07 Ordnen Sie die einzelnen Schritte bei der Behandlung von Reklamationen in sinnvoller, logischer Reihenfolge!

| Verkäufer entschuldigt sich | Fehler besichtigen | Hilfe anbieten | Verständnis zeigen | Aufmerksam zuhören |

08 Welche Hilfe, die ein Verkäufer anbietet, ist bei Reklamationen die weitestgehende?
   a) Preisnachlass
   b) Umtausch/Neulieferung
   c) Gutschein
   d) Geld zurück („Wandlung")

38. Kapitel: Verhalten gegenüber Ladendieben

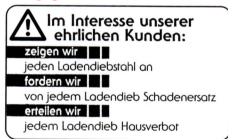

01 Gibt es Ihrer Erfahrung nach Geschäftszeiten/Ereignisse, zu denen sich Ladendiebstähle häufen?

02 Nennen Sie fünf Möglichkeiten, welche Ihr Geschäft nutzt, um Diebstähle zu erschweren!

03 Welche Aussagen zum Ladendiebstahl sind richtig?
   Diebe müssen
   a) sich persönlich ausweisen.
   b) „Fangprämien" zahlen.
   c) mit Anzeige und Hausverbot rechnen.
   d) Diebstahl-Bearbeitungsgebühren bezahlen.

04 Dreiste Diebe bringen häufig Komplizen mit. Geben Sie ein Beispiel für diese Diebstahlsart!

05 Nennen Sie wirksame „Diebstahl-Sicherungssysteme" im Einzelhandel!

39. Kapitel: Kundendienst: besondere Serviceleistungen

01 Welche Aussagen über den Kundendienst sind zutreffend, welche nicht?
   a) Kundendienst ist werbewirksam.
   b) Alle Kundendienstleistungen sind für Kunden kostenlos.
   c) Kundendienst bringt dem Kunden zusätzlichen Nutzen.
   d) Jedes Geschäft bietet größtmöglichen Service.
   e) Serviceleistungen mindern das Betriebsergebnis.

02 Sie lesen:
   „Modehaus Müller. Wir ändern Ihnen jedes Textil, das nicht aus unserem Hause stammt, innerhalb einer Stunde zum Selbstkostenpreis."
   a) Dieses Geschäft bietet zwei Serviceleistungen. Nennen Sie diese!
   b) Kann jedes Textilgeschäft diesen Service bieten?
   c) Wie wirkt sich die „kurzfristige Änderung innerhalb einer Stunde" auf den Umsatz aus?

03 Ein mittelständisches Textilgeschäft gibt bekannt: *„In unserem Haus werden jährlich über 100 000 Teile geändert."* Weshalb ist dieses Geschäft auf diese Zahl sogar „stolz", obwohl die Änderungen zum Selbstkostenpreis erfolgen?

04 a) Welche Kunden erhalten in Ihrem Geschäft eine Auswahlsendung?
   b) Eine Auswahlsendung erfordert von der Warenzusammenstellung bis zur Rückgabe viele Arbeitsgänge, die aufwendig sind. Schildern Sie die anfallenden Arbeiten!

05 Einer Kundin gefällt das gestern gekaufte Kleid nicht mehr. Unter welchen Bedingungen ist ein Umtausch aus Kulanz möglich?

06 a) Bei welchen Kundendienstleistungen handelt es sich um solche, die
   ① allgemeine Serviceleistungen,
   ② solche in Verbindung mit der Ware,
   ③ solche in Verbindung mit der Zahlung sind?
      a) Kinderbetreuung
      b) Warenzustellung
      c) Kundenparkplätze
      d) Kreditkarte
      e) Garantie
      f) Kauf auf Rechnung
      g) Sonderbestellung
   b) Welche Serviceleistungen sind in Ihrem Geschäft besonders wichtig? Begründung!

40. Kapitel: Werbung im Einzelhandel

01 **Umworbene Kunden**
Von je 100 Lebensmitteleinzelhändlern ergreifen diese Werbemaßnahmen (Mehrfachnennungen)

Werbemaßnahme	Anzahl
Anzeigen	23
Sponsoring	23
Banden-/Trikotwerbung	18
Poster, Plakate	17
Wurfsendungen	17
Prospekte	15
Beilagen	13
Werbung auf Bus/Auto	7
Internet	6
Veranstaltungen, Verkostungen	5
Radio, TV	3

Quelle: Lebensmittel Report/BBE
© Globus

a) Welche fünf Werbeträger sind im Textileinzelhandel besonders wichtig?
b) Warum wird insbesondere zu Beginn einer Saison stark geworben?

02 Ordnen Sie Werbeziele und Werbegrundsätze richtig zu:
Wirtschaftlichkeit – Bedürfnisse wecken – Klarheit – Produktinformationen – Wahrheit – Umsatzsteigerung – Aktualität – Originalität.

03 Beispiel für eine informative Prospekt-/Zeitungsbeilagen-Werbung

Erleben Sie den Komfort der ‚Klima-Membran'.
Stoffe, die mit SYMPATEX ausgestattet sind, haben eine hauchdünne Klima-Membran. Das macht sie wasserdicht, winddicht und atmungsaktiv. Diese klimatisierenden Eigenschaften bleiben auch nach chemischer Reinigung oder 40-°C-Wäsche erhalten.

3 Pluspunkte

Absolut wasserdicht — Garantiert atmungsaktiv — Absolut winddicht

a) Welche Gebrauchseigenschaften sind mit der „Klima-Membran" verbunden?
b) Wie ist dieses Textil lt. Werbeinformation zu pflegen?
c) Was zeigen die kleinen Bildchen inhaltlich?
   (1) „absolut wasserdicht"
   (2) „garantiert atmungsaktiv"
   (3) „absolut winddicht"
d) Überzeugen den Kunden mehr der Text oder die Bilder (Begründung!)?
e) Welche weiteren Informationen/Verkaufsargumente gibt der Werbetext zur „Sympatex-Long-Jacke"?

04 Beispiel für eine affektive Werbung

Das ist und bleibt die *lässigste* Art, sich gut anzuziehen. Das ist die Kollektion, die wie kaum eine andere dem heutigen Lebensgefühl des Mannes entspricht, der im Beruf und auch in der Freizeit seinem persönlichen Stil und individuellen Lebensgefühl folgt. Boss – das ist inzwischen fast ein Synonym für Erfolg und guten Geschmack, für Qualitätsgefühl und Nonchalance. – Das Beste aus dem Boss-Programm finden Sie (ständig) bei uns. In Großauswahl! Und daraus hier nur einige Beispiele.

Sportsakko aus original schottischem Wollkammgarn mit klassischem Higgins-Karo. Hier in Camel-Beige mit Blau und Braun. Deshalb farblich sehr vielseitig zu kombinieren. Aufgesetzte Taschen. Ohne Rückenschlitz.

Reine Schurwolle

   a) Die Werbebotschaft spricht das Gefühl an (= affektive Werbung). Welche Aussagen gebraucht der Text hierfür?
   b) Unterstreichen Sie im Werbetext diejenigen Eigenschaften/Verkaufshinweise, die Sie in einem Verkaufsgespräch anwenden können!
   c) Was bewirkt die Aussage: „*Farblich sehr vielseitig zu kombinieren*"?

05 Entwerfen Sie einen Brief an Ihre Kunden, indem Sie entweder für die Freizeitjacke der Aufgabe 03 oder das Sakko in Aufgabe 04 werben. Lehnen Sie sich an den gedruckten Werbetext an!

Sachwortverzeichnis

A

Abendkleid 45
Absatzwerbung 265
Abschluss 235
Abschlusstechniken 236
Abschlussverstärker 237
Accessoires 53
Acetat 119
Actifresh 150
Ajour 163
Aktionsplatzierung 35
Alpaka 108
Alternativangebote 242
Alternativfrage 194, 236
Amaretta 164
Angora 108
Anorak 54
Anorganische Chemiefasern 72
Ansehen 211
Ansehen und Geltung 211
Antistatik 77
Antistatische Ausrüstung 150
Anzüge 49
Appretieren 153
Appretur 84
Argumentation 218
Argumentationstechnik 222
Argumente 218
Ärmelformen 56
Artikelpräsentation 40
Atlas 164
Atlasbindige Stoffe 136
Atlasbindung 133
Ätzdruck 160
Aufgesetzte Tasche 58
Augenkontakt 197
Ausbrenner 164
Aushändigungsverkauf 202
Ausrüstung 149
   – Aussehen 149, 154
   – Gebrauchswert 150 f.
Ausschlagkragen 55
Ausschnittformen 57
Aussehen 73
Äußere Gestaltung 74
Ausstellungen 279
Automatenverkauf 24

B

Bahnenrock 46
Bananentasche (= Swing-Pocket) 58
Batist 164
Bauernbluse (= Folklorebluse) 53
Baumwollausrüstungen 91
Baumwolle 87
Baumwollsorten 89
Baumwollstoffe 93
Bedarfsermittlung 204
Bedienung 21
Bedrucken 157, 159
Befehlen 186
Begleiter 245
Begleitpersonen 244
Behandlung von Textilien 79
Bekleidungsgrößen 63 ff.
Bekleidungsgrundformen 42
Bequemlichkeit 209, 211
Beratung 16
Bermuda 50
Beschwerden 248
Biber 164
Bioaktive Substanzen 83
Blasebalgtasche 59
Blazer 49
Blazerkostüm 48
Bleichmittel 83
Blickkontakt 15
Blouson 54
Blusen – Grundformen 53

Bonner Anzug 49
Bouclé 165
Bourette 165
Brokat 165
Bubikragen 55
Bügeln 81
Bumerang-Methode 232
Bundfaltenhose 50
Bundhose 50
Buttonkragen 55

C

Caban 43
Cape 43
Cardigan 52
Carmen-Ausschnitt 57
Cashmere 109
Chanelkostüm 48
Charmeuse 147, 165
Chemiefasergruppen 115
Chemiefasern 72, 115
– synthetische 116
– zellulosische 116
Chemisches Reinigen 81
Chenille 165
Cheviot 98
Chiffon 166
Chintz 166
Chintzen 153
Chloren 81
Cityhemd 53
Collegbluse 53
Combi-Wollsiegel 100
Complet 52
Composé 52
Cool-Wool 166
Coordinates 52
Cord 166
Cordsamt 138
Cordura Supplex 182
Cotelé 166
Crêpe (Krepp) 167
Crinkle 167
Crossbred 98
Cupro 118

D

Damast 167
Damenoberbekleidungsgrößen 63
Dekatieren 153
Dekolleté 57
Denim 167
Denkanstöße geben 187
Dessins 159
Deux-pièce 45
Differential-dyeing 159
Direkte Bedarfsermittlung 205
Dirndl 45
Dolmanärmel 56
Doppelflächige Maschenware 183
Doppelripp 146, 167
Double-face 168
Druckverfahren 159
Dufflecoat 43
Duftstoffe 83
Dupion-Seide 168
Durchblickfenster 41

E

E-Commerce 24
Effektzwirne 132
Einblickfenster 41
Einreiher 49
Einschütte 168
Einwände 230
Einweichmittel 84
Einzelwerbung 267
Elastan 124
Elastik 76
Empirekleid 46
Entbasten 156
Entdeckung 209, 211
Entscheidungsfrage 192, 194
Enzyme 83
Ertrag 209, 210
Erwartungen 13
– an das Geschäft 17
– an den Verkäufer 14
– an das Produkt 18
Etui- oder Futteralkleid 45
Eulan 151
Eulan asept 150

F

Fachschulen 279
Faltenrock 47
Fantasiefenster 41 f.
Farbechtheit 78
Färben 157 f.
Färbeverfahren 158
Faserfärbung 158 f.
Fasermischungen 89, 127
Fasermischungen mit Wolle 104
Feinripp 145, 168
Feuchtigkeitstransport 76
Filz 169
Fil à Fil 168
Filamentgarn 131
Filmdruck 160
Finette 169
Firmenwerbung 266
Fischgrat 169
Flachs 94
Flanell 169
Flausch 169
Fleckschutzausrüstung 153
Fledermausärmel 56
Fleece 170
Flockfärbung 158
Flügelärmel 56
Folkloristisches Kleid 45
Formbeständigkeit 78
Frageformen 191 f.
Fragemethode 233
Fragetechnik 191
Französische Tasche 59
Freizeithemd 53
Freso 150
Fresko 170
Freundlicher Gesichtsausdruck 197
Frotté (= Frottee) 170
Frottier 170
Frottierwaren 139
Fully-Fashion-Ware 141
Fußweite 51
Futterware 170

G

Gabardine 171
Garn 128

Garnfärbung 158
Garnfeinheit 132
Garnnummern 132
Gebrauchseigenschaften 71
  – einzelner Fasergruppen 71
Gebrauchswert 19
Geltung 211
Geltungswert 18
Gemeinschaftswerbung 267
Genre 61
Geringe Kosten 210
Gerüststoffe 83
Geschlossene Frage 192
Gesichtsausdruck 15
Gesprächsförderer 186 f.
Gesprächsstörer 186
Gesundheit 209, 210
Gesundheit und Wohlbefinden 75
Gilet 52
Glencheck 171
Glockenrock 46
Godetrock 47
Größen 63 f.
  – amerikanisch 65
  – deutsch 65
  – für Babys 65
  – für Hemden 66
  – für Kinder 65
  – für Miederwaren 66
  – international 66
Grundbindungen 133 f.
Grundsätze der Produktvorlage 214
Grüßen 197
Gürtelhose 50
Gütezeichen 62

H

Hahnentritt 171
Halbleinen 95, 171
Haltbarkeit 77
Haltbarkeitseigenschaften 73
Haspelseide 112
Hautsympathie 77
Hemdbluse 53
Hemdblusenkleid 45
Hemden 53
Herrenoberbekleidungsgrößen 64
Hochdruckverkauf 237

Hochveredelung 152
Honan 171
Hosen – Grundformen 50
Hosenrock 47
Hosenumschlag 51
Hygiene 77
Hygienische Ausrüstung 150
Hygitex 150

I

Ideenfenster 41
Imprägnieren 151
Impulskäufe 38
Indirekte Bedarfsermittlung 206
Individuelle Beratung 16
Informationsfrage 192
Inlett 172
Institutionen 277
Interlock 172

J

Ja-aber-Methode 232
Jacke 43
Jacquard 172
Jeans 172
Jeans-Hose 50
Jersey 172

K

Kalandern 156
Kamel 106
Kammgarn 129, 173
Karo 173
Karreeausschnitt 58
Kasackbluse 53
Kaschmir 109
Kastenrock 48
Kauf auf Probe 263
Kaufbereitschaft 235
Kaufmotive 208 f.
 – erkennen 212
 – gefühlsbetont 212
 – verstandesbetont 212
Kelchkragen 55
Kellerfaltentasche 59

Kentkragen 55
Kernsortiment 31
Ketteln 142
Kettenwirkwaren 147
Kettjersey 147 f.
Keulenärmel 56
Killerphrasen 186
Kimonoärmel 56
Kleider – Grundformen 45
Kleidung des Verkäufers 15
Knabenoberbekleidungsgrößen 64
Kniebund 50
Kommunikation 185
Kontakt 195 ff.
Kontaktaufnahme 195 ff.
Kontrollfrage 192
Köper 173
Köperbindige Stoffe 135
Köperbindung 133
Körperpflege 14
Kostüm – Grundformen 48
Kostüm 49
Kragenformen 55
Kreditkarten 263
Kretonne 173
Krumpfecht-Ausrüstung 151
Kugelärmel 56
Kulanz 252
Kulierwaren 143, 145, 147
Kunden ansprechen 199
Kundenansprüche 73
Kundendienst 260
Kundendienstleistungen 261
Kundeneinwände 229 ff.
Kundenerwartungen dämpfen 186
Kundenorientierte Sprache 188
Kundenorientierung 13 f.
Kuttenärmel 57
KWL-Lösungsmittel 81

L

Ladendiebe 256 f.
 – Methoden 257
 – Verhalten 258
 – Verhaltensweise 258
Lama 108
Laminieren 182
Latzhose 51

325

Leasing 263
Leichtmantel 44
Leinen 94
Leinenausrüstung 97
Leinensiegel 94
Leinwandbindige Stoffe 134
Leinwandbindung 133 f.
Leistentasche 59
Lenkungsfrage 193
Lichtechtheit 78
Lido(= Vario)kragen 55
Linon 173
Lochstickerei 174
Loden 174
Luftdurchlässigkeit 76
Lyocell 118

M

Mantel – Grundformen 43
Mantelkleid 45
Markenzeichen 61 f.
Masche 141
Maschenreihe 141
Maschenstäbchen 141
Maschenwaren 141
Maulbeerseide 111
Membran 182
Mercerisieren 154
Merino 98
Messen 278
Microfasern 125, 174
Mietkauf 263
Mineralische Fasern 71
Modal 118
Mohair 107
Moiré 174
Mottenschutzausrüstung 151
Multifiles Filamentgarn 116
Musselin 174
Musterbilder 161

N

Nachfragen 187
Nassfestigkeit 77
Naturfasern 71
Nessel 175
Neugierde 209, 211

Nicki 175
Nutzenerwartungen 209

O

Offene Frage 192
Optische Aufheller 83
Optische Verkleinerung 227
Organisationen 277
Overall 54

P

Panama 175
Parka 44
Partyhemd 53
Paspeltasche 59
Pattentasche 59
Pepita 175
Perborate 83
Perchlorethylen 81
Perlfang 146
Pflanzliche Fasern 71
Pflege von Textilien 79
Pflegeeigenschaften 73
Pflegeetikett 79
Pflegekennzeichnung 79
Pflegeleicht 82
Pflegeleicht-Ausrüstung 152
Pflegeleichtprogramm 80
Pflegesymbole 79
Pflegetabelle 82
Pikee 147 f., 175
Platzieren bei Selbstbedienung 38
Platzierung 16
Plisseerock 48
Plissieren 154
Polobluse 54
Polyacryl 123
Polyamid 122
Polyester 121
Popeline 176
Präsentation 33
Preis 20, 224
Preis nennen 226
Preiseinwände 234
Preisgespräche 224
Preisvorstellungen 228
Prinzesskleid 45

Produktgruppen 34
Produktkenntnisse 16
Produktpräsentation 17, 32
  – Grundsätze 33
  – Merkmale 33
  – Ziele 33
Produktvorführung 213
Produktwerbung 266
Professionelle Textilpflege 79, 81 f.
Public Relations 265
Puffärmel 57
Pullunder 53

Q

Qualität 19
Qualitätsanforderungen 61
Qualitätsgarantien 62
Qualitätsmerkmale 60, 106

R

Raglan 44
Raglanärmel 57
Rahmentasche 59
Randsortiment 31
Ratenkauf 263
Rationalisierung 210
Rauen 154
Redingote 44
Reine Schurwolle 99
Reine Wolle 100
Reinleinen 95
Reißkraft 77
Reißverschlusstasche 59
Reißwolle 100
Reklamationen 248 ff.
Reklamationen erledigen 249
Reverskragen 55
Rips 176
Röcke – Grundformen 46
Rohstoffangaben 67
Rohstoffkennzeichnung 68, 116
Rollkragen 55
Rotationsdruck 160
Rundbundhose 51

S

Sakko 49
Sakkos – Grundformen 49
Salespromotion 265
Sammelwerbung 267
Samt 138, 176
Sanfor 151
Sanitized 150
Saugfähigkeit 76
Schalkragen 55
Schappeseide 112
Schaufenster 41
Schaufensterpräsentation 41
Schaufenstertypen 41
Scheren 157
Scheuerfestigkeit 77
Schinkenärmel 57
Schotten 176
Schwerpunktverstärker 84
Seersucker 176
Seide 110
Seidenstoffe 114
Selbstbedienung 23
Serge 177
Sergebindung 135
Service 18
Serviceleistungen 260
  – allgemeine 261
  – mit dem Produkt verbunden 261
Shetland 177
Shop-in-the-Shop 36
Short 51
Sicherheit 210
Sicherungsanlagen 259
Siebdruck 160
Sie-Formulierungen 221
Sie-Stil 188
Silhouetten 42 f.
Single Jersey 144, 177
Sliponkragen 56
Smoking 49
Smokinghemd 53
Sonderveranstaltungen 277
Sortiment 16, 24
  – kundenorientiert 24
  – nach Bedarfsbündeln 29
  – Textil-Kaufhaus 28

– Umweltschutz 30
– wirtschaftliche Aspekte 30
Sortimentsaufbau 27
Sortimentsbegriffe 27
Sortimentsfenster 41
Sortimentskenntnisse 16
Sortimentsplanung 26
Sortimentsplatzierung 35
Sortimentspolitik 30 f.
Sortimentsüberblick 33
Sortimentswerbung 266
Space-dyeing 159
Sparsamkeit 210
Spezialfasertypen 122
Spezialwaschmittel 84
Spinnfasergarn 116, 128
Spitze 177
Sportswear 54
Sprache 16, 184
Stadthemd 53
Stehkragen 56
Steppstoff 177
Stoff-ABC 163
Stoffe, funktionell 182 f.
Streichgarn 130
Streuplan 271
Strickjacquard 146
Strickstoff 178
Stückfärbung 159
Suggestivfrage 193
Supplex Jersey 182
Sympathie 13, 195
Synthetische Chemiefasern 72, 120

T

Tabkragen 56
Taft 178
Tailleur 49
Taschenformen 58
Teleshopping 24
Temperaturausgleichendes Verhalten 76
Tenside 83
Texapor O2 183
Textilkennzeichnung 60
Textilkennzeichnungsgesetz (TKG) 67
Textilrohstoffe 70
– Überblick 70
Texturieren 126

Texturiertes Garn 116, 131
Thermomantel 44
Tierische Fasern 71
Tipps zum Bügeln 85
Tipps zum chemischen Reinigen 86
Tipps zum Trocknen 85
Tipps zum Waschen 85
Trachtensakko 49
Trenchcoat 44
Triacetat 119
Trichterärmel 57
Tricotine 178
Trois-pièce 46
T-Shirt 53
Tüll 178
Tumbler 81
Tunikakleid 46
Tunikarock 48
Tussahseide 110
Tweed 178
Twillbindung 135
Twinset 52

U

Überreden 186
Übersichtsfenster 41
Übersortiment 31
Ulster 44
Umgang mit Menschen 196
Umgangsformen 15 f.
Umkehr-Methode 232
Umtausch 252
Umtauschgründe 252 f.
Umweltfreundliches Produkt 15
Umweltschutz 210
Universalwaschmittel 84
Untersortiment 31
– wirtschaftliche Aspekte 31
UWG 277

V

Velours 181
Veloursfrottier 140
Verabschiedung 238
Verbände 278
Verbundwerbung 268
Vergleichsmethode 227, 233

Verharmlosungsmethode 227
Verkaufsargumente 73 f., 217
– ableiten 218
– gepflegtes Aussehen 74
– kundenbezogen 220
– umweltbezogen 220
– produktbezogen 219
– zum Gebrauchswert 75
Verkaufsformen 21
– Bedienung 21
– Selbstbedienung 23
– Vorwahl 24
Verkaufsschwache Zonen 39
Verkaufsstarke Zonen 39
Versandhandel 24
Vertrauen 195
Vertrauensauslöser 204
Viskose 117
Visual Merchandising 40
Vlies 181
Voile 181
Volantärmel 57
Volantrock 48
Vollwaschmittel 84
Vorteilsformulierungen 25, 189
Vorwahl 24
Vorwürfe machen 186

W

Walken 155
Walkfrottier 139
Ware eindrucksvoll zeigen 215
Warenbeschreibung 69
Warenkenntnisse 16
Warenkundliche Informationsquellen 278 f.
Warenplatzierung 33
Warenzeichen 61 f.
Wärmehaltung 76
Waschen 80
Wäschetrockner 81
Waschgut 83
Waschhilfsmittel 84
waschmaschinenfest 152
Waschmittelgruppen 83

Wasserabweisung 77
Webpelz 181
Webwaren 133
Weichheit 76
Weichspüler 84
Weißtöner 83
Werbearten 266
Werbebotschaften 272
Werbeetat 270
Werbemittel 268
Werbeplanung 269
Werbesprache 273 f.
Werbeträger 268
Werbewirkung 273
Werbeziele 270
Werbung 264
– Grenzen 274
– Grundsätze 265
Wickelbluse 54
Wickelkleid 46
Wickelrock 49
Wildseide 181
Wirkfrottier 144
Wohlbefinden 209 f.
Wollausrüstung 103
Wolle 98
Wollkammgarn 100
Wollqualitäten 99
Wollsorten 98
Wollstoffe 104
Wollstreichgarn 100
Wolltypen 98

Z

Zellulosische Chemiefasern 72, 117
Zeltkleid 46
Zerlegungsmethode 227
Zuhören 187, 196
Zusatzangebote 239, 241
Zusatzartikel 240
Zusatzverkäufe 240
Zustimmen 187
Zuverlässigkeit 210
Zweireiher 50
Zwirne 131

Bildquellenverzeichnis

Behrla/Nöhrbaß GbR, Foto Stephan, Köln/Bildungsverlag EINS GmbH, Troisdorf, Seite 201, 203, 213, 235, 256
Birk, Fritz, Rottendorf, Seite 14, 16, 185, 197, 198, 202
Fotolia, Berlin,
    fuchan, Seite 87,
    Marco Regalia, 87,
    Steve Lovegrove, 98,
    Birgit Reitz-Hofmann 120,
Globus Infografik GmbH, Hamburg, Seite 269, 319
Karstadt Warenhaus GmbH, Essen, Seite 21
Kaufhof Warenhaus AG, Köln, Seite 32, 34, 35, 37, 40, 41
Kurtz, Cornelia, Boppard/Bildungsverlag EINS GmbH, Troisdorf, Seite 210, 211, 229, 242, 264
MEV Verlag GmbH, Augsburg, Seite 14, 22, 23, 24, 76, 105, 182, 183, 185, 195, 201, 208, 210, 272, 312
Project Photos GmbH & Co. KG, Augsburg, Seite 201